JN298141

法学叢書 17

法学叢書
EU法

中西 優美子

新世社

はじめに

　EUの文字を新聞で見ない日はないであろう。EUは，通商，環境，外交安全保障，経済などさまざまな分野で活動している。EUは，1951年に調印された欧州石炭鉄鋼共同体（ECSC）から始まっているが，関税同盟を経て，通貨同盟を創設し，そして現在は財政同盟の創設までもが視野に入れられてきている。本書は，そのように幅広く活動するEUの骨組み，つまり法的な基盤を明らかにすることを目的としている。法的観点からEUを理解することで，EUをより良く捉えることができるのではないだろうか。

　本書の構成は，次の5つの部からなっている。第Ⅰ部「EUとは」，第Ⅱ部「権限，権限行使及び実効性の確保」，第Ⅲ部「EUと構成国との関係」，第Ⅳ部「政策法」及び第Ⅴ部「実践・応用のための基礎知識」である。

　第Ⅰ部「EUとは」においては，まずEUがどういったものであるのか明確にすることを目的としている。主に機構法を説明している。

　第Ⅱ部及び第Ⅲ部は，通常のEU法の教科書に見られるまとめ方はとっていない。第Ⅱ部「権限，権限行使及び実効性の確保」は，権限という観点からまとめた。権限が付与され，その権限が行使され，行使された結果できた法行為の実効性がどのように確保されるかを流れとして示すことを試みている。第Ⅲ部「EUと構成国との関係」では，構成国，特に国家機関はEUの主要な「機関」であるという観点からEUの構成国が立法，行政，司法機関という国家機関を通じてどのようにEU法と関係しているかを示すために一つの部で記述することにした。

　第Ⅳ部「政策法」においては，EUの政策法のうち主要と思われるもの，域内市場，環境法，自由・安全・司法の領域，対外関係法などについて説明をしている。なお経済法や独占禁止法については，すでに『EU経済法』や『EU独占禁止法』と題される本が複数でているのでそちらに譲り

たい。

　最後の第Ⅴ部「実践・応用のための基礎知識」は，EU 立法と判例をよく理解するために設定した部である。特に，自分でさらに EU 法を勉強する学生あるいは実務で用いる人に読んでほしい。EU 法は常に変化しており，また教科書で取り扱える政策分野も限定されているため，基本を身につけた後は，自分で運用していくことが重要である。

　単独で教科書を執筆するのは今回が初めてであり，まだまだ書き足りないと思われる部分もあるが，とりあえずリスボン条約が発効し，また専修大学法学部教員として EU 法を教え始めて 12 年であるので，一つの区切りとしてまとめてみることにした。

　本書は，その講義で用いたレジュメを基礎としている。また，講義を充実させるために EU 法を研究し，これまでさまざまなテーマで学術論文や判例研究を公表してきたが，今回教科書という位置づけである本書を執筆するにあたり，その成果も利用している。脚注や参考文献に関連の論文を載せているのでより詳細なことに興味があればぜひ読んでほしい。もっとも，EU 法は何度も改正されているため，条文番号も変わり，その後の判例の発展があることに注意してほしい。

　EU 法に興味をもったのは，大阪外国語大学（現大阪大学）の東 泰介先生の国際法の講義の中で，超国家組織（supranational organization）である EC について学んだことに始まる。図書館で EC 法の文献を調べたときに，一橋大学の大谷良雄先生が書かれた『EC 法概論』（有斐閣）を見つけた。そこで，一橋大学大学院法学研究科に進学し，大谷先生の下で EC 法の研究を始めた。先生の勧めでドイツの大学に留学し，そこでは Albert Bleckmann 先生を指導教官として博士論文（Doktorarbeit）を執筆した。帰国して一橋大学大学院に戻り，EU 法の研究を続けた。その頃，成城大学の今野裕之先生に EC 企業法判例研究に誘われ，現在まで毎年 1 回のペースで判例研究を『国際商事法務』に掲載している。また，少し時期が遅れるが，早稲田大学の須網隆夫先生から誘われ，同じく早稲田大学の中村民雄先生を中心とする東京 EU 法研究会に参加させてもらい，現在に至るま

で同研究会で貴重な御指導を受けている。

　その研究会に入るのに前後して，専修大学に運よく就職することができた。専修大学では，民事訴訟法の研究者である梅本吉彦先生，国際法の研究者である森川幸一先生，憲法の研究者である石村　修先生及び国際私法の研究者であり採用公募の時に人事小委員会の長を務められていた矢澤昇治先生に並々ならぬお世話になってきた。専修大学が EU 法を教えた最初の大学であるが，その未熟な講義につきあってくれた学生及びゼミ生の皆さんに，そしていつも温かく接して頂いた同僚の先生及び職員の皆さんに感謝の気持ちをもって，本書を執筆した。

　この 4 月には母校である一橋大学に教員として戻ることになる。EU 法を研究できることの喜びを感じつつ，さらに研究に精進していきたい。

　最後に本書の編集をつとめられた新世社の御園生晴彦さんと佐藤佳宏さん並びにいつも私を支えてくれている家族に感謝したい。

　　2012 年 2 月　自宅にて

　　　　　　　　　　　　　　　　　　　　　　　　　中西　優美子

目 次

第Ⅰ部 EUとは　1

第1章 欧州統合の発展　2
- 1.1 ECSC 設立に至るまで ……………………………………… 2
- 1.2 ECSC, EEC 及び Euratom の設立とその後の発展 ……… 4
- 1.3 EU の設立とその後の発展 ………………………………… 7
- 1.4 欧州憲法条約からリスボン条約へ ……………………… 13

第2章 EU の性質と EU 法　18
- 2.1 EU とは ……………………………………………………… 18
- 2.2 法人格と法律上の能力 …………………………………… 21
- 2.3 EU 法とは …………………………………………………… 24
- 2.4 EU 法の法源（存在形式） ………………………………… 26
- 2.5 EU 法における規範の位階性 …………………………… 32

第3章 EU の諸価値と目的，基本権保障と民主主義及び EU 市民　36
- 3.1 EU の諸価値と目的 ……………………………………… 36
- 3.2 基本権保障と民主主義 …………………………………… 39
  - 3.2.1 基本権保障 …………………………………………… 40
  - 3.2.2 民 主 主 義 …………………………………………… 46
  - 3.2.3 EU 市 民 ……………………………………………… 46

第4章　EUの諸機関　　51

- 4.1　機　関 …………………………………………………… 51
- 4.2　欧州議会 ………………………………………………… 51
- 4.3　欧州首脳理事会 ………………………………………… 56
- 4.4　理事会 …………………………………………………… 59
- 4.5　欧州委員会 ……………………………………………… 65
- 4.6　裁判所 …………………………………………………… 71
- 4.7　その他の機関 …………………………………………… 75
- 4.8　機関間の関係 …………………………………………… 77

第5章　EU諸条約の改正　　80

- 5.1　リスボン条約に至るまで ……………………………… 80
- 5.2　現在の改正手続 ………………………………………… 81
  - 5.2.1　通常改正手続 ……………………………………… 81
  - 5.2.2　簡易改正手続とその他の手続 …………………… 83

第6章　EUへの加入及び脱退　　85

- 6.1　EUへの加入 …………………………………………… 85
- 6.2　EUからの脱退 ………………………………………… 87

第Ⅱ部　権限，権限行使及び実効性の確保　　91

第7章　EUの権限体系　　92

- 7.1　EUと構成国間の権限配分 …………………………… 92
- 7.2　権限の種類 ……………………………………………… 93
- 7.3　対内（域内）権限と対外権限 ………………………… 97
- 7.4　個別的権限と一般的な権限 …………………………… 98
- 7.5　明示的権限と黙示的権限 ……………………………… 102
- 7.6　権限規定の態様 ………………………………………… 104

7.7 権限に関する三原則 ·· 105

第8章　EU法行為と法行為手続　　　　　　　　　　　110

8.1 法 的 根 拠 ·· 110
8.2 EU法行為の種類 ·· 114
8.3 立法行為と非立法行為 ·· 118
8.4 法行為手続 ·· 120
8.5 予算と予算手続 ·· 128
8.6 先 行 統 合 ·· 129

第9章　判例法による実効性確保
　　　　：直接効果，間接効果，国家責任　　　　　　　133

9.1 EU法の直接効果 ·· 133
　9.1.1 （垂直的）直接効果 ·· 133
　9.1.2 水平的直接効果 ·· 142
9.2 指令の適合解釈の義務（間接効果） ·· 153
9.3 指令により国家機関に課される義務 ·· 162
9.4 国 家 責 任 ·· 165
9.5 判例法による実効性確保手段のつながり ·· 170

第10章　条約上の実効性確保
　　　　：条約違反手続と判決履行違反手続　　　　　173

10.1 条約違反手続 ·· 173
10.2 判決履行違反手続 ·· 175
10.3 判決履行違反訴訟における罰金の賦課 ·· 177
　10.3.1 一括違約金と強制課徴金とは ·· 177
　10.3.2 ドイツにおける対応例 ·· 187
　10.3.3 指令の国内法化・実施措置の通知懈怠の場合 ·· 188
　10.3.4 判決の履行と罰金賦課の執行可能性 ·· 189
10.4 構成国による条約違反手続 ·· 189

第11章　EU立法による実効性確保　192

11.1　環境損害責任 …………………………………………… 193
11.2　刑罰立法 ………………………………………………… 198

第12章　権限行使の合法性
：取消訴訟，不作為確認訴訟，損害賠償訴訟　202

12.1　取消訴訟（合法性審査）………………………………… 202
　12.1.1　取消訴訟の対象 …………………………………… 203
　12.1.2　取消理由 …………………………………………… 206
　12.1.3　提訴権者（locus standi）………………………… 210
　12.1.4　EU司法裁判所の管轄権 ………………………… 213
　12.1.5　具体的な事件 ……………………………………… 215
　12.1.6　取消の結果 ………………………………………… 218
　12.1.7　取消訴訟の提訴期間 ……………………………… 218
12.2　不作為確認訴訟 ………………………………………… 219
12.3　損害賠償訴訟 …………………………………………… 220

第Ⅲ部　EUと構成国との関係　225

第13章　EU法と国内法との関係：EU法の優位　226

13.1　EU法の優位の原則 …………………………………… 226
13.2　EU法の優位の意味 …………………………………… 231
13.3　EU法の優位の条文化とリスボン条約 ……………… 232

第14章　EU法と国内機関との関係 (1)
：EU立法の国内法化・実施・執行　234

14.1　EU法の執行・実施と構成国 ………………………… 234
14.2　国内機関によるEU法の間接的執行 ………………… 235
14.3　EU機関によるEU法の直接的執行 ………………… 236

第15章　EU法と国内機関との関係 (2)：先決裁定手続　239

- 15.1　国内裁判所と先決裁定手続 …………………………… 239
- 15.2　先決裁定手続の意義 ……………………………………… 241
- 15.3　先決裁定の対象 …………………………………………… 242
- 15.4　先決裁定を求める国内裁判所 …………………………… 246
- 15.5　EU司法裁判所の管轄権 ………………………………… 249
- 15.6　先決裁定手続と迅速性 …………………………………… 249
- 15.7　先決裁定手続を求める義務の履行確保 ………………… 251

第Ⅳ部　政　策　法　255

第16章　域 内 市 場　256

- 16.1　物の自由移動 ……………………………………………… 257
  - 16.1.1　関 税 同 盟 …………………………………………… 257
  - 16.1.2　構成国間の数量制限の禁止 ……………………… 258
- 16.2　その他の自由移動 ………………………………………… 266
  - 16.2.1　人の自由移動 ……………………………………… 266
  - 16.2.2　開業・設立の自由 ………………………………… 269
  - 16.2.3　開業・設立の自由及びサービスの自由と
    公共政策等による正当化 ………………………… 270
  - 16.2.4　域内市場の発展 …………………………………… 271

第17章　EU環境法　274

- 17.1　EU環境法の発展 ………………………………………… 274
- 17.2　環境政策の目的 …………………………………………… 275
- 17.3　環境に関する諸原則 ……………………………………… 276
- 17.4　環境行動計画 ……………………………………………… 279
- 17.5　EU法行為の採択と法的根拠 …………………………… 281
- 17.6　より厳格な国内措置 ……………………………………… 283

17.7 環境統合原則 …… 284
17.8 欧州環境庁 …… 285
17.9 環境と動物 …… 286
17.10 エネルギー政策 …… 287

第18章 自由・安全・司法の領域　293

18.1 自由・安全・司法の領域 …… 293
18.2 国境管理，難民及び移民に関する政策 …… 294
18.3 民事司法協力 …… 296
18.3.1 民事司法協力分野における権限の発展 …… 296
18.3.2 民事司法協力分野の措置 …… 297
18.3.3 私人による司法の領域の享受 …… 299
18.4 警察・刑事司法協力 …… 300
18.4.1 刑事分野における司法協力 …… 301
18.4.2 警察協力 …… 303

第19章 対外関係法　305

19.1 対外行動の枠組 …… 305
19.1.1 諸原則と目的 …… 305
19.1.2 条約の体系 …… 307
19.1.3 対外関係における EU の権限 …… 307
19.1.4 条約締結手続 …… 310
19.1.5 既存の条約と EU 及び EU 運営条約との関係 …… 312
19.1.6 裁判所意見 …… 313
19.2 共通通商政策 …… 315
19.3 その他の対外活動に関する権限 …… 321
19.4 共通外交安全保障政策 …… 323
19.4.1 共通外交安全保障政策分野の権限 …… 324
19.4.2 共通外交安全保障政策における意思決定とその履行確保 …… 324
19.4.3 共通外交安全保障政策分野の機構的強化 …… 326

第20章　EUとアジア　327

- 20.1　ASEAN ……………………………………………………… 327
- 20.2　アジアとEU ………………………………………………… 329
- 20.3　東アジア共同体の可能性 …………………………………… 330

第Ⅴ部　実践・応用のための基礎知識　331

第21章　実際のEU法行為　332

- 21.1　欧州委員会の提案の前段階 ………………………………… 332
- 21.2　欧州委員会への権限の委任 ………………………………… 333
- 21.3　EU法行為の実例 …………………………………………… 335

第22章　EU司法裁判所の解釈と判例　343

- 22.1　EU司法裁判所判決における言語 ………………………… 343
- 22.2　解釈方法 ……………………………………………………… 344
- 22.3　適合解釈 ……………………………………………………… 346
- 22.4　判決の実例 …………………………………………………… 348

文献案内 ……………………………………………………………… 355
参考文献 ……………………………………………………………… 359
事項索引 ……………………………………………………………… 365
判例索引 ……………………………………………………………… 375

凡 例

【略 語 表】

ACP	African, Caribbean, and Pacific（アフリカ，カリブ，太平洋地域）
ASEAN	Association of Southeast Asian Nations（東南アジア諸国連合）
CAP	Common Agricultural Policy（共通農業政策）
CCP	Common Commercial Policy（共通通商政策）
COM	欧州委員会が公表した文書
COREPER	Committee of Permanent Representatives（常駐代表委員会）
CFSP	Common Foreign and Security Policy（共通外交安全保障政策）
ECR	European Court Reports（EU 司法裁判所判例集）
ECR I	欧州司法裁判所判例集
ECR II	一般裁判所（旧第 1 審裁判所）判例集
EC	European Community (Communities)（欧州共同体）
ECB	European Central Bank（欧州中央銀行）
ECSC	European Coal and Steel Community（欧州石炭鉄鋼共同体）
EDC	European Defence Community（欧州防衛共同体）
EEA	European Economic Area（欧州経済圏）
EEC	European Economic Community（欧州経済共同体）
EFTA	European Free Trade Association（欧州自由貿易連合）
EP	European Parliament（欧州議会）
EU	European Union（欧州連合，欧州同盟）
Euratom	European Atomic Energy Community（欧州原子力共同体）
GATT	General Agreement on Tariff and Trade（関税及び貿易に関する一般協定）
nyr	not yet reported（未搭載，判例集に載るまでに時間がかかるため）
OJ of the EU	EU 官報
OJ of the EU L	EU 官報法令集（Legislation シリーズ）
OJ of the EU C	EU 官報情報集（C Information and Notices シリーズ）
SEA	Single European Act（単一欧州議定書）
TEU	Treaty on European Union（EU 条約）

xiv 凡 例

TFEU	Treaty on the Functioning of the European Union（EU運営条約）
TRIPs	Trade-related aspects of intellectual property right（知的所有権の貿易関連の側面）
UN	United Nations（国際連合）
WTO	World Trade Organization（世界貿易機構）

【判例の表記】
〈例1〉
Case 6/64 Costa v. E.N.E.L.［1964］ECR 585.
→Costa v. E.N.E.L. 事件；欧州司法裁判所判例集（1964年）開始頁数585，事件番号6/64。

〈例2〉
Case C-555/07 Kücükdeveci［2010］ECR I -365.
→Kücükdeveci 事件；欧州司法裁判所判例集（2010年）開始頁数365，事件番号C-555/07。

〈例3〉
Case T-115/94 Opel Austria v. Council［1997］ECR II -39.
→Opel Austria v. Council 事件；一般裁判所（旧第1審裁判所）判例集（1997年）開始頁数39，事件番号T-115/94。

〈例4〉
Joined Case C-402/05 P and C-415/05 P Kadi［2008］ECR I -6351.
→Kadi 上訴事件；欧州司法裁判所判例集（2008年）開始頁数6351，事件番号C-402/05 and C-415/05 P。

〈例5〉
ECL I：EU：C：2014：2454.
→欧州司法裁判所の2014年判決の事件個別番号。

＊事件番号末尾2桁の数字は，事件が付託された年を示す。
＊Joined Cases は複数の事件が合併されて判決が下されたものを示す。
＊Pは上訴事件を示している。

第Ⅰ部

EUとは

- ■第 1 章　欧州統合の発展
- ■第 2 章　EU の性質と EU 法
- ■第 3 章　EU の諸価値と目的，基本権保障と民主主義及び EU 市民
- ■第 4 章　EU の諸機関
- ■第 5 章　EU 諸条約の改正
- ■第 6 章　EU への加入及び脱退

■第1章■
欧州統合の発展

1.1　ECSC設立に至るまで

●欧州統合思想

　欧州統合の歴史は古く，カール大帝（742-814）にまでさかのぼることができる。カール大帝が宮殿を建てた，ドイツの都市アーヘンは，まさにヨーロッパの中心でもあった。

　欧州統合の思想史をさかのぼれば，ドイツの哲学者イマニュエル・カント（Immanuel Kant）(1724-1804) の著書に行き着く。カントはその著書『永遠平和のために (*Zum ewigen Frieden*)』(1795) の中で，「平和連合 (foedus pacificum) とでも名づけることができる特殊な連合が存在しなければならない……」とし，さらに，「理性によるかぎり次の方策しかない。すなわち，国家も個々の人間と同じように，その未開な（無法な）自由を捨てて公的な強制法に順応して，そうして一つの（もっともたえず増大しつつある）諸民族合一国家 (civitas gentium) を形成して，この国家がついに地上のあらゆる民族を包括するようにさせる，という方策しかない。……一つの世界共和国という積極的理念の代わりに……戦争を防止し，持続しながらたえず拡大する連合という消極的な代替物のみが法をきらう好戦的な傾向の流れを阻止できるのである」と述べ，永遠の平和のためには，平和条約では不十分であり，平和連合が必要であると説いた[1]。

　また，統合思想と結びついた運動として，第1次世界大戦後に広がった，

---

[1] カント著・宇都宮芳明訳『永遠平和のために』1995年　岩波文庫　43-45頁。

クーデンホーフ・カレルギー（Richard Nikolaus Coudenhove-Kalergi, 1894–1972）伯爵による「パン・ヨーロッパ運動」を挙げることができる[2]。

● シューマン宣言

　現在の EU に直接結びつくのが，1950 年 5 月 9 日にフランス外相シューマン（Robert Schuman）によってだされた**シューマン宣言**（declaration）である。そのシューマン宣言を起草したのが，ヨーロッパの父と呼ばれるジャン・モネ（Jean Monnet）である。シューマン宣言においては，仏独の間に数々の戦争が過去に起こったことを認識した上で，将来における仏独の戦争を考えられないものにするだけではなく，実際に不可能にするために戦争の武器・弾薬の原料となる石炭・鉄鋼を共同管理する機関を設立することが必要であると述べられていた。

　このシューマン宣言は，翌年の 1951 年 4 月 18 日にフランスのパリで調印された**欧州石炭鉄鋼共同体**（以下 **ECSC**）条約へとつながっていった。シューマン宣言は，フランスがドイツに向けてだした提案のようなものであるが，それに賛同するヨーロッパの諸国もそこに加わることができると述べられていたため，フランス及び西ドイツに，イタリア，ベルギー，オランダ及びルクセンブルクを加えた 6 カ国により，ECSC が設立されることになった。なお，シューマン宣言がだされた 5 月 9 日は，ヨーロッパ・ディ（Europe Day）として，毎年お祝いが行われる。それは，国家で言うと建国記念日のようなものに相当する[3]。シューマン宣言で見落としてはいけないのは，石炭・鉄鋼の共同管理は経済的な目的ではなくて，平和の構築のためであり，不戦共同体が目指されていた点である。

---

[2] カレルギー伯爵の母が日本人の光子であることはよく知られており，日本語で多数の本がだされている。

[3] 未発効に終わった欧州憲法条約 I-8 条では，5 月 9 日が「ヨーロッパ・ディ」であると明示的に定められたが，国家を連想させるため，リスボン条約においては削除された。

1.2 ECSC，EEC 及び Euratom の設立とその後の発展

● ECSC

　ECSC 条約は，1952 年 7 月 23 日に発効した。ECSC は，独自の機関として現在の欧州委員会にあたる最高機関（High Authority），理事会，現在の欧州議会にあたる総会（Assembly），裁判所を擁した。また，ECSC の規定事項分野は，石炭・鉄鋼に限定されていたが，ECSC は超国家性（supranationality）を有する機関として設立された。このように分野を限定して統合していく方法は，モネ方式とも言われる。ECSC の最高機関の初代の長を務めたのは，ジャン・モネである。ECSC は，ECSC 条約 97 条において「本条約は，発効の時点より 50 年間有効である」と定められていたため，2002 年 7 月 23 日に失効した。

　第 2 次世界大戦後，米ソの冷戦が始まった。そのあおりを受け，1949 年にドイツは東西に分裂した。ECSC に加盟したのは，西ドイツのみである。西ドイツの再軍備が問題となり，フランスはドイツの軍隊を野放しにするのではなく，欧州共同体の中でコントロールしようと考えた。そこで，欧州防衛共同体が構想され，欧州防衛共同体（EDC）条約が 1952 年 5 月 27 日に調印された。条約は各構成国において批准されて初めて発効するが，フランスの国民議会が同条約を否決したため，未発効に終わった。なお，EC（後の EU）が防衛分野で協力に合意するのには，この後何十年もかかることになった。

　構成国は，この挫折を受け，限定された分野で欧州統合を進めることになった。そこで，1957 年 3 月 25 日にイタリアのローマで調印された条約が**欧州経済共同体を設立する条約**（以下 **EEC 条約**）と**欧州原子力共同体を設立する条約**（以下 **Euratom 条約**）である。両条約は，1958 年 1 月 1 日に発効した。

　ECSC には ECSC の最高機関と理事会，EEC には EEC の欧州委員会と理事会，Euratom（ユーラトム，欧州原子力共同体）には Euratom の欧州委員会と理事会が存在したが，1965 年 4 月 8 日に署名された**合併条約**（Merger Treaty［1967年7月1日発効］）により，1つの欧州委員会（Single Commission），1つの理事会（Single Council）になった。これにより，ECSC，EEC及びEuratomを合わせて，**EC**（European Communities）になった。

● ルクセンブルクの妥協（和議）

　EECは，経済統合を順調に進めていたが，問題がなかったわけではない。最初の危機が1965年にやってきた。当時は，ドイツ人のハルシュタイン（Walter Hallstein）が，初代の欧州委員会委員長を務めていた。欧州委員会は，総会の権限拡大，独自の財源システムの導入及び共通農業政策の推進を可能にする一連の財政規則を一括提案し，理事会の特定多数決に服する手続にかけようとした。当時フランスの大統領であったド・ゴール（Charles André Joseph Pierre-Marie de Gaulle）は，これに反対し，理事会からフランス代表を引き揚げさせ，理事会における審議をボイコットした（同年6月）。これにより理事会は一時機能しなくなった。この事態を打開するために，1966年1月，ルクセンブルクで会議が開かれた。そこでは，国家の死活問題が議題となっている場合には，採決を行わないで審議を続けること，すなわち，決定が実質上全会一致で行われることが合意された。この合意を「**ルクセンブルクの妥協（和議）**」と呼ぶ。この後，重要な問題については，EEC条約上特定多数決で議決されると定められていても，実質的には全会一致で決められる実行が続くことになった。

　このルクセンブルクの妥協後，再びECは機能することになり，1968年7月1日には予定を上回る速さで**関税同盟**（Custom Union）の設立に至ることができた。

　このような順調な経済統合を横目で見ていたイギリスが，ECに加盟することを決意した。フランスのド・ゴールが大統領であったときには，その加盟意思はことごとく拒否され，加盟できずにいたが，ド・ゴールの失脚後，イギリスは晴れてECに加盟することができた。1973年1月1日，イギリス，アイルランド及びデンマークが加盟国になり，ECの加盟国数は9カ国となった。

●単一欧州議定書

　しかし，欧州統合はその後再び停滞することになった。それは，ECの中の問題ではなく，世界に起こった石油危機から生じた問題であった。1970年代に石油危機が2度起こり，EC経済も悪影響を受けることになった。これを打破するための手段として合意された文書が**単一欧州議定書**（Single European Act, SEA）である。この議定書に先立って，1981年にギリシャが，1986年1月1日にスペインとポルトガルがECに加盟し，加盟国数は12カ国になった。

　1985年に欧州委員会によりだされた物理的，技術的，財政的障害の除去を求める「域内市場の完成」白書を基礎として，単一欧州議定書は，1986年2月17日及び28日に署名され，1987年7月1日に発効した。同議定書により，EEC条約の条文が改正された。もっとも大きな変化は，「物，人，サービス及び資本の自由移動が確保される域内国境のない領域」と定義される，新しい鍵概念である**域内市場**（internal market）が導入されたことである。新たな目標設定として，1992年末までに域内市場を完成させることが掲げられた。

　単一欧州議定書による改正では，EEC条約100条と101条の間にEEC条約100a条が追加された。同条は，域内市場の確立及び運営を目的とする構成国の法令及び行政措置が定める規定の接近に関する措置を定めるとしており，そのような措置は理事会の全会一致ではなく特定多数決で議決できることとなっていた。このことは，上述した「ルクセンブルクの妥協」で実質的に全会一致になっていた意思決定が，特定多数決でなされることに合意されたことを意味する。これにより，理事会における意思決定が迅速になされることができるようになった。

　単一欧州議定書は，これ以外にもEECの活動範囲を公衆衛生，環境保護，研究・開発及び経済社会的結合分野にまで広げ，EECの明示的権限の範囲を拡大した。さらに，総会（現在の欧州議会）の権限を強化するために，これまでの諮問手続よりも参与の度合いが強い協力手続をいくつかの分野で導入した。また，国家元首または政府の長の集まりを**欧州首脳理事会**として形式的に承認した。

1.3　EUの設立とその後の発展

●マーストリヒト条約

〈**3本柱構造**〉　1992年2月27日に**欧州連合条約**（別名**マーストリヒト条約**）が締結され，翌年1993年11月1日に発効した[4]。このマーストリヒト条約により3本柱構造からなる**EU**が創られた。第1の柱はこれまでのEC，第2の柱は共通外交安全保障政策（Common Foreign and Security Policy（略してCFSP）），第3の柱は司法・内務協力（Cooperation in the field of Justice and Home Affairs（略してCJHA））という構造になった。第1の柱は，超国家的な性質をもつが，第2の柱及び第3の柱は政府間協力を基礎とするものという特徴をもっていた。第1の柱は，EC，ECSC及びEuratomの三共同体を合わせたECの柱であり，第2の柱は，これまでの欧州政治協力（European Political Cooperaion）を，第3の柱は，これまでの司法・内務に関わる構成国間の協力を基礎とした。

マーストリヒト条約によりEUが創設されたが，ECは引き続き存在し，EC条約の枠組で締結される条約の当事者はEUではなく，ECであった。ECには，もともとのEEC条約の中に法人格を有するという規定があったが，EUに対しては法人格の規定は設けられなかった。

〈**ECとの関係**〉　マーストリヒト条約によりEEC条約はEC条約に変更された。"European Economic Community"の"Economic"の部分が削除されて，"European Community"になった。これは，EECは当初経済統合を目指していたが，**経済以外の分野の統合**も目指すということを意味する。マーストリヒト条約によりEC条約の中に経済通貨同盟，社会政策，消費者保護，公衆衛生，欧州横断網，産業，開発協力，文化，教育

---

[4] マーストリヒト条約は，一度デンマークにおける国民投票で否決されたが，2度目の国民投票で可決され，発効に至った経緯がある。そのため，デンマークに対しては，ある分野においてはオプト・アウトするという例外が認められている。なお，イギリスとアイルランドに対してもいくつかの分野でオプト・アウトが認められている。オプト・アウトとは，オプト・アウトした分野については当該国にEU法が適用されないことを意味する。

（職業教育はもともと EC の権限であったが，それ以外の教育分野が追加された）等の分野の権限が追加された。個別の権限分野としては挿入されなかったが，EC 条約の目的の中に，エネルギー，市民の保護（Civil Protection）及び観光の分野での措置が新たに入れられた（当時の EC 条約 3 a 条）。なお，これらの分野はリスボン条約の改正によりそれぞれ EU の個別分野政策として規定されることになった。

〈多段階統合〉　経済通貨同盟（Economic Monetary Union）は，経済統合を強化するものであるが，これに関する改正が後の**単一通貨ユーロ**の導入に直接につながっている。マーストリヒト条約において単一通貨ユーロ導入のための 3 段階行程表が定められた。この行程表に従い，最終的に 2002 年 1 月単一通貨ユーロが市場に出回ることになった。単一通貨ユーロを自国通貨に替えて用いる（つまり経済通貨同盟に入る）ためには，一定の経済的な条件を満たさなければならない。イギリス及びデンマークは，経済通貨同盟からオプト・アウト（opt-out）している。スウェーデンも現在のところ参加する意思を示していない。後から EU に加盟した東欧諸国のいくつかは，条件を満たせず，まだ参加していない。2012 年 10 月現在においては，27 カ国中 17 カ国が経済通貨同盟に参加している。このように，マーストリヒト条約においては，すべての構成国が同じ速度で統合するのではない，**多段階統合**（Multi-speed integration）が部分的に取り入れられた（8.6 で詳述）。

なお，マーストリヒト条約は，付属議定書に**社会政策に関する議定書**を含んでいた。当時，EU 構成国 12 カ国中イギリスを除く 11 カ国が社会政策に合意できたが，イギリスが反対したため，EC 条約に新たな政策として挿入できず，付属議定書の形でつけられた経緯がある。イギリスは当時保守政権であり，社会政策の分野においてもオプト・アウトした。ただ，労働政権に代わってからは社会政策についても合意し，アムステルダム条約においては付属議定書から EC 条約の中に社会政策の規定が移行された。

〈権限付与の原則・補完性原則・比例性原則〉　マーストリヒト条約による EC 条約の改正により，EC の権限が拡大され，EC の活動範囲が広がることになったが，構成国は EU の隠れた権限拡大を防ぐために，権限に関する原則を導入または強化した。それが権限付与の原則，補完性原則及

び比例性原則と呼ばれるものである (7.7 で詳述)。補完性原則は，特にドイツの州の要請から導入された。ドイツの州は，文化，教育及び警察の分野において専属的管轄権を有しているが，それらの分野にも EU が関与してくることになったため，危惧を抱いていたという背景がある。

〈欧州連合市民〉　　また，**欧州連合市民（EU 市民）**という新しい概念が誕生した。欧州連合市民には，欧州議会及び地方選挙での被選挙権・選挙権をもつなど，新たな権利が与えられた。たとえば，フランス国籍を有する者はフランス人であり，同時に EU 市民となる。EU 構成国のいずれかの国籍を有する者は，EU 市民となる。イタリアに住んでいるフランス人は，欧州議会選挙及びイタリアの地方選挙において立候補することができ，また，投票することができる。このような欧州連合市民権の創設は，EU 構成国の国民に EU 市民としての意識を醸成することに寄与すると考えられた。

この欧州連合市民権の創設にあたっては複数の構成国において憲法改正が行われた。たとえば，フランス憲法 88 条の 3 は，「相互主義の留保のもとに，かつ，1992 年 2 月 7 日に調印された欧州連合条約の定める方式に従い，市町村会選挙の選挙権及び被選挙権は，これをフランスに居住する欧州連合市民にのみ付与することができる。」と改正された[5]。ドイツでは，マーストリヒト条約の批准にあたって，ドイツの憲法である基本法が改正された（基本法 23 条及び 28 条など）。

さらに，マーストリヒト条約は，基本権の保障と民主主義の尊重も条文の中で謳うことになった。民主主義強化の観点から欧州議会の権限が強化された。立法手続として，理事会とともに欧州議会が決定するという，共同決定手続（現通常立法手続）が導入された。

● EFTA と EEA

イギリスを中心として設立された欧州自由貿易連合（EFTA）の加盟国は，徐々に EC（EU）に接近してくるようになった。EFTA 諸国は，EC と**欧州経済圏協定**（European Economic Area Agreement）を締結し，1994 年に

---

[5] 阿部照哉・畑博行編『世界の憲法集』第 3 版　有信堂　2005 年参照。

同協定が発効した[6]。この**EEA協定**により，域内市場がEEA協定を締結したEFTA諸国にまで拡大することになった。つまり，EUで採択されたEU立法が拡大適用されることになっている。その結果，EFTA諸国は，自らが意思決定に参加しないEU立法に拘束されることになっている。そのような不都合もあり，EFTA諸国であったオーストリア，スウェーデン及びフィンランドは1995年1月1日にEUに加盟した。

現在，EEAに参加しているEFTA諸国は，アイスランド，リヒテンシュタイン及びノルウェーである。ただアイスランドは，EUと距離をとってきたが，リーマン・ショック後金融危機に陥り，EUに加盟申請を行った。ノルウェーは，過去2度において加盟申請したが，加盟条約の批准に失敗し，加盟は実現していない。

●アムステルダム条約

1997年10月3日にはオランダのアムステルダムで条約が調印され，同条約は1999年5月1日に発効した。**アムステルダム条約**は，既存のEU条約（Treaty on European Union, TEU）及びEC条約の改正を行った。主な改正としては，以下の通りである。

〈司法・内務協力〉　まず，マーストリヒト条約により3本柱構造からなるEUが創設されたが，司法内務協力の柱である第3の柱の一部がECの柱である第1の柱に移行された。移行された部分は，EC条約の中で第4編「査証，庇護，移民及び人の自由移動に関する他の政策」と題され，追加された部分である。残った第3の柱は，「警察・刑事司法協力」と名称が変更された。アムステルダム条約で注目すべきことは，新しい概念である「自由，安全及び司法の領域（area of freedom, security and justice）」が創設されたことである。

〈国境管理〉　次に，国境管理を廃止するシェンゲン圏を創設するシェンゲン協定はEUの枠組外での国際協定であったが，EU条約の法的枠組の中に統合されることになった。1990年に**共通の国境管理の漸進的廃止に関するシェンゲン協定**（Schengen Convention）が，EUの構成国であるべ

---

[6] スイスは，EEA協定の交渉には参加していたが，国民投票で否決されたため，EEAには参加せず，EC（EU）と二辺協定を結んで特別な関係を築いている。

ルギー，オランダ，ルクセンブルク，フランス及びドイツの5カ国でEUの枠組外で締結され，1995年3月26日に発効した。その後，イギリス及びアイルランドを除く他のEU構成国並びにEUの非構成国であるアイスランド及びノルウェーが加わった。アムステルダム条約の付属議定書の中にシェンゲン議定書が挿入された。その結果，シェンゲン協定はシェンゲン既得事項（acquis）としてEUの枠組の中に取り入れられた。イギリス及びアイルランドは，このシェンゲン既得事項からオプト・アウト（opt-out）しており，望む場合にのみ個別にオプト・イン（opt-in）することが可能になっている。なおデンマークは，シェンゲン協定を締結しているが，EUの枠組の中に取り入れられたシェンゲン枠組からはオプト・アウトしている。

〈先行統合〉　また，欧州統合の深化が進む中で，その統合に待ったをかける構成国がでてきた。マーストリヒト条約では，経済通貨同盟などにおいてオプト・アウトが認められたが，アムステルダム条約においてもさらなる分野でオプト・アウトする構成国がでてきた。他方，シェンゲン協定の締結に見られるように，EUの枠組の外で統合を進める動きがでてきた。このような背景の中で，**先行統合**という新たな制度が導入された。先行統合とは，EU諸条約に定められた立法手続ではEU立法を採択できない時に，欧州統合を先に進めたいEUの構成国がEUの枠組の中で合意して決定を行うものである（8.6で詳述）。

〈特定多数決〉　さらに，機構改革として，理事会の特定多数決が適用される分野が拡大され，欧州議会の権限強化の点から欧州議会と理事会の共同決定手続が適用される分野が拡大した。

〈民主主義と基本権の尊重〉　また，マーストリヒト条約で民主主義と基本権の尊重に関する条文がEU条約F条に定められていたが，アムステルダム条約においてはそれがEU条約6条となり，同1項において「連合は，自由，民主主義，人権及び基本的自由の尊重の諸原則，並びに法の支配，構成国に共通な諸原則に基礎を置く」と明確な形で定められることになった。さらに，EU条約6条1項に掲げられた諸原則に対する重大かつ継続的違反の存在が認定された場合，理事会における投票権を含めた，一定の権利の停止という制裁措置がEU条約7条に定められることになった。

●ニース条約と東方拡大

　アムステルダム条約が発効して2年足らずの2001年2月26日，**ニース条約**が調印された。ニース条約は，2003年2月1日に発効した[7]。なぜアムステルダム条約発効から日が浅いにもかかわらず，新たな条約が締結されなければならなかったのか。これには，世界情勢が密接に関係している。

　1989年11月9日にベルリンの壁が崩壊したことに象徴されるように，戦後続いていた冷戦が終わり，ソ連の解体へと歴史が動いていった。冷戦中はソ連体制の下におかれていた東欧諸国が，冷戦後西ヨーロッパの集まりであったEC/EUに接近することになった。1990年頃からポーランド及びハンガリーをはじめとした東欧諸国が，ECとヨーロッパ協定（Europe Agreement）と呼ばれる連合協定を締結した。その連合協定の中には，ECへの加盟が明示的に目標として書き込まれていた。その後，EC/EUと東欧諸国との加盟交渉が開始された。

　加盟交渉を行う国は，10カ国以上にも及び，それらの加盟が実現するとEUの加盟国は30カ国近くにまで増えることになる。EUはもともとECSCから始まったが，原加盟国は6カ国であった。それが約5倍にまで増えることになる。6カ国による全会一致と約30カ国の全会一致では意思決定手続における困難さの度合いが異なる。そこで，理事会における意思決定手続，欧州委員会の委員の数，欧州議会の議席数など，**東方拡大**に向けて機構改革が必要とされた。アムステルダム条約でも若干機構改革がなされたが不十分なものに終わり，あまり期間を空けることなく次の政府間会議が開かれることになった。ニース条約では，意思決定手続をスムーズにするという観点から特定多数決の適用分野が拡大し同手続が原則となり，これまでの流れ通り民主主義の強化の観点から欧州議会の権限強化が図られ，欧州議会と理事会の共同決定手続が原則となった[8]。

　ニース条約の発効後，2004年5月1日に，キプロス，マルタ，それに東欧諸国のポーランド，ハンガリー，チェコ，スロバキア，スロベニア，

---

[7] ニース条約につき，アイルランドで国民投票が行われたが否決された。2度目の国民投票を経て，ニース条約は発効することになった。

[8] ニース条約による機構改革については，中西優美子「EU機構改革の見通し」『海外事情』Vol. 48 No.11 2000年 13-26頁参照。

ラトビア，リトアニア及びエストニアの 10 カ国が加盟し，2007 年 1 月 1 日に，ルーマニア及びブルガリアが加盟し，EU の加盟国数は 27 カ国に拡大した。トルコとクロアチアに対しては，2005 年 10 月に加盟交渉を開始した。クロアチアについては，おおよその目処がつき，2013 年 7 月 1 日の加盟を予定している。マケドニア，アイスランド，モンテネグロ及びセルビアが加盟候補国として認められている。

1.4 欧州憲法条約からリスボン条約へ

●欧州憲法条約

〈欧州諮問会議〉　ニース条約は 2001 年 2 月 26 日に発効したが，ニース条約は機構改革を中心とし，将来の EU がどうあるべきかという問題は，次の条約交渉の政府間会議に積み残された。改革の積み残しは，ニース条約に付属する宣言 23「連合の将来に関する宣言」の中に，述べられた[9]。宣言 23 の 5 項では具体的な検討課題として，①補完性原則を反映した，EU と構成国間のより正確な権限配分を設定し，監視する方法，②ニースで合意された EU 基本権憲章の位置づけ，③意味を変更することなく，より明確によりよく理解されるための条約の簡素化，④EU における国内議会の役割の 4 つが列挙された。そこで，ニース条約の発効を待たず，2001 年 12 月，ラーケン欧州理事会において，「EU の将来に関するラーケン宣言」がだされた。同宣言において，特に，以下の 4 つが問題として挙げられた。①EU における権限のよりよい配分と明確化，②連合の法的文書の単純化，③連合における民主化，透明性の確保及び効率化，④欧州市民のための憲法である。これらの諸問題を検討する，**欧州諮問会議**（コンベンション）が，2002 年 2 月 28 日にフランスの元大統領ディスカール・デスタン（Valéry René Marie Giscard d'Estaing）を議長として開催された。

　欧州諮問会議は，各構成国政府の代表，国内議会の議員，欧州議会の議員及び欧州委員会の代表，並びに，加盟を控えていた加盟申請国の政府代

9　中西優美子「欧州憲法条約草案における権限配分規定」『専修法学論集』89 号 2003 年 107 頁以下参照。

表及び国内議会の議員を構成員とした。欧州諮問会議は，2003年7月10日に約1年半の任務を終了した。この欧州諮問会議が作成した欧州憲法条約草案を基礎として政府間会議が開かれ，2004年10月29日に**欧州憲法条約**（Treaty Establishing a Constitution for Europe）が調印された。

〈欧州憲法条約の特徴〉　欧州憲法条約は，4つの部から構成された。第Ⅰ部が，「基本条約」，第Ⅱ部が「基本権憲章」，第Ⅲ部が「連合の政策と機能」，第Ⅳ部が「一般・最終規定」となっていた。

欧州憲法条約は，名前通り，「憲法」と「条約」という2つの要素をもっていた。「条約」であるので，憲法といえども国家間の合意により締結された国際条約の一種である。他方，「憲法」という国家を連想させる野心的な言葉を選択しているだけあって，国の憲法と類似する規定も含まれていた。たとえば，欧州憲法条約Ⅰ-8条では，EUの旗が青地に12の金色の星の円であること（≒国旗），EUの歌はベートーベンの第9交響曲の中の喜びの歌であること（≒国歌），EUの日は，5月9日であり，全EUで祝うこと（≒建国記念日）などが定められていた。

さらに，EU機関が制定する法行為は，EU法律及び枠組法律（欧州憲法条約Ⅰ-33条）であるとされ，欧州議会と理事会が採択する法行為が，国内議会が制定する法律を連想させる形になっていた。加えて，欧州憲法条約及びEUの機関が採択する法行為が国内法に優位することも明示的に定められた（欧州憲法条約Ⅰ-6条）。欧州憲法条約からは，EUが連邦で構成国が州といったEUが連邦国家であるような像が浮かび上がってきた。

〈未　発　効〉　欧州憲法条約はすべての構成国において批准される必要があったが，フランス及びオランダで行われた国民投票で否決され，結局のところ未発効のままになった。国民投票での否決を受け，冷却期間がおかれた。2007年6月，ドイツを議長国とする欧州理事会において，改革条約（Reform Treaty）につき基本的な合意に至り，2007年7月に政府間会議が開始された。その後，2007年12月13日に**改革条約**（リスボン条約）が調印された。

リスボン条約については，アイルランドを除くすべての構成国では国内議会の議決により批准するという手続がとられたが，アイルランドでは憲法上国民投票を行うことが不可欠であった。よって，アイルランドでは国

民投票が行われることになったが，否決された。その後，一定の期間をおいて2009年10月2日に行われた2度目の国民投票でようやく可決されるに至った。リスボン条約は2009年12月1日に発効した。

●リスボン条約

〈EC条約からEU運営条約へ〉　リスボン条約は，既存のEU条約及びEC条約を改正し，EU条約は**新EU条約**に，EC条約は**EU運営条約**(Treaty on the Functioning of the European Union, TFEU) に変更された。リスボン条約は，EC条約の名称変更にとどまらず，両条約に実質的に大きな変更を加えた。ECは消滅し，EUがそれを継承した。EC条約は，もともとEEC条約（欧州経済共同体条約）であり，1957年にローマで署名された。このときに同時に署名されたのが，Euratom条約（欧州原子力共同体条約）である。リスボン条約は，Euratom条約に対しては実質的な改正をせず，Euratomはそのまま残された。つまり，Euratomは引き続き存在しEUとは別個の法人格を維持している。

　締約国である構成国が共通の目的を達成するために権限を付与するEUを締約国間に設立した，とEUが位置づけられた（EU条約1条）。EUは，EU条約及びEU運営条約を基礎としている。これらの条約は，同一の法的価値をもつ。また，2000年にニース合意された**EU基本権憲章**は，リスボン条約により両条約と同等の法的価値を有すると定められた。

〈新条約の構成〉　新EU条約は，前文と55カ条から構成される。その具体的な構成は，第1編が「共通規定」，第2編が「民主主義の原則に関する規定」，第3編が「機関に関する規定」，第4編が「先行統合」，第5編が「連合の対外行動に関する一般規定及び共通外交安全保障政策に関する特別規定」，並びに第6編「最終規定」となっている。他方，EU運営条約は，前文と358カ条から構成される。EU運営条約は，EUの権限行使の分野，限界及び取決め並びにEUの政策運営について定めている。その具体的な構成は，以下の通りである。第1部「原則」，第2部「非差別及び連合市民権」，第3部「連合の域内政策と活動」，第4部「海外の国及び領土の連合」，第5部「連合の対外行動」，第6部「機構及び財政に関する規定」，第7部「一般規定及び最終規定」となっている。

リスボン条約により条文番号が1から振り直された。これまで数度の改正を経ており，条約名と条文番号が変化してきた。たとえば，共通通商政策に関する条約は，もともとEEC条約113条であったが，マーストリヒト条約によりEC条約113条になり，アムステルダム条約によりEC条約133条になり，リスボン条約によりEU運営条約207条になった。

〈枠組変更〉　また，リスボン条約により枠組も変更された。これまでは，3本柱構造，すなわち，第1の柱がEC，第2の柱が共通外交安全保障政策，第3の柱が警察・刑事司法協力となっていた。しかし，リスボン条約においては，3本柱構造が消滅した。第3の柱であった警察・刑事司法協力がこれまでのEC条約，現在のEU運営条約の枠組に移行した。ただ，第2の柱であった共通外交安全保障政策は，EU条約第5編に規定されることとなった。また，別の枠組の変化は，EU運営条約第5部に「連合の対外行動」と題される部がおかれたことである。このように対外行動に関して特別の枠組が設定されたのは，初めてである。リスボン条約による主な実質的な変化は，EUへの法人格の付与，市民の参加，国内議会の関与，欧州議会の権限拡大など民主主義の赤字を改善するための民主主義の強化，基本権のより確実な保障，機構改革，EUと構成国の権限配分の明確化，EUの新たな権限拡大，EUからの脱退規定の導入，改正手続の改正などである。それぞれの詳細については関連する章で述べることにする。

EUの拡大と深化

1950年5月9日	シューマン宣言
1951年4月18日	欧州石炭鉄鋼共同体（ECSC）条約調印（6カ国）
1952年5月27日	欧州防衛共同体条約調印（未発効）
1952年7月23日	欧州石炭鉄鋼共同体条約発効
1957年3月25日	欧州経済共同体（EEC）条約及び欧州原子力共同体（Euratom）条約調印
1958年1月1日	欧州経済共同体条約及び欧州原子力共同体条約発効
1965年4月8日	機関合併条約調印
1967年7月1日	同条約発効
1973年1月1日	イギリス，アイルランド，デンマーク加入（6カ国→9カ国）
1981年1月1日	ギリシャ加入（9→10）
1986年1月1日	スペイン，ポルトガル加入（10→12）
1986年2月17日 及び2月28日	単一欧州議定書（SEA；Single European Act）署名
1987年7月1日	単一欧州議定書発効
1992年2月27日	マーストリヒト条約（欧州連合条約）調印
1993年11月1日	同条約発効
1995年1月1日	オーストリア，スウェーデン，フィンランド加入（12→15）
1997年10月3日	アムステルダム条約調印
1999年5月1日	同条約発効
2001年2月26日	ニース条約調印
2003年2月1日	同条約発効
2004年5月1日	キプロス及びマルタ並びにチェコ，スロバキア，ポーランド，ハンガリー，ラトビア，エストニア，リトアニア及びスロベニア加入（15→25）
2004年10月29日	欧州憲法条約調印（未発効）
2007年1月1日	ルーマニア，ブルガリア加入（25→27）
2007年12月13日	リスボン条約調印
2009年12月1日	同条約発効
2013年7月1日	クロアチア加盟（27→28）
2020年1月31日 2月2日	午後11時（ロンドン），午前0時（ブリュッセル）イギリス脱退（28→27）
現　在 （2022年8月現在）	加盟交渉開始国：トルコ，アルバニア，マケドニア，モンテネグロ，セルビア 加盟候補国：ウクライナ，モルドバ その他の潜在的加盟候補国：ボスニア・ヘルツェゴヴィナ，コソボ，ジョージア

■第2章■
EUの性質とEU法

2.1 EUとは

　EUは，"European Union"の略であり，日本語では欧州連合あるいは欧州同盟と訳される。EU条約1条1段は，EUは，構成国が共通の目的を達成するために権限を付与した組織であり，条約締約国である構成国が条約によりEUを設立したと定める。これは，ドイツでよく議論される"Herren des Vertrages"（条約の主人）と関係する。EUは，国家の存立とは異なり，構成国間の条約により設立された。

　EUとは何かを明らかにするために，いくつかの角度から見ていくことにする。

●国家結合の一形態

　『ブリタニカ百科事典』では，**国家結合**は，「複数の国家が結びつき，国際関係において全面的あるいは部分的に一体となって行動する結合体」との説明がある。『国際関係法辞典』の国家結合の項目では，次のように説明がされている。国家結合の態様はさまざまであり，法的に定まった類型も存在しないが，実在した諸々の国家結合を基礎にした，類型化は存在する。その中で複数の国家が対等な資格で結合する並列的国家結合には，同君連合，国家連合，連邦国家の3形態があると[10]。同君連合は，君主の同一性を靭帯とする結合を意味するとされるため，君主をもたないEUは，

---

[10] 深町明子「国家結合」国際法学会編『国際関係法辞典』第2版 三省堂 2005年 382頁。

同君連合ではない。国家連合は，独自の機関を備えた国際法上の並列的国家結合のことを意味する。国家連合自体は，全く国際法の主体とならないか，または，分野が限定された国際法の主体にとどまるのに対して，連合を構成する国家は，主権及び国際法の主体性を維持する。国家連合の機関は，連合を構成する国家の国民に対しては，立法権を有さないが，国家に対しては，指示及び強制権限を行使することが可能である[11]。連邦国家では，連邦自体が統一的な国際法上の法主体性を有し，連邦構成国は一般に国際法主体性ないし法人格を失う[12]。

それでは，EUは**国家連合**（Staatenbund）なのか，**連邦国家**（Bundesstaat）なのか。結論を言うと，EUは，国家連合でもなく，連邦国家でもない。換言すれば，国家連合の段階を越えているが，連邦国家の段階まで至っていない状況にあると捉えられる。EUの性質を表す言葉として，sui generis（特別なもの）がよく用いられるのもそのことの証左である。ドイツ連邦憲法裁判所は，EU条約（マーストリヒト条約）がドイツ憲法である基本法（Grundgesetz）に対し合憲であるか否かという問題を扱った際に，EUにこれまでの既存の概念とは異なる"Staatenverbund"という概念を創り出した[13]。

● **国際組織の一形態**

国際共同体（社会）には，多くの国際組織（機構，機関）が存在する。**国際組織**とは，「複数の国家によって，共通の目的達成のために，国家間の条約に基づいて直接設立された，独自の主体性を有する，常設的な団体を指す」[14]。EUは，そのような定義に当てはまる国際組織の一つである。

● **地域的国際組織の一形態**

国際組織は**普遍的国際組織**と**地域的国際組織**に区別される。普遍的国際

---

[11] 中西優美子「国家連合」国際法学会編『国際関係法辞典』第2版 三省堂 2005年 389頁.
[12] 桜井利江「連邦」国際法学会編『国際関係法辞典』第2版 三省堂 2005年 894頁参照.
[13] BVerfGE 89, 155；西原博史「52 ヨーロッパ連合の創設に関する条約の合憲性——マーストリヒト判決」ドイツ憲法判例研究会編『ドイツの最新憲法判例』信山社 1999年 331頁.
[14] 横田洋三「国際機構」国際法学会編『国際関係法辞典』第2版 三省堂 2005年 259頁.

組織は，原則的にすべての国に開放されるのに対して，地域的国際組織は構成国の地域が限定されている。EU は，欧州連合という名の通り，欧州の諸国にその構成国が限定されている。EU 条約 49 条に EU に加盟申請できる国は，欧州の諸国との定めがある。ただ，厳密にどこまでが欧州かという問題は不明であり，トルコはその領土の一部が欧州，残りがアジアに属するが，EU への加盟申請は受け入れられている。

● 超国家組織

EU は，しばしば**超国家組織**（supranational organization）と呼ばれる。超国家性（supranationality）は，構成国が主権の一部を EU に移譲し，EU の中に独自の機関が存在し，その機関が採択する措置にたとえ反対票を投じたとしても特定多数決で決定され拘束されることから生じている。これが，他の国際組織と EU を区別するメルクマールになっており，EU をユニークなものにしている。

EU 諸条約及び EU の機関が採択した措置は，構成国のみならず個人も拘束する。EU 法に違反した場合は，会社，個人及び構成国にも罰金が課せられる。

● EU の最終形態

EU はどこに向かっているのか。EU はすでに最終形態にたどりついているのか。

EU は，構成国に代わり，連邦国家を形成しているわけではない。それでは，EU は，連邦国家を目指しているのか。これらに対する明確な答えはないが，答えを導くための手掛かりは存在する。

1950 年にフランス外相シューマンによりだされたいわゆるシューマン宣言では，石炭・鉄鋼の共同管理をする最高機関の設立が平和を保障するのに不可欠な**欧州連邦**（eine europäische Föderation）に対する最初の具体的な一歩となると述べられた。シューマン宣言を起草したのは，後に「ヨーロッパの父」と呼ばれるフランス人ジャン・モネである。少なくとも彼の構想では，欧州連邦が最終形態として映っていたと捉えられる。

EEC 条約（現 EU 運営条約）の前文においては，「欧州諸人民間の一層緊

密化する連合 (an ever closer union among the people of Europe)[15] の基礎を確立することを決意し」と定められている。1992年署名のマーストリヒト条約でEUが創設されたが，「欧州諸人民間の一層緊密化する連合を創設する過程を継続することを決意し」と定めている。また，EU条約1条2段は，「(EU) 条約は，欧州諸国民に一層緊密化する連合を創設する過程において新たな段階に踏み出すものであ」ると，定めている。これらのことは，EUが創設されたことによっても，あるいは，一番新しい条約であるリスボン条約によっても，EUが最終形態に到着したわけではなく，また，最終形態が示されたわけでもないことを意味している。EUはこれまでにない実験を行っていると言い表されることがあるが，最終形態が確定していないことは，EUの弱点ではなくて，時代の変化に対応していくことのできる柔軟性でもある。

2.2 法人格と法律上の能力

●E（E）Cの法人格

　民法上契約を結ぶには権利能力(Rechtsfähigkeit)と行為能力(Geschäftsfähigkeit)の両方が必要である。それに対応して，条約を締結するには，権利能力を示す**国際法人格**と行為能力を示す**条約締結権限**が必要である。ただ，これらは必ずしも明示的に規定されていなくともよく，条文や実行等から黙示的に導出される場合もある。

　EECの条約締結権限は，締結時からたとえば通商政策に関するEEC条約113条（現EU運営条約207条）1項に「1. 過渡期間の終了後，共通通商政策は，特に関税の改正，関税協定及び通商協定の締結……に関して一律の原則に基づくものとする」と定め，第三国や国際機関との条約締結を想定していた。EEC条約はその締結時から210条（その後EC条約281条）において「共同体は，法人格を有する」という文言を規定していた。欧州司

---

[15] ドイツ語では "eine immer engere Union der Völker Europas" となり，フランス語では "une union sans cesse plus étroite entre les peuples de l'Europe" となっている。欧州の諸国民ではなく，欧州の諸人民となっているところが注目される。

法裁判所は，AETR（Case 22/70）事件において EEC 条約 210 条の文言につき，「一般及び最終規定」と題される EEC 条約第 6 部の冒頭におかれる EEC 条約 210 条の規定は EC が同条約第 1 部に定める目的の全分野において第三国と条約を締結する能力を有することを意味するとした[16]。

　EEC 条約 210 条（その後 EC 条約 281 条）の規定は宣言的意義のみを有し，国際法主体として第三国から承認されなければならなかった。EEC 設立当初においては，政治的思惑もあり，旧ソ連圏の国家からは EEC に対してそのような承認が行われなかったこともあった。また，国際組織においても EEC 設立初期では，国際法主体は国家のみに限定され，EEC 自体は国際組織との条約を締結できない場合も多々存在した。たとえば，ワシントン条約（CITES）は，1973 年に採択されたが，当時 EC の環境分野における国際プレゼンスは低く，構成国のみがその当事国となった。1970 年代の一連の黙示的条約締結権限の法理の発展及び環境分野などにおける EC の個別的権限拡大により，EC は多数の国際条約の締結権者となってきた。リスボン条約発効に伴い，EC は消滅し EU が EC を継承した。

● EU の法人格

　リスボン条約以前は，EC に明示的に法人格が与えられていたものの（旧 EEC 条約 210 条＝旧 EC 条約 281 条），EU に対しては相当する条文が定められていなかった。EU は，マーストリヒト条約（EU 条約）により設立され，その後，アムステルダム条約，さらにニース条約により EU 条約が改正されたものの，法人格に関する規定は追加されなかった。しかし，アムステルダム条約において EU の条約締結権限にかかわる旧 EU 条約 24 条が追加され，それに基づく条約締結の実行が積み重なってきた。そのような中で，EU には法人格は明示的に付与されていないものの，その実行から黙示的に法人格を与えられているという解釈が肯定されるようになってきた[17]。リスボン条約による EU 条約の改正により，EU 条約 47 条において，あらためて「連合は，法人格を有する」と定められた。

---

[16] Case 22/70 Commission v. Council［1971］ECR 263, paras.13-14.
[17] 庄司克宏『EU 法　政策篇』2003 年　岩波書店 145-149 頁参照。

●EU 機関・下部組織の法人格

　欧州議会，欧州首脳理事会，理事会，欧州委員会などの EU の機関は，それ自体法人格を有さないが，EU の機関の中には法人格を有するものがある。たとえば，欧州中央銀行（ECB）は，法人格を有する（EU 運営条約 282 条）。また，エイジェンシー（Agency）[18] と呼ばれる下部機関も法人格を有する。

●法律上の能力

　EEC 条約は，210 条において法人格について定め，211 条において法律上の能力について定めていた。EEC 条約 211 条（後に EC 条約 282 条，現 EU 運営条約 335 条）は，「共同体は，各構成国内においてその国の法律により法人に与えられる最も広範な法律上の能力を有し，特に不動産及び動産を取得し，または譲渡し，及び訴訟の当事者となることができる。この目的のため，共同体は，委員会によって代表される」と定めていた。EC（現 EU）は，この法律上の能力を与えられていることにより，法人のように土地を買ったり，物品を購入したりできる。EU の諸機関は，ベルギーのブリュッセルを含め，ヨーロッパ各地に散在している。諸機関の関連する土地・建物等の売買にこの条文が関係する。

　EC 条約 282 条（旧 EEC 条約 211 条，現 EU 運営条約 335 条）の「共同体は，委員会によって代表される」という規定に関する C-137/10 事件[19] を紹介する。理事会は，下部機関として構成国政府の代表からなる常駐代表委員会をベルギーのブリュッセルに設置している。2004 年に東欧諸国を中心とした 10 カ国が EU に加盟したが，それに先立って新加盟国の代表を滞在させるために，理事会は 2002 年 11 月 20 日にベルギー地方政府に計画許可を申請した。計画許可は与えられたものの，理事会は約 110 万ユーロの町計画料金（town planning charges）を支払わなければならないという文書を受け取った。そのような料金は，EC の特権免除に関する議定書 3 条を基礎に EC が免除されている税金にあたるとして，理事会は 2004 年 1 月

---

[18] 下部組織（エイジェンシー）については，第Ⅲ部第 14 章を参照。
[19] Case C-137/10 European Communities v. Région de Bruxelles-Capitale [2011] ECR I-3515.

23日に町計画理事会（Town Planning Board）に行政申立てを行い，さらに2004年11月10日にブリュッセル地方政府に申立てを行った。しかし，期限が過ぎているとして申立ては却下され，結局理事会はベルギー国務院（Belgian Council of State）に提訴した。同国務院は，EC 条約 282 条が「共同体は委員会によって代表される」と定めていたため，理事会の提訴は許容されないのではないかと考えた。国務院は，この点につき，欧州司法裁判所に先決裁定を求めた。裁判所は，広範な法律上の能力を与えられているのは共同体であること，欧州委員会は委任を通じて他の機関に権限を移譲できたこと，問題となる行為または訴訟によって欧州委員会ではなくそれに関連する他の機関が共同体を代表することが共同体の利益になることを挙げ，当該事件において訴訟当事者となったのは欧州委員会ではなく理事会であったが EC 条約 282 条の違反ではなく，共同体は有効に理事会により代表されたとした。

旧 EC 条約 282 条（旧 EEC 条約 211 条）に相当するのは，現 EU 運営条約 335 条である。EU 運営条約 335 条は，「共同体」を「連合」に変更した上で，「ただし，それぞれの機関の活動に関する事項については，その運営上の自律性に基づき，それぞれの関係機関により代表される」という文言を最後に追加した。この文言の追加変更により，欧州委員会のみならず，その他の機関も自己の機関の活動に関する事項につき，EU を代表できるということが明確化された。

また，位置的には EC 条約 281 条（旧 EEC 条約 210 条）が，現 EU 条約 47 条に移されたことに伴い，法律上の能力に関する EU 運営条約 335 条（旧 EEC 条約 211 条，後に EC 条約 282 条）は第 7 部「一般規定及び最終規定」の冒頭におかれることになった。

2.3 EU 法とは

EU 法は，国際法でもあり国内法でもある。同時に，EU 法は，国際法でもなく，国内法でもない，独自の法秩序を形成している。このなぞなぞのような言葉が EU 法の実態を表している。EU 法の存在形式（法源）に

ついては，2.4 に詳しく述べることにするが，ここでは簡単に EU 法がどのような法であるかを示しておくことにする。

〈国際法としての EU 法〉　EU 法が国際法であるということは，EU（かつては ECSC や EC も存在した）がもともと国家間で締結された国際条約に基礎をおいているということに由来する。ECSC 条約によって ECSC が設立され，EEC 条約（現 EU 運営条約）によって EEC が設立され，また，EU 条約によって EU が設立された。EU 法の主要構成要素である EU 条約及び EU 運営条約のいずれもが国際条約（国際法）であるということが前提としてある。

〈国内法としての EU 法〉　次に EU 法が国内法であるということは，何をもってそう言えるのであろうか。EU には，第 4 章において詳述するが独自の機関がおかれている。これらの機関の中には，立法機関あるいはもっと大きな概念でいうと意思決定機関がある。このような機関は，EU 立法あるいは EU 法行為と呼ばれる，国家においては法律・法令等に相当するものを採択する。この EU 立法あるいは EU 法行為の中には，採択されると直接適用されそのまま国内法になるもの，あるいは，国内議会により国内法化されて国内法になるものがある。よって，EU 法は，国内法でもあると捉えられる。

〈独自の法秩序としての EU 法〉　最後に EU 法は，国際法でもなく，国内法でもない，独自の法秩序を形成している。EU は，EU 条約及び EU 運営条約を基礎にして形成されているが，EU の中で EU 独自の機関により意思決定がなされ，そのだされた法行為の履行が EU の機関によって確保されることになっている。1964 年の Costa v. E.N.E.L.（Case 6/64）事件[20] において，EU 司法裁判所は，「EEC 条約は，通常の国際条約とは異

---

[20] Case 6/64 Costa v. E.N.E.L. [1964] ECR 585. "By contrast with ordinary international treaties, the EEC Treaty has created its own legal system which……became an integral part of the legal systems of the Member States……"（下線部筆者）；中村民雄「2　EC 法の国内法に対する優位性」中村民雄・須網隆夫編『EU 法基本判例集』第 2 版 2010 年　日本評論社 14 頁；須網隆夫は，この判例につき 1963 年の Van Gend en Loos 事件判決に見られた「国際法の」という枕ことばが除かれた「独自の法システムを創設」としたことに注目している。須網隆夫「EU 法と国際法──多元的な法秩序観と EU 法秩序の性質」福田耕治編『多元化する EU ガバナンス』2011 年　早稲田大学出版部 7, 8 頁。

なり，……構成国の法システムの一部となる，独自の法システムを創り出した」と判示した。さらに，同事件において，裁判所は，続けて「独自の機関，独自の法人格，独自の法的能力および国際的場における代表能力，さらに，とくに，主権の制限，すなわち国家から共同体への移譲に生来する真正の権限を有する，無期限の共同体の創設によって，構成国は限定された領域ではあるがその主権的権利を制限し，それによってその国民および自己の両方を拘束する法の団体を創設した」と判示した[21]。この判例は，EEC の設立当初にだされたものであるが，EU および EU 法の性質を端的に示している。

　EU 法が独自の法秩序を形成していることに関連する条文として，EU 運営条約 344 条が挙げられる。同条は，「構成国は，両条約（EU 条約および EU 運営条約のこと）の解釈および適用に関する紛争を，両条約に定める以外のいかなる解決方法にも訴えないことを約束する」と定める。この条文は，EU の自己完結性を示している[22]。

2.4　EU 法の法源（存在形式）

　EU 法の法源（存在形式）は，大きく分けて第一次法，第二次法，判例，構成国に共通の一般原則，慣習国際法になる。以下において，それぞれ説明していくことにする。

---

[21] Ibid., "By creating a community of unlimited duration, having its own institutions, its own personality, its own legal capacity and capacity of representation on the international plane and, more particularly, real powers stemming from a limitation of sovereignty or a transfer of powers from the States to the Community, the Member States have limited their sovereign rights, albeit within limited fields, and have thus created a body of law which binds both their nationals and themselves."

[22] 自己完結性に関わる事件として，MOX 工場事件がある。同事件では，アイルランドが他の国際裁判所に提訴したことは，EC 条約 10 条（現 EU 条約 4 条 3 項）および EC 条約 292 条（現 EU 運営条約 344 条）に違反する行為であると判示された。Case C-459/03 Commission v. Ireland［2006］ECR I -4635；中西優美子「MOX 工場事件に対する欧州司法裁判所の排他的裁判管轄権」『専修ロージャーナル』No.2 2007 年 171, 183-184 頁。

2.4 EU 法の法源（存在形式）

● **第一次法**（primary sources）

第一次法は，**EU 基礎条約**と **EU が第三国あるいは他の国際組織との間で締結した条約**に分けられる。

〈EU 基礎条約〉　EU 基礎条約としてもっとも重要なものは，EU 条約と EU 運営条約である。なお，条約ではないが，EU 基本権憲章はそれらと同等の法的価値を有する。その他，Euratom 条約，機関合併条約，加入条約，予算に関するルクセンブルク条約（1970），欧州議会の直接選挙に関する理事会の議定書などが挙げられる。条約に付属する議定書は，条約と同等の法的価値を有する。他方，条約に付属する宣言は，条約あるいは付属議定書と同等の法的価値を有するものではないが，条約を解釈するにあたって，条約に関連する文書として考慮されなければならない[23]。

〈第三国あるいは他の国際組織との間で締結した条約〉　EU（EC）はこれまで第三国あるいは他の国際組織との間で条約を締結してきた。リスボン条約発効以前は，第1の柱においては EC が国際法主体であり，条約締結者として条約を締結してきたが，同条約発効後は EU が国際法主体となり，条約締結者として条約を締結している。国際条約の中には，EU（EC）が単独で締結するものもあるが，EU が構成国と一緒に**混合協定**（Mixed Agreement）と呼ばれる形で締結するものもある。いずれの形をとっていたとしても，EU（EC）により締結された条約は，EU の機関及び構成国を拘束する（EU 運営条約216条2項）。また，EU が締結した条約は，**EU 法の構成要素**（integral part of the Union law）となる。

なお，混合協定の形で締結された国際条約について，同条約全体にわたって EU 司法裁判所の管轄権が及ぶのか，それとも EU の権限範囲に対してのみ管轄権が及ぶのかという議論が存在したが，EU 司法裁判所は Dior（Joined Cases C-300/98 and C-392/98）事件において，EU がまだ立法していない分野，すなわち構成国の権限分野に属する事項に対しても将来生じうる齟齬を避けるための統一的解釈の必要性から自己の裁判管轄権を肯定した[24]。もっとも国際条約が EU 法の一部になることと国際条約が直接効果をもつことは同じではなく，取消訴訟の際には判例法により確立された

---

[23] Case C-192/99 Kaur [2001] ECR I-1237, para.24.

条件に基づき国際条約が直接効果を有するか否かが審査される（これについては，後述第 12 章を参照）。

これまで EU（EC）により締結された条約は数多いが，主要なものとしては，アフリカ，カリブ，太平洋諸国（ACP 諸国）とのコトヌー協定あるいは東欧諸国と締結したヨーロッパ協定などの連合協定（EU 運営条約 217 条），EFTA 諸国と締結した欧州経済領域協定，WTO 協定をはじめとする通商に関する諸条約，国際環境に関する諸条約などが挙げられる。

● 第二次法（secondary sources）

第二次法は，第一次法から派生する法なので，**派生法**とも呼ばれる。また，EU の機関が採択する措置という点から **EU 法行為**あるいは **EU 立法**とも呼ばれる。EU 機関は，第一次法である EU 条約あるいは EU 運営条約の条文の中の法的根拠条文を基礎として，措置を採択する。また，すでに採択された EU 法行為に依拠して，さらなる措置が採択された場合，その措置を**第三次法**と呼ぶ場合がある。EU 法行為の種類としては，規則，指令，決定，勧告・意見等が存在するが，詳細については第 8 章で説明する。

● 判　例

EU 司法裁判所の判例には先例拘束性は存在しないが，**判例法**（case law）が重要な役割を果たしてきている。ECSC が設立された当時の加盟国は，フランス，西ドイツ，イタリア，オランダ，ベルギー及びルクセンブルクの 6 カ国でいずれも大陸法系に属する国であった。それらの国家では，判例の重要性は無視できないものの，第一義的には成文法の解釈が重要視される。他方，イギリスなどのコモンローに属する国も EU（EC）に加盟した。そこで，ますます判例法の重要性が増している。通常，裁判所の判例には，先例（precedent）の引用あるいは参照が多く見られる。

EU の主要な原則の大部分は判例法により確立されてきた。たとえば，

---

[24] Joined Cases C-300/98 and C-392/98 Parfums Christian Dior v. TUK Consultancy BV ［2000］ECR I -11307；中西優美子「TRIPs 協定 50 条の解釈権限と適合解釈」『国際商事法務』Vol.29 No.8 2001 年 976-981 頁。

EU法の国内法に対する優位，EU法の直接効果，黙示的条約締結権限の法理，国内機関によるEU法執行の際の原則，EU法上の国家責任などである。詳細については，関連する個別の章で説明する。

● **法の一般原則**（general principle of law）

法の一般原則は，条約ではないので，独立のカテゴリーを立てているが，第一次法に分類することも可能である。

E（E）C条約（現EU運営条約）及びEU条約には欠缺があり，EU法の欠缺を埋めるためにEU（EC）諸条約自体，構成国国内法あるいは国際法の中から一般原則が導かれてきた。EU司法裁判所は，このような法の一般原則を用いることで行政手続及び法治国家的保障を行い，他方で，基本権の保護を行ってきた。

前者に関連しては，法的安定性及び信頼保護の原則，適正手続の原則，比例性原則，聴聞の保障，一事不再理，決定の際の理由づけの義務などが発達し，後者に関連して，欧州人権条約および構成国の共通の憲法の伝統に依拠することで人権，平等の原則，宗教の自由，職業の自由，差別の禁止，言論の自由，刑法の遡及効の禁止，私的空間の保護などが発達してきた。

EU（EC）諸条約が改正されるにあたって，EU司法裁判所が法の一般原則としていたものの一部が同条約の中に明文で定められるようになった。たとえば，比例性原則は，主にドイツで用いられてきた原則であるが，EU司法裁判所が判例の中で何度もこの原則に言及し，現在はEU条約5条に定められている。また，差別の禁止については，EEC条約7条に定められた国籍差別の禁止及びEEC条約119条に定められた男女の賃金平等の原則という限定された差別の禁止のみがEEC条約には定められていたが，これらからEU司法裁判所はより一般的な差別の禁止という法の一般原則を発展させた。

現在は，国籍差別の原則を定めるEU運営条約18条の他，男女の賃金平等の原則を広げた一般的な男女平等原則を定めるEU運営条約8条，さらに，「連合は，その政策及び活動の策定と実施において，性別，人種もしくは種族的出身，宗教もしくは信条，障害，年齢または性的指向に基づ

く差別と闘うことを目指す」と定めるEU運営条約10条が存在する。さらに，リスボン条約によりEU基本権憲章が法的拘束力をもつようになり，EU基本権憲章に照らしたEU法行為による基本権侵害の有無の審査が増え，基本権保護の確保がより確実なものとなった[25]。

法の一般原則は，条約やEU立法の解釈の際に欠缺を埋めるために用いられてきたが，それ以外の役割もある。Kadi (Joined Cases C-402/05 P and C-415/05 P) 事件[26]において国連安保理の決議を実施するための理事会規則の合法性が問題となった。

欧州司法裁判所は，次のように判示した。EC条約300条7項（現EU運営条約216条2項）の規定が国連憲章に適用可能であると想定すると国連憲章は共同体（EU）第二次法行為に対して優位するだろう。しかし，共同体（EU）法次元の国連憲章の優位は，第一次法，特に，基本権が一部を形成する一般原則までは広がらないであろうとした。このように判示した上で裁判所は，効果的な司法保護の原則は共同体（EU）法の一般原則であり，かつ，EU基本権憲章47条においても定められているとして，理事会規則が同原則に違反するか否かの審査を行った。すなわち，欧州司法裁判所は，法の一般原則につきEU条約及びEU運営条約などの第一次法と同じ位置づけをし，法の一般原則に違反するEU立法は無効になりうることを示した。

Kadi事件において，欧州司法裁判所は，第一次法，特に基本権がその一部を形成するとして，一般原則を第一次法に位置づけたが，別の判例においても一般原則が憲法的地位（constitutional status）を有することを確認し，EU法の中での高次の位置においている。また，一般原則の重要性を

---

[25] 中村民雄「個人保険料・保険金の男女平等」『貿易と関税』Vol.59 No.8 2011年 75-69頁；Case C-236/09 Association belge des Consommateurs Test-Achats ASBL etc v. Conseil des ministres [2011] ECR I -773, paras.16-17.

[26] Joined Cases C-402/05 P and C-415/05 P Kadi and Al Barakaat International Foundation v. Council and Commission [2008] ECR I -6351；中村民雄「国連安保理を実施するEC規則の効力審査」『ジュリスト』No.1371 2009年 48-59頁；同「42 国連の法とEC法の関係──国連決議を実施するEC措置の司法審査」中村民雄・須網隆夫編『EU法基本判例集』第2版 2010年 日本評論社 367-378頁；中西優美子「欧州司法裁判所によるEU基本権保障の貫徹──Kadi対EU理事会事件」『国際人権』20号 2009年 125-127頁。

示す判例がある。構成国の指令の義務違反は，指令に定められた期限が過ぎたときから発生するが，Mangold（Case C-144/04）事件[27]においては，欧州司法裁判所は，「指令の国内実施期限がまだ到来していない場合でさえ，国内裁判所は共同体法と合致しない可能性のある国内法の規定を無効にすることによって，年齢に関する非差別の一般原則の完全な効果（full effectiveness）を保障する義務を負う」とした。さらに，Kücükdeveci（Case C-555/07）事件[28]において，欧州司法裁判所は，年齢非差別の原則の完全な効果を確保する必要性は，関連する先決裁定を求めることが任意であったとしても国内裁判所が問題となる国内法規定を適用してはならないということを意味するとして，Mangold事件の判示をさらに強化した。

● 慣習国際法

EUは，国家及び国際組織と同様に，**国際共同体**（International Community）の一員として位置づけられる。EUの目的規定であるEU条約3条5項は，「連合は，平和，安全保障，地球の持続可能な発展，人々の連帯と相互尊重，自由でかつ公正な貿易，貧困の根絶，とりわけこどもの権利を含む人権の保護，及び国際連合憲章の諸原則の尊重をはじめとする国際法の厳格な遵守と発展に寄与する」（下線部筆者）と定めている。EUの対外政策を定めるEU条約21条1項においても「（EUが導かれる）諸原則とは，民主主義，法の支配，人権と基本的自由の普遍性及び不可分性，人間の尊厳の尊重，平等及び連帯の原則，並びに国際連合憲章及び国際法の諸原則の尊重である」（下線部筆者）とされている。また，EU運営条約の前文では，「欧州と海外諸国とを結ぶ連帯を固めることを意図し，国際連合の諸原則に従い，相互の繁栄の発展を確保することを希望し」（下線部筆者）と規定されている。このようにEUは，国際協調の姿勢をとっている。

また，EU司法裁判所の判例においてもEU法の解釈のために国際法を援用したり，EU法が国際法の目的と趣旨に沿って解釈されるべきとの見解が示されたりしてきた[29]。ウィーン条約法条約は，EU自体は締約主体

---

[27] Case C-144/04 Mangold [2005]ECR I -9981, para.78.
[28] Case C-555/07 Kücükdeveci [2010] ECR I -365, paras.53-54.

となっていないが，慣習国際法を法典化したものとの理解から，EUが第三国または国際組織と締結した国際条約を解釈する際などにEU司法裁判所は援用してきている[30]。Poulsen（Case C-286/90）事件では，漁業資源の保護に対する技術的措置を定める規則が問題となり，海洋に関する慣習国際法に照らしてEU立法が解釈されなければならないと判示された[31]。また，第一審裁判所（現一般裁判所）においてウィーン条約法条約18条が問題となったOpel（Case T-115/94）事件では，「信義誠実の原則は，国際司法裁判所によって認定された慣習国際法の法規であり，それゆえ共同体を拘束する」と判示された[32]。さらに，Racke事件（Case C-162/96）では，EUは，その権限行使において国際法を尊重しなければならないとし，慣習国際法にEC機関は拘束され，慣習国際法はEU法の一部であると判示した[33]。加えて，同事件においては，慣習国際法に照らしてEU立法の有効性審査が可能であることを示した。もっとも慣習国際法の法規の複雑さと概念の不確定さから，EU規則の有効性に関わる司法審査は理事会が「明白な誤り」を犯したか否かにのみに限定されるとした[34]。

2.5 EU法における規範の位階性

〈第一次法＞第二次法〉　まず，第一次法は，第二次法に優位する。EU条約及びEU運営条約に反するEU法行為は，取消訴訟の対象となる（EU運営条約263条）。EU基本権憲章及び法の一般原則に反するEU法行為も取消訴訟の対象となる。EUによって締結された国際条約は，EUの機関及び構成国を拘束する（EU運営条約216条2項）ことから，EU法行為に優

---

[29]　中西優美子「欧州司法裁判所による適合解釈の義務づけの発展」『専修大学法学論集』85号 2002年 16-32頁。
[30]　ex. Opinion 2/00 [2001] ECR I -9713.
[31]　Case C-286/90 Anklagemyndigheden v. Poulsen and Diva Navigation Corp. [1992] ECR I -6019, paras.9-11.
[32]　Case T-115/94 Opel Austria v. Council [1997] ECR II -39, paras.90-93.
[33]　Case C-162/96 Racke v. Hauptzollamt Mainz [1998] ECR I -3655；中西優美子「EC法秩序における慣習国際法」『国際商事法務』Vol.30 No.9 2002年 1266-1270頁。
[34]　Case C-162/96 Racke v. Hauptzollamt Mainz [1998] ECR I -3655, paras.52-59.

位すると理解される。ただ，EU によって締結された国際条約に照らして EU 法行為の合法性を審査する際には，同条約の直接効果（裁判規範性）が問題とされる。これまで GATT・WTO 協定の直接効果（裁判規範性）が審査されてきたが，原則的に直接効果（裁判規範性）はないとされ，GATT・WTO 協定に照らした EU 法行為の無効の訴えは棄却されてきている[35]。

〈第一次法の中の位階性〉　第一次法の中における位階性については，次のようなことが言える。EU 条約及び EU 運営条約は，EU によって締結された国際条約に優位する。構成国，欧州議会，理事会または欧州委員会は，検討中の国際条約が EU 条約及び EU 運営条約と両立するか否かについて，裁判所の意見を得ることができる。裁判所が否定する場合は，当該条約が修正されまたは両条約が改正されない限り，同条約は効力を生じない（EU 運営条約 218 条 11 項）。このことから EU は原則的に EU 条約及び EU 運営条約に反するような国際条約は締結できないと捉えられる。ただ，国際条約の締結前に裁判所に意見を求めず，国際条約を締結してしまった場合，EU 法上同条約は効力をもたないが，第三国との関係においては国際法が適用され，EU の行為が国際法に違反することになりうると考えられる。

　EU の構成国が EU に加盟する前に第三国あるいは国際組織と締結していた条約と，EU 条約及び EU 運営条約との関係は，どのようになるか。EU 運営条約は，次のように定める。EU の構成国が EU に加入する前に第三国あるいは国際組織と締結していた条約が存在する場合，同条約から生じる権利及び義務は，EU 条約及び EU 運営条約の規定により影響を受けない（EU 運営条約 351 条 1 項）。たとえば，欧州委員会とスロバキア（Case C-264/09）事件においては，欧州司法裁判所は，たとえ既存の二国間協定により ATEL（スイスの電機会社）に付与される優先的なアクセスが指令 2003/54 と両立しないとしても優先的アクセスは，EC 条約 307 条 1

---

[35] Joined Cases 21 to 24/72 International Fruit Company NV and others v. Produktschap voor Groenten en Fruit ［1972］ECR 1219；Case C-280/93 Germany v. Council ［1994］ECR I -4973（いわゆるバナナ事件）；Case C-149/96 Portugal v. Council ［1999］ECR I -8395；Case C-377/02 Van Parys ［2005］ECR I -1465；中西優美子「WTO 諸規定の裁判規範性」中村民雄・須網隆夫編『EU 法基本判例集』第 2 版 2010 年　日本評論社　359-366 頁。

項（現 EU 運営条約 351 条 1 項）により保護されると判示している[36]。

他方，EU 運営条約 351 条 2 項は，当該国際条約が両条約と両立しない場合には，当該加盟国は既存の不整合を除去するために適切なあらゆる手段を講じる，と定める。この条文に関して欧州委員会とポルトガル間の争い（Case C-62/98 and C-84/98）がある。同事件において，裁判所は，EU 運営条約 351 条 2 項（事件当時 EC 条約 234 条 2 項）について，構成国は適当な措置を選択することが可能であるが，加入前の条約と EU 条約及び EU 運営条約（当時 EC 条約）の間に存在する不一致を除去することを義務づけられているとし，それゆえ，構成国による条約の調整が不可能であるような困難な場合であっても，（その条約が破棄条項を含んでいる場合）その条約を破棄する義務は排除されえないとした[37]。また，欧州委員会とオーストリア（Case C-205/06）事件では，欧州司法裁判所は，オーストリアが締結している二国間国際投資協定が EC 条約と両立しないにもかかわらず，その不両立を解消するための措置を取らなかったことが，EC 条約 307 条 2 項（現 EU 運営条約 351 条 2 項）に定める義務に反すると判示した[38]。

したがって，EU 運営条約 351 条によって，既存の国際条約が EU 法に優位するということが確保されるのではなく，一時的に交渉の期間が与えられるに過ぎないと捉えられる。

〈EU 法行為間の位階性〉　EU 法行為間の位階性について，まず規則，指令及び決定の間には位階性はない。規則が決定に優位するということはない。条約条文（法的根拠条文）に直接依拠して採択された法行為は，第二次法に依拠して採択された行為，すなわち第三次法に優位する。立法行為と立法行為により授権された法行為（非立法行為である「委任された」行為）では，立法行為が優位する。EU 法行為の詳細については，第 8 章で説明する。

---

[36] Case C-264/09 Commission v. Slovak Republic［2011］ECR I -8065.
[37] Case C-62/98 Commission v. Portugal［2000］ECR I -5171；Case C-84/98 Commission v. Portugal［2000］ECR I -5215；中西優美子「既存の二国間条約と EC 法の抵触」『国際商事法務』Vol.31 No.3 2003 年 374-378 頁。
[38] Case C-205/06 Commission v. Austria［2009］ECR I -1301；小場瀬琢磨「構成国条約関係の EC 条約適合性確保――二国間投資協定事件」『貿易と関税』Vol.58 No.6 2010 年 75-69 頁。

EU条約に基づく措置とEU運営条約に基づく措置の関係については，リスボン条約発効前と後では変化がある。リスボン条約発効前は，旧EU条約47条においてEU条約はEC条約（現EU運営条約）に影響を与えないと定められていたため，第1の柱（EC条約）が第2及び第3の柱（EU条約）に優位するという解釈が可能であった。実際，裁判所は，環境刑罰立法に関する（Case C-176/03）事件[39]，船舶源汚染刑罰（Case C-440/05）事件[40]及びECOWAS（Case C-91/05）事件[41]において，EU条約の枠組における措置がECの権限を侵害する限りにおいて旧EU条約47条に違反したと認定した。しかしリスボン条約発効後，旧EU条約47条はEU条約40条に変更された。EU条約40条は，共通外交安全保障政策（旧第2の柱）がEU運営条約（旧EC条約）に定められるEUの権限の行使に関して影響を及ぼさないと定める一方で，EU運営条約に定められる政策の実施は，共通外交安全保障政策におけるEUの権限行使に関し影響を及ぼさないとしている。結果，双方が影響を及ぼしてはならないことになり，EU運営条約に定められた措置がEU条約に定められた措置に優位するという解釈は導くことができなくなった。

最後にEU条約，EU運営条約及びEU基本権憲章の法的な関係については，次のような明確な規定がある。「連合は，この条約及び欧州連合運営条約（以下「両条約」という。）を基礎にする。これらの2つの条約は，同等の法的価値を有する」(EU条約1条3段)。さらに，EU基本権憲章も両条約と同等の法的価値を有する（EU条約6条1項)。すなわち，EU条約，EU運営条約及びEU基本権憲章は，すべて同位におかれている。

---

[39] Case C-176/03 Commission v. Council [2005] ECR I -7989.
[40] Case C-440/05 Commission v. Council [2007] ECR I -9097.
[41] Case C-91/05 Commission v. Council [2008] ECR I -3651.

■第3章■

EUの諸価値と目的，基本権保障と民主主義及びEU市民

3.1 EUの諸価値と目的

●EUの諸価値

　欧州憲法条約は，EUの諸価値をEU条約I-2条に定めた。リスボン条約はこれを引き継ぎ，EU条約2条においてEUの諸価値を定めた。EUの諸価値は，**人間の尊厳，自由，民主主義，平等及び法の支配の尊重**，並びに少数者に属する人々の権利を含む**人権の尊重**である。さらに，これらの諸価値は，多元主義，非差別，寛容，正義，連帯及び男女の平等が広く受け入れられた社会をもつ構成国に共通のものであるとされている。

　EUは，この諸価値に単なるお飾り的位置づけを与えているわけではなく，EUのすべての政策がこの諸価値を基礎としている。EUの目的の一つは，連合の諸価値を促進することと定められている（EU条約3条）。

　また，EUの対外行動に関しリスボン条約によって新たな枠組が設定されたが，EUの対外政策が，EUの諸価値を保護，促進するためになされることが定められている（EU条約3条5項，EU条約21条2項(a)）。加えて，対外行動の際に従うべき諸原則として，民主主義，法の支配，人権と基本的自由の普遍性及び不可分性，人間の尊厳の尊重，平等及び連帯の原則，並びに，国際連合憲章及び国際法の諸原則の尊重が挙げられているが，その大半がEUの諸価値と重複するものとなっている（EU条約21条1項）。

　さらに，後述するEUへの加入の際には，EU条約2条に定められるこれらの諸価値を尊重することが加盟にあたっての大前提になっている（EU条約49条）。また，EUにいったん加盟したとしてもこれらの諸価値を

3.1 EUの諸価値と目的 37

遵守していない場合には，それに違反している加盟国に，理事会における投票権の剥奪など一定の権利を停止するという制裁が課せられることになっている（EU条約7条，EU運営条約269条）。

●EUの目的

EU条約3条は，EUの目的は，平和，EUの諸価値及びEU国民の福祉を促進することであるとした上で，具体的に**4つの目的**を挙げている。まず平和が目的に挙げられているのは，もともとEUの源，シューマン宣言において「平和の共同体」の創設が目的となっていたこととつながっている。

〈域内の自由移動〉　1つ目の目的は，**内部に境界のない自由，安全及び司法の領域**をEU市民に提供することである。より具体的には，この領域内部では，人の自由移動が対外国境管理，庇護，移民並びに犯罪の防止及び撲滅に関する適切な措置と結びついて保障されるとなっている（EU条約3条2項）。この自由，安全及び司法の領域という概念は，1999年発効のアムステルダム条約により導入されたものである。

リスボン条約においては，この概念の重要性が高められた。この目的を達成するための個別の目的と手段がEU運営条約第5編「自由，安全及び司法に関する領域」（67～89条）におかれている。同条約第5編は，第1章「一般規定」，第2章「国境管理，難民及び移民に関する政策」，第3章「民事分野における司法協力」，第4章「刑事分野における司法協力」及び第5章「警察協力」の5つの章から構成されている。第2章及び第3章は，アムステルダム条約による改正により第3の柱から第1の柱に移行した（共同体化（＝超国家化）した）分野である。

これらの章は，リスボン条約発効以前，すなわちニース条約が適用されていた際には，EC条約第7編「査証，庇護，入国及び人の自由移動に関するその他の政策」の中に定められていた。現在のEU運営条約第3章「民事分野における司法協力」は，当時「人の自由移動に関するその他の政策」という位置づけであったが，リスボン条約による改正で独立した章を与えられた。他方，残りのEU運営条約第4章「刑事分野における司法協力」及び「警察協力」は，リスボン条約によりいわゆる「共同体化（＝

超国家化）」した分野である。ニース条約時においては，政府間協力を基礎とする第3の柱におかれていたが，現在は，他のEUの政策（共通外交安全保障政策を除く）と同様に超国家組織の枠組におかれている。

〈単一市場〉　2つ目の目的は，**域内市場**を設立することである。域内市場とは，物，人，サービス及び資本の自由移動が確保される域内国境のない領域のことを意味する（EU運営条約26条2項）。さらに，EUは，「均衡のとれた経済成長及び物価安定，完全雇用と社会的進歩を目指す高度に競争的な社会市場経済，並びに環境の質の高水準の保護及び改善を基礎とする欧州の持続可能な発展のために寄与する。……（中略）……連合は，その豊かな文化的及び言語的多様性を尊重し，欧州の文化遺産の保護及び発展を確保する」と定めている（EU条約3条3項）。

ここに列挙されている目的は，EU運営条約第3部の第1編「域内市場」，第2編「物品の自由移動」，第3編「農業及び漁業」，第4編「人，サービス及び資本の自由移動」，第5編「自由，安全及び司法の領域」，第6編「運輸」，第7編「競争，税及び法の接近に関する共通法規」，第8編「経済及び金融政策」，第9編「雇用」，第10編「社会政策」，第11編「欧州社会基金」，第12編「教育，職業訓練，青少年及びスポーツ」，第13編「文化」，第14編「公衆衛生」，第15編「消費者保護」，第16編「欧州横断ネットワーク」，第17編「産業」，第18編「経済的，社会的及び領域的結束」，第19編「研究，技術開発及び宇宙」，第20編「環境」，第21編「エネルギー」，第22編「観光」，第23編「災害防止・救援」及び第24編「行政協力」という個別の政策を通じて実現される。

〈経済通貨同盟〉　3つ目の目的は，**経済通貨同盟**となっている（EU条約3条4項）。この目的は，EU運営条約第8編「経済及び金融政策」の中の第2章「金融政策」により実施されることになる。

〈対外行動〉　4つ目の目的は，**対外行動**に関するものである。EU条約3条5項は，「より広い世界との関係において，連合は，その価値を堅持しかつ促進し，その市民の保護に寄与する。連合は，平和，安全保障，地球の持続可能な発展，人々の連帯と相互尊重，自由でかつ公正な貿易，貧困の根絶，とりわけこどもの権利を含む人権の保護，及び国際連合憲章の諸原則の尊重をはじめとする国際法の厳格な遵守と発展に寄与する」と

定める。上述したように EU の対外行動は，EU の諸価値と密接に結びつき，EU は，対外行動においてその諸価値を維持するのみならず，促進することを目的としている。この結果，EU は，開発援助政策において民主主義，法の支配及び人権の保障を援助の際のコンディショナリティ（条件）とするのみならず，EU が第三国と EPA/FTA を締結する際，パラレル協定として法的拘束力のある政治協定の締結を求めるというスタンスをとっている。環境政策は，EU 運営条約第 3 部「連合の域内政策と活動」に定められているが，国際環境法の発展に寄与することも EU の目的となっている。

これらの 4 つの目的が，EU 条約及び EU 運営条約において EU に付与された権限にふさわしい適切な手段によって追求されることになる（EU 条約 3 条 6 項）。すなわち，EU 条約第 5 編第 2 章「共通外交安全保障政策」及び EU 運営条約に定められる個々の政策の遂行の中で実現されていくことになっている。

3.2 基本権保障と民主主義

基本権と民主主義の尊重は，基本権については，より広く人権の尊重という形であるが，EU の諸価値として EU 条約 2 条に列挙されている。基本権の保障と民主主義は，ドイツ連邦憲法裁判所の 1974 年のいわゆる Solange I 判決[42] において問題とされた事項である。同判決においては，民主的正統性のある議会により EC 法令（EU 法行為）が制定され，基本カタログが制定されない限り，ドイツ通常裁判所は，具体的規範統制訴訟を連邦憲法裁判所に提訴できるとした[43]。ドイツ連邦憲法裁判所は，同判決において EU（当時の EC）において，民主主義の赤字が存在し，かつ基本権が保障されないことに危惧を抱いていた。これらの事項は，EC の当初，特に EU 法の国内法に対する優位の原則の確立された頃，また EU が個人の権利に影響を及ぼすようなところに行動範囲を広げ始めた頃から現在に

---

[42] BVerfGE 37, 285.
[43] 伊藤洋一「EC 法の国内法に対する優越(3)」『法学教室』2002 年 11 月 121, 127 頁。

至るまで大きな問題となってきている。逆に言うと，これらの2つの事項は，EC 設立当初から判例の蓄積及び複数にわたる条約改正により目覚ましい発展を遂げている分野でもある。

3.2.1 基本権保障

●基本権保障に関する判例の確立

　EU においては，当初から基本権が保障されていたわけではない。1959年の Stork（Case 1/58）事件[44]においては，欧州司法裁判所は，次のように判示した。ECSC 条約8条の下では最高機関（現在の欧州委員会）は，共同体法（現在 EU 法）を適用することのみを要請される。また，裁判所は，ECSC 条約31条の下で条約及びその実施のために定められる法規の解釈と適用において法が遵守されることを確保することのみを要請される。したがって，裁判所は，最高機関が採択した決定がドイツ基本法（ドイツ憲法にあたるもの）2条及び12条に定められる原則に違反するか否かを審査する管轄権は有さないと。また，1960年の Geitling（Joined Cases 36, 37, 38 and 40/59）事件[45]において，欧州司法裁判所は，最高機関の採択した措置の合法性を審査する際に，国内法，たとえ憲法であろうとも，それが尊重されるように確保することは裁判所の任務ではなく，また国内憲法を適用することはできないとした。

　これら2つの事件においては，欧州司法裁判所が解釈あるいは適用するのは，EC 諸条約と EC 法行為のみであるという裁判所の認識が見られた。これらの事件における欧州司法裁判所のスタンスが変化したのが，1969年の Stauder（Case 29/69）事件[46]であった。同事件では，基本権保障が共同体法の一般原則に含まれると初めて判示された。1970年の Internationale Handelsgesellschaft（Case 11/70）事件[47]は，欧州司法裁判所は，共同

---

[44] Case 1/58 Stork & Cie v. ECSC High Authority［1959］ECR 17.
[45] Joined Cases 36, 37, 38 and 40/59 Präsident Ruhrkohlen-Verkaufsgesellschaft and others v. ECSC High Authority［1960］ECR 423.
[46] Case 29/69 Stauder v. Stadt Ulm［1969］ECR 419.
[47] Case 11/70 Internationale Handelsgesellschaft mbH v. Einfuhr-und Voratsstelle für Getreide und Futtermittel［1970］ECR 1125.

体法が国内憲法に対しても優位すると判示したことで有名であるが，同判決において次のようにも述べていた。共同体法に内在する国内憲法類似の保障が無視されていないかにつき審査がなされるべきである。実際，基本権の尊重は，欧州司法裁判所により保護される法の一般原則を形成している。そのような権利の保護は，構成国に共通する憲法的伝統により導かれつつ，共同体の構造と目的の枠組の中で確保されなければならないと[48]。さらに，1974年のNold（Case 4/73）事件[49]においては，欧州司法裁判所は，基本権が法の一般原則であることを確認した上で，構成国に共通する憲法的伝統からの示唆に注意を向けることを義務づけられるとし，Internationale Handelsgesellschaft事件判決をより強めた形で構成国の憲法に言及し，同時に構成国が署名国となっている国際条約が参考になりうると判示した。

加えて，1979年のHauer（Case 44/79）事件[50]においては，国際条約を特定し，欧州人権条約が参考になりうると同条約に明示的に言及した。その後の判例においては，欧州司法裁判所は，構成国に共通する憲法的伝統と欧州人権条約の双方に言及することによってEUにおける基本権の保障に寄与してきた。

● 基本権保障に関する判例の条文化

1993年発効のマーストリヒト条約は，EU条約F条2項において，これまでの判例を次のように条文化した。「連合は，1950年11月4日にローマで署名された人権及び基本的自由の保護のための欧州条約により保障され，かつ構成国に共通の憲法的伝統に由来する基本的権利を共同体法の一般原則として尊重する」。

● 欧州人権条約加入問題と裁判所意見2/94

欧州人権条約は，1950年11月4日に署名され，1953年9月3日に発効した。EUの全構成国が同条約に加入している。マーストリヒト条約により基本権保障に関する欧州司法裁判所の判例が条文化された（旧EU条約F

---

[48] Ibid., para.4.
[49] Case 4/73 Nold KG v. Commission [1974] ECR 491.
[50] Case 44/79 Hauer v. Land Rheinland-Pfalz [1979] ECR 3727.

条 2 項)。そこでは，欧州人権条約により保障される基本的権利を共同体法の一般原則として尊重すると定められた。そこで EU (当時 EC) 自体が欧州人権条約に加入することが議論となった。理事会は，欧州人権条約加入交渉を開始する決定を行う前に EC の欧州人権条約への加入が EC 条約と合致するか否かを明確にしておかなければならないとして，欧州司法裁判所に EC 条約 228 条 6 項 (現 EU 運営条約 218 条 11 項) に基づき欧州司法裁判所に意見を求めた。

欧州司法裁判所は，裁判所意見 2/94[51] においてこの問題に次のように回答した。基本権が，欧州司法裁判所が保障する法の一般原則の一部を形成していることは確立している。それゆえ，裁判所は構成国に共通の憲法的伝統及び構成国が協働し，その署名国である国際人権条約によってだされる指針から着想を導きだす。この点において，裁判所は，欧州人権条約が特別の意義を有していると述べてきた (意見 33 段)。人権の尊重は，それゆえ共同体行為の適法性の条件である。しかし，欧州人権条約への加入は全く異なった国際機構システムへの共同体の加入及び共同体法秩序への欧州人権条約のすべての規定の統合を含むことになるゆえに人権保護に対する現行の共同体システムに本質的な変更をもたらすことになるだろう (意見 34 段)。共同体及び構成国によって根本的な機構上の影響をもつ，共同体における人権保護のためのシステムのそのような修正は，憲法上の重要性を有するため，EC 条約 235 条 (現 EU 運営条約 352 条) の範囲を超えることになるだろう。それは，条約改正の方法によってのみなされうるだろう (意見 35 段) と。

この裁判所意見 2/94 においては，EU 条約 F 条における欧州人権条約への言及という条文化では不十分であり，条約が改正されなければ EC が欧州人権条約に加入できないことを明確に示した。

● EU 基本権憲章

上述した 1974 年のドイツ連邦憲法裁判所の Solange I 判決において EU においてはドイツ基本法 (=憲法) に定められる基本権カタログに相

---

[51] Opinion 2/94 [1996] ECR I -1759；中西優美子「39 EC の欧州人権条約への加盟」『EU 法基本判例集』第 2 版 2010 年 日本評論社 343 頁。

当するものがないことが問題とされた。また，1986年のSolange II判決[52]においてもドイツ基本法の基本権保障に相当する基本権保障の有無が違反審査権を行使するか否かの基準であるとされた。ドイツ連邦憲法裁判所及びドイツの学説において常にEU法における基本権カタログの不在が批判の的になってきた。

　リスボン条約発効以前においては，欧州首脳理事会の議長は半年ごとの輪番制であった。ドイツは，1999年1月～6月まで議長国にあたっていたが，その機会を利用して，1999年6月3～4日に開催されたケルン欧州首脳理事会において基本権憲章を起草することの合意をもたらした。すなわち，同首脳理事会において，国家の元首または政府の長は，「基本権の格別の意義とその適用範囲を連合市民に目に見える形で固定するために基本権憲章を創案することが必要である」という基本的認識に合意した。同理事会においては，さらにEU基本権憲章を2000年末までに起案することも合意された。続く1999年10月16日のタンペーレ欧州首脳理事会では，憲章の起草にあたる専門家委員会の設置と構成が決定された。

　専門家委員会は「コンベンション (convention)」と呼ばれた。そのコンベンションは，元ドイツ連邦大統領でもあり，かつ元ドイツ連邦憲法裁判所長官でもあったローマン・ヘルツォーク (Roman Herzog) を長とし，政府代表各国1名，欧州委員会の代表1名，欧州議会の代表16名，国内議会の代表30名の計62名から構成された。そこでは，会合（公式・非公式を問わず）及び会議文書も公開し，さらに公聴会を開催するなど透明性と公開性に配慮した。このコンベンションは，1999年12月～2000年10月までの約10カ月間の作業を行い，予定通り**EU基本権憲章**を起草した。

　同EU基本権憲章は，2000年12月7日にフランスのニースで開催された欧州首脳理事会において厳粛な宣言という形で採択されたが，その際，同憲章に法的拘束力を与える決定は先送りにされた。ただEU基本権憲章は，法的拘束力を有さない状況が続いていたものの，2006年の欧州議会対理事会 (Case C-540/03) 事件[53]以降，EU司法裁判所の判例の中で参照されることが増えてきた。

---

[52] BVerfGE 73, 387.
[53] Case C-540/03 Parliament v. Council [2006] ECR I-5769.

44　第3章　EUの諸価値と目的，基本権保障と民主主義及びEU市民

●リスボン条約と基本権保障

　欧州憲法条約においては，EU基本権憲章は前文と54カ条が技術的な修正のみを受けただけで，同条約の第Ⅱ部にほぼそのままの形で規定された。欧州憲法条約の起草にあたってのコンベンションにおける作業部会では，主に3つの選択肢，①丸ごと欧州憲法条約に入れる案，②欧州憲法条約にEU基本権憲章が法的拘束力を有することを示す条文を挿入する案，③欧州憲法条約の付属議定書の一つをEU基本権憲章とする案，がだされた。①，②，③いずれもEU基本権憲章の法的拘束力は同じである。もっとも，作業部会では，圧倒的多数で①のそのままの形で欧州憲法条約に入れる案が支持された。それは，EU市民に目に見える形にするという点から最善のものであり，また「憲法」と言うからにはその本文に基本権カタログが明示的に規定されるべきものであると考えられたためと捉えられる。また欧州人権条約への加入についても明示的に定められた（欧州憲法条約Ⅰ-9条）。もっとも欧州憲法条約は，フランスとオランダにおける国民投票で否決され，未発効のままとなった。

　かわるリスボン条約は，欧州憲法条約の実質を引き継いでいるが，そのままの形では引き継がれなかった。EU基本権憲章については，EU条約6条1項において，EU基本権憲章に定める権利，自由及び原則を承認すること，EU基本権憲章がEU条約及びEU運営条約と同等の法的価値を有することが規定された。つまり，欧州憲法条約起草での作業部会の②の選択肢が選ばれた。EU基本権憲章そのものは，EU条約あるいはEU運営条約の本文に定められず，EU市民に目に見える形で規定することは，リスボン条約においては断念されたが，欧州司法裁判所はリスボン条約発効後，積極的にEUの法行為がEU基本権憲章に違反していないかを審査する姿勢を見せている。ただ，イギリスやポーランドなど構成国の一部が留保を行い，構成国がEU法の実施する際にEU基本権憲章の拘束を受けないとしているという問題が存在している。また，欧州人権条約については，EU条約6条2項において，加入することが明示的に定められた。

　これまでEU条約F条に定められていた条文，欧州人権条約により保障される基本権並びに構成国に共通の憲法的伝統から生じる基本権は，EU法の一般原則を構成するという内容の条文は，条文番号は変更されたもの

の現 EU 条約 6 条 3 項に定められている。

● **EU 基本権憲章**

EU 基本権憲章は，前文と 54 カ条から構成される。ドイツ基本法における基本権が 21 カ条であることに比べ，条文数が多くなっている。EU 基本権憲章に定められている権利の一部は，EU 条約あるいは EU 運営条約においても散在的に定められており，重複している部分がある。EU 基本権憲章には，死刑の禁止（憲章 2 条），家族の権利（憲章 9 条）など日本国憲法に定められていない権利も存在する。また，EU 基本権憲章は，新しく起草されたものであるため，新しい種類の権利も規定されている。たとえば，クローンによる人間再生の禁止（憲章 3 条 2 項(d)），個人情報の保護（憲章 8 条），「適正な行政」に対する権利（憲章 41 条），情報アクセス権（憲章 42 条）などである。プライバシー権（憲章 7 条）及び個人情報の保護（憲章 8 条）に基づき「忘れられる権利（削除権）」が認められた（Case C-131/12 Google, ECLⅠ：EU：2014：317）。

● **欧州人権条約への加入**

上述したように裁判所意見 2/94 においては，当時の EC 条約に基づいては欧州人権条約に加入できないとされ，条約改正が必要であると示唆された。現行の EU 条約 6 条 2 項は，EU が欧州人権条約に加入することを明示的に定めている。これまでの欧州人権条約の関連判例として，Bosphorus 事件（Case C-84/95）[54] が挙げられる。この事件では，欧州人権裁判所が EU 司法裁判所の判例をどのように取り扱うかが注目されたが，欧州人権裁判所が，EU 司法裁判所が基本権を尊重していると捉え，対決的な関係とはならなかった。2014 年 12 月 18 日の裁判所意見 2/13 において，欧州人権条約への加入協定案につき，EU 司法裁判所は，EU 条約及び EU 運営条約と両立しないという判断を下した。この意見を考慮しつつ，加入交渉が再び開始されることになる。

---

[54] ECHR, Judgment of 30 June 2005, application no.45036/98；Case C-84/95 Bosphorus v. Minister for Transport, Energy and Communications and others［1996］ECRⅠ-3953.；庄司克宏「欧州人権裁判所『同等の保護』理論と EU 法」『慶應法学』6 号 2006 年 285-302 頁。

3.2.2 民主主義

　EUにおける**民主主義の赤字**は，設立当初からその問題点が指摘されてきたが，EUがその活動範囲を拡大し，構成国の議会の権利が空洞化していく中で，それを問題視する声が大きくなってきた。これまで民主主義の赤字の問題につき，EUは主に欧州議会の権限を拡大することで対処してきた。欧州議会は，当初は，単なる諮問機関の一つに過ぎなかったが，直接普通選挙によって選出されるという民主的正統性を梃子にして，理事会と対等な立法機関へと発展してきた。

　リスボン条約では，民主主義の赤字を解消すべく，大きな変更が加えられている。まず，民主主義は，EUの諸価値の一つとされた（EU条約2条）。EU条約は，第2編に「民主主義の原則に関する規定」と題される新しい編をおいた。第2編は，9条～12条の4カ条から構成される。EU条約9条は，EU市民権を規定している。EU条約10条が民主主義に関する中心的条文となる。同条においては，代表民主主義，欧州議会を通じた市民による民主主義の実現，構成国政府の国内議会または市民に対する民主的責任，EUの民主的運営に参加する市民の権利及び欧州レベルでの政党について規定されている。

　EU条約11条は，政治的な意思形成にEU市民が参加できるように次のような制度を定めている。EU機関と市民及び代表団体との意見交換，EU機関と代表団体及び市民社会との対話，欧州委員会とステークホルダーとの協議，EU市民による法案イニシアティブ。EU条約12条は，国内議会の参加について定めている。同条は，EUにおける国内議会の参与を立法過程，改正手続などにおいて認めている。特に，国内議会が欧州委員会の法行為提案につき補完性原則及び比例性原則に照らして審査し，場合によっては欧州委員会に提案の再考を迫る権利を得たことが注目される。

3.2.3　EU市民

　〈**EU市民権までの道のり**〉　条約の直接効果に関するリーディングケ

ースである Van Gend en Loos（Case 26/62）事件[55]において，欧州司法裁判所は，構成国の国民に関して，次のように述べた。EEC 条約（当時）は，単に条約締約国間の相互義務を生じさせる国際条約ではない。条約は，前文において市民にも言及している。また，機関の措置が市民にも影響を及ぼし，また市民は欧州議会（当時総会）及び経済社会評議会を通じて共同体の機能の中で協力するように求められている。共同体法秩序の主体は，国家のみならずその国民もである。共同体法は，構成国から独立して，個人に義務を課すだけではなく，その法的遺産の一部となる諸権利を個人に付与することも意図していると。

Van Gend en Loos（Case 26/62）事件は，1963 年の判例であるが，当時から EEC 条約が単なる国家間の条約ではなく，構成国の市民あるいは国民がそれに深く組み込まれていることが認識されていた。

それが明確な形で条約に定められたのが，1993 年発効のマーストリヒト条約である。同条約により EU 市民という概念及び EU 市民権が導入された。EU 構成国のいずれかの国民は，EU 市民となる（EU 条約 9 条，EU 運営条約 20 条）。もっとも EU 市民権は，国民が有する市民権に追加されるものであって，それに取って代わるものではない。なお国籍の取得及び喪失の条件設定は国家の管轄権の範囲に属するが，EU 市民権に関わる事項はすべて EU 法の物的管轄権（ratione materiae）の範囲に入るため，構成国はその限りにおいて EU 法を考慮しなければならない[56]。

EU は，市民の平等の原則を遵守し，市民は EU の諸機関により等しく注意を払われなければならない（EU 条約 9 条）。また，EU 及び構成国において，EU 条約及び EU 運営条約に別段の定めがある場合を除き，両条約の適用の範囲内において国籍に基づくすべての差別は禁止されている（EU 運営条約 18 条）。国籍以外の差別につき，EU は自己に付与された権限の範囲内において，性別，人種もしくは種族的出身，宗教もしくは信条，

---

[55] Case 26/62 Van Gend en Loos v. Nederlandse Administratie der Belastingen［1963］ECR 1.

[56] Case C-135/08 Rottmann［2010］ECR I -1449, paras.39-45；この判例については，大谷良雄「ロットマン事件（上）（下）――加盟国国籍の得喪と EU 市民」『時の法令』1867 号 2010 年 48-53 頁及び 1869 号 2010 年 52-59 頁が詳しく，示唆にとむ。

障害，年齢，または性的指向に基づく差別に関して，理事会は措置を採択することができる（EU 運営条約 19 条）。EU 市民は，ある構成国の国内法がいずれかの非差別の原則に違反していると考えるとき，EU 運営条約 19 条に基づき採択された措置に依拠して自己の権利を主張することができる[57]。

〈移動・居住の自由〉　EU 市民は，EU 市民として以下のような権利を付与されている。まず，**移動・居住の自由**（EU 運営条約 21 条）により，EU 市民は領域内を自由に移動し，またそこに居住する権利を有する。EC が当初想定していたのは，労働者の移動の自由であったが，現在は，労働者であろうとなかろうと，EU 市民であれば移動の自由及び居住の自由を享受することができる。これを実感するのが，空港のパスポートコントロールである。「EU 市民」と「非 EU 市民（non-EU）」を区別してあり，「EU 市民」の窓口は列が短く，「非 EU 市民」の窓口には長い行列ができている。もっとも，非就業者の移動・居住の自由については，公序，安全，公衆衛生の他，健康保険への加入と必要な生活資金の観点から制限されることがある。

〈選 挙 権〉　次に，EU 市民であれば，**欧州議会選挙の選挙権及び被選挙権**を有するだけでなく，**居住する構成国の地方選挙**において居住国の国民と同一の条件の下で選挙権及び被選挙権を有する（EU 運営条約 22 条）。たとえば，ドイツに住むフランス人は，ノルドライン・ヴェストファーレン州で行われる地方選挙において投票し，また，立候補することができる。このように自国民以外に選挙権及び被選挙権を与えるために，マーストリヒト条約発効前にドイツやフランスなど憲法を改正した国が多い。

〈領事上の保護〉　また，EU 市民であれば，国籍をもつ構成国が代表をおいていない第三国の領域において，他の構成国の**外交上または領事上の保護**を受けることができる（EU 運営条約 23 条）。イギリスやフランスは植民地が多かったこともあり，他の EU 構成国が大使館や領事館をおいて

---

[57] EU 運営条約 19 条（旧 EC 条約 13 条）に基づき採択された措置とそれに基づき自己の権利を主張できるとした判例として，Council Directive 2000/78 establishing a general framework for equal treatment in employment and occupation；Case C-555/07 Kücükdeveci [2010] ECR I-365.

いない場所にも大使館や領事館をおいている。たとえば，リトアニア人が南の島でパスポートを紛失した場合，同島にリトアニアの大使館や領事館が存在せず，フランスのそれが存在する場合には，同リトアニア人はフランス人と同一の条件で外交上または領事上の保護を受けることができる。

〈法案イニシアティブ権〉　さらに，リスボン条約による大きな変更点として挙げられるのは，EU 市民が**法案イニシアティブ権**を与えられたことである（EU 運営条約 24 条，EU 条約 11 条 4 項）。EU 市民は，一定の条件の下で欧州委員会に対し発議する権利を認められた。一定の条件とは，その数が少なくとも 100 万人以上であり，かつ相当数の構成国の国民から構成されるというものである。2011 年 2 月 16 日にこれを具体化するための市民イニシアティブに関する規則 211/2011 が採択された[58]。

また，EU 市民は，欧州議会に請願する権利，オンブズマンに申立てを行う権利及び EU 諸機関に対し EU 公用語のいずれかの言語で書面を送り，同一言語により回答を受けることができる権利を有する（EU 運営条約 24 条）。EU 市民権の強化または追加のための法的根拠条文である EU 運営条約 25 条もおかれている。

〈**EU 市民の外国人**〉　EU の構成国には外国人が居住していたり，あるいは旅行者として滞在していたりするが，同じ外国人であっても EU 市民であるか非 EU 市民であるかにより，EU 構成国における位置づけが全く異なる。EU 市民であれば，上述したような居住の権利や移動の自由を享受できる。たとえば，一つの判例 Zambrano（Case C-34/09）事件[59] を紹介する。コロンビア人の夫婦が難民を申請したが，難民の地位を認められないままに，ベルギーで子供を出産した。その子供がベルギーで生まれたためコロンビアの国籍が取得できず，ベルギー法では血統主義をとっているが無国籍であったためにその子供にベルギーの国籍を与えた。つまり，両親はコロンビア人で，その子供がベルギー人となった。ベルギー人である子供は同時に EU 市民となった。EU 市民である子を扶養するために，そ

---

[58] OJ of the EU 2011 L 65/1.
[59] Case C-34/09 Ruiz Zambrano v. Office national de l'empoli［2011］ECR I -1177；中村民雄は，この事件にいち早く注目しその重要性を指摘している。中村民雄「判例による EU 市民権の変革」『貿易と関税』Vol.59 No.10 2011 年 75-64 頁。

の両親にはEUにおいて居住し，働く権利を与えられた。

〈**Völker**〉　EU市民権は次第に意味を有するものになってきたが，EU条約及びEU運営条約には，EU市民（citizen）という文言とは別に欧州諸国民あるいは人民（people, Völker）という文言が見られる点が注目される。Völkerは，複数形であるので，EUに単一の国民が存在するわけではなく，複数の諸国民が存在する。EU国民（Volk）は存在しないため，EUは国家にはなりえないとも議論されるが，Völkerは，国民とだけでなく，国家を超えた人民とも訳すことが可能である。EU条約及びEU運営条約は，EU市民という概念を定め，構成国国民にEU市民権を与えることで一体性あるいは連帯感をもたせることをもくろんでいる。EU市民権がどのように発展していくか興味がつきない。

■第4章■

EUの諸機関

4.1 機 関

　EUが超国家組織と呼ばれる理由は，国家が主権の一部を移譲していることによる。EUにおいては，EUの独自の機関が構成国国家から移譲された権限を行使することによって，法行為（広い意味での立法）を行い，また，EU諸条約とEU法行為の履行を確保するという仕組みになっている。EU条約13条1項は，EUは，その価値を促進し，その目的を追求し，EUの利益，市民及び構成国の利益に寄与し，並びにその諸政策と活動の一貫性，実効性及び継続性を確保することを目的とする機構的枠組（institutional framework）を有すると定めている。EUは，EU条約及びEU運営条約により権限を付与された範囲においてのみ行動することが可能であるが，EUの諸機関も両条約において自己に付与された権限の範囲内で行動する。その際，EUの諸機関は，両条約に定められる手続，条件及び目的に従って行動し，また，相互に誠実に協力する（EU条約13条2項）。
　EUの機関（die Organe der Union）は，欧州議会，欧州首脳理事会，理事会，欧州委員会，EU司法裁判所，欧州中央銀行及び会計検査院である。

4.2 欧州議会

●欧州議会とストラスブール
　欧州議会（European Parliament, EP）は，フランスのストラスブールで本

会議 (plenary session) が開かれるが, 小委員会 (Parliament's Committees) の会議はベルギーのブリュッセルで行われることが多い。事務局はルクセンブルクにおかれている。欧州議会議員は1カ月の間で, ストラスブールとブリュッセルの両方で過ごすことになる。効率から考えると, すべての会議をブリュッセルで行ったほうが移動の労力やさまざまな負担が少ないであろう。しかし, 依然として本会議はストラスブールで開催される。その理由は何か。ストラスブールは, フランスのアルザス・ロレーヌ地方の都市である。アルザス・ロレーヌ地方は, まさにフランスとドイツが領土を奪い合った土地である。そこに平和共同体であるEUの欧州議会をおくということに歴史的かつ象徴的意味がある。

●諮問機関から立法機関へ

欧州議会は, ECSCの設立当時は欧州総会 (European Assembly) という名前であり, 諮問機関に過ぎなかった。欧州総会のメンバーは, 当時構成国の国内議会議員が兼職していた (現在では兼職は禁止されている)。しかし, 1976年9月20日の総会議員の直接普通選挙の導入に関する決定及び議定書[60]により, 1979年6月に第1回の直接普通選挙が行われた。EUの機関の中で直接普通選挙により構成員が選出されるのは, 欧州議会のみである。直接普通選挙で選出されたという強み, すなわち民主的正統性を得て, 欧州議会の権限拡大が条約の改正のたびになされてきた。リスボン条約による改正で, 欧州議会は今や理事会と同じ立法機関と位置づけられるようになり, 名実ともに立法機関となっている。

●欧州議会議員の構成

〈議員数・任期〉　欧州議会はEU市民の代表から構成される。換言すれば, 欧州議会は, EU市民の利益を代表する機関である。条約の規定では, 議員数は, 定足数750人に議長を加えた751人となっている。2019年6月の選挙の後イギリスが脱退したため, 現在 (2022年8月) は705人となっている。議員の任期は, 5年で解散はない。欧州議会の議席数は,

---

[60] OJ of the EU 1976 L 278/1, Decision 76/87/EEC.

逓減的比例方式に従い国ごとに決められている。上限は 96 議席，下限は 6 議席となっている。欧州議会の議席数は，人口を考慮しながら各国に配分されているが，小国を優遇するものとなっている。一番人口の多いドイツ人の 1 票と一番人口の少ないマルタ人の 1 票の重みには違いがある[61]。

EU 市民は，欧州議会議員の選挙権及び被選挙権を有する。たとえば，スペイン人がドイツに住んでいるとする。このスペイン人は欧州議会選挙においてドイツにおいて投票権をもち，また自ら立候補することができる。欧州議会議員は議場において国ごとには着席しない。

〈政治的グループ〉　欧州議会においては，政治的方向性が似通った議員間で国家を超えて**政治的グループ**（political groups）が形成されている。現在は，7 つの政治的グループと無所属に分かれている。中道右派にあたり，人数が多い欧州人民党のグループ（EPP），中道左派に位置し，人数が多い欧州民主進歩的同盟のグループ（S&D），中道に位置する，2019 年に創設された欧州刷新のグループ（Renew），緑及び欧州自由同盟のグループ（Greens-EFA），2019 年に創設されたアイデンティティと民主主義のグループ（ID），欧州保守改革グループ（ECR），欧州統一左派・北方緑の左派同盟グループ（GUE-NGL）が存在する。EU 条約 10 条 4 項は，「欧州レベルの政党は，欧州政治意識の形成及び連合市民の意思の表明に寄与する」と定めており，将来的には，政治的グループから政党（political party）へ発展していくと考えられている。また，将来的な課題としては，すべての構成国において EU による統一した手続きに従ったあるいはすべての構成国に共通の原則に従った直接普通選挙が行われるべきことが挙げられる（EU 運営条約 223 条）。現在のところ，各構成国の選挙手続に則って，EU 直接普通選挙がなされている。

〈構　成〉　欧州議会の議長は，議員の中から選出される。欧州議会には議長と議長を支える 14 名の副議長がいる。欧州議会の各議員は，1 ないし複数の議会の**小委員会**に属し，具体的な政策を議論し，欧州議会における意思形成のための基礎を準備する。欧州議会内には 20 の常設の小委員会が存在する。EU の対内的な問題を扱う小委員会としては，予算小委

---

[61] ドイツ連邦裁判所のリスボン条約事件においては，民主主義の観点から 1 票の格差について問題となったが，裁判所は合憲であると判断した。

員会，環境，公衆衛生及び食品の安全性に関する小委員会，域内市場及び消費者保護に関する小委員会など合わせて 17 の小委員会が，また，対外的なものとしては，外交事項に関する小委員会が存在する。その他特別小委員会として，Covid-19 パンデミックに関するもの及び偽情報を含む EU におけるあらゆる民主的プロセスへの外国からの干渉に関するものがおかれている。欧州委員会から欧州議会に提案がだされると，その提案に関連する小委員会の担当議員が修正案など欧州議会としての意見の基礎となる文書を作成する。その上で，欧州議会で欧州委員会の提案に関して議決が行われる。

●欧州議会の権限と役割

〈役　割〉　欧州議会のもっとも重要な役割は**立法機関**としてのものである。リスボン条約により，欧州議会は，理事会と共同して，立法権限を行使すると定められた（EU 条約 14 条 1 項）。EU の機関の中で立法機関は欧州議会と理事会のみであり，この両機関が採択した法行為のみが立法行為（legislative acts）となる。欧州議会自体には国内の議会とは異なり立法提案権は付与されていない。もっとも，欧州委員会に対し立法提案の要請をすることができる（EU 運営条約 225 条）。また，欧州議会は，予算権限も有する。欧州議会は，特別の場合に同意権限を有する。たとえば，EU の価値に対する構成国の違反があり制裁を加える際（EU 条約 7 条 1 項），加盟申請国が加入する際（EU 条約 49 条 1 項），国際協定締結にあたって欧州議会の同意が要請される場合（EU 運営条約 218 条 6 項），欧州議会の選挙手続を決定する場合（EU 運営条約 223 条）などである。

〈権　限〉　欧州議会は，**欧州委員会に対する監督権限**を有している（EU 条約 14 条 1 項）。欧州議会において不信任動議（motion of censure）が提出され，投票数の 3 分の 2 の多数によりかつ欧州議会議員の過半数で採択された場合には，欧州委員会は総辞職しなければならない（EU 運営条約 234 条）。過去（1999 年）において，欧州議会の不信任動議の可決には至らなかったが，欧州委員会委員の不正な行為について欧州議会により設置された独立した専門家委員会による調査報告書がまとめられ，欧州委員会（the Santer Commission）が自ら総辞職したことがある。

欧州議会は，欧州委員会の委員長を選出し，欧州委員会の委員を一体として承認する権限を有している（EU 条約 14 条 1 項，EU 条約 17 条 7 項）。欧州委員会の委員は直接普通選挙で選出されるわけではなく，その民主的正統性が問題にされる場合がある。もっとも欧州議会に委員長を選出する権限及び欧州委員会の委員を一体として承認する権限を付与することで間接的に欧州委員会の民主的正統性が担保されている。欧州委員会委員の承認の際には，欧州議会は一人ひとりの候補者について審査し，過去の言動において不適切なところが見当たれば否決する。過去においても否決された例があり，欧州議会の権限の強さを示すものとなっている。

　EU 市民及び構成国に居住する自然人（たとえばフランスに住む日本人）または登記された事務所を有する法人（オランダにおける日本の子会社）は，EU の活動の範囲にあり，かつ，自己に直接影響を与える事項に関して，欧州議会に請願を行う権利を有している（EU 運営条約 227 条）。また，欧州議会は，**欧州オンブズマン**を任命する権利をもっている（EU 運営条約 228 条）。欧州オンブズマンは，EU の諸機関の活動における不適正な行為の事案に関して，EU 市民または構成国に居住する自然人もしくは登記された事務所を有する法人からの不服申立てを受理する。オンブズマンは自らの発議または提出された不服申立てに基づいて，根拠があると考えるものについて調査を行い，欧州議会及び関係諸機関に報告を提出する。任期は，欧州議会の任期と同じ（5 年）で再任可能である。

　欧州議会は，**訴訟に参加する権限**を有している。欧州議会は，取消訴訟において自己の利益とは関係なくいつでも原告となれる特別の提訴権をもつ（EU 運営条約 263 条）。欧州議会は，理事会や委員会とは異なり EEC 設立当初からこのような権限をもっていたわけではなく，判例及びその後の条約改正を通じて現在あるような特別の提訴権を与えられるようになった。EEC 条約においては，欧州議会に原告となる権利は与えられていなかったが，まず EU 司法裁判所は，判例の中で欧州議会が原告となる権利を認めた。その後，マーストリヒト条約による改正で欧州議会は自己の権利を保護するために付託できるようになった。また，ニース条約による改正で欧州議会に現在あるような特別提訴権が与えられるようになった。加えて，欧州議会は，理事会や委員会と同じく，EU が第三国あるいは国際組織と

条約を締結する前に当該条約が EU 条約及び EU 運営条約と両立するか否かについて裁判所に意見を求める権利も有している（EU 運営条約 218 条 11 項）。この権利はニース条約による改正により欧州議会に与えられたものである。

4.3 欧州首脳理事会

●名　称

　欧州首脳理事会は英語で"European Council"を日本語に訳したものである。これまで欧州首脳会議とも訳されてきた。リスボン条約により単なる「会議」というより「機関」として位置づけられるようになったことを踏まえて欧州首脳理事会の訳を採用する。また，欧州首脳理事会は欧州理事会とも訳すことができるが，EU の別の機関である理事会（Council）と区別するため，その構成員が各国首脳であることから欧州首脳理事会としている。なお，欧州審議会または欧州評議会と訳される"Council of Europe"は，EU とは異なる別の国際組織である。

●経　緯

　欧州首脳理事会は，ECSC が設立された当初から存在した機関ではない。1974 年に，EU（当時 EC）構成国の首脳が集まって定期的に会議を行うという合意がありその慣行が続いてきた。1986 年署名の単一欧州議定書によりそれが欧州首脳理事会と法的に認められた。マーストリヒト条約により，EU 条約 D 条に欧州首脳理事会の構成と任務が定められるようになった。もっとも，リスボン条約発効前は，EU の機関であっても EC の機関ではないという位置づけで，他の EU の機関とは区別されていた。リスボン条約発効により，他の EU の機関と並んで主要機関と位置づけられるようになった。

●構　成

　欧州首脳理事会は，構成国の国家元首または政府の長並びに欧州首脳理

事会議長及び欧州委員会委員長により構成される。外交安全保障上級代表は，その議事に参加することになっている（EU条約15条2項）。リスボン条約により新しく創設された役職が**欧州首脳理事会議長**である。

　リスボン条約発効以前は，欧州首脳理事会の議長は半年ごとの輪番制と定められていた。しかし，EUの顔となる者が半年ごとで変わっては，EUが国際的な場で活動するときに不都合であるため，リスボン条約による改正で対外関係分野の強化と並んで機構改革が行われた。欧州首脳理事会議長は，新聞等ではEU大統領の誕生とも書かれたことがあるが，実際は国家元首あるいは政府の長のような強力な権限が付与されているわけではない。

　その任務は，①欧州首脳理事会の議長を務め，その議事を進行すること，②欧州委員会委員長と協力し，かつ総務理事会の作業を基礎として，欧州首脳理事会の議事の準備と継続性を確保すること，③欧州首脳理事会の一貫性とコンセンサスの促進に努めること，④会合後に欧州議会に報告書を提出すること，⑤共通外交安全保障政策に関する事項について，外交安全保障上級代表の権限を損なうことなく，EUの対外代表を務めることである（EU条約15条6項）。これまでの議長と異なる点は，任期が2年半となり，1回の再選が可能ということである。最初の欧州理事会常任議長としてベルギー人のヘルマン・ファン・ロンパイ（Herman Van Rompuy）が選ばれた。2014年12月1日より議長として，ポーランド人のドナルド・トゥスク（Donald Tusk）が選出された。2019年7月にベルギー人のシャルル・ミシェル（Charles Michel）が選出された。その後再選し，任期は，2024年11月30日までである。

● **役　割**

　欧州首脳理事会の役割は，EUの発展に関して必要な刺激を与え，その一般的な政治的方向性と優先順位を定めることである（EU条約15条1項）。欧州首脳理事会は，議長により招集され，6カ月ごとに2回会合する。必要な場合には，議長は特別会合を招集する。通常は，3月，6月，10月，12月に会合が開かれるが（EU条約15条3項），これ以外においても必要に応じて会合が開かれる。欧州首脳理事会の会合後，議長総括（presidency conclusion）が公表されるが，この文書はEUの今後の方向性を知るのに役

立つ。なお欧州首脳理事会は，立法機関ではなく，EU 法行為の採択には関与しない（EU 条約 15 条 1 項）。

　欧州首脳理事会による実際の働きは，たとえば以下のようなものである[62]。2011 年 2 月 4 日に開催された欧州首脳理事会ではそのテーマを「エネルギーと革新」とした。このようにテーマが設定された欧州首脳理事会は初めてであった。同会議では，エネルギー政策分野に関して，①域内エネルギー市場，②エネルギーインフラ，③エネルギー効率と供給，④再生可能エネルギー，⑤対外関係，⑥低炭素 2050 年戦略が議題となった。

　たとえばこの中で域内エネルギー市場について，欧州首脳理事会は，EU が十分に機能し，相互に結びつき，かつ統合された域内エネルギー市場を必要とするという認識を示した。その上で，欧州首脳理事会は，構成国に対し域内エネルギー市場に関する立法を定められた期限内に迅速かつ完全に実施することを求めるとともに，欧州議会と理事会に対してはエネルギー市場の保全と透明性に関する欧州委員会提案の早期の採択に向けて作業するように要請した。また，欧州首脳理事会は，2014 年までにガスと電気が自由に流通するような域内市場が改正されるべきであるという見解を示した。これに関連し欧州首脳理事会は，欧州委員会に対しては 2010 年 12 月 3 日の理事会決定に従い，域内エネルギー市場の機能を定期的に報告することを要請した。

　域内エネルギー市場に関しては，2009 年に第 3 次域内エネルギー市場パッケージが採択され，これを形成する 5 つの EU 立法が発効している。今回の欧州首脳理事会の見解は，この既存の EU 立法のうちガス指令と電気指令は各構成国の国内法化・実施を必要とする「指令（directive）」であるため，その実施を構成国に促進するとともに，域内エネルギー市場をより完全な形で実施するために関連したさらなる EU 立法の採択を欧州議会と理事会に促すものと理解される。欧州首脳理事会は，今後のエネルギー政策における現状を認識し，EU が進むべき具体的な方向性を示している。同時に，関連する行動及びとるべき措置について，欧州委員会など行動をとるべき主体を挙げ，要請している。また，単なる要請ではなく，場合に

---

[62] 中西優美子「欧州首脳理事会と EU エネルギー政策の動向」『日本エネルギー法研究所月報』210 号 2011 年 1-4 頁。

よっては期限を設定し行動がとられるよう確保している。

　欧州首脳理事会は，各国の首脳の集まりでもあることから構成国に対しても具体的な要請を行っている。それらの要請は，提案の要請であったり，提案に対して迅速な審査を要請するものであったり，とられた措置の確実な履行を求めるものであったりもしている。欧州首脳理事会は，EU法行為を採択するという立法手続には参加しないが，立法手続より一段上のところでEU諸機関及び構成国に対し指針を示し，必要な要請を行っていると捉えられる。

● **意 思 決 定**

　全会一致が原則となっているが，例外として後述する特定多数決で決められる場合がある。棄権は，全会一致を必要とする決定の採択を妨げない（EU運営条約235条1項）。欧州首脳理事会の議長及び欧州委員会委員長は投票には参加しない（EU運営条約235条1項）。

4.4　理 事 会

● **構　成**

　理事会（Council）は，閣僚級の各構成国代表1名から構成される。そのため閣僚理事会とも呼ばれることがある。閣僚ではなく閣僚級とあるのは意味がある。たとえば，ドイツでは，ある分野においては州の権限をもっており，そのような分野が議題となる場合には，連邦の大臣（閣僚）ではなく，州の代表が理事会に代表として参加することになる。理事会の構成員は欧州議会とは異なり直接普通選挙で選ばれたわけではないが，国内選挙で選ばれた政府が任命している国内閣僚であるため間接的に民意を反映したものとなっている。

　各代表は，構成国の政府の立場を代弁し，票を投じる（EU条約16条2項）。すなわち，理事会は，構成国の代表が構成され，構成国の利益が代表される。

　理事会は，分野ごとに会合するため，話し合われる議題に応じて編成が

変化する。編成としては，①総務，②外務，③経済財務，④司法内務，⑤雇用，社会政策，健康及び消費者保護，⑥競争，⑦運輸，遠距離通信及びエネルギー，⑧農業及び漁業，⑨環境，⑩教育，青少年及び文化がある。たとえば，環境相理事会では，環境問題が扱われ環境相によって構成される。

　これらの編成の中で条約上特別の役割を与えられている理事会が総務理事会と外務理事会である。総務理事会（the General Affairs Council）は，分野別の理事会の作業における一貫性を確保し，また，欧州首脳理事会議長及び欧州委員会と連携して，欧州首脳理事会の会合の準備をし，そのフォローアップを行うという特別の任務が与えられている（EU条約16条6項）。外務理事会（the Foreign Affairs Council）は，欧州首脳理事会が定める戦略指針に基づいてEUの対外行動を策定し，EUの行動の一貫性を確保する

理事会の議長国

期　　間	国　　名
2022年1月～6月	フランス
2022年7月～12月	チェコ
2023年1月～6月	スウェーデン
2023年7月～12月	スペイン
2024年1月～6月	ベルギー
2024年7月～12月	ハンガリー
2025年1月～6月	ポーランド
2025年7月～12月	デンマーク
2026年1月～6月	キプロス
2026年7月～12月	アイルランド
2027年1月～6月	リトアニア
2027年7月～12月	ギリシャ
2028年1月～6月	イタリア
2028年7月～12月	ラトビア
2029年1月～6月	ルクセンブルク
2029年7月～12月	オランダ
2030年1月～6月	スロバキア
2030年7月～12月	マルタ

という役割が与えられている（EU 条約16条6項）。

　理事会の議長国は，外務理事会を除き，半年ごとの平等な輪番制となっている（表参照）。もっとも，3カ国ずつのグループに分け，議長国の担当は6カ月であるものの，同じグループに属する構成国と協力し合い，18カ月責任をもつ[63]。外務理事会の議長は，共通外交安全保障上級代表が務める（EU 条約16条9項）。

● 役割・任務

　理事会は，欧州議会と同じく，立法機関であり，また予算決定機関である（EU 条約16条1項）。EU 法行為の提案権は欧州議会と同じく与えられていないが，単純多数決により，欧州委員会に対し共通の目的達成のために理事会が望ましいと認める調査研究を行い，かつ適切なあらゆる提案を提出するよう要請することができる（EU 運営条約241条）。

　また，理事会は政策決定及び調整の任務を行う（EU 条約16条1項）。たとえば，理事会は，共通外交安全保障政策を策定し，欧州首脳理事会が定める一般的指針及び戦略的方針を基礎として，共通外交安全保障政策の策定と実施のために必要な決定を行う（EU 条約26条2項）。あるいは，国際情勢が EU による作戦行動を必要とする場合に必要な決定を採択するのも（EU 条約28条1項），また，地理的または主題別の特定の問題について EU の方針を定める決定をするのも理事会である（EU 条約29条）。理事会は，共通外交安全保障政策分野では，欧州議会とは異なり重要な役割を与えられている。

　さらに，理事会は，EU を代表して国際条約を締結する決定権限を付与されている（EU 運営条約218条）。

● 意思決定手続

　〈特定多数決とは〉　理事会は，EU 条約または EU 運営条約に特段の定めがある場合を除いて，特定多数決により決定する（EU 条約16条3項）。**特定多数決**（qualified majority）は，特別多数決あるいは加重多数決とも訳

---

[63]　OJ of the EU 2009 L 322/28 ; OJ of the EU 2009 L 344/56.

されることがある。もともとは，理事会の全会一致を要請する事項が多数存在したが，意思決定を迅速にするという観点から機構改革が行われ，特定多数決での決定が原則となっている。特定多数決が原則となったことで理事会がより民主主義的になったと捉えられる[64]。後述するリスボン条約で新たに定義された特定多数決では，ニース条約のときの特定多数決よりもより人口を加味するものとなっている。なお，条約に定めがあり，単純多数決で決定する場合は，理事会の構成員の過半数となる（EU 運営条約 238 条 1 項）。また全会一致が必要とされる場合，棄権は決定の採択を妨げない（EU 運営条約 238 条 4 項）。

　何をもって特定多数決とするかについては，常に議論の対象となってきた。リスボン条約により特定多数決をどのように定義するかについて大幅な改正が行われた。もっともそれが適用されるまでには 2 段階の過渡的期間とそれに関する経過規定が定められている。2014 年 10 月 31 日まで，あるいは場合により（構成国のいずれかが望めば）2017 年 3 月 31 日まで経過規定が適用されることになっていた。

　経過規定によると，リスボン条約発効以前，すなわちニース条約の時に用いられていた特定多数決の定義が用いられることになる。すなわち，各構成国に票が配分されており（リスボン条約過渡的規定に関する議定書 3 条）。この票配分は，欧州議会と同じく各構成国の人口を加味しつつも，欧州議会とは異なり政治的な影響力を考慮してなされていた（表参照）。

　たとえば，ドイツとフランスの欧州議会議席配分は異なるが，理事会における両国の票配分は同一となっている。ドイツ，フランス，イタリア及びイギリスがそれぞれ 29 票与えられている。票配分がもっとも少ない国はマルタとなっている。各国に配分された票の総数は 352 票となる。特定多数決で可決されるための要件は，欧州委員会の提案に基づいて採択されるためには 260 票の賛成及び過半数の構成国による賛成を必要とする。その他の場合には，260 票の賛成及び少なくとも 3 分の 2 の構成国による賛成を必要とする。さらに，理事会の構成員は特定多数決を構成する構成国が EU の総人口の少なくとも 62％ にあたることの確認を求めることがで

---

[64] Karen Davies, *Understanding European Union Law*, 4th Edition, 2011, Routledge, p.51.

各構成国に対する票の配分

ドイツ，フランス，イタリア，イギリス	29
スペイン，ポーランド	27
ルーマニア	14
オランダ	13
ベルギー，チェコ，ギリシャ，ハンガリー，ポルトガル	12
オーストリア，スウェーデン，ブルガリア	10
デンマーク，アイルランド，リトアニア，スロバキア，フィンランド，クロアチア	7
キプロス，エストニア，ラトビア，ルクセンブルク，スロベニア	4
マルタ	3
合　計	352

きる。

〈現在の特定多数決〉　現在の定義によると，特定多数決は，理事会構成員の少なくとも 15 名以上でかつ構成員の少なくとも 55% 以上の賛成を必要とし，さらに，連合の総人口の少なくとも 65% 以上の構成国の賛成を必要とする (EU 条約 16 条 4 項)。構成員の 55% は，EU 28 カ国のうち 16 カ国の賛成を意味する。なお，総人口 (約 5 億 56 万人) の 65% 以上は約 3 億 286 万人に相当する。また，すべての理事会の全構成員が投票に参加しない場合，特定多数決は投票に参加する構成国を代表する理事会構成員の少なくとも 55% 以上の多数で，かつ投票に参加する構成国の人口の少なくとも 65% 以上を構成するものと定義される (EU 運営条約 238 条 3 項 (a))。現在の定義においては，各国への票配分はなくなり，三重多数決という形になる。可決阻止には，少なくとも 4 名の理事会構成員の反対が含まれていなければならない (EU 条約 16 条)。また，理事会の全構成員が投票に参加しない場合は，可決阻止には，投票に参加する構成国の人口の 35% 以上を代表する理事会構成員の最小数に 1 構成員を追加した数を含まなければならない (EU 運営条約 238 条 3 項)。

ただし可決阻止に関しては，「2009 イオアニナ (ヨアニーノ)・ビス

(Ioannina-bis)」という**政治的妥協**が存在する[65]。この妥協によると，以下の場合には，議論が続行されるように構成国は理事会に要求することができる。2014年11月1日から2017年3月31日までは，少数者が可決阻止を構成する少数者に必要なEU人口の4分の3を代表するか，あるいは構成国数につき要請される少数者の4分の3を代表する場合であった。2017年4月1日以降は，少数者がEU条約16条4項またはEU運営条約238条3項に定められる可決阻止少数を構成するのに必要なEUの人口の少なくとも55%あるいはEU構成国数の少なくとも55%を代表する場合である。

なお，理事会が欧州委員会または外交安全保障上級代表の提案に基づいて決定しない場合，特別多数決は，理事会の構成員の少なくとも72%以上の多数で，かつEU人口の少なくとも65%以上を構成する構成国を含むものと定義される（EU運営条約238条2項）。構成員の72%は，EU 28カ国のうち21カ国の賛成を意味する。同じ場合で，かつ理事会の全構成員が投票に参加しない場合，投票に参加する構成国を代表する理事会構成員の少なくとも72%以上で，かつ投票に参加する構成国の人口の65%以上を構成するものと定義される（EU運営条約238条3項(b)）。

● 常駐代表委員会

　常駐代表委員会（comité composé des réprésentants permanents des Etats membres）は**コルペール**（**COREPER**）とも呼ばれる。常駐代表委員会は，構成国政府の常駐代表からなる委員会である（EU運営条約240条）。常駐代表委員会は，理事会が決定を下す際の準備をする下部機関である。理事会の構成員である閣僚等は，通常は各構成国で職務を行っており，会合が開かれるときにのみブリュッセルに集まることになる。常駐代表委員会は，理事会の構成員が常時ブリュッセルにいないという不都合を補う機関でもある。

　常駐代表委員会には2つのレベルがある。コルペールⅠは，より技術的な問題を準備し，常駐の代表（deputy）から構成される。コルペールⅡは，政治的かつ議論のある事項を取り扱い，その構成はEU大使（Ambassadors）である常駐代表である。

---

[65] OJ of the EU 2009 L 314/73.

コルペールは，リストAとリストBという2つのリストを作成することによって理事会審議を準備する。リストAは，討論なしで採択される争いのない事項を対象とし，リストBは，決がとられるまで理事会における議論を必要とする事項を対象としている。

4.5 欧州委員会

●歴　史

欧州委員会は，ECSC条約においては**最高機関**（High Authority）と呼ばれていた。EEC条約及びEuratom条約では，名称が欧州委員会と変更され，現在に至っている。ECSCの最高機関の長はヨーロッパの父と呼ばれるフランス人のジャン・モネであった。他方，EECの欧州委員会の初代の長は，ドイツ人のハルシュタインであった。EUの機関の中でもっともEUらしい機関は欧州委員会であると言っても過言ではないであろう。

●選　出

欧州議会の議員が直接普通選挙で選ばれ，他方，理事会の構成員は各国の閣僚であることから，国内の直接普通選挙で選ばれた政府の代表であり，間接的に民意を反映したものとなっている。これらに対して，欧州委員会の委員は，EUレベルでも国内レベルでもまた直接的にも間接的にも選挙によって選ばれた者ではない。そこで，欧州委員会の民主的正統性が問題となる。欧州委員会の民主的正統性はどのように確保されているのであろうか。リスボン条約は，既存のEU・EC条約を民主主義の赤字を改善する方向で改正した。欧州委員会の選出についてもこのような方向性において変更が加えられた。

まず，欧州首脳理事会が欧州議会選挙を考慮しつつ，欧州議会と適切な協議を行った上で，特定多数決により欧州議会に欧州委員会の委員長候補者を提案する。これを受け，欧州議会が総議員の多数決により委員長を選出する。理事会（欧州首脳理事会ではない）は，選出された委員長との共通の合意により，委員会委員の候補者リストを採択する。なお，リストにあ

る候補者は構成国の提案に基づいたものである。ただし，欧州委員会の委員は，その全般的能力と欧州への関与を基礎としてその独立性に疑いのないものから選出されなければならない。その後，委員長，外交安全保障上級代表及びその他の委員会委員は，一体として，欧州議会の承認投票にかけられる。可決されれば，委員会は欧州首脳理事会の特定多数決により任命される。欧州議会が承認をしない場合は，再度候補者リストが作成され，承認投票にかけられることになる（EU 条約 17 条 7 項）。任命された委員の任期は 5 年であり，再選は可能である。

　リスボン条約では欧州首脳理事会が欧州議会選挙を考慮して委員長候補を提案すること，及び欧州議会が委員長を選出することが明示的に定められた。欧州議会が欧州委員会の委員長を選出し，またその他の委員を含め一体として欧州委員会を承認することにより，欧州委員会は民主的正統性を間接的に得ている。初めて，欧州議会選挙（2014 年 5 月）の結果を考慮し，欧州委員会委員長が選出された（EU 条約 17 条 7 項）。

● 構　成

　欧州委員会委員は，委員長，副委員長を兼任する外交安全保障上級代表，その他の委員から構成される。委員の数は，各構成国 1 名となっている。EU 条約上は，2014 年 11 月 1 日以降，欧州委員会は，欧州首脳理事会が全会一致によりその数の変更を決定しない限り，構成国数の 3 分の 2 に相当する数の委員により構成され，その際はすべての構成国の人工的及び地理的分布を反映した厳格に平等な構成国間の輪番制に移ることになっていた（EU 条約 17 条 5 項，EU 運営条約 244 条）。しかし，アイルランドの国民投票でリスボン条約が否決された後，政治的妥協が行われ，2014 年 11 月 1 日以降も引き続き各構成国 1 名の委員がだされることになった。

● 欧州委員会委員長

　欧州委員会の委員長，副委員長を兼任する外交安全保障上級代表，その他の委員にはそれぞれの役割がある。**欧州委員会委員長**には他の委員よりも強力な権限が付与されている。もともと現在のような強力な権限が付与されていたわけではなく，条約改正ごとにその権限が強化されてきた。

理事会が他の委員の候補者リストを採択するにあたって，理事会は委員長の合意を必要とする。よって，委員長は委員の人選に影響力をもつ。また，委員長は，①欧州委員会が職務を遂行する際の指針を定める，②委員会が一貫して効率的にかつ合議体として行動することを確保するために委員会の内部組織について決定する，③委員会の委員の中から外交安全保障上級代表以外の副委員長を任命する，という権限を有する（EU 条約 17 条 6 項）。2014 年 11 月より 2019 年 10 月まではユンカー（Jean-Claude Juncker, ルクセンブルク人）が欧州委員会委員長であった。2019 年から 2024 年のフォン・デア・ライエン欧州委員会委員長（Von der Leyen，ドイツ人）の下には，執行副委員長（executive vice president）3 人および共通外交安全保障上級代表を含めた 5 人の副委員長がおかれている。

委員会が負う責任は，委員長によって指示され，かつ各委員に配分される。また，委員長は，任期中これらの責任を再配分することができる。委員は，委員長の権限の下で委員長により課された職務を遂行しなければならない（EU 運営条約 248 条）。すなわち，欧州委員会の委員は，経済財務を担当する委員，通商を担当する委員，エネルギーを担当する委員などそれぞれ担当分野をもつが，委員長がどの委員がどのような分野を担当するかを決定する権限をもつ。さらに，委員長は，他の委員の辞任を要請することができる（EU 条約 17 条 6 項）。また，欧州委員会の委員長は，欧州首脳理事会の構成員でもある。過去においては，委員長は単に委員の中の長（primus inter pares）であったのが，政治的責任と指導的機能をもった職へと格上げされた[66]。

● **外交安全保障上級代表**

マーストリヒト条約による EEC 条約の改正により，理事会は事務総局長に服する事務総局に補佐され，その事務総局長は理事会の全会一致により任命されるという条文が入れられた（旧 EC 条約 151 条）。アムステルダム条約による EC 条約の改正により，事務総局長は，共通外交安全保障政策の上級代表を兼任するようになった（旧 EC 条約 207 条）。最初の上級代

---

[66] Hans-Wolfgang Arndt/Thomas Fetzer/Kristian Fischer, *Europarecht*, 10. Aufl., 2010, C.F. Müller, p.29, Rn.105.

表にソラナ（Xavier Solana）が任命された。リスボン条約による改正により，共通外交安全保障上級代表（High Representative of the Union for Foreign Affairs and Security Policy）の位置づけが変更された。

　リスボン条約発効以前の上級代表は，理事会の全会一致により任命されていたが，任命方法が変更された。欧州首脳理事会が，欧州委員会委員長との合意の上で，特定多数決により**外交安全保障上級代表**を任命する（EU条約18条1項）。解職にも同様に手続がとられる。欧州委員会委員長の合意がいるのは，上級代表が欧州委員会の副委員長を兼職するためである。共通外交安全保障上級代表は，理事会を代表しつつ，同時に欧州委員会の委員，副委員長であるという，ダブルハットをかぶる役職になっている。

　上級代表の任務は，EUの共通外交安全保障政策を遂行することである。また，上級代表は，外務理事会の議長を務め，共通外交安全保障政策の準備のための提案を通じて寄与し，欧州首脳理事会及び理事会により採択される決定の実施を確保する（EU条約18条2項及び3項，EU条約27条）。上級代表は，共通外交安全保障政策に関する事項についてEUを代表する。上級代表は，任務の遂行にあたっては，欧州対外行動庁により補佐を受ける（EU条約27条3項）。欧州対外行動庁（European External Action Service）は，構成国の外務省と協力して行動し，理事会事務総局及び委員会の関連部局並びに構成国の外務省から配置された職員より構成される。

　他方，欧州委員会の副委員長として，EUの対外行動の一貫性を確保する役割をもつ。さらに，上級代表は，対外関係分野につき委員会に課せられた責務及びEUの対外行動の他の側面の調整に関して委員会内部において責任を負う（EU条約18条4項）。リスボン条約後の最初の上級代表イギリス人女性アシュトン（Catherine Ashton）に代わり，2014年11月からイタリア人女性モゲリーニ（Federica Mogherini）が上級代表に選ばれた。また，2019年12月より，スペイン人男性のフォンテルス（Josep Borrell Fontelles）が上級代表となっている。

● **性質，任務・役割**

　委員会は，責任を遂行するにあたって，完全に独立している。委員会委員は，いかなる政府，その他の機関，組織，団体からの指示も求めず，ま

た，受けてはならない（EU条約17条3項，EU運営条約245条）。欧州委員会は，EUの一般的利益を追求する（EU条約17条1項）。

　欧州委員会の役割は，まず統合推進者としてのそれである。EUの一般的利益の追求のための適切な法行為の提案を行う。欧州委員会は，原則的に提案権を独占している。ただし，共通外交安全保障政策に関しては，欧州委員会は提案権を与えられておらず，共通外交安全保障上級代表が欧州委員会との共同の提案として理事会に提出する（EU条約22条2項）。

　次に欧州委員会は，EU条約及びEU運営条約並びにEU諸機関により採択された措置の適用を確保するという，EU法の擁護者としての役割を担っている。また，予算案を作成し，予算を執行する。さらに，委員会は立法機関ではないが**法行為**（legal acts）を採択する。この法行為は**非立法行為**（non-legislative acts）に限定される。特に，競争法や補助金の分野での措置あるいは立法行為を実施するための措置もしくは細則を定める措置を採択する。加えて，EU法行為の執行・実施は原則的に構成国であるが，欧州委員会が直接執行する場合がある。また，EUの対外代表となり，第三国とのあるいは国際組織における交渉においてEUを代表して行動する。

● **意 思 決 定**

　欧州委員会内における意思決定は，単純多数決により決定される（EU運営条約250条）。通常，会議が開かれて決議を行うという形ではなく，書面手続ですまされる。すなわち，決定案が回覧され，反対がなければ同提案は採択されたとみなされることになる。

● **内 部 組 織**

　欧州委員会の委員は，各国1名選出されるため現在28人の委員により構成されている。しかし，欧州委員会には約3万2,000人のEU職員（日本でいうところの公務員）が働いている。欧州委員会の内部組織には複数の総局（Directorates General）とサービス部門が存在する（図参照）。欧州委員会委員が総局の1または複数の総局の長となる。それぞれの総局，たとえば環境総局（DG Environment）には複数の局（Directorates）があり，その局の下に部局（Divisions）がおかれている。

総局 (Directorates-General, DGs)

- 農業および農産開発
- 予算
- 気候変動対策
- コミュニケーション
- コミュニケーション・ネットワーク，コンテンツおよびテクノロジー
- 競争
- 防衛産業と宇宙
- 経済・財政事項
- 教育，若者，スポーツおよび文化
- 雇用，社会的事項および包摂 (inclusion)
- エネルギー
- 欧州隣国および拡大交渉
- 財政安定，金融サービスおよび資本市場同盟
- 環境
- 欧州市民保護および人道援助活動
- 欧州統計局
- 健康と食物安全
- 健康緊急準備・対応機関
- 移民と内務
- 人材および安全
- 情報科学
- 域内市場，産業，起業および中小企業
- 国際パートナーシップ
- 通訳
- 共同研究センター
- 司法と消費者
- 海洋事項と漁業
- 移動および運輸
- 地域政策と都市政策
- 研究・イノベーション
- 構造改革支援
- 税および関税同盟
- 貿易
- 翻訳

サービス (Services)

- 個人受給 (individual entitlements) の管理および支払い
- データ保護官
- 欧州詐欺対策局
- 欧州委員会図書館
- 欧州パーソナルセレクションオフィス
- 行政のための欧州スクール
- 外交政策手段 (instrument)
- 歴史的アーカイブサービス
- インフラおよびロジスティックス（ブリュッセル）
- インフラおよびロジスティックス（ルクセンブルク）
- インスパイア，ディベート，参加，行動加速
- 内部監査サービス
- 法務サービス
- 出版局
- 復興・レジリエンスタスクフォース
- 事務局

欧州委員会総局 (Departments, DGs) とサービス (Services)

4.6 裁 判 所

　EU 司法裁判所（the Court of Justice of the European Union）は，欧州司法裁判所，一般裁判所及び専門裁判所から構成される。欧州司法裁判所は，正式名称は司法裁判所（Court of Justice）であるが，EU 司法裁判所と区別するために欧州司法裁判所という名称を本書では用いている。本書においては，原則的に，EU 司法裁判所は，欧州司法裁判所のみならず，一般裁判所もしくは専門裁判所を含む可能性がある場合または総称を表す場合に用いている。なお，EU 司法裁判所の所在地はルクセンブルクである。

●欧州司法裁判所
　正式名称の**司法裁判所**（Court of Justice）は，リスボン条約発効前は，欧州司法裁判所（European Court of Justice）と呼ばれていた。欧州司法裁判所は，ECSC が設立された当初から存在する機関であり各構成国から1名の裁判官で構成される。任期は6年で，3年ごとに一部が交代する形でなっている。これにより，一度に裁判官が入れ替わることで判例が急に変わってしまうのを防ぐ工夫がなされている。裁判官は，再任可能である。なお，裁判官の任命は構成国政府が行うが，任命を行う前に，欧州司法裁判所及び一般裁判所の裁判官並びに法務官の選出に関しては，小委員会が設置され，同委員会が候補者の適性につき表明をすることになっている（EU 運営条約 253 条，255 条）。

　欧州司法裁判所の法廷の種類としては，小法廷，大法廷及び全員法廷がある。小法廷（chambers）は，3 ないし 5 人の裁判官から構成される（EU 運営条約 251 条）。大法廷（Grand chamber）は，9～13 人の裁判官により構成される（裁判所規程 16 条）。全員法廷（full court）は，定足数が 15 人と定められているのみで，必ずしも裁判官全員が参加するわけではない。全員法廷は，裁判所規程が定める特別な場合のみ開廷される[67]。

---

[67] 裁判所規程 16 条参照。Case C-370/12 Pringle, ECLⅠ：EU：2012：756.

欧州司法裁判所は，8人の法務官により補佐される。**法務官**（advocate general）はフランスの制度（Conseil d'Etat における commissaire du gouvernement）から採り入れられた役職である。法務官は欧州司法裁判所の裁判官に要求されるのと同一の資格・能力をもつ者から選任される（EU運営条約253条）。1つの事件につき原則1人の法務官が担当する。法務官は，裁判官に並んで法廷に着席する。

　法務官は裁判所が判決を下す前に，完全に公平かつ独立の立場から，裁判所（公開の法廷）において理由を付した意見（法務官意見）を提出する。法務官意見は裁判官を拘束するものではないが，裁判所が判決を下す際に参考にされる。判決は必ずしも法務官意見に沿ったものとは限らないが，たとえば結論は同じでも論理構成や理由づけが異なっていたり，あるいは，結論自体も異なっているものもあるが，判決の中で直接引用されたり，あるいは，法務官意見の趣旨が採用される場合も多い。裁判所の判決は，統一見解ということでだされるため，裁判官の個別意見や反対意見はだされない。また，判決における理由づけが簡潔すぎる場合もある。他方，法務官意見は1人でまとめられているため，より詳しい理由づけがなされていることが多く，どのような論点があるのかを知ることが可能であり参考になる。

● **一般裁判所**

　欧州司法裁判所における訴訟件数の増加に伴う裁判官の負担増及び訴訟期間の長期化を改善するために，単一欧州議定書により第1審裁判所の創設が定められた。第1審裁判所は，1989年10月31日に始動した。リスボン条約により第1審裁判所の名称は，**一般裁判所**（general court）に変更された。

　一般裁判所の構成は各構成国につき少なくとも1名の裁判官からなる（EU約19条2項）。裁判官の任期は，6年で再任可能である。構成員は，3年ごとに一部が交代することになっている（EU運営条約254条）。

　一般裁判所は，専門裁判所に委任される訴訟または手続あるいは欧州司法裁判所に留保された訴訟または手続を除いて，第1審として審理しかつ決定を下す管轄権を有する。一般裁判所の管轄権の範囲は拡大してきているが，現在一般裁判所がもつ管轄権の具体的な対象は，①EU機関の行為

または不作為に対する自然人または法人による直接訴訟，②欧州委員会に対する構成国による訴訟，③国家援助（EU 運営条約 108 条 2 項 3 段）及びダンピングの分野で採択された行為（EU 運営条約 207 条）並びに委任権限を行使した場合における理事会の行為（EU 運営条約 291 条）に関し，理事会に対する構成国による訴訟（裁判所規程 51 条(a)），④一般裁判所に明示的に裁判管轄権を付与する EU によってなされた契約に基づく訴訟，⑤共同体商標に関する訴訟，⑥専門裁判所の判決に対する上訴，⑦欧州化学物質庁等一部の下部機関の決定に関する訴訟となる。

●専門裁判所

第 1 審裁判所（現一般裁判所）が設立されたが，第 1 審裁判所における訴訟件数の増加に伴い，さらなる裁判所の設立が求められるようになった。そこで，ニース条約による EC 条約の改正により司法パネルの設立が EC 条約 225 a 条に定められた。同条に基づき 2004 年 11 月 2 日の決定により職員紛争審判所（European Union Civil Service Tribunal）が設置された。同審判所は，EU 職員の紛争については第 1 審の裁判所として扱うことになった。しかし，職員紛争審判所は，2016 年 9 月 1 日に業務を終了した。司法パネルは，リスボン条約により**専門裁判所**（specialised court）になった。職員審判所が廃止され，現在のところ，専門裁判所は存在しないが，将来知的財産分野等の訴訟を扱う別の専門裁判所の設置も，欧州議会と理事会による通常立法手続に従った決定に基づき可能となっている（EU 運営条約 257 条）。

専門裁判所が下す決定に不服がある場合，一般裁判所に上訴することができる。さらに，一般裁判所に下される決定に不服がある場合で，EU 法の統一性または一貫性が影響を受ける重大な危険が存在する場合には，例外的に欧州司法裁判所による再審査の対象となりうる（EU 運営条約 256 条）。

●裁判管轄権と訴訟の種類

EU 司法裁判所の任務は，EU 条約及び EU 運営条約の解釈と適用において法が遵守されることを確保することである（EU 条約 19 条）。裁判所の判例に先例拘束性はないが，裁判所は，これまで EU 法の発展に多大な貢

献をしてきた。確立された判例法（case law）は，EU 法の重要な法源となっている。

　EU 司法裁判所の管轄権は広く，その役割は非常に重要である。もっとも，EU 司法裁判所は，他の EU 諸機関と同様に権限を付与された範囲内で行動しなければならない。EU 司法裁判所の管轄権は，共通外交安全保障政策分野に対しては原則的に及ばない（EU 条約 24 条 1 項）。ただし，EU 条約 40 条に定められる共通外交安全保障政策とその他の EU の政策間の交錯について，並びに EU 運営条約 275 条 2 項に規定される決定の合法性審査については，EU 司法裁判所は管轄権を有する。また，例外的であるが，自由，安全及び司法の領域に関する EU 運営条約第 3 部第 5 編第 4 章及び第 5 章の枠組における権限を行使するにあたって，構成国の警察もしくは法執行機関により実施される活動の有効性または比例性について，または法と秩序の維持及び国内治安の確保に関して構成国に課せられる責任の行使については，裁判所は管轄権をもたない（EU 運営条約 276 条）。

　裁判所が扱う事件の種類は，大きく分けると，直接訴訟，先決裁定及び裁判所意見になる。**直接訴訟**（direct actions）には，あらかじめ EU 条約及び EU 運営条約により定められた管轄権に基づくものと，当事者の合意による管轄権に基づくものがある。後者としては，仲裁条項に基づく管轄権（EU 運営条約 272 条）と付託合意に基づく管轄権（EU 運営条約 273 条）がある。前者には，EU 機関を訴える，取消訴訟（EU 運営条約 263 条，本書第 12 章参照），不作為確認訴訟（EU 運営条約 265 条，本書第 12 章参照），非契約上の損害賠償訴訟（EU 運営条約 268 条，本書第 12 章参照），構成国に対する制裁に対する訴訟（EU 運営条約 269 条，本書 3.1 参照）及び職員紛争（EU 運営条約 270 条），並びに構成国を訴える，条約違反訴訟（EU 運営条約 258 条，本書第 10 章参照），加盟国による条約違反手続（EU 運営条約 259 条，本書第 10 章参照）及び判決履行違反手続訴訟（EU 運営条約 260 条，本書第 10 章参照）がある。これらの直接訴訟の他に，国内裁判所からの付託事項に対して裁定を下す，**先決裁定手続**（preliminary rulings）（EU 運営条約 267 条，本書第 15 章参照）及び EU が締結する国際条約と EU 条約及び EU 運営条約の両立性を審査する**裁判所意見**（EU 運営条約 218 条 11 項，本書第 19 章）という重要な司法制度も存在する。

構成国は，EU 条約及び EU 運営条約の解釈及び適用に関する紛争を両条約に定める以外のいかなる解決方法にも訴えないという義務に服している（EU 運営条約 344 条）。ここから EU 法の自己完結性が導き出される。

4.7　その他の機関

上述した EU の主要機関の他に EU には複数の機関が存在する。ここでまとめておくことにする。

●欧州中央銀行

欧州中央銀行は EU 条約 13 条において EU の機関として列挙されている。**欧州中央銀行**（European Central Bank, 略して ECB）は，ドイツのフランクフルトにおかれている。なお ECB は，ドイツ連邦中央銀行をモデルにしている。

欧州中央銀行は，国内中央銀行とともに，欧州中央銀行制度を構成する（EU 運営条約 282 条）。ECB の役割は，EU の通貨であるユーロの制度を構築し，EU の金融政策を行う。ECB の主要な目的は，物価の安定を維持することである。ユーロを導入している構成国の領域においては，EU が**金融政策**に関し排他的権限を有する。すなわち，関係する構成国は，金融政策に関して権限を EU に移譲している。構成国は財政政策については排他的権限を維持しているため，経済政策の両輪（金融政策と財政政策）が EU と構成国に分かれている。このことが経済政策の舵取りを難しくしている。

ECB は，法人格を有し，ECB のみがユーロ発行を許可する権限を有する。ECB は，権限の行使及び財政の運営について独立性を有し，EU の各機関及び各組織並びに構成国政府は，その独立性を尊重しなければならない。(2013 年からユーロ圏の銀行監督を行うこと(銀行監督一元化)が予定されている。)

●会計検査院

会計検査院(Court of Auditors)は，EU 条約 13 条において EU の機関として列挙されている。会計検査院は，EU の会計検査を行う(EU 運営条約 285 条)。

●経済社会評議会

経済社会評議会（Economic and Social Committee）は，ECSC の設立時から存在する諮問機関であり（EU 条約 13 条 4 項，EU 運営条約 300 条），欧州議会，理事会及び欧州委員会を補佐する。経済社会評議会は，経営者団体，労働者団体並びに他の団体，特に社会経済，市民，専門職及び文化の分野で市民社会を代表する団体によって構成される。法行為手続の中には，条約上経済社会評議会との協議が義務づけられているものがある。ただし，経済社会評議会の意見は拘束力をもつものではない。

●地域評議会

地域評議会（Committee of the Regions）は，マーストリヒト条約による改正で創設された諮問機関である（EU 条約 13 条 4 項，EU 運営条約 300 条）。経済社会評議会と同様欧州議会，理事会及び欧州委員会を補佐する。地域評議会は，選挙に基づく委任を受けた地域及び地方の機関の代表または選挙された議会に対して政治的に責任を負う地域及び地方の機関の代表から構成される。マーストリヒト条約による改正により地域や地方が管轄する分野にも EU の行動が広がるため，地域の意見をくみ上げる役目を担っている。条約上地域評議会との協議が義務づけられている法行為手続もある。ただし，地域評議会の意見は拘束力をもたない。

●エイジェンシー

EU には，EU 条約上定められたあるいは EU 立法の採択により独自の法人格を付与され，決定権限を有する**行政機関**（エイジェンシー；Agency）が多数存在する。これらの機関は客観的な基準に基づく中立的な意見を期待されており，欧州委員会の決定に技術的かつ科学的基礎を与える意見や勧告をだすことができる。たとえば，欧州環境庁，欧州化学物質庁，欧州食糧審査機関，欧州生活・労働条件改善基金，欧州職業教育センター，域内市場調和庁（共同体商標・意匠庁），欧州麻薬監視機関などである。現在は，このような下部機関への権限委譲が権限配分及び民主主義的な観点から問題となっている（ex. Case C-270/12 ESMA [2014] ECR Ⅰ-nyr)。

4.8 機関間の関係

●機関間の権限配分

　EU は，構成国から EU 条約及び EU 運営条約を通じて権限を付与されており，権限を付与された範囲においてのみ行動することができる。この際には，EU と構成国間の権限配分，すなわち**垂直的権限配分**が問題になる。また，EU の各機関は，両条約において自己に付与された権限の範囲内で，かつそれらの定める手続，条件及び目的に従って行動する（EU 条約 13 条 2 項）。この場合，機関間の権限配分，すなわち水平的な権限配分が問題となる。たとえば，欧州委員会は，第三国と国際条約の交渉を行う権限を与えられているが，条約を締結することはできない[68]。条約を締結できるのは，理事会に限られる。逆に，EU 立法の提案権は，欧州委員会が独占している。理事会及び欧州議会は，欧州委員会に必要と考える立法の要請をすることができるにとどまり，自らは立法提案を提出することができない。

　EU 機関間の関係は固定されているわけではなく，条約改正により変更される。欧州議会は，これまでの数度の条約改正により自己の権限を拡大してきた。また，条約改正によらず，**機関間協定**（inter-institutional agreement）を結ぶことで実質的な変更を行うこともある。この機関間協定は，EU 機関を拘束し，EU 官報に公表される。後に，機関間協定の内容が条約改正により，事後的に条約上定められることもある。

　EU 機関は，相互に誠実に協力しなければならない（EU 条約 13 条 2 項）。

●機関間のチェックアンドバランス

　上述したように欧州委員会の委員長は欧州議会により選出され，また，欧州委員会は一体として欧州議会により承認を受ける。欧州委員会は，一体として，欧州議会に対して責任を負う。欧州議会は，欧州委員会の行動

---

[68] Case C-327/91 France v. Commission ［1994］ECR I -3641；cf. Case C-233/02 France v. Commission ［2004］ECR I -2759.

に対して**不信任動議案**を採択することができる。不信任動議案が可決された場合，欧州委員会の委員は，一体として総辞職する（EU条約17条8項）。欧州委員会は，このように欧州議会によりコントロールされ，民主的正統性を得ている。

　また，委員会のいずれかの委員がその職務の遂行に必要とされる条件を満たさなくなった場合，または重大な非行を犯した場合には，司法裁判所は，単純多数決で決定する理事会の申請または委員会の申請に基づき，同委員を罷免することができる（EU運営条約247条）。

　欧州議会は，委員会により提出される一般年次報告書について公開の会議において討議する（EU運営条約233条）。また，欧州議会またはその議員は欧州委員会に対して質問をすることができ，欧州委員会はその質問に対して口頭または書面により回答しなければならない（EU運営条約230条）。欧州委員会は，欧州議会のすべての会議に出席することができ，自らの要請に基づき，発言することができる（EU運営条約230条）。また，欧州首脳理事会及び理事会は，各々の手続規則に定める条件に従い，欧州議会において発言することができる（EU運営条約230条）。

　理事会及び欧州議会は，立法提案を欧州委員会に要請することができ，欧州委員会が提案を提出しない場合にはその理由をそれぞれに通知しなければならない（EU運営条約226条，241条）。これに加えて，理事会は，欧州委員会に理事会が望ましいと認める調査研究を行うように要請することもできる（EU運営条約241条）。

　EU司法裁判所は，EU意思決定機関の裁量を尊重し，司法権を抑制する場合がある。空港手数料が問題となった事件において，裁判所は，次のように判示した[69]。陸上及び空輸送に関して，いつ，またどのように，どの程度介入すべきかにつき理事会に決定する権限を与えることによって，条約は適当な共通法規の採択に関して理事会に広範囲な立法権限を付与している。そのような権限の行使を審査する際には，EU司法裁判所は，EU立法機関の評価に代わり裁判所の評価を押しつけることはできず，立法機関の評価が明白な誤りを含んでいないかあるいは権限の濫用がないか，

---

[69] Case C-176/09 Luxembourg v. Parliament and Council［2011］ECR I -3727, paras.34-35 and 50.

また立法機関が立法裁量の範囲をはっきりと超えていないかのみの審査に限定しなければならない。特に，EU 立法機関による共通政策の実施が空輸の問題というような複雑な経済状況を評価する必要性を含んでいるときはなおさらである。このような抑制は，WTO 協定に関する（Case C-149/96）事件[70]でも見られる。同事件では，「共同体法が（WTO）法規の遵守することを確保する役割が共同体の司法機関に直接に移譲されることを受け入れることは，共同体の立法または執行機関から共同体の貿易相手国における相当する機関が享受している作戦的行動範囲を奪うことになってしまうだろう」とし，WTO 諸協定は，その性質及び構造に鑑み，原則として裁判所が共同体機関によって採択される措置の合法性を審査する際に照らすべき法規とはならないとした。

---

[70] Case C-149/96 Portugal v. Council [1999] ECR I -8395, paras.46-47.

■第 5 章■

EU 諸条約の改正

5.1 リスボン条約に至るまで

　ECSC 条約は期限が 50 年と定められていたため，1952 年 7 月 23 日に発効し，2002 年 7 月 23 日に失効した。他方，1958 年に発効した EEC 条約は無期限であるため（現 EU 運営条約 356 条），現在も有効である。もっとも，EEC 条約は，1987 年発効の単一欧州議定書，1993 年発効のマーストリヒト条約，1999 年発効のアムステルダム条約，2003 年発効のニース条約，そして 2009 年発効のリスボン条約により改正されてきた。名称は，EEC 条約から EC 条約を経て，現在 EU 運営条約となった。

　ニース条約の改正まではいわゆる政府間会議で改正の実質的内容が決められていた。これは，条約改正条文でそのような形になっていたからである。旧 EU 条約 48 条（ニース条約時）は，次のように改正手続を定めていた。「構成国の政府または欧州委員会は，理事会に対し，連合が基礎をおく諸条約の改正のための提案をすることができる。理事会が，欧州議会及び適当な場合には欧州委員会と協議した後，構成国政府代表者会議の招集が望ましいとの見解を下す場合には，理事会議長は，これらの条約になされるべき改正をすべての構成国の合意によって決定するために政府代表者会議を招集しなければならない。……」。

　一方，EU 基本権憲章が起草されるときに，初めて専門家委員会（コンベンション（convention）と呼ばれる）が設置され，構成国政府の代表とともに，欧州委員会の代表，欧州議会の代表及び国内議会の代表がそれに参加した。このようなコンベンション方式が欧州憲法条約の起草の時にも採用

された。コンベンションは，議長をフランス元大統領のディスカール・デスタンとし，構成国の代表（15名），欧州委員会の代表（2名），欧州議会の代表（16名），国内議会の代表（30名），それに加え，当時加盟申請国であった政府の代表（13名）及び国内議会の代表（26名）から構成された。機関は，2002年2月28日に開会会合が開催され，2003年7月10日に約1年3カ月の任務を終了した。なおコンベンションでは，個別テーマごとに11の作業部会が設置された。コンベンションは，欧州憲法条約草案としてその成果を公表した。その後，政府間会議が開かれ，同草案を元に欧州憲法条約条文が確定され，旧EU条約48条の改正手続に基づき，2004年10月29日に調印された。それゆえ，欧州憲法条約の実質的内容は，コンベンションが起草したものであった。

　オランダとフランスにおける国民投票で欧州憲法条約が否決され，同条約は結局未発効のままになった。リスボン条約については，まずドイツを議長国とする2007年6月の欧州首脳理事会において，改革条約（Reform Treaty）を起草することに基本的な合意がなされた。同年7月に政府間会議が開始され，10月に改革条約の草案が完成した。その後，2007年12月3日に改革条約（リスボン条約）が調印された。リスボン条約は，形式的には既存の条約を改正するという形をとっており，欧州憲法条約のような新たな条約ではなく，また，国家を連想させる規定はすべて削除されたが，実質的には欧州憲法条約を引き継いだものであると捉えられる。

5.2　現在の改正手続

　リスボン条約によるEU条約の改正により，改正手続も改正された。EU条約48条は，EU条約及びEU運営条約が，**通常改正手続**あるいは**簡易改正手続**によって改正されると定めている。

5.2.1　通常改正手続

　通常改正手続は，EU条約48条2項から5項に定められている。

まず改正の提案であるが，ニース条約の時は，改正の提案は理事会に対し構成国の政府または欧州委員会により行われると定められていたが，現行条約では，欧州議会にも改正提案を行う権限が与えられた。

これらのいずれかにより理事会に提出された提案に関し，理事会は，欧州首脳理事会に提案し，また国内議会に通知する。欧州首脳理事会は，欧州議会と欧州委員会に諮問した後に，提案された改正の検討に賛成する決定を単純多数決により採択した場合には，欧州首脳理事会の議長は，国内議会，構成国の元首または政府の長，欧州議会及び欧州委員会の代表から構成される諮問会議（コンベンション）を構成する。すなわちここでは，EU基本権憲章や欧州憲法条約のコンベンション方式が踏襲されている。この諮問会議が改正提案を検討し，コンセンサスにより構成国政府代表会議に勧告を行う。この構成国政府代表会議（政府間会議）は欧州首脳理事会の議長により招集される。構成国政府代表会議が共通の合意により条約の改正を決定する。なお決定の結果，諮問会議の招集がされない場合には，欧州首脳理事会は構成国政府代表会議に対する委任事項を決めることになる。

調印された条約は，すべての構成国によりそれぞれの憲法上の規定に従って批准された後に発効することになる。欧州憲法条約の際は，フランスとオランダにおける国民投票で否決され，リスボン条約の際は，アイルランドにおける国民投票で一度否決されている。すべての構成国で批准されて初めて条約が発効するということは，構成国数が約30カ国あるEUにおいては困難になってきている。そこで，EU条約48条5項において，条約調印後2年後に，構成国の5分の4がそれを批准し，1またはそれ以上の構成国が批准手続において困難に陥っている場合には，その問題は欧州首脳理事会に付託されると解決導出手段が定められた。これまで批准手続において困難に陥った構成国に対しては，条約本文そのものの改正はされないものの，付属議定書や宣言において特別の考慮がなされるという対処がされてきた。

注目すべき点として「共同体既得事項（acquis communautaire）」のことが挙げられる。これまでの条約改正においては，「共同体既得事項の維持と発展」が旧EU条約2条の目的の一つに掲げられていたため，EUに付

与された権限の縮小を意味するような改正はできないと考えられていた。しかし，EU 条約 48 条 2 項において，EU 権限の拡大のみならならず，縮小を目的とする改正も可能であると明示的に定められた。これに呼応して，「共同体既得事項の維持と発展」は EU 条約の目的から消滅した。

5.2.2　簡易改正手続とその他の手続

●簡易改正手続

　EU 条約において通常改正手続とは別に簡易改正手続が定められている（EU 条約 48 条 6 項）。簡易改正手続の場合は，諮問会議（コンベンション）は招集されない。もっとも簡易改正手続は，その改正される対象が，EU の域内政策及び活動に関する EU 運営条約第 3 部の規定の全部または一部に限定されている。また，EU に付与された権限を拡大する改正はできない。たとえば，EU 条約の改正あるいは EU 運営条約第 5 部の対外行動について改正を行う場合，あるいは EU 運営条約第 3 部の規定であっても EU に新たな権限を付与する場合には，通常改正手続に従わなければならない。改正提案権は，通常改正手続と同様に構成国の政府，欧州議会または欧州委員会に付与されている。ただ，改正提案の提出先は，理事会ではなく，欧州首脳理事会となっている。

　欧州首脳理事会は，欧州議会及び欧州委員会に諮問した後に，また，金融分野の機構の変更が問題となる場合には欧州中央銀行に諮問した後に，欧州首脳理事会の全会一致により改正が決定される。この欧州首脳理事会の決定は，すべての構成国によりそれぞれの憲法上の規定に従って承認された後効力を生じる。この場合，憲法上の規定に従って批准は必要なく，承認により効力が生じる。最初の例は，ESM を設立するための EU 運営条約 136 条 3 項の追加であった（OJ 2011 L 91/1）。

●橋渡し条項

　条約改正という正式な改正手続をとることなく，条約条文が変更される**橋渡し条項**が定められている（EU 条約 48 条 7 項）。橋渡し条項として用意されているのが，全会一致から特定多数決に移行する方法（EU 条約 48 条

7項1段）と特別立法手続から通常立法手続に移行する方法（同2段）である。

　まず全会一致から特定多数決に移行する方法について説明する。EU運営条約またはEU条約第5編が，ある特定の分野または事項について理事会の意思決定において全会一致を要請している場合に，欧州首脳理事会はこの分野または事項について特定多数決によって理事会（欧州首脳理事会ではない）が議決することを認める決定を採択することができる。ただし，軍事的な影響をもつ決定または防衛分野の決定には適用されない。EU運営条約においては，原則的に理事会は特定多数決で議決するが，ある特定の分野や事項においては理事会の全会一致手続が残っている（たとえば，EU運営条約192条2項，194条3項，207条4項など）。他方，共通外交安全保障政策に関わるEU条約第5編においては，原則的に全会一致となっている（EU条約31条）。しかし，構成国数が増える中で，できる限り迅速に議決を行うためにも特定多数決で決定することが求められている。

　次に特別立法手続から通常立法手続に移行する方法であるが，この場合は，欧州首脳理事会が通常立法手続による採択を認める決定を採択すればよい。

　もっとも，どちらの移行に関してもまず欧州首脳理事会は国内議会に発議を通知しなければならない。国内議会が，このような通知の日から6カ月以内に反対の意思を表明した場合には，欧州首脳理事会は決定を行わない。反対がない場合には，移行に関する決定を採択することができる。その際，欧州首脳理事会は，欧州議会総議員の過半数による合意をあらかじめ得た上で，全会一致により決定を行わなければならない。

● 既存のEU法行為の改正

　いったん採択されたEU法行為の改正は，条約改正手続ではなく，通常立法手続などの法行為手続により改正される。

■第6章■

EUへの加入及び脱退

6.1 EUへの加入

　EUは，もともとECSCから始まった。1952年に設立されたECSCの原加盟国は，フランス，西ドイツ，イタリア，ベルギー，オランダ及びルクセンブルクの6カ国であった。その後，1973年にイギリス，アイルランド及びデンマーク，1981年にギリシャ，1986年にスペイン及びポルトガルが加入した。EUが設立されてから，1995年にオーストリア，スウェーデン及びフィンランドが加盟し，15カ国になった。さらに，2004年には，キプロス及びマルタ並びに東欧諸国，ポーランド，ハンガリー，チェコ，スロバキア，スロベニア，ラトビア，リトアニア及びエストニアが加盟し，2007年にはルーマニア及びブルガリアが加盟して27カ国に拡大した。トルコとクロアチアは，2005年10月に加盟交渉を開始したが，トルコについてはあまり進展が見られないのに対して，クロアチアは2013年7月1日にEUに加盟した。2014年11月現在，EUの加盟国数は28カ国である。現在，アルバニア，トルコ，マケドニア，アイスランド，セルビア，モンテネグロが加盟候補国となり，交渉を行っている。その他，EUへ加盟申請し潜在的加盟国となっている国として，ボスニア・ヘルツェゴビナ及びコソボがある。

　加盟については申請すればすぐに加盟できるのではなく，**加盟条件**を加盟交渉の中で満たして初めて可能となる。EU条約49条は，まず次のように定めている。「第2条に定める諸価値を尊重し，これらを促進することを約束する欧州の国家は，連合への加盟を申請することができる」。ま

ず加盟できる国家は，欧州の国家に限定される。日本は，欧州の国家ではないので，申請はできない。モロッコやアルジェリアは，地理的にはヨーロッパに近いが，欧州の国家には属さないとみなされ，加盟交渉は開始されない。他方，トルコは，その領域の一部がヨーロッパに属するとみなされるために，加盟交渉が開始されている。

　加盟条件としては，3つの条件がある。①政治的条件，②経済的条件，及び③既得事項（acquis）の受諾である。①**政治的条件**は，EU条約2条に定められる諸価値，すなわち人間の尊厳，自由，民主主義，平等及び法の支配の尊重，並びに少数者に属する人々の権利を含む人権の尊重を遵守していることである。たとえばトルコは，領域内においてクルド人問題等を抱えている。東欧諸国が加盟申請してから約10年交渉して初めてEUに加盟できたのは，東欧諸国がまだ一党独裁の共産主義から脱却し，複数政党制の民主主義に移行したり，人権を保障したり，司法制度を確立したりなど国家の機構や構造の大幅な変更をしなければならなかったからである。②**経済的条件**は，既存のEU構成国の中にも経済が発展している国とまだ発展していない国の間の経済的格差が存在しているため，既存のEU構成国と加盟申請国の間の格差が同一になることまでは求めていないが，ある程度の経済的な発展は域内市場が円滑に機能するために前提として要求される。③**既得事項の受諾**は，EUがこれまで発展させてきたEU法の蓄積（EU法行為と判例など）を無条件で受け入れることを要求する。

　過渡の期間は場合により設定されたとしても，留保は許容されない。それゆえイギリス，アイルランド及びデンマークに認められたオプト・アウトは，新構成国には認められていない。無条件の既得事項の受諾は，既存の構成国と新構成国に統一的なEU法が適用されるために不可欠の条件となっている。この既得事項の受諾にも加盟申請国は多くの国内憲法を改正したり，新たな法律を制定したり，改正しなければならないため，時間がかかる。加盟手続については，まずある国が理事会に対し加盟を申請したら，欧州議会及び国内議会は通知を受け取る。理事会は，欧州委員会と協議する。欧州委員会が加盟交渉にあたり，進捗状況につき報告書をまとめる。欧州委員会は，加盟候補国の資格付与や加盟交渉の開始を勧告する。理事会は，欧州委員会と協議した後，欧州議会の総議員の過半数の同意を

得なければならない。欧州議会の同意を得た後，理事会は，全会一致により決定を行う。

　構成国と加盟申請国との間では，加入条件及びこの加盟によって必然的に生じる EU 条約及び EU 運営条約への修正を対象とする，加入条約が締結される。加入条約は，すべての締約国によるそれぞれの憲法上の規定に従った批准を必要とする。

　欧州委員会は，加盟申請国と加盟交渉を行い，GO サインを出したとしても，その後，欧州議会総議員の過半数による合意，理事会の全会一致，加入条約のすべての締約国による批准というハードルを越えなければならない。ノルウェーは，この最後のハードルが越えられず，2 度も加盟条約を締結したものの，EU 未加入となっている。

6.2　EU からの脱退

● リスボン条約発効以前

　2009 年 12 月 1 日のリスボン条約発効以前の EU 条約及び EC 条約においては，「条約は無期限とする」(旧 EU 条約 51 条，EC 条約 312 条) とするという規定はあったものの，脱退についての規定は存在しなかった。EU はもともと 6 カ国の原加盟国から始まっており，その後，構成国数を増やし 2012 年 3 月現在 27 カ国となっている。これまで EU を脱退した国家は存在しない。ただ脱退が問題となった例はないわけではない。イギリスは，1974 年に EC に加盟したが，労働党政府が EC への加盟継続の是非を問う国民投票を行うことを宣言し，翌年国民投票が行われた。結果は，加盟継続に賛成する者が 67.2%，反対する者が 32.8% となり，イギリスは EC の加盟国にとどまることになった。また，デンマークの領域の一部であるグリーンランドは，1984 年 1 月 1 日に EU（当時の EC）から脱退した。

　EU 条約あるいは EC 条約に脱退に関する規定はなかったが，学説上脱退の可能性については複数の説が存在した[71]。まず脱退に関し，他の構成

---

[71] 中西優美子「欧州憲法条約における脱退条項」『国際法外交雑誌』103 巻 4 号 2009 年 33, 35-44 頁。

国の合意による脱退と他の構成国の合意を得ない形での一方的な脱退が区別される。他の構成国による合意による脱退は，条約改正権限は構成国の側にあるので，幅広く認められていたと言ってよいであろう。問題は，他の構成国の合意を得ない形での一方的な脱退であった。一方的な脱退が可能か否かについては，多くの論者により論じられてきた。一方的な脱退を不可能とする説，合法的な脱退は可能ではないが，事実上の脱退は可能であるという説，他方，一方的な脱退が可能であるという説も唱えられてきた。また，原則的に構成国は一方的に脱退できないとするが，例外的に一般国際法，ウィーン条約法条約 56 条の「事情の根本的変化」に依拠して脱退が可能であるという説も存在した。私見では，次のように考えてきた。一方的脱退は，それを可能にする法的根拠条文がないため，EU 法上は認められない。ウィーン条約法条約 56 条に定められる国際法上の「事情の根本的変化」に依拠する一方的な脱退は理論的には可能であるが，それに依拠するための正当化理由を見つけることは困難である。ただ，事実上の脱退は，EU が脱退する国に対し，軍事力による強制措置をもたないので妨げられないと。

●欧州憲法条約における脱退条項

　欧州憲法条約起草のためのコンベンション（諮問会議）では，EU からの脱退がどのように扱われたかを見ておくことにする[72]。最初の欧州憲法条約草案が出される前に，脱退条項を含む 3 つの提案がだされていた。①イギリス政府代表のハイン（Peter Hain）によるもの，②フランス国内議会の代表バダンテール（Robert Badinter），③欧州議会の代表ラマソール（Alain Lamassoure）によるものである。

　ハインは提案の 27 条 1 項において，脱退しようとする構成国は，EU からの脱退の許可を必要としないことを明示的に示した。つまり，脱退はそれをするか否かは国家の専属事項であり脱退権は構成国が有する主権的権利であるため，いかなる構成国も脱退の許可を必要としないということを前提とした条文となっていた。バダンテールの提案の 80 条では，国家

---

[72] 中西優美子「欧州憲法条約における脱退条項」『国際法外交雑誌』103 巻 4 号 2009 年 33, 47-57 頁。

は最終的な脱退権を維持するという一方で，EU の協定に服さなければならないとなっていた。ラマソールは，条文で脱退条項を提案したのではなく，すべての国家は脱退権を有するとの概略を示した。

　このような提案を受け，2002 年 10 月 28 日に公表された最初の憲法条約草案では，その 46 条に「連合からの脱退」と題する項目が設けられた。このときはまだ枠組のみが示された。その後，議長，副議長など 12 名から構成される幹事会（Praesidium）の 2003 年 4 月 2 日の提案で，その 46 条において「1. いかなる構成国も各々の憲法上の要請に従い，欧州連合から脱退することができる。……」と定められた。つまり，構成国の脱退可能性を明示的に認めた条文が提案された。この提案に対し，削除を求めるものも含め多くの修正案が寄せられた。しかし，2003 年 4 月 24 日及び 25 日のコンベンションの総会においては，多くのスピーカーが，脱退条項が維持されるべきことを求めた。その後，幹事会は 2003 年 5 月 26 日にコンベンションに修正した**脱退条項**を提出した。その際，次のようなコメントをつけた。憲法条約は，任意の脱退規定を含まなければならない。多くの者は，そのための特別の規定がない場合においても脱退できるという見解を示すが，幹事会は脱退規定の挿入は状況を明確にし，脱退の取決めと将来の関係の枠組を定める EU と構成国間の協定を交渉及び締結する手続の導入を認めるものであると考えると。コンベンションは，2003 年 7 月 10 日に任務を終え，条文を明確化するための政府間会議が開かれ，最終的に 2004 年 10 月 29 日に調印された欧州憲法条約 I-60 条において，脱退条項が挿入された。

●**リスボン条約と脱退条項**

　欧州憲法条約は未発効に終わったが，その代わりに締結されたリスボン条約は，脱退条項を引き継いだ。現行の EU 条約 50 条は，脱退について規定している。まず，同条 1 項において，「いかなる構成国も，その憲法上の要件に従い連合からの脱退を決定することができる」として，構成国の任意の脱退権を明示的に認めた。

　EU 条約 50 条 2 項は，脱退に至るまでの脱退手続を定めている。まず，脱退を決定した構成国は，その意思を欧州首脳理事会に通知する。その後，

EUは，欧州首脳理事会が定める指針に照らして当該国と交渉を行い，同国とEUとの将来的な関係の枠組を考慮しつつ，同国の脱退に関する取決めを定める協定を締結することになる。同条3項では，EU条約及びEU運営条約の当該国の適用が，脱退協定が発効した日に，またそれが存在しない場合には，欧州首脳理事会が当該国と合意した上でこの期間の延長を全会一致で決定しない限り，脱退を通知した日から2年後に，終了される。すなわち，脱退手続上は，EUと脱退を求める構成国の間で脱退協定が締結されて，それが発効した後に，EU法の適用が終了することになるが，たとえ脱退協定が何らかの理由で締結されなかったとしても脱退意思の通知から2年経過すれば，EU法の適用が終了することになっている。これは，脱退協定が脱退のための必要条件ではないことを意味する。

　また，EU条約50条5項は，いったん脱退した構成国が再加入することについて定めている。脱退した構成国がEUへの再加入を求める場合には，EU条約49条に定められる加入手続が用いられることになる。

　EU条約50条に脱退条項が挿入されたことにより，明示的に構成国の脱退権が認められた。これに関連して，注目されるのは，脱退は構成国政府の独断で決められるのではなく，**構成国の憲法上の要件**に従わなければならないということである。構成国は，条約締結主体して，また理事会の代表として，EUに組み込まれているが，EU市民もEUの中にいく層にもわたって組み込まれている。イギリスは，2017年3月27日にEU条約50条に従い，脱退の意思を欧州首脳理事会に通知した。その後，離脱交渉が行われ，2019年1月24日に離脱協定が調印された。最終的に，2020年1月31日23時（イギリス），2月1日午前0時にイギリスが脱退した。

　ギリシャを中心としたユーロ危機に面して，ギリシャの経済通貨同盟からの脱退が議論されている。経済通貨同盟からの脱退については，EU両条約上規定がない。これにつき，マーストリヒト条約の付属書10「経済・通貨同盟の第3段階への移行についての議定書」が参考になる。この中で「第3段階への移行（単一通貨の導入）に関する条約規定の署名により，経済通貨同盟の第3段階への移行は不可逆であることを宣言する」と，定められている。

第Ⅱ部

権限，権限行使及び実効性の確保

- ■第 7 章　EU の権限体系
- ■第 8 章　EU 法行為と法行為手続
- ■第 9 章　判例法による実効性確保
  　　　　　：直接効果，間接効果，国家責任
- ■第 10 章　条約上の実効性確保
  　　　　　：条約違反手続と判決履行違反手続
- ■第 11 章　EU 立法による実効性確保
- ■第 12 章　権限行使の合法性
  　　　　　：取消訴訟，不作為確認訴訟，損害賠償訴訟

■第7章■

EU の権限体系

　リスボン条約以前，**EU の権限体系**は EU 諸条約には定められていなかった。欧州司法裁判所は，EU がもつ権限には相違があること，つまり EU が排他的権限を有する場合と EU が構成国と権限を共有する場合があること，並びに，共通通商政策及び海洋資源の保護の分野では EU が排他的権限をもつことを判例の中で明らかにしてきた。一方，条約上は，EC 条約5条において，補完性原則は排他的権限分野に適用されないことのみが定められることにとどまっていた。

　ドイツの州から EU と構成国間の権限配分の明確化と権限の体系化が求められ，その要望を取り入れた欧州憲法条約では権限配分と EU の権限体系が明確化された。リスボン条約は，それをほぼそのままの形で取り入れた。よって，リスボン条約発効により，EU 条約及び EU 運営条約の中で EU と構成国の権限配分の明確化され，EU の権限体系化がなされた。

7.1　EU と構成国間の権限配分

●条約の主人

　EU 条約1条は，「本条約により，締約国は，構成国が共通の目的を達成するために権限を付与する欧州連合（以下「連合」という。）を締約国間に設立する」と定めている。この条文の中の「締約国は，構成国が共通の目的を達成するために（連合に）権限を付与する」という文言は，リスボン条約によりつけ加えられたものである。この文言は，EU に帰属する権限は，独自の自発性により生来するものではなく，構成国により移譲され

たものであることを示し，構成国が「条約の主人（Herren der Verträge）」であり，EU の権限の内容と範囲を定めるのは構成国の意思であることを明確にしている[73]。

● 権限付与の原則と構成国の権限留保

EU は，権限付与の原則の下で，EU 条約及び EU 運営条約に定める目的を達成するために両条約において構成国により付与された権限の範囲内に限って行動する（EU 条約 5 条 2 項 1 文）と定められている。他方，構成国の権限については，「両条約において連合に付与されていない権限は，……構成国に留保される」（EU 条約 4 条 1 項，EU 条約 5 条 2 項 2 文）と定められている。さらに，リスボン条約に付された宣言「18　権限の境界づけに関する宣言」においても，「EU 条約及び EU 運営条約に定められる EU と構成国間の権限配分システムに従い，両条約において連合に付与されていない権限は構成国に留まることを，（政府間）会議は強調する」とされた。このように規定にすることで EU の側による一方的な権限拡大を牽制している。もっとも両条約において EU に権限が明示的に付与されていなくとも黙示的に付与されている可能性はこの規定によって排除されていないと捉えられる。

7.2　権限の種類

構成国は EU に権限を付与しているが，付与されている権限の強度は一様ではない。リスボン条約は権限の体系化を行った。EU 運営条約 2 条は，排他的権限，共有権限，支援，調整または補足するための行動を実施するための権限，共通外交安全保障政策分野の権限をカテゴリー化している。以下においてそれぞれ説明する。

---

[73]　中西優美子「リスボン条約──EU と構成国の権限関係を中心に」『海外事情』Vol.56 No.4 2008 年 21, 23 頁。

●排他的権限

排他的権限（exclusive competence）とは，EU のみが立法を行い，拘束力のある法行為を採択することができる権限のことを意味する（EU 運営条約 2 条 1 項）。EU に排他的権限が付与されている分野では，構成国が法行為を採択する権限（立法権限）を EU に移譲している。構成国は，EU により授権される場合，または連合の法行為を実施する場合に限り，自ら立法を行い，拘束力のある法行為を採択することできる。排他的権限は，EU が有する権限の中でもっとも強度の高い権限である。なおドイツでは連邦がもつ専属的立法権限（ausschließliche Gesetzgebungskompetenz）にあたる。

EU に排他的権限が付与されている分野は多くなく，むしろ例外にあたる。EU が排他的権限を有する分野は，これまで判例で認められてきた**共通通商政策**及び**海洋生物資源の保護**の他に**関税同盟，域内市場の運営に必要な競争法規の設定**及び**ユーロを通貨とする構成国の金融政策**という 5 つの分野に限定されている（EU 条約 3 条 1 項）。

欧州司法裁判所は，これまで判例の中で黙示的条約締結権限の法理を確立してきた（7.5 で詳述）。リスボン条約では，それを明示的に規定した（EU 条約 3 条 2 項）。ただ判例上，AETR（Case 22/70）事件[74]では，確かに排他的黙示的条約締結権限が問題となっていたが，Kramer（Joined Cases 3, 4 and 6/76）事件[75]及び裁判所意見 1/76[76]では，EC が黙示的に対外権限を導けることを認めたものの，その権限が排他的対外権限であるか否かは明らかにしていなかった。しかし，EU 条約 3 条 2 項は，Kramer 事件及び裁判所意見 1/76 のような場合，すなわち EU の対内権限の行使を可能にするために必要である場合も排他的な条約締結権限であるとしており，条約規定は判例を踏まえているものの，そのままを明示化しているわけでないと捉えられる。

●共 有 権 限

共有権限は，排他的権限あるいは支援，調整または補足的措置のための

---

[74] Case 22/70 Commission v. Council［1971］ECR 263.
[75] Joined Cases 3, 4 and 6/76 Cornelis Kramer and others［1976］ECR 1279.
[76] Opinion 1/76［1976］ECR 741.

権限以外のものをいう（EU 運営条約 4 条 1 項）。典型的な定義としては，以下のようになる。EU がある特定の分野において共有権限（shared competence）を付与された場合，EU と構成国は同分野において立法し，法的拘束力のある行為を採択できる（EU 運営条約 2 条 2 項）。もっとも構成国は，EU が権限を行使しない限りにおいて権限を行使することができる。換言すれば，EU が権限を行使し措置を採択すれば，その規定事項に関しては専占（pre-emption）が起こり，構成国は権限を行使できなくなる。ドイツでは，競合的立法権限（konkurrierende Gesetzgebungskompetenz）と呼ばれる権限に相当する。ただ，EU が権限をもはや行使しないことを決定した場合は，構成国を再び権限を行使することになる。

　EU が有する権限のほとんどは共有権限に属する。主な分野としては，(a)**域内市場**，(b)**EU 運営条約に定める側面に関する社会政策**，(c)**経済的，社会的及び領域的な緊密化**，(d)**農業及び漁業**（海洋生物資源を除く），(e)**環境**，(f)**消費者保護**，(g)**運輸**，(h)**欧州横断ネットワーク**，(i)**エネルギー**，(j)**自由，安全及び司法の分野**，(k)**EU 運営条約に定める側面に関する公衆衛生問題における共通の安全関心事項**が挙げられる（EU 運営条約 4 条 2 項）。なお，条約に列挙されたこれらの分野は網羅的ではなく，例示列挙である。環境の分野では EU は共有権限を有するが，構成国は EU により採択された措置よりもより厳格な保護措置をとること，いわゆる上乗せ規制を行うことは妨げられていない（EU 運営条約 193 条）。

　典型的な共有権限は，EU 運営条約 2 条 2 項に定義されたものであるが，それに当てはまらない共有権限も存在する。研究，技術開発及び宇宙の分野，並びに開発協力及び人道援助の分野において，EU は活動を行い，かつ共通政策を実施する権限を有するが，このような権限の行使は構成国の権限の行使を妨げない（EU 運営条約 4 条 3 項及び 4 項）。すなわち，これらの分野では専占効果は生じず，構成国は EU の権限行使如何にかかわらず権限を行使できる。また，経済及び雇用政策においては，EU が指針を定め，構成国が EU 内において政策を調整するという特別な共有権限の形が定められている（EU 運営条約 2 条 3 項及び 5 条）。

● 支援，調整または補足的措置のための権限

EU は，ある特定の分野においては構成国の行動を**支援，調整または補足**するための行動を実施する権限を有している（EU 運営条約 2 条 5 項）。この分野においては，構成国が原則として権限を有しており，EU は権限行使により構成国の権限を奪ってはならない。EU が拘束力を伴う法行為を採択する場合，構成国の法令の調和化を伴うものであってはならない。

EU が支援，調整または補足的措置のための権限をもつ分野は，(a)**人間の健康の保護及び改善**，(b)**産業**，(c)**文化**，(d)**観光**，(e)**教育，職業訓練，青少年及びスポーツ**，(f)**市民保護**並びに(g)**行政上の協力**である（EU 運営条約 6 条）。これら条約に定められる分野は，網羅的である。

EU はたとえば文化の分野で支援，調整または補足的措置のための権限をもつが，EU 運営条約 167 条 5 項は以下のように定める。

「連合は本条に定める目的の達成に貢献するために，次に掲げる行動をとる。

－欧州議会及び理事会は，通常立法手続に従い，地域評議会と協議したのちに，構成国の法令の調和化を除いて，奨励措置を採択する。

－理事会は，委員会の提案に基づいて，勧告を採択する」(下線部筆者)。

EU は，文化の分野では，奨励措置または法的拘束力のない勧告しか採択することができない。

● 共通外交安全保障政策分野の権限

EU 運営条約 2 条は，排他的権限や共有権限と並んで**共通外交安全保障政策分野**の権限を次のように定めている。EU は，EU 条約の規定に従い，共通防衛政策の漸進的な策定を含めて，共通外交安全保障政策を定め，かつ実施する権限を有する（EU 運営条約 2 条 4 項）とあり，EU が共通外交安全保障政策分野の権限を有することを示すものの，その分野の権限がどのようなものであるかはここでは定義されていない。

また，共通外交安全保障政策は，EU のその他政策とは異なり，EU 運営条約ではなく EU 条約に規定をもつ。さらに，「共通外交安全保障事項に関する連合の権限は，外交政策のすべての分野及び共通防衛に至りうる共通防衛政策の漸進的な確定を含む連合の安全保障政策に関するすべての

問題を含む」と定められている（EU 条約 24 条 1 項 1 段）。この規定の仕方は，共通外交安全保障政策以外の権限の規定の仕方とは異なっている。共通外交安全保障政策分野以外の権限は，それぞれの個別の目的が定められ，その目的を達成するために措置をとるというような形をとっていることが多いのに対して，共通外交安全保障政策の分野の権限は特定の目的に限定されず，すべての分野にわたり包括的なものとなっている。それゆえに，共通外交安全保障政策分野の権限は特別な (sui generis) 権限と捉えられることが多い。

7.3 対内（域内）権限と対外権限

対内（域内）権限とは，自律的措置とも呼ばれ，具体的には規則，指令，決定，勧告及び意見などの措置を採択する権限のことを意味する。他方，**対外権限**とは，第三国あるいは国際組織と交渉し，条約を締結する権限を意味する。EEC が設立されたときには，主に自律的措置を採択する権限が主要なもので，対外権限は次のように例外的なものであった。

当時，EEC に明示的に対外権限，すなわち第三国または国際組織と条約を締結する権限を与えられている分野は，共通通商政策（EEC 条約 113 条，現 EU 運営条約 207 条）と連合協定（EEC 条約 238 条，現 EU 運営条約 217 条）に関するもののみであった。後述するような黙示的条約締結権限の法理が発達することにより，明示的に条約締結権限を与えられていない分野においても対内権限が存在する分野ではその政策の目的を達成するために必要であれば対外権限が与えられているという**対内権限と対外権限の並行原則**が判例により確立した。この原則の確立により，EU は明示的に条約締結権限が付与されている如何にかかわらず，目的の達成に必要であれば，第三国または国際組織と条約を締結するようになった。現在では，EU が締結した条約の数は多数にのぼり，その分野も多岐にわたっている。

たとえば EU 運営条約 194 条は，第 3 部「連合の域内政策と活動」の第 21 編「エネルギー」と題される編に定められている。同条 2 項は，「……欧州議会及び理事会は，通常立法手続に従い，1 に定める目的を達成する

ために必要な措置をとる」と定めている。同条2項は，目的を達成するために必要な措置をとると定め，条約締結をするとは定めていないが，EUはエネルギーの分野においてもEU運営条約194条1項に定められる目的を達成するために必要であれば第三国または国際組織と条約を締結することができる。

　リスボン条約による改正によりEC条約がEU運営条約となったが，EU運営条約は，第3部「連合の域内政策と活動」とし，他方，第5部に「連合の対外行動」と題される部を規定している。EC条約の際には，第3部「共同体の政策」の中に，域内政策と対外行動を区別せず，共通通商政策も含め規定されていた。リスボン条約は，第5部に「連合の対外行動」を対象とする特別の部を設定した。第5部には，共通通商政策，第三国との協力及び人道援助及び制限的措置（経済制裁）が定められた。

　第3部「連合の域内政策と活動」に定められたEUの政策においてもその目的を達成するのに必要であれば条約が締結され，逆に，第5部「連合の対外行動」に定められたEUの政策においてもEU立法，すなわち域内措置が採択される。ただ，「連合の対外行動」に対して独立した部が設定されたことは，EUの政策における対外行動の位置づけ及び重要性の認識が増したためと捉えられるであろう。

7.4　個別的権限と一般的な権限

●個別的権限と一般的な権限

　EUに付与されている主な権限は，分野を限定した**個別的権限**である。環境分野の権限，エネルギー分野の権限，共通通商政策分野の権限，文化の分野の権限など，権限の強度（排他的権限，共有権限あるいは支援，調整または補足的措置のための権限）に相違はあっても，それぞれ特定の政策分野に与えられた個別的な権限であることは共通している。EUには，このような個別的権限とは異なる一般的な性質をもつ権限あるいは概念が広く捉えられる権限も付与されている。前者は，柔軟性条項とも呼ばれるEU運営条約352条，後者は法制の接近のための権限EU運営条約114条及び

115 条である。

●柔軟性条項（EU 運営条約 352 条）

EU 運営条約 352 条は，もともとは EEC 条約 235 条として定められ，その後，条約改正により EC 条約 235 条，さらに EC 条約 308 条となり，現在の EU 運営条約 352 条となっている。EU 運営条約 352 条は，**柔軟性条項**ともあるいは**潜在的権限**とも呼ばれる法的根拠条文である。EU は，EU による行動が，条約に定める目的の一つを達成するために必要であると思われ，かつ両条約が必要な権限を定めていない場合には，適当な措置を採択することができる。EU 運営条約 352 条は，措置の分野を特定せず目的の一つを達成するために適当な措置を採択することを可能にする条文である。

当時の E (E) C 条約には環境に関する個別的権限も知的財産に関する個別的権限も存在しなかった。しかし，単一欧州議定書により環境分野の個別的権限が付与される前あるいはリスボン条約により知的財産分野の個別的権限が付与される前であっても，E (E) C は，環境に関する措置も知的財産に関する措置も採択してきた。その際，EC は，E (E) C 条約 235 条（EC 条約 308 条）のみをあるいは E (E) C 条約 100 条（EC 条約 94 条）もしくは 100 a 条（EC 条約 95 条）を加えつつ，法的根拠条文にして措置を採択した。たとえば，共同体商標（Community Trade Mark）制度は，スペインのアリカンテにおかれている EU の下部機関，共同体商標意匠庁に商標を登録すれば全 EU 構成国において有効であり，わざわざ 1 カ国ごとに商標登録をしなくともよいという制度であるが，この制度は EC 条約 235 条を法的根拠条文にして設定された。

まだ EC（EU）に個別的に権限を付与されていない場合にでも EC（EU）が旧 E (E) C 条約 235 条（旧 EC 条約 308 条，現 EU 運営条約 352 条）に依拠することで条約締結を含め適当な措置をとることができたために，権限付与の原則を骨抜きにするものであるという批判を受けてきた。欧州憲法条約の起草の際に EC 条約 308 条を削除するか否かが議論となったが，結局，若干の修正を加えた上で残され，それがリスボン条約でも取り入れられた。これまでは，理事会は欧州委員会の提案に基づき全会一致で決め

られたのが，リスボン条約発効後は欧州議会の同意が必要になった。

リスボン条約の批准にあたってドイツでは同条約がドイツの憲法である基本法に合致するか否かという問題がドイツ連邦憲法裁判所に付託された。同連邦裁判所は，EU 運営条約 352 条が EU に対する行動権限を根拠づけるだけではなく，同時に，権限付与の原則を骨抜きにするものであると捉え，同条に基づいて措置をとるときにはドイツ閣僚等（＝理事会におけるドイツ代表）の同意のみならず，ドイツ基本法 23 条 1 項 2 文及び 3 文に基づくドイツ連邦議会及び連邦参議院による承認が必要であるとした[77]。

EU 運営条約 352 条に定められる EU の権限は，権限を生み出す権限，**権限権限**（Kompetenzkompetenz）ではない。それを示す事件として裁判所意見 2/94[78] がある。EU の全構成国が欧州人権条約に加入しているが，EC（EU）自体が欧州人権条約に加入できるか否かについて理事会は欧州司法裁判所に意見を求めた。裁判所は，次のように述べた。EC 条約 235 条（現 EU 運営条約 352 条）は，権限付与の原則に基づく制度構造の一部であるから，EC 条約の全規定が，特に共同体の任務と活動を定める諸規定が創設する全体的な枠組を超えて共同体権限の範囲を広げる基礎として用いることはできない。235 条は，条約改正手続に従わずに，EC 条約を実質的に改正する効果をもつ規定の採択の根拠としては用いることはできないと。この裁判所意見を受け，EC は欧州人権条約に加入せず，その後条約の改正を待った。なお，リスボン条約による改正を受け EU は今後欧州人権条約に加入できることになった。

● **法制の接近のための権限**

法制の接近のための権限は，EU 運営条約では 114 条及び 115 条に定められている。

---

[77] BVerfGE, 2 BveE 2/08 vom 30.06.2009；中西優美子「ドイツ連邦憲法裁判所による EU リスボン条約判決」『貿易と関税』Vol.58 No.2 2009 年 75-67 頁；同「権限付与の原則──ドイツ連邦憲法裁判所の EU リスボン条約判決を中心素材にして」『聖学院大学総合研究所紀要』No.48 2010 年 223，238-240 頁。

[78] Opinion 2/94 [1996] ECR I -1759；中西優美子「39 EC の欧州人権条約への加盟」中村民雄・須網隆夫編『EU 法基本判例集』第 2 版 2010 年 日本評論社 343 頁。

7.4 個別的権限と一般的な権限　101

　EU運営条約115条は，現行とは若干の相違はあるにせよEEC条約の最初から規定されていた条文（旧EEC条約100条）である。同条文は，アムステルダム条約により条文番号がEC条約94条になった。旧EEC条約100条（現EU運営条約115条）は，共同市場（現在は域内市場）の設立または運営に直接的な影響を与えるような構成国の法制の接近を定めており，それに基づく措置の採択には理事会の全会一致が要請される。

　他方，EU運営条約114条は，もともとはEEC条約に規定されていなかった条文であるが，1986年署名の単一欧州議定書によりEEC条約に100a条として追加された条文である。単一欧州議定書は，1992年末までに人，物，サービス及び資本の自由移動が確保される域内国境のない領域である域内市場（internal market）を完成させるという目標を立てていた。その目標を達成する手段として，理事会の特定多数決で議決できる100a条が追加された。EEC条約100a条（現EU運営条約114条）は，域内市場の確立及び運営を対象とする構成国の法制の接近を定めた。

　EU運営条約115条にせよ114条にせよ「域内市場」の概念が広いためにこれまで幅広い措置がとられてきた。たとえば，エネルギー分野の個別権限はリスボン条約により初めて明示的にEUに付与されたが，リスボン条約以前にエネルギーに関する措置が存在しなかったわけではない。EUでは2009年に第3次域内エネルギー市場パッケージ（third internal energy market package）という一連のEU立法が採択された。その核となっているのが電気指令及びガス指令と呼ばれるものを含む5つのEU立法であるが，それらはすべてEC条約95条（現EU運営条約114条）を単独の法的根拠としてあるいは複数の法的根拠条文の一つとしている。また，1987年に単一欧州議定書が発効する前は環境分野に個別的な権限は付与されていなかったが，EEC条約100条（現EU運営条約115条）に依拠することあるいは同条及びEEC条約235条（現EU運営条約352条）の両方に依拠することで1972年以降環境分野の措置が多数採択された。

　ただ，マーストリヒト条約により後述する権限に関する三原則が導入されてから，欧州司法裁判所が同原則を厳格に適用する判決を下すようになった。たとえば，そのような判示としてたばこ広告に関する指令の取消訴訟の事件が挙げられる[79]。「たばこ広告・スポンサーについての構成国法

令の接近に関する指令」がEC条約95条（現EU運営条約114条）を法的根拠条文として採択された。ドイツは，EC条約95条では法的根拠条文として不十分であり，権限付与の原則に違反すると主張した。裁判所は，EC条約95条は，域内市場の設立と運営の条件を改善することを意図しているのであり，共同体立法の中で域内市場を規定する一般的な権限を付与していると解することができないとして，当該指令を取り消した。

7.5 明示的権限と黙示的権限

EUの権限分類として，明示的権限と黙示的権限に分けることができる。EUは条約により構成国から明示的に付与されている。しかし，EUに黙示的権限が付与されていないわけではない。ドイツやアメリカのような連邦国家あるいは国際連合（United Nations, UN）に見られるようにEUにおいても黙示的権限の存在が認められてきた。

●黙示的権限の存在

欧州司法裁判所は，EUにおいて付与された権限の存在は，その行使に合理的に必要である他の権限の存在も含んでいるとして**黙示的権限の存在**を認めてきた。たとえば，旧EEC条約118条は，「委員会は，……社会分野における構成国間の緊密な協力を促進する任務を有する」と定めているに過ぎなかったが，欧州委員会は第三国からの移民労働者に関する政策について情報伝達を要請する決定を採択した。この委員会の行為が付与されている権限を越えるものであったか否かが問題となったが，裁判所は，欧州委員会には旧EEC条約118条に定められる権限の行使に必要な他の権限も黙示的に付与されていると判示した[80]。

---

[79] Case C-376/98 Germany v. Parliament and Council [2000] ECR I -8419；大藤紀子「権限付与の原則とEC立法根拠の適法性」中村民雄・須網隆夫編『EU法基本判例集』第2版 2010年 日本評論社 122-130頁。

[80] Joined Cases 281, 283, 284, 285 and 287/85 Germany, France, Netherlands, Denmark and United Kingdom v. Commission [1987] ECR 3203, para.28.

7.5 明示的権限と黙示的権限　103

● **黙示的条約締結権限の法理**

　国際条約を締結するには国際法人格と条約締結権限を必要とする。EU（当時 EC）は，明示的な条約締結権限が付与されている分野は通商政策（旧 EEC 条約 113 条，現 EU 運営条約 207 条）と連合協定（旧 EEC 条約 238 条，現 EU 運営条約 217 条）のみに限られていた。

　1970 年代裁判所は，3 つの判例を通じて**黙示的条約締結権限の法理**を確立した。

　最初のリーディングケースは，AETR（Case 22/70）事件である[81]。同事件においては，国際道路輸送に従事する車両乗員の労働に関する欧州協定（AETR）の交渉及び締結主体が EU（当時の EC）であるべきか構成国であるべきかが問題となった。同協定が締結される前に，旧 EEC 条約 75 条（現 EU 運営条約 91 条）に基づき，道路輸送に関する乗組員の年齢制限，運転期間，休息時間等に関する理事会規則 543/69 号が採択されていた。欧州委員会は，旧 EEC 条約 75 条 1 項(c)［現(d)］の「その他の適当な規定」と定める文言が第三国との協定締結に適用できないとしたら，この規定の十分な効果が損なわれることになると主張し，さらに，この分野で共通政策が実施された場合，共同体の権限が一般的でかつ排他的なものになるとも主張した。他方，理事会は，明示的な規定が存在しない場合は，第三国と協定を締結する権限は EC にはないとした。これらの主張に対して裁判所は，「個々の対外権限は，条約の体系及び実質的な規定に依拠しなければならない。……そのような権限は，条約によって明示的に与えられている場合だけではなく，他の条約規定及びその枠組みからとられる共同体機関の法行為によっても導き出される」とし，「とくに，共同体が EC 条約に定められた共通政策を実施する目的で形式は何であれ，共通の法規を定める規定を採択する場合，構成国は個別的または集団的にせよ，これらの法規に影響を与える第三国との義務を負う権利を失う」とした[82]。

---

[81] Case 22/70 Commission v. Council［1971］ECR 263；大谷良雄「ヨーロッパ共同体の国際協定締結権に関する一考察――A.E.T.R 事件を中心に」『商学討究』27 巻 3・4 号　1977 年　135-153 頁；中西優美子・中村民雄「38　EC の黙示的条約締結権限」中村民雄・須網隆夫編『EU 法基本判例集』第 2 版　2010 年　日本評論社　335-342 頁。

[82] Ibid., paras.15-17.

AETR事件では，ECがすでに措置を採択している場合のECによる国際条約の締結が問題となったが，Kramer（Joined Cases 3, 4 and 6/76）事件においては，共同体機関がまだ措置を採択していない場合でも，EC（現EU）が共同体の機関に課している義務及び付与している権限から条約締結権限を導けるか否かが問題となった[83]。裁判所は，これを肯定し，対内権限から対外権限が導かれうるという原則が打ち立てられた。さらに，裁判所意見1/76事件では，国際条約へのEC（現EU）の参加がECの目的の一つを達成するために必要であれば，条約を締結することができると判示した[84]。この判示より，対内権限と対外権限の並行原則が確立された。

マーストリヒト条約以後これらの黙示的条約締結権限の法理は制限的に解釈され厳格に適用されるようになったが，同法理の存在はマーストリヒト条約発効以降も判例の中で確認されている[85]。加えて，上述したようにこれらの黙示的条約締結権限の法理は，リスボン条約により明示的に規定されるようになった（EU運営条約3条2項及び216条1項）。

7.6 権限規定の態様

EUにおいては上に見たように政策ごとに排他的権限，共有権限及び支援，調整，または補足的措置のための権限など異なった種類の権限が付与されている。それとは別に，EU条約あるいはEU運営条約にはEUの政策が定められているが，政策によって権限の規定の仕方が異なっている。以下において主要な3つの形態を示すことにする。

1つ目は，EUの措置を採択する形ではなく，国内法がEU法違反となり禁止されるという形式である。たとえば，物の自由移動に関する条文では，EUレベルで法制定するのではなく，国内法がEU法違反であり，禁

---

[83] Joined Cases 3, 4 and 6/76 Cornelis Kramer and others [1976] ECR 1279.
[84] Opinion 1/76 [1977] ECR 741.
[85] Case C-467/98 [2002] ECR I-9519；中西優美子「ECの黙示的対外権限の範囲——オープンスカイ協定事件」『貿易と関税』Vol.51 No.3 2003年 75-71頁；Opinion 1/03 [2006] ECR I-1145；中西優美子「EUにおける権限の生成——民事司法協力における権限を素材として」『国際法外交雑誌』108巻3号 2009年 349(31)，369(51)-375(57)頁。

止されるという規定になっている。EU 運営条約 34 条は，「輸入に関する数量制限及び同等の効果を有するすべての措置は，構成国間において禁止される」。このような規定の方式は，関税同盟に関する EU 運営条約 30 条，開業及び設立の権利に関する EU 運営条約 49 条，サービスの自由移動に関する EU 運営条約 56 条などである。

　2 つ目は，国内法を平準化する方式である。たとえば，条文が，EU 法行為の採択を通じて相違のある国内法を接近あるいは調和することを規定している。EU 運営条約 114 条は，「構成国において，法律，法令または行政措置により定められる域内市場の設立と運営を対象とする規定の平準化のための措置を採択する」と規定する。このような規定の仕方は，間接税に関する EU 運営条約 113 条，域内市場に関する EU 運営条約 115 条，刑事司法協力に関する EU 運営条約 82 条などに見られる。

　3 つ目は，定められた目的を達成するために措置を採択するという権限規定である。たとえば目的の達成のために EU 法行為の採択を通じて適用な措置をとることが定められている。環境に関する EU 運営条約 192 条 1 項は，「……191 条に定める目的を達成するため，……連合のとるべき行動を決定する」と定めている。これには，国内法を調和する措置のみならず，政策を形成する措置，条約締結，下部機関を設立する措置など，適当な措置がすべて含まれる。国境管理に関する EU 運営条約 77 条，運輸政策に関する EU 運営条約 91 条，欧州横断網に関する 172 条，エネルギーに関する EU 運営条約 194 条などである。

7.7　権限に関する三原則

　権限に関する三原則として，EU 条約 5 条に定められる権限付与の原則，補完性原則及び比例性原則が挙げられる。EU 条約 5 条は，もともとはマーストリヒト条約により EC 条約 3 b 条として挿入された条文である。

　EU 条約 5 条 1 項は，「連合の権限は，権限付与の原則により規律される。連合の権限行使は，補完性及び比例性の原則により規律される」と定める。換言すれば，権限付与の原則は，権限が存在するか否かの審査の基

準となり，補完性原則は，その権限をEUが行使できるか否かの審査の基準となり，また比例性原則は，その権限行使をする際の行動形式の審査の基準となる。以下，それぞれの権限について説明を加えていく。

●権限付与の原則

　権限付与の原則（principle of conferral）は，EUは構成国から権限を移譲された範囲においてのみ行動することができるということを意味する[86]。権限付与の原則は，EU法の歴史の中で新しい原則ではなく，古くから存在する原則の一つである。このような権限付与の考え方は，すでにEEC設立時のEEC条約条文（旧EEC条約3条，4条及び189条）に見られる。しかし，マーストリヒト条約による改正で当時のEC条約3b条としてあらためて規定されたことにより，裁判所による同原則の適用が厳格になった。現在は，権限付与の考え方は，EU条約及びEU運営条約のあちこちに見られるが，EU条約5条2項が権限付与原則の核となる条文となっている。

　権限付与の原則は，EUの権限の限界を規律する原則である。EU条約5条2項が「連合は両条約（EU条約及びEU運営条約）に定める目的を達成するために両条約において構成国により付与された権限の範囲内に限って行動する。両条約において連合に付与されていない権限は，構成国に留保される」と定めていることから，権限付与の原則は構成国とEUとの権限の境界線を規律する原則，すなわちEUと構成国間の垂直的権限配分にかかわる原則である。また，EU条約13条2項が「各機関は，両条約において機関に付与される権限の範囲において，かつ両条約に定められる手続，条件及び目的に従い行動する」と定めているように，EU機関間の権限配分，すなわち水平的な権限配分にかかわる原則でもある。また，権限付与の原則はEUが構成国から移譲された権限を有する限りにおいてのみ行動できることを意味することから国家こそが条約の主人（Herren der Verträge）であることを示している。

　権限付与の原則に違反して，たとえばEUが権限を移譲されていないに

---

[86] これについては，中西優美子「権限付与の原則――ドイツ連邦憲法裁判所のEUリスボン条約判決を中心素材にして」中西優美子『EU権限の法構造』2013年　信山社　27，28頁参照。

もかかわらず行動し措置を採択した場合，同措置は取消訴訟で取り消され無効となる。そのような判示として，たばこ広告に関する指令の取消訴訟の事件が挙げられる[87]。あるいは，権限が付与されていないため，欧州人権条約に加入できないと判示された例がある[88]。

●補完性原則

補完性原則の考え方は，もともとカトリック社会哲学に見られる。その考え方は，個々の自己決定が確保されるようにできる限りするということであり，決定が自己に近いところでなされ，それが不可能であれば家族，共同体，地方，国家と決定がなされる単位が大きくなっていくというものである。この考え方は，連邦制度の中で用いられている。

EU においては，この考え方がマーストリヒト条約によって取り入れられた。補完性原則の考え方が，EU 条約の前文における「補完性原則に従い，できる限り市民に近いところで決定がおこなわれ」という規定，また，EU 条約 1 条における「連合の決定は市民に対しできる限り開かれた形で，かつできる限り市民に近いところで行われる」という規定の中に現れている。EU における補完性原則の考え方は，構成国国家，地域・地方レベルでの決定を尊重するというものである。

法的原則としての補完性原則は，権限に関する三原則の一つとして，EU 条約 5 条 3 項に次のように規定されている。「補完性原則の下で，連合は，その排他的権限に属さない分野においては，提案される行動の目的が構成国の中央レベルまたは地域及び地方レベルのいずれにおいても十分に達成することができず，提案される行動の規模または効果のために連合レベルでより良く達成されうる場合に限り，行動する」。補完性原則は，排他的権限に属する分野には適用されない。これは，補完性原則は EU に付与されている権限を EU が行使できるか否かの際の基準となるが，排他的権限が付与されている分野では EU しか権限を行使できないため，EU

---

[87] Case C-376/98 Germany v. Parliament and Council [2000] ECR I -8419；大藤紀子「権限付与の原則と EC 立法根拠の適法性」中村民雄・須網隆夫編『EU 法基本判例集』第 2 版 2010 年 日本評論社 122-130 頁。

[88] Opinion 2/94 [1996] ECR I -1759.

と構成国のどちらが権限を行使するかという問題自体が起こらないからである。

EUが権限を行使できるか否かの基準は2つある。すなわち，①構成国のレベル（中央，地方・地域）では目的が十分に達成できないこと，②EUのレベルで目的が行動の規模または効果のためによりよく達成されうること，である。この基準は，その後アムステルダム条約の付属議定書に入れられた「7．補完性及び比例性原則の適用に関する議定書」においてさらに明確にされた。リスボン条約は，あらためて「補完性及び比例性原則の適用に関する議定書」を付属議定書として付した。

リスボン条約付属議定書「補完性及び比例性原則の適用に関する議定書」5条では，以下のようなことが定められた。補完性原則が遵守されているか否かは，予想される財政的な影響及び指令の場合には構成国（地域によるものも含み）により公布される法規定の影響に関する記述を含んでいなければならないこと並びにEUの目的がEUレベルでよりよく達成されることの確定が質的な基準のみならず，可能であれば量的な基準にも基づくべきことである。

また，リスボン条約の改正により国内議会の参与が強化されたが，その文脈で補完性原則のコントロールを国内議会が行うことになった（EU条約5条3項2段）。国内議会によるコントロールとして，同リスボン条約付属議定書7条は，国内議会にはそれぞれ票が配分され，補完性原則に反するとする票が一定数に達する場合，欧州委員会は立法提案を審査しなければならないという早期警戒システムを定めた。また，同8条は，国内議会が補完性原則に反すると自ら考えるEU法行為の取消を構成国を通じてEU司法裁判所に求めることができることを定めた。

● **比例性原則**

比例性原則（principle of proportionality）は，手段と目的の関係が均衡していることを求める原則である。たとえを使って言えば，ナッツを割るのに大ハンマーを使用してはならないということを意味する。比例性原則は，もともとドイツ法においてよく用いられてきた原則である。ドイツにおける比例性原則は，目的の達成のために措置が適合的でなければならない

(Geeignetheit)，措置の名宛人にとってもっとも侵害的でない手段を選択しなければならない（Erforderlichkeit），さらに，措置は追求される成果に対して一見して不釣り合いな結果を招来してはならない（Verhältnismäßigkeit）という3つの基準からなる[89]。

比例性原則は，EU司法裁判所の判例の中でたびたび言及され，それを受けマーストリヒト条約による改正により権限付与の原則及び補完性原則と並んでEC条約3b条に定められ，現在は，EU条約5条4項に「比例性原則の下で，連合の行動の内容と形式は，両条約の目的を達成するために必要な範囲を超えてはならない」と規定されている。リスボン条約の付属議定書「補完性・比例性原則の適用に関する議定書」5条は，立法行為の草案は，EU，国内政府，地域・地方機関，経済活動者及び市民の財政的負担並びに行政的費用ができるだけ少なく抑えられるようにまた達成される目的に対して適当でなければならないことを考慮しなければならない，と定めている。

判例法においては，比例性原則は，共同体法（現在EU法）の一般原則の一つであり，共同体規定を通じて実施される措置が追求する合法的な目的を達成するために適当であり，かつそれらを達成するのに必要なものを超えてはならないことを意味するとされている[90]。もっとも，政治的，経済的及び社会的選択に関わりその中で複雑な評価をすることを要請される分野における権限行使にあたっては，広い裁量がEU諸機関に与えられている。司法審査において適用される基準は，そのような分野でとられる措置が唯一のまたは最善のものであるかではなく，権限ある機関が追求する目的に鑑み，とられる措置が著しく不適当であるときのみその措置の合法性が問題となる。しかし一方で，広い裁量は与えられているもののEU諸機関は客観的な基準に基づいて措置の選択をしなければならず，種々の可能な措置と関連する負荷を審査するにあたっては，選択された措置により追求される目的がある一定の対象者に対して実質的に有害な経済的効果を正当化するものであるか否かが審査されることになる。

---

[89] 須藤陽子「ヨーロッパ行政法における『比例原則』の意義と展開——マーストリヒト条約以前を中心に」『東京都立大学法学会雑誌』39巻1号 1998年 411-438頁参照。
[90] ex. Case C-58/08 Vodafone and others [2010] ECR I-4999, paras.51-53.

■第8章■
EU 法行為と法行為手続

8.1 法的根拠

　権限付与の原則の下で，EU は EU 条約及び EU 運営条約により構成国から付与された権限の範囲のみにおいて行動することができる（EU 条約5条2項）。また，EU の各機関は，両条約において自己に付与された権限の範囲内で行動することができる（EU 条約13条2項）。換言すれば，EU が立法したりあるいは第三国と国際条約を締結する場合には，EU に権限が付与されているという根拠，つまり**法的根拠**（legal basis, Rechtsgrundlage）が必要であるということを意味する。

　法的根拠条文は，EU 条約及び EU 運営条約に定められている。たとえば EU 運営条約には第3部「連合の政策と活動」の第20編に「環境」と題される編が定められている。第20編は，191条，192条及び193条の3カ条から構成される。191条は，主に EU 環境政策の目的及び原則を規定しており，これ自体は法的根拠にはならない。193条は，構成国が措置をとることを許容されることを定めており，これも法的根拠条文ではない。法的根拠条文となるのは，192条1項，192条2項及び3項である。法的根拠条文は，法行為決定（立法）機関，法行為（立法）手続および諸機関がとることのできる措置を定めている。192条1項は，「欧州議会及び理事会は，191条に定める目的を達成するため，通常立法手続に従い，かつ経済社会評議会及び地域評議会と協議した後に，連合のとるべき行動を決定する」と定める。この条文が，法的根拠条文となる。この条文には，欧州議会と理事会が法行為決定機関であり，両機関が目的を達成するために

通常立法手続に従い，EU がとるべき行動を決定するとあり，この条文は両機関が通常立法手続に従い措置をとる権限を付与されていることを表している。

● **法行為決定機関**

　法的根拠条文は，ある措置の決定機関がどの機関であるかを定めている。いくつかの例を挙げながら示していくことにする。

　上に例として挙げた EU 運営条約 192 条 1 項は，**法行為決定機関**が**理事会**と**欧州議会**であると定めている。この場合，欧州委員会は法行為決定機関になることはできない。欧州委員会の権限は通常立法手続に従い法行為の提案を提出することに限定される。192 条 1 項とは異なり，192 条 2 項は，「理事会は，……欧州議会，経済社会評議会及び地域評議会と協議した後に，特別立法手続に従い，全会一致により……採択する」と定める。この規定も法的根拠条文であるが，この場合法行為決定機関は理事会のみとなる。この条文に基づいて措置が採択される場合，欧州議会には決定権限は付与されておらず，欧州議会は諮問機関である経済社会評議会及び地域評議会と同じく諮問を受けるのみとなっている。

　競争分野の法的根拠条文である EU 運営条約 105 条は，次のように定める。

　「1. ……委員会は，……原則に反する疑いのある事案を調査する。委員会が違反の存在を認める場合には，委員会は，この違反を終了させるのに必要な措置を提案する。2. 違反が終了しない場合には，委員会は理由を付した決定においてその違反を認定する。……3. 委員会は，……合意の範疇に関する規則を採択することができる」。

　この法的根拠条文に基づく場合，法行為決定機関は欧州委員会となる。欧州委員会は Microsoft に対して同社の行為が EU の独占禁止法（特に支配的地位の濫用を禁止する現 EU 運営条約 102 条）に違反するとして課徴金を課す決定[91]を行ったが，その決定の法的根拠は EC 条約 85 条（現 EU 運営条約 105 条）である。

---

[91] OJ of the EU 2007 L 32/23, Commission Decision of 24 May 2004.

● **法行為手続**

　法的根拠条文は，法行為決定機関のみならず**法行為手続**も指定している。上に例として挙げた EU 運営条約 192 条 1 項は，通常立法手続により措置が採択されることを定めていた。通常立法手続の説明は後述するが，簡潔に言えば通常立法手続とは欧州議会と理事会が共同で決定するが，その際理事会は特定多数決により決定する手続のことである。EU 運営条約 192 条 2 項は，理事会は通常立法手続のときに要請される特定多数決ではなく，全会一致で決定しなければならないと定めている。

● **採択できる措置**

　法的根拠条文により **EU 諸機関が採択できる措置**も異なってくる。EU 運営条約 192 条 1 項は，「191 条に定める目的を達成するため，……連合のとるべき行動を決定する」と定めている。この場合，目的を達成するためには種類を問わずあらゆる措置を採択することができる。目的の達成に必要であれば，第三国あるいは国際組織と条約を締結することも可能である。他方，EU 運営条約 105 条 2 項に基づく措置を欧州委員会がとる場合は，措置は決定に限定され，同 3 項に基づく措置をとる場合は規則のみを採択することができる。欧州司法機構に関する EU 条約 85 条 1 項に基づく措置も規則に限定されている。採択する措置を指令に限定する法的根拠条文もある。構成国法制の接近に関する EU 運営条約 115 条を法的根拠条文として用いる場合は，措置として指令のみを用いることができ，規則の形では採択できない。

　また，刑事分野における司法協力に関する EU 運営条約 82 条 2 項は，措置の形式は指令で内容は最小限の法規と限定している。さらに，別の形式のものとしては，文化に関する EU 運営条約 167 条 5 項が挙げられる。同項は，「……欧州議会及び理事会は，通常立法手続に従い，地域評議会と協議した後に，構成国の法令の調和化を除いて奨励措置を採択する。……理事会は，委員会の提案に基づいて，勧告を採択する」と定められており，この条文を法的根拠条文とする場合，欧州議会と理事会の両方が法行為決定機関となるが，構成国法令を調和する措置はとれず，奨励措置のみが採択されうる。また，理事会が単独で決定する場合は，拘束力のない勧

告の採択に限定される。

●第三次法

EU条約あるいはEU運営条約の条文を基礎にしてEU法行為が採択される場合，**第二次法**と呼ぶ。この第二次法であるEU法行為を基礎として採択される法行為を**第三次法**と言う。この第三次法である法行為の場合，法的根拠はEU条約あるいはEU運営条約の条文そのものではなく，すでに採択されたEU法行為となる。後述するがEU法行為の前文では法的根拠に言及がなされるが，第二次法の場合はEU条約またはEU運営条約の条文，第三次法の場合は基礎とする既存のEU法行為に言及がなされる。

●法的根拠選択問題訴訟

法的根拠条文における特に法行為決定機関と法行為手続をめぐって，EU機関間で**法的根拠選択問題訴訟**が起こされてきた。EEC設立当初からの訴訟として主に欧州委員会対理事会という図式での訴訟が挙げられる。ここで問題となるのは，理事会の議決，すなわち特定多数決か全会一致かという点である。過去においては全会一致を要請する法的根拠条文も多く，どの条文を法的根拠とするかということが大きな意味をもった。単一欧州議定書発効以降，徐々に欧州議会の立法手続の関与が強化されてきた。そこで，欧州議会にとってどの法的根拠条文に基づいて措置が採択されるかが自己の利益に関わる問題となった。そこで，欧州議会対理事会という図式も見られるようになった。さらに，欧州議会の関与度が異なる環境と貿易分野の双方にまたがる措置などについては欧州議会対欧州委員会という図式も現れた。

このような法的根拠選択問題は，ニース条約による改正により理事会の特定多数決を要請する法行為手続が原則で全会一致を要請する手続は例外的になったため，解消されると考えられた。第1の柱であったEC条約に定められた政策に関してはそのことは真であったが，マーストリヒト条約により追加された第2の柱及び第3の柱の存在が新たな法的根拠選択問題を引き起こした。すなわち第1の柱と第2の柱（共通外交安全保障政策）あるいは第1の柱と第3の柱の双方に関係する措置が採択されるようになり，

別の次元で法的根拠選択問題が生じるようになった。

　第1の柱と第3の柱の双方にかかわる措置としてはある特定分野における刑罰にかかわる事件が挙げられる。環境汚染刑事罰事件では，理事会が第3の柱の措置である「刑事法を通じた環境保護に関する」枠組決定2003/80を採択したが，欧州委員会が同枠組決定の取消を求めて，司法裁判所に提訴した[92]。欧州委員会は，第1の柱に定められるEC条約175条（現EU運営条約192条）を法的根拠条文として採択されるべきであったと主張した。また，船舶源汚染事件では，第3の柱の措置が採択されたが欧州委員会は運輸政策分野の個別的権限であるEC条約80条2項（現EU運営条約100条2項）が適当な法的根拠条文であると主張し，当該措置の取消を求めた[93]。第1の柱と第2の柱の双方に関わる措置をめぐる事件においては開発と外交安全保障政策が問題になった[94]。同事件では，第2の柱の枠組でとられたECOWAS（西アフリカ諸国経済共同体）軽小火器に関する理事会決定2004/833/CFSPの取消を欧州委員会が求めた。欧州委員会は，第1の柱（EC条約179条（現EU運営条約209条））の措置としてとられるべきとした。

　リスボン条約により3本柱構造が消滅し，第1の柱と第3の柱の法的根拠問題は減ると考えるが，第2の柱であった共通外交安全保障政策に対しては引き続き特別な規定及び手続（EU条約第5編）が適用されるため，今後も法的根拠選択問題は重要性をもつと捉えられる。

8.2　EU法行為の種類

　EUは，構成国から条約により権限を付与されているが，EUはその権限を行使するためにEU法行為を採択したり，あるいは条約を締結する。

---

[92]　Case C-176/03 Commission v. Council［2005］ECR I -7879.
[93]　Case C-440/05 Commission v. Council［2007］ECR I -9097.
[94]　Case C-91/05 Commission v. Council［2008］ECR I -3651；中西優美子「共通外交及び安全保障政策におけるEU権限と開発協力政策におけるEC権限の交錯」『貿易と関税』Vol.57 No.3 2009年 75-69頁．

条約締結については第19章で説明する。EU運営条約288条は，「連合の権限行使するために，連合の機関，規則，指令，決定，勧告及び意見を採択する」と定める。以下において法行為それぞれの特徴を説明する。この列挙されている法行為のうち規則，指令及び決定は拘束力があり，勧告及び意見には拘束力がない。

● 規 則

　規則 (regulation, Verordnung) は，次のように定義されている。「規則は，一般的な適用性を有する。規則は，そのすべての部分が拘束力をもち，かつすべての構成国で直接適用可能である」(EU運営条約288条2段)。一般的な適用性 (general application) は，その適用が限定されたあるいは一定の人のみに限定されず，立法的な性質を有することを意味する。規則は，一般的かつ抽象的に定められている。未発効に終わったが欧州憲法条約では，規則を法律 (legislation) という文言に置き換えていた。ただ，法律という文言は，国家を連想させるため，リスボン条約においては再びもとの規則という文言に戻された経緯がある。一般的な適用性を有することは，通常名宛人をもつ決定とは異なる。規則のすべての部分が拘束力をもつ (binding in its entirely) ということは，規則は不完全にあるいは選択的に適用されないことを意味する。この点において，宛てられた構成国のみかつ結果の達成のみを拘束する指令とは異なる。

　規則は，**直接適用可能** (directly applicable) である。すなわち，いったん発効すると，自動的に国内法となる。そのために批准のような国内措置を必要としない。もっとも行政的な実施措置を必要とする場合はある。後述するが，直接適用≠直接効果である。

　規則の形で採択するメリットは，EU全体に統一的な法規を制定することができるということである (cf. Regulation 1223/2009の前文2段目)。他方デメリットは，構成国の立法機関による権限行使が抑えられることになることである。

● 指 令

　指令 (directive, Richtlinie) は，「達成されるべき結果について，名宛人で

ある構成国を拘束するが，方式及び手段の選択は構成国の機関に委ねられる」(EU 運営条約 288 条 3 段)。通常，指令はすべての構成国を名宛国としているが，定義においては規則とは異なり拘束するのは名宛国のみと定められている。また，規則はすべての部分が拘束力を有するが，指令では，達成されるべき結果のみが拘束力を有する。その結果を達成する手段と方法は，構成国の機関に任されている。

指令には，通常，"Member States shall bring into force the laws, regulations and administrative provisions necessary to comply with this Directive by Day Month Year" という規定が含まれている。すなわち構成国は何年何月何日という期限までに指令を遵守するのに必要な法令及び行政規定を定めなければならない。これは，いわゆる**国内法化・国内実施（transposition）の義務**である。定められた期限が過ぎると構成国の義務違反が生じている状態となる。国内法化・国内実施の方法・手段としては，新たに国内法を制定したり，あるいは既存の法律に修正を加えたり，また，法律ではなく，行政的な措置がとられる場合も考えられる。あるいは既存の法令で結果が達成できており特段の行動が必要とされない場合も考えられる。さらに，指令の国内法化・実施は，包括的な立法枠組を採択するだけではなく，具体的かつ特別な措置の実施を必要とする場合もある[95]。たとえば動物の保護，水質の改善または給料保証基金など法律の制定だけではなく，制度の設定や機関の設立を必要とするものもある。いずれの方法・手段をとるにせよ構成国は，欧州委員会に指令の下で国内法化・実施した規定を通知しなければならない。

指令のメリットは，結果達成手段・方法が構成国に任されているため，構成国は，自国の既存の法令を活かすことができ，各国の法システムに適合させることができる。また，その国の地方・地域に応じた個別的な対応をとることができる。指令の性質を明示的に組み入れた規定として，EU 運営条約 82 条 2 項が挙げられる。同項は，「……刑事分野における判決及び司法決定の相互承認並びに警察及び司法協力を容易にするために……指

---

[95] ex. Case C-383/09 Commission v. France ［2011］ECR I -4869, para.19；C-383/09 においては，自然生息地及び野生動植物の保護に関する指令 92/43 が問題となったが，この指令は野生動植物の厳格な保護のための制度の設定を必要としていた。

令により最小限の法規を採択することができる。この法規は，構成国の法的伝統及び制度の相違を考慮に入れるものとする」と定めている。

デメリットは，指令には国内法化・国内実施期限が定められているが，構成国が設定された期限までに国内法化・国内実施義務を怠る場合があることである。また，不完全なあるいは不適切な国内法化・国内実施が行われる場合もある。なお，構成国が指令の国内法化・国内実施を適切に行う義務を懈怠している場合，欧州委員会により条約違反手続が開始されることになる。

● 決　定

決定（decision, Beschluß）は，そのすべての部分が拘束力をもつ。名宛人を特定した決定は，名宛人のみを拘束する。リスボン条約以前は，「決定はそれが向けられた者に対して，全体として拘束力を有する」と定められていた（EC条約249条）。しかし，リスボン条約による改正により名宛人を特定しない決定もあることを想定した条文に修正された。リスボン条約以前もヨーロッパの学生間移動をスムーズにするエラスムス計画に関する決定など名宛人のない決定がだされていたので，この改正は実行に合わせたものと考えられる。規則と名宛人のない決定との区別はあいまいであるが，規則と決定の間に位階性（ヒエラルキー）はなく，そのこと自体は大きな問題ではない。取消訴訟（EU運営条約263条）で個人の提訴権が問題となる際に，法行為の形式（規則か決定か）ではなく，その法行為が自己に向けられた行為または直接かつ個人的に関係する行為であるか否かが重要となる。

名宛人を特定する決定において，名宛人は1あるいは2以上（全構成国の場合も可）の構成国であることができる。また名宛人は，国家以外に自然人あるいは法人でも可能である。欧州委員会が独占禁止法違反で企業に制裁金を課す場合やアンチダンピング規則違反などに対して措置をとる際決定を採択することが多い。採択された決定に異議がある場合，自然人あるいは法人はEUの一般裁判所における取消訴訟手続に訴えることになる。

●勧告・意見

勧告 (recommendation, Empfehlung) 及び意見 (opinion, Stellungnahme) には拘束力はない。ただ (EU の) 司法裁判所にその解釈に関して構成国国内裁判所が先決裁定 (EU 運営条約 267 条) を求めることは可能である。勧告及び意見は，それらに適合した解釈という信頼保護の文脈で一定の意味をもち，その法的効果は否定されていない[96]。

●その他

EU 運営条約 288 条に列挙されている法行為は，規則，指令，決定，勧告及び意見の 5 つであるが，これ以外の法行為が存在しないわけではない。たとえば AETR 事件では欧州委員会が理事会の審議 (délibération, Beschluß, proceeding) の取消を司法裁判所に求めた[97]。裁判所は，この理事会審議という形式は EU 運営条約 288 条 (当時 EEC 条約 189 条) に列挙されていないが，法的効果をもつことを意図されたものであれば，その性質または形式を問わず，機関により採択されたすべての措置が取消訴訟の対象となるとした。

条約に定められていない形式として, communication, memorandum, programme, guideline, resolution, deliberation, declaration, action, communiqué などが挙げられる。

8.3 立法行為と非立法行為

リスボン条約以前には法行為の中で立法行為と非立法行為の区別は存在しなかったが，リスボン条約発効により立法行為と非立法行為が区別されるようになった。法行為 (legal acts, Rechtsakte) を上位概念として，その下に立法行為と非立法行為が下位概念としておかれている。

---

[96] Case C-322/88 Grimaldi v. Fonds des maladies professionnelles [1989] ECR 4407, para.18.
[97] Case 22/70 Commission v. Council [1971] 263, paras.41-42.

●立法行為

立法行為 (legislative acts, Gesetzgebungsakte) は，立法手続，すなわち通常立法手続または特別立法手続のいずれかにより採択された法行為を意味する (EU運営条約289条3項)。**通常立法手続**は欧州議会と理事会が共同で決定すること，**特別立法手続**は欧州議会あるいは理事会が単独で決定することであるので，立法行為を採択できるのは，立法機関である欧州議会及び理事会，欧州議会単独あるいは理事会単独に限定されるということになる。

リスボン条約により欧州議会と理事会が立法機関であることが明確にされたが (EU条約14条及び16条)，その改正と立法行為が非立法行為と区別されたことは呼応していると捉えられる。これまで欧州委員会も法行為を採択してきたが，そのような法行為は立法行為ではないことが同時に明確にされた。

●非立法行為

立法行為に属さない法行為はすべて**非立法行為** (non-legislative acts) になる。非立法行為には，リスボン条約により創られた新しい概念である委任された行為と実施行為が含まれる。委任された行為と実施行為でない法行為はその他の非立法行為となる。

委任された行為は，立法行為が立法行為の本質的でない要素を補足しまたは修正するために，一般的な適用性を有する非立法行為を採択する権限を欧州委員会に委任し，欧州委員会が採択した法行為のことを言う (EU運営条約290条)。立法行為は，委任するにあたっては，権限委任の目的，内容，範囲及び期間を立法行為に明示的に定める。委任された行為の表題には，「委任された (delegated)」という形容詞が挿入される。

拘束力のあるEU法行為の実施は，原則的に構成国の任務であり，構成国は法行為を実施するために必要なあらゆる国内法上の措置を採択しなければならない (EU運営条約291条，EU条約4条3項)。しかし，EU法行為は，同法行為を実施するために統一の条件が必要とされる場合には，例外的にそれを実施する権限を委員会に，または十分に正当化される特別の場合並びに共通外交安全保障政策に関わるEU条約24条及び26条の場合には理事会に付与する (EU運営条約291条2項)。実施行為の表題には，「実

施（implementing）」の語が挿入される（EU 運営条約 291 条 4 項）。たとえば欧州委員会実施規則（Commission implementing regulation）となる（その性質について，Case C-355/10［2012］Ⅰ-nyr, paras. 66-67）。

　委任された行為でも実施行為でもない非立法行為は，形容詞のつかない措置，単に非立法行為となる。欧州委員会が競争法分野あるいは補助金の分野で採択する措置など多くの法行為が非立法行為のカテゴリーに入る。この法行為は，立法行為でないものの，競争法違反の企業に莫大な罰金を課したり（Microsoft に対する課徴金など），企業の合併を許可しない決定を行ったり，アンチダンピング課税を決定したりなど，重要な欧州委員会の決定を対象としている。

8.4　法行為手続

　EU の諸機関は，規則，指令，決定，勧告及び意見などの法行為を採択する。法行為の採択は，法行為の提案に始まり，場合により国内議会による補完性原則コントロールがあり，諮問機関との協議があり，最終的に法行為決定機関が採択することになる。**法行為手続**には，立法手続と立法手続に属さない法行為手続が存在する。この区別は，リスボン条約により欧州議会と理事会を他の意思決定を行う機関と区別して立法機関としたことに関連する。EU 諸機関は，権限を行使するために法行為を採択するだけでなく，条約を締結することもある。なお条約締結については，第 19 章で説明する。

●法行為の提案

　欧州委員会は，EU の一般的な利益を促進し，この目的のために適切な発議を行う任務をもつ（EU 条約 17 条）。通常立法手続に基づき立法行為が採択される場合，必ず**欧州委員会の提案**が前提とされる（EU 運営条約 289 条 1 項）。原則として立法行為，広くは法行為の採択には欧州委員会の提案が必要とされる。ただし，EU 条約及び EU 運営条約に定められる特定の場合においては，例外的ではあるが，構成国のグループもしくは欧州議

会の発議，欧州中央銀行の勧告または司法裁判所もしくは欧州投資銀行の要請により，立法行為が採択されうる（EU運営条約76条，269条4項）。たとえば，欧州議会議員の職務の遂行を規律する規則及び一般的条件を定める立法行為は，欧州議会が自ら発議する（EU運営条約223条2項）。

欧州委員会は通常立法手続に基づく立法行為の場合には提案を独占しており，その他の法行為においても原則的に欧州委員会が提案を行うことになっている。もっとも，欧州議会及び理事会はそれぞれ欧州委員会に提案を要請する権限を与えられている（EU運営条約225条及び241条）。リスボン条約によりこれらに加えEU市民にも欧州委員会に提案を要請する権利が与えられた（EU条約11条4項）。これは，上述したようにEU市民が有する権利の一つである。欧州委員会への提案要請の発議にあたっては，EU市民は，その数が少なくとも100万人以上であり，かつ相当数の構成国の国民から構成されるという条件を満たしていなければならない。この市民イニシアティブに必要とされる具体的な諸手続と諸条件は，通常立法手続に従い採択される規則により定められなければならない（EU条約11条4項2段及びEU運営条約24条1段）。欧州委員会は，リスボン条約発効後すぐに提案をし，市民イニシアティブに関する規則が採択された[98]。EU市民によるイニシアティブにより欧州委員会に対し既にいくつかの要請がなされており，そのための特別のサイトも設定されている。

● **構成国議会による補完性原則コントロール**

リスボン条約の改正により**国内議会がEUの運営に積極的に貢献する制度**が盛り込まれた（EU条約12条）。国内議会はEUの諸機関から通報を受け，EUの立法行為の草案の送付を受ける。通常は，欧州委員会が提案を行うので，欧州委員会が国内議会に立法提案を通知することになる。これは，国内議会による補完性原則コントロールのために必要な前提となる。ある立法行為が採択されてから補完性原則違反であるとして取消を求めるのは困難であり時間もかかる。そこで，提案の段階で補完性原則が遵守されて

---

[98] OJ of the EU 2011 L 65/1, Regulation 211/2011 of the European Parliament and of the Council of 16 February 2011 on the citizens' initiative；市民のイニシアティブを受けた欧州委員会の回答文書として，COM（2014）177, COM（2014）355。

いるかをコントロールするという手続が導入された。

　補完性及び比例性原則の適用に関する議定書7条は，国内議会にはそれぞれ票が配分され，補完性原則に反するとする票が一定数に達する場合，欧州委員会は立法提案を審査しなければならないという早期警戒システムを定めている。各国内議会に2票が配分される。二院制をとっている構成国では，それぞれの院が1票を与えられる。具体的には，次のように進行する。

　通常立法手続及び特別立法手続にかかわらず，国内議会に割り当てられた全票の少なくとも3分の1が，立法提案が補完性原則を遵守していないと判断する場合，同提案は審査されなければならない。提案が自由，安全及び司法の分野に関するものであり，EU運営条約76条を法的根拠としている場合は，不遵守と考える票が全票の4分の1に達すれば審査されなければならない。提案の審査後，提案者は同提案を維持する，修正するあるいは取り下げるかを決定することができる。なお，この決定には理由づけが必要とされる。

　通常立法手続の下で，国内議会に割り当てられた全票の少なくとも単純多数が補完性原則の不遵守であると判断する場合，提案は審査されなければならない。提案の審査後，欧州委員会は同提案を維持する，修正するあるいは取り下げるかを決定することができる。もし欧州委員会が提案を維持することを選択した場合，欧州委員会は，理由を付した意見の中で提案が補完性原則を遵守しているという考えを正当化しなければならない。欧州委員会の理由を付した意見及び国内議会の理由を付した意見は，EUの立法者（つまり欧州議会と理事会）に提出されなければならない。第一読会が終了する前に，立法者は，国内議会と欧州委員会の理由を付した意見の両方を考慮しつつ，立法提案が補完性原則と両立するものであるか否かを検討しなければならない。理事会の構成員の55％の多数または欧州議会における投票数の過半数が，同提案が補完性原則と両立しないという見解である場合，同立法提案はそれ以上審議されない。

●法行為手続

　法行為手続の中で，立法行為を採択するものを特に**立法手続**という。立

法手続には，通常立法手続と特別立法手続が存在する。**通常立法手続**とは，欧州委員会の提案に基づき，規則，指令または決定を欧州議会及び理事会が共同で採択する手続のことを指す（EU 運営条約289条1項）（図参照）。立法手続で採択される法行為が規則，指令または決定に限定されている。

通常立法手続とは，もともとニース条約においては共同決定手続と呼ばれていたものである。この共同決定手続は，マーストリヒト条約による改正の際に導入された。その後，アムステルダム条約，さらにニース条約によるEC条約の改正により共同決定手続の適用範囲が拡大し，それが原則となった。リスボン条約では名称も変更され，名実ともに通常立法手続となった。なお，単一欧州議定書により，導入された協力手続（欧州議会への諮問が2度行われ，欧州議会の意見を取り入れない場合，理事会は全会一致のみ提案を採択することができるというもの，旧EC条約252条）は，リスボン条約により削除された。

通常立法手続の詳細は，EU運営条約294条に定められている。まず，欧州委員会が欧州議会と理事会に提案を提出し，その後欧州議会で第一読会が開かれる。欧州議会の意見を受け，理事会は欧州議会の意見を承認するかあるいは承認しないかを決定する。承認する場合は，そこで提案が採択されたことになる。承認しない場合は，理事会は立場を採択し，それを欧州議会に伝達する。欧州議会が第二読会において理事会の立場を承認するまたは決定を行わない場合，法案は成立する。しかし，否決した場合は，法案は不採択となる。理事会の立場を修正した場合は，その修正案が理事会に伝達され，理事会はそれを承認するか否かを決定する。理事会が承認する場合は，そこで法案が採択されたことになる。もし理事会が承認しない場合は，理事会の構成員またはその代表及びそれと同数の欧州議会の代表から構成される調停委員会が設置される。同調停委員会は両者の共同案に関する合意を達成することを任務とする。調停委員会がその招集から6カ月以内に共同案を承認しない場合には，法案は不採択となる。共同案が承認された場合，当該共同案に対して，欧州議会と理事会の両機関がそれぞれ可決すれば，法案は採択されたことになり，そうでなければ不採択に終わる。なお通常立法手続において，理事会の議決は特定多数決でなされる。

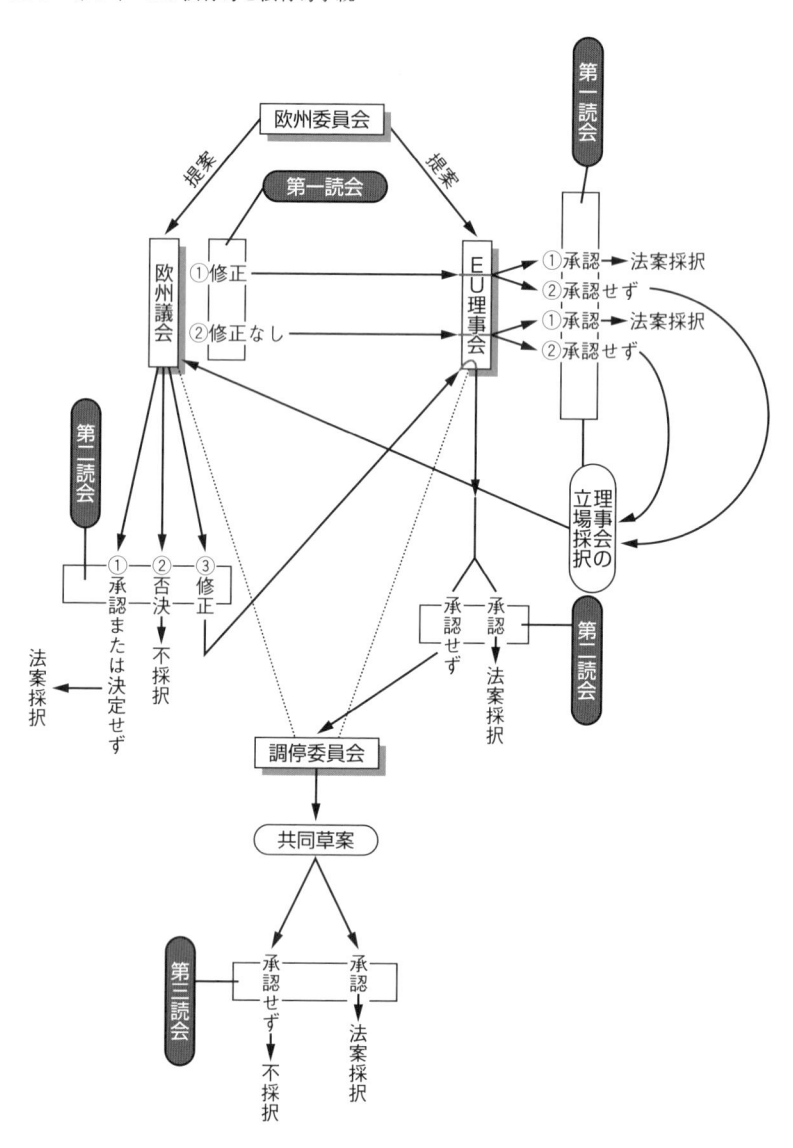

124　第8章　EU法行為と法行為手続

通常立法手続（EU運営条約294条）

特別立法手続は，欧州議会と理事会が共同で決定せず，どちらかが単独で決定する場合のこという（EU運営条約289条2項）。たとえば，EU運営条約192条2項に定められているように，理事会が欧州議会，経済社会評議会及び地域評議会と協議した後，全会一致により採択する場合である。リスボン条約により共同決定手続が通常立法手続となり，理事会の全会一致を必要とする法行為手続は例外的となったが，国家主権や国家の重要な利益にかかわる若干の分野で特別立法手続として残っている（たとえばEU運営条約113条，115条，118条，127条，194条3項など）。ただ，特別立法手続と定めている場合も，欧州首脳理事会が一定の手続に基づき通常立法手続による採択を認める決定をすれば，通常立法手続で法行為が採択されることになりうる（EU条約48条7項2段）。

立法行為ではない法行為も，欧州委員会の提案に基づき，欧州議会と理事会により共同であるいはどちらかの単独で採択され，手続的には通常立法手続や特別立法手続と同様の方法で採択される。立法行為でない法行為のうち（委任された行為でもなく，実施行為でもない），その他の法行為にあたるEU運営条約において欧州委員会の決定権限が定められている欧州委員会の決定（特に競争法や補助金分野）は，欧州議会や理事会の参与を受けず，欧州委員会が単独で決定する。他方，委任された行為あるいは実施行為の場合は，欧州委員会が措置を採択するが，措置の採択にあたっては理事会及び欧州議会によるコミトロジー手続等（21.2参照）を通じて参与を受ける。

EU条約に定められている共通外交安全保障政策における意思決定手続は，特別の手続となっている。これについては，19.4.2で詳述する。

●同意手続

一定の場合に理事会が決定する前に欧州議会の同意を必要とする**同意手続**がEU条約及びEU運営条約に定められている。同意手続は，以下の場合に定められている。通常改正手続（EU条約48条3項），簡易改正手続（EU運営条約48条7項），EUへの加盟（EU条約49条），EUからの脱退（EU条約50条），構成国に対する制裁（EU条約7条），直接普通選挙手続（EU運営条約223条1項），EU条約352条に基づく措置の採択（EU運営条約352条），

条約締結における一定の場合（EU 運営条約 218 条 6 項）などである。

●諮問機関等との協議

　EU 条約 13 条 4 項は，「欧州議会，理事会及び委員会は，諮問機関としての経済社会評議会と地域評議会により補佐される」と定める。たとえば，環境政策に関する EU 運営条約 192 条 1 項は，「欧州議会及び理事会は，……通常立法手続に従い，かつ経済社会評議会及び地域評議会と協議した後に，連合のとるべき行動を決定する」と規定している。経済社会評議会及び地域評議会は立法提案につきそれぞれ自己の見解を述べる。これらの意見には，拘束力はない。条約上の法的根拠条文には，このように明示的に経済社会評議会及び地域評議会の両方との協議を手続として規定しているものもあれば，経済社会評議会もしくは地域評議会の一方だけとの協議を規定しているもの（たとえば，EU 運営条約 113 条，EU 運営条約 167 条），あるいは，全く規定していないものも存在する（たとえば，EU 運営条約 118 条 1 段）。明示的に規定してある場合には，その言及された機関との協議が条約上の義務となるが，明示的に規定しない場合にも諮問機関と任意に協議することがある。

　特別立法手続のときは理事会か欧州議会のいずれかが立法機関となるが，立法機関とならない方の機関は立法機関から協議を受けることになる（たとえば，EU 運営条約 192 条 2 項）。なお，欧州議会は，EEC 設立当初このような協議を受けることでしか立法過程に参加できなかった。

　また，諮問機関ではないが欧州中央銀行は，その権限内にある法行為の提案等について協議を受ける（EU 運営条約 127 条 4 項）。

　条約改正手続において，欧州議会及び欧州委員会，場合により欧州中央銀行も諮問を受ける（条約改正手続については，上述第 5 章を参照のこと）。

●法行為の選択と理由づけ義務

　法的根拠条文の中には，EU がとることのできる法の種類を特定しているものとそうでないものがある。特定している場合は，条約が指定している措置のみを採択することができる。(上述 8.1 の中の項目「採択できる措置」参照)。特定していない場合は，EU 諸機関は比例性の原則に従い，個別の

事案に応じて法行為の種類を選択する（EU 運営条約 296 条 1 段）。

法行為は，その採択の根拠とする理由を述べ，EU 条約及び EU 運営条約が定める提案，発議，勧告，要請または意見に言及しなければならない（EU 運営条約 296 条 2 段）。これが，理由づけ義務となる。理由づけは，法行為の前文のところでなされる。前文においては，法的根拠（条文または第二次法），法行為手続への言及に続いて，理由づけがなされる。理由づけでは，法行為採択に至る事実的背景，目的や必要性，補完性・比例性原則の遵守などに言及がなされる（実際の法行為の実例は第 21 章を参照）。

法行為における理由づけが不十分にしかなされていない場合，取消訴訟において特に本質的な手続要件の違反として，後に当該法行為が無効になる可能性がある。

● 法行為の公布

通常立法手続に基づき採択された立法行為は，欧州議会の議長及び理事会の議長により署名される。特別立法手続に基づき採択された立法行為は，それを採択した機関，欧州議会または理事会の長により署名される（EU 運営条約 297 条）。

採択された立法行為は，EU 官報（Official Journal of the European Union）の L シリーズに公表される。L シリーズの L は Legislation の略で法令集ということを意味する。立法行為の EU 官報への公表は条約上義務づけられている。また，非立法行為のうち，規則及びすべての構成国に向けられた指令並びに名宛人を特定していない決定も EU 官報への公表が義務づけられている。その他の指令及び名宛人を特定している決定は，名宛人に通知されることになる。

法行為には，それが発効する日が定められているが，その定めがない場合には，公表後 20 日目に効力を生ずることになっている。

なお，EU の措置は原則的に法的安定性の原則から公布前においては効果をもつことを排除されているが，達成される目的がそれ以前からの効力を要求したりまたは関連するものの合法的な期待が正当に尊重される場合には例外的に効力をもつことが許される場合もある[99]。

8.5　予算と予算手続

　EUは，目的を達成しかつその政策を遂行するために必要な**財源**を備える（EU運営条約311条）。EUは固有の財源をもっているが，それはEUの財政的独立性を意味し，それをもって初めてEUは構成国から独立して政策を遂行することができる。EUが固有の財源をもつことは，EUが連邦の要素をもっていることを表しており，同時に他の通常の国際組織とEUを区別するものにもなっている。

　EUの固有の財源は3つのカテゴリー，①伝統的な固有の財源，②付加価値税の定率徴金，③国民総所得（GNI）の定率徴金からなる。①**伝統的な固有の財源**は，共通関税と共通農業市場組織の徴金（砂糖徴金と呼ばれる）から構成される。固有の財源の約13％となっている。②**付加価値税の定率徴金**は，構成国の付加価値税を基礎として課される。固有の財源の約11％（約140億ユーロ）となっている。③**国民総所得（GNI）の定率徴金**は，国民総所得を基礎として課される。この財源は，固有の財源の約75％（約927億ユーロである（2010年））を占めている。現在の上限は，国民総所得の1.23％となっている。なお，イギリスに対しては1984年のフォンテンブロー欧州首脳理事会以降により，予算不均衡から負の正味残高の66％の払戻し（いわゆるUK rebate，2010年で約40億ユーロ）を行っているが，近年ではそれが問題視されている。また均衡是正のため，オランダとスウェーデンに一括金を支払い，オランダ，スウェーデン，ドイツ及びオーストリアに対しては付加価値税からの徴金を減額している。

　EU予算のうち99％は固有の財源で，残り1％はEU職員への課税，銀行の利子，競争法に違反した会社への課徴金，判決履行違反手続の罰金，EUプログラムへの第三国からの出資，用いられなかった助成金の償還などからの財源である。

　年次予算は，約1,420億ユーロ（2011年現在）である。2012年の支出予

99　Joined Cases C-4/10 and C-27/10 Bureau national interprofessionnel du Cognac [2011] ECR I -6131, para.25, ECLI：EU：C：2011：484.

算案の内訳は，成長及び雇用のための結束及び競争に約45%弱，直接援助及び市場に関係する支出が約35%，地域の発展が約10%，グローバルプレーヤーとしてのEUの支出が約6%，行政的支出が約6%，EU市民，自由，安全及び司法が約1%となっている。

予算手続（EU運営条約314条）は，欧州議会と理事会による特別立法手続となっている。まず，欧州委員会が予算案を理事会と欧州議会に提出する。理事会が予算に関する立場を採択し，欧州議会に送付する。欧州議会は，承認する場合は予算が採択され，決定を行わない場合は予算が採択されたものとみなされる。欧州議会が予算案の修正案を採択する場合には，同案は理事会と欧州委員会に送付される。理事会が修正案を承認しない限り，理事会の構成員またはその代表及びそれと同数の欧州議会を代表する欧州議会議員から構成される調停委員会の会合が招集される。調停委員会の共同案が否決される場合は，欧州委員会により新予算案が提出される。理事会及び欧州議会が調停委員会の共同予算案を承認または決定に至らなかった場合は採択されるまたは採択されたものとみなされるが，理事会または欧州議会のいずれかが否決すると，欧州委員会により新予算案が提出され，再審議となる。

8.6　先行統合

先行統合は，"enhanced cooperation"の訳語である。より緊密な協力あるいは補強化協力とも訳される。先行統合は，**多段階統合**（differentiated Integration）の一つであり，EUが法行為を採択できない場合に，最終手段として，EUの複数の構成国に統合を先に進めることを可能にするものである。条約に定められる先行統合は，これまで条約の枠外において構成国間の協力でなされたシェンゲン協定とは異なり，条約に定められる機関，手続及びメカニズムを利用してEUの中で複数の国が統合を進めることができる制度である。

先行統合制度は，1999年に発効したアムステルダム条約によりEU諸条約の中に導入され，その後利用を容易にするために2003年発効のニー

ス条約により改正された[100]。しかし適用条件が厳格であることもありリスボン条約が発効するまで一度も用いられてこなかった。2009年発効のリスボン条約により，先行統合制度は，さらに容易に適用されるべく変更を加えられた。現在先行統合は，EU条約20条およびEU運営条約326条から334条に規定されている。

　先行統合制度は，ニース条約の時は共通外交安全保障政策分野にも適用可能であったものの，共同行動または共通の立場の実施に関するものに限定され，軍事または防衛に関わる事項については適用範囲から排除されていたが，リスボン条約による改正で軍事・防衛を含みすべての共通外交安全保障政策分野の措置に適用が可能になった。もっとも，先行統合は，EUの排他的権限分野にある事項についてはニース条約の時と変わらず，現行条約においても許容されていない。これは，EUに排他的権限が付与されている分野では構成国ではなく，EUのみが行動できるからである。

　現行の先行統合には少なくとも9構成国が必要である（ニース条約の時は8カ国であった）。先行統合制度における手続は，共通外交安全保障政策ではない措置と共通外交安全保障政策の枠組での措置によって区別される（EU運営条約329条）。前者の共通外交安全保障政策ではない措置の場合，手続は次のようになる。EU条約あるいはEU運営条約（主にEU運営条約）に定められるある分野において先行統合を希望する複数の構成国は，欧州委員会に申請を行う。この申請を受け，欧州委員会は，理事会に対して提案を提出することができる。提案をするかしないかは委員会の裁量であるが，提案をしない場合は，関係構成国に理由を通知しなければならない。先行統合の許可は，欧州議会の同意を得た上で，理事会により与えられる。後者の共通外交安全保障政策の枠組における措置の場合は，先行統合を希望する構成国は，欧州委員会ではなく理事会に申請を行う。その申請について，上級代表と欧州委員会が意見を表明する。その後，理事会は，先行統合を認める許可を全会一致により与える。

　設定された先行統合には，後から他の構成国が参加することが可能であ

---

[100] 中西優美子「11章 先行統合」『EU権限の法構造』信山社 2013年 327-368頁。

る（先行統合の開放原則）。また，欧州委員会及びすでに先行統合に参加している構成国はできる限り多くの他の構成国がそこに参加するように促進しなければならない（EU運営条約328条）。もっとも，後から先行統合に参加を希望する構成国は，先行統合を承認する決定が定めた参加条件を満たさなければならず，理事会の参加許可を得た上で，加わることが可能となる（EU運営条約331条）。

先行統合の措置に関する討議には，理事会のすべての構成員が参加できるが，先行統合への参加国のみが措置に関する投票に参加する。先行統合の枠組において採択された行為は，それに参加する構成国のみを拘束する。これらの行為は，加盟候補国がEU加盟の際に受託しなければならないEU既得事項（acquis）を構成しない（EU条約20条）。

リスボン条約発効後，先行統合制度そのものが初めて用いられた。イギリス，ベルギー，ブルガリア，ドイツ，スペイン，フランス，イタリア，ラトビア，ルクセンブルク，ハンガリー，マルタ，オーストリア，ポルトガル，ルーマニアおよびスロベニアの15カ国が欧州委員会に先行統合を申請，委員会が理事会に提案を行い，欧州議会の同意を得た上で，理事会は，離婚と法律上の別居への適用法の分野における先行統合を許可する決定を行った[101]。

また，特許の分野では，言語問題などクリアできない事項があり，欧州委員会から提案を長年理事会で採択できない状況が存在した。その状況を打破するために，先行統合制度が用いられ，スペインとイタリアを除く25カ国で統一的な特許保護の創設のための先行統合を許可する決定を理事会が行った[102]。今後は，これらを契機に別の分野においても用いられていく可能性が高い。ただ，先行統合は，EUの立法手続では採択できない場合のやむをえない最後の手段であり，先行統合とEUの政策の一貫性の確保が課題となっていくであろう。

上述した先行統合とは異なるが，多段階統合の別の形として，リスボン

---

[101] OJ of the EU 2010 L 189/12, Council decision of 12 July 2010 authorizing enhanced cooperation in the area of the law applicable to divorce and legal separation.

[102] OJ of the EU 2011 L 76/53, Council decision of 10 March 2011 authorizing enhanced cooperation in the area of the creation of unitary patent protection.

条約は，共通安全防衛政策分野において常設の制度的協力（structured cooperation）を規定した（EU 条約 46 条）。常設の制度的協力とは，軍事能力がより高度な基準を満たし，かつ，もっとも過酷な任務を視野に入れて共通安全防衛政策の分野においてより拘束力のある義務を負っている構成国が，EU の枠組において設定する構成国間の協力である（EU 条約 42 条 6 項）。常設の制度的協力は，単発的な協力ではなく，常設の制度的協力に関する議定書に定める基準を満たし，かつ，同議定書に定める軍事能力に関する義務を負う加盟国が理事会と上級代表に通知し，理事会がその常設の制度的協力を設定した上で開始される恒常的な協力である。

　また，EU の枠内における条約に定められた第二次法レベルの先行統合とは異なる，第一次法レベルでの先行統合が考えられる。たとえば，2012 年 3 月 2 日にイギリス及びチェコを除く，EU 25 か国により調印された経済通貨同盟における安定，調整及びガバナンスに関する条約（TSCG）が挙げられる。同条約は，EU の枠外で締結された条約であるが，同条約 16 条は，発効後 5 年以内に EU の法的枠組みの中に条約の実質を組み入れることを目的とすると定めている。さらに，共同体特許に合意が困難である状況の中，2013 年 2 月 19 日に，単一かつ専門特許管轄を設定する構成国間の国際協定（いわゆる統一特許裁判所（Unified Patent Court））という形で締結された。同協定は，EU の枠外において，EU 構成国間（イタリア・スペインを除く）で締結された。

■第 9 章■

判例法による実効性確保
：直接効果，間接効果，国家責任

　第 8 章においては，EU 法行為と法行為手続を説明した。権限行使の結果が EU 法行為である。せっかく法行為が採択されてもそれが絵に描いたもちでは意味がない。法行為が採択された後は，その法行為の実効性確保が問題となる。本章，第 10 章，第 11 章においては，EU 条約及び EU 運営条約並びに採択された EU 法行為の実効性がどのように確保されるかという観点から説明を加えていくことにする。実効性の確保は，大きく分けて，判例法によるもの（本章），条約に定められた制度によるもの（第 10 章），EU 法行為によるもの（第 11 章）の 3 つに分けられる。

9.1　EU 法の直接効果

　EU 法の直接効果は第 13 章で説明する EU 法の優位と並んでもっとも重要な原則である。EU 司法裁判所は，共同体法秩序（現 EU 法秩序）の中で 2 つの原則を高次のレベルに位置づけている[103]。

9.1.1　（垂直的）直接効果

●**条約条文の直接効果と Van Gend en Loos 事件**
　まず，EU 法の直接効果に関する最初のリーディングケースである Van Gend en Loos 事件（Case 26/62）[104] を紹介する。事実概要は，次の通り

---

[103] Opinion 1/91 [1991] ECR I-6079.

である。原告会社が 1960 年 9 月に尿素フォルムアルデヒドという化学物質を西ドイツからオランダに輸入した際，同年 3 月施行のオランダ新関税区分表に基づく分類に従い，8% の関税を課された。しかし，同化学物質は 1952 年の EEC 条約発効時の関税区分表での分類では 3% の関税が適用されることになっていた。つまり，関税区分の変更により同化学物質に対する関税率が引き上げられる結果となった。原告は，このような関税区分表の変更による関税率の引上げは，輸出入関税の現状凍結義務を規定した EEC 条約 12 条に違反すると主張した。EEC 条約 12 条は，「構成国は，相互間に輸入及び輸出に関する関税またはこれと同等の効果を有する課徴金を新設し，または相互間の貿易においてすでに課しているこれらの関税または課徴金を引き揚げてはならない」と定めていた。なお，現在は相当する条文は EU 運営条約 30 条であるが，文言に修正が加えられている。

　同事件は，オランダの国内裁判所の事件であったが，同裁判所は，欧州司法裁判所に次の事項に関して先決裁定を求めた。付託事項は，EEC 条約 12 条が構成国の領域において，**直接適用**（direct application）されるか，すなわち私人が当該条文に依拠して，国内裁判所が保護しなければならない個人の権利を主張できるか否かであった。

　司法裁判所は，国際条約の規定が直接効果を有するか否かを確定するためには，その規定の精神，一般的枠組及び文言を審査する必要があるとし，それぞれの検討を行った。

　まず精神については，3 段階に分けて判示した。裁判所はまず以下のように述べた。共同市場を設立するということは，EEC 条約の目的である。その機能は，共同体における利害関係者の直接の関心事になる。よって，その目的は，条約締約国間に単に相互義務を生じさせる協定以上のものである。このことは，政府のみならず市民にも言及している条約の前文によって確認される。またこのことは，その機関の行使が構成国のみならず市民にも影響を及ぼす，主権的権利を付与された機関の設立によっても確認される。さらに市民は，欧州議会及び経済社会評議会を通じて共同体の機

---

[104] Case 26/62 Van Gend en Loos v. Nederlandse Administratie der Belastingen ［1963］ECR 1；須網隆夫・中村民雄「1　EC 条約規定の直接効果」中村民雄・須網隆夫編『EU 法基本判例集』第 2 版 2010 年 日本評論社 3-13 頁。

能の中で協力するように求められていることに注意しなければならないと。

次に裁判所は，別の角度からそれを補強した。その目的が国内裁判所による (EEC) 条約の統一的な解釈を確保することであるという，EEC 条約 177 条（現 EU 運営条約 267 条）の下での欧州司法裁判所に与えられた任務は，共同体法が国内裁判所において個人により援用されうる法源であることを示してきたと。

最後に，欧州司法裁判所は，このことから導き出される結論は以下であると示した。共同体は，国際法の新しい法秩序を構築する。その恩恵のために国家は限定された領域ではあるが自らの主権的権利を制限した。またその新しい法秩序の主体は，構成国のみならずその国民もである。構成国法から独立してそれゆえ共同体法は個人に義務を課すだけではなく，その法的遺産 (legal heritage) の一部となる諸権利を個人に付与することも意図している。これらの諸権利は個人が (EEC) 条約により明示的に与えられるところだけではなく，条約が構成国及び共同体の機関と同様に個人に明確な方法で課している義務 (reason of obligations) からも生じる。

次に条約の一般的枠組に関しては，欧州司法裁判所は，以下のように述べた。共同体が関税同盟を基礎にすることを定めている EEC 条約 9 条（現 EU 運営条約 28 条）は，本質的な規定として関税義務の禁止を含んでいる。同条は，「共同体の基礎」と題される条約の部の冒頭におかれ，EEC 条約 12 条により適用されかつ説明されていると。

最後に文言に関しては，次のように判示された。EEC 条約 12 条の文言には，積極的な義務でなく消極的な義務である，明確で無条件な禁止が含まれている。この義務は，その実施が国内法の下で採択される積極的な立法措置を条件とするような国家の側での留保を許容するものではない。まさにこの禁止の性質が構成国とその国民の間の法的な関係に直接効果を生み出すのに理想的に適していると。また，EEC 条約 12 条の実施は，国家の側での法的な介入を必要としない。本条の下で消極的な義務の主体が構成国であるという事実は，その国民がこの義務から恩恵を受けることができないということを意味しないと。

以上の規定の精神，一般的枠組及び文言の 3 点から審査した結果，欧州司法裁判所は，EEC 条約 12 条は直接効果を生み出し，国内裁判所が保護

しなければならない個人の権利を創設するものと解釈されなければならないと判示した。

●直接効果の発生条件

Van Gend en Loos 事件（Case 26/62）において，ある条文が直接効果を有する際の条件が明確にされた。その条件とは，条文が十分に**明確**（clear）でかつ**無条件**（unconditional）であることである。無条件とは，国家の側でのさらなる立法措置を要するものではないことを意味する。Van Gend en Loos 事件では，EEC 条約 12 条の文言が直接効果を有すると判示されたが，すべての条約条文が直接効果を有するのではなく，直接効果の発生条件を満たす条文のみがそのような効果を有することになる。

●直接適用と直接効果

本判決においては，もともとの付託事項が，EEC 条約 12 条が構成国の領域において，直接適用（direct application）されるか，すなわち私人が当該条文に依拠して，国内裁判所が保護しなければならない個人の権利を主張できるか否かであったこともあり，直接適用と直接効果の区別がなされずに両者が換言可能とも捉えられる判示となっている。他方，学説においては直接適用と直接効果の定義分けが試みられてきた。現在，判例及び学説においても統一的な見解に至るまでの両者の明確な定義づけは行われていない。もっとも，直接適用と直接効果を区別する実益は存在する。EU 法行為の一形態である規則は，直接適用可能であるが，必ずしも直接効果を有するわけではない。直接効果を有するには，条文が十分に明確でありかつ無条件という条件を満たさなければならない。

ある条文が直接適用可能（direct applicable）とは，EU 法の規定によって直接に，すなわち国内機関の干渉や介入なく，権利が与えられ，かつ義務を課すことができることを意味するとする。規則は，直接適用可能であり，指令と異なり国内法化あるいは実施を経ることなく，そのまま国内法となる。他方，ある条文が直接効果（direct effect）を有するとは，同条文が，国内裁判所が保護しなければならない個人の権利を生み出していることを意味する。換言すれば，ある条文が直接効果を有する場合，個人が国内裁

判所において同条文に依拠して権利を主張できることを意味する。

● EU 法行為の直接効果

Van Gend en Loos（Case 26/62）事件では，条約条文の規定が条件を満たせば，直接効果が発生すると判示されたが，その後 EU の法行為（legal acts）の条文にもそのような直接効果が認められるかが問題となった。

〈**Grad 事件**〉　Grad（Case 9/70）事件[105]において，ドイツのミュンヘン財政裁判所は，運輸における競争に影響を与える一定の規定の調和に関する決定の 4 条が直接効果を有するか否かについて欧州司法裁判所に先決裁定を求めた。この裁判においてドイツは，規則は直接適用可能であると EEC 条約 189 条（現 EU 運営条約 288 条）に定められているため直接効果を生じえても，決定及び指令については直接適用可能と定められていないためそのような効果は生じえないと主張した。

これに対して欧州司法裁判所は，次のように判示した[106]。規則は直接適用可能であるためその性質から直接効果を生み出しうるのは確かであるが，このことから EEC 条約 189 条（現 EU 運営条約 288 条）に定められる他の種類の法行為が類似の効果を生み出しえないという結論を導き出すことはできない。共同体機関が決定（法行為の一形態）により構成国に一定の方法で行動するように義務を課している場合，もし構成国国民が国内裁判所においてそれを援用できず，国内裁判所がそれを共同体法の一部として考慮することができなければ，そのような措置の**実効性**（effectiveness, l'effet utile）が弱められてしまうであろう。決定の効果は，規則に含まれる規定の効果とは同一ではないが，この相違は，最終結果であるところの国内裁判所においてその措置を個人が援用する権利が規則の直接適用可能な規定のそれと同じになる可能性を排除するものではない。国内裁判所が機関のすべての行為の有効性及び解釈に関してあらゆる事項を欧州司法裁判所に付託し先決裁定を求めることができる旨を定める EEC 条約 177 条（現 EU 運営条約 267 条）は，個人が国内裁判所においてそのような行為を援用で

---

[105]　Case 9/70 Grad v. Finanzamt Traunstein〔1970〕ECR 825.
[106]　Ibid., paras.5–6.

きることを前提としている。それゆえ、それぞれの場合において、問題となる規定の性質、背景及び文言が行為の名宛人と第三者の間における法的関係において直接効果を生み出しうるものか否かが確定されなければならないと。

Grad（Case 9/70）事件においては、直接適用な規則以外のEUの法行為であってもその規定が条件を満たせば、直接効果が発生しうると判示された。Grad事件では、法行為の一形態である決定の直接効果が問題となったが、次に紹介するVan Duyn（Case 41/74）事件[107]では、指令の直接効果が問題とされた。

〈**Van Duyn事件**〉　Yvonne van Duynは、オランダ人で、イギリスにおけるサイエントロジー教会で働くためにイギリスに渡航しようとしたが、イギリスの公共政策の理由から入国を拒否された。そこでvan Duynは、この入国拒否が労働者の移動の自由に関するEC法（現在EU法）に違反すると主張した。そこでイギリス裁判所は、EEC条約48条と指令64/221の3条が直接適用可能で国内裁判所において援用できる権利を個人に付与しているか否かについての先決裁定を欧州司法裁判所に求めた。

欧州司法裁判所はEEC条約48条（現EU運営条約45条）の直接効果を肯定した上で、公共政策、公共の安全または公衆衛生を理由に正当化される外国人の移動と居住に関する特別措置の調和に関する指令64/221の3条を審査した。問題となる3条1項は「公共政策または公共の安全を理由にしてとられる措置は、関係する個人の自らの行為に専ら基礎づけられなければならない」と定めていた。欧州司法裁判所は、当該指令の3条1項は、国内法が外国人の入国審査を管轄する国家機関に一般的に与える裁量権を限定することを意図するものであるとした上で、次のように判示した[108]。第1に、規定はいかなる例外または条件にも服さず、そのまさに性質から、共同体（現EU）または構成国の側でのいかなる行為の介入も必要としない義務を定めている。第2に、個人に有利な条約の基本原則の一つから逸脱する条項を実施する際には、構成国は個人の直接の行為と無関

---

[107] Case 41/74 Van Duyn v. Home Office［1974］ECR 1337.
[108] Ibid., paras.13–15.

係の要因を考慮しないように義務づけられるため，当該個人に対する法的安定性から個人がこの義務を援用できるように要請される。よって，当該指令の3条1項は，国内裁判所において個人により援用されえ，かつ国内裁判所が保護しなければならい個人の権利を付与していると。

このようにVan Duyn事件において指令からも直接効果が発生しうることが認められた[109]。

●指令の直接効果の条件

Van Duyn事件では，欧州司法裁判所は，指令の条文が直接効果を有することを認めたが，後の裁判所判例の積み重ねにより，**指令の直接効果の条件**は，次の4つであるということが確立されてきた。第1に，規定されている義務が十分に明確であること，第2に，規定されている義務が無条件であること，すなわち規定がいかなる例外または条件にも服さず，そのまさに性質から，共同体（現EU）または構成国の側でのいかなる行為の介入も必要としないこと，第3に，指令の国内法化・国内実施の期限が過ぎていること，第4に，指令がそれ自体個人に義務を課すものではないこと，である。条約条文，規則及び決定の規定が直接効果を有するか否かの条件が最初の2つの条件のみなのに対して，指令のそれには第3及び第4，2つの条件が加わっている。

〈**Ratti事件**〉　第3の指令の国内法化・国内実施の期限が過ぎていることという条件は，Ratti (Case 148/78) 事件[110]で明確にされた。同事件では，Rattiが代表を務める会社がイタリアの国内法ではなく，理事会指令 (73/173/EEC と 77/728/EEC) に則って溶剤及びニスの包装をするあるいはラベルを添付することにした。その行為は，既存のイタリア法 (No.245) に違反したため，訴追された。既存のイタリア法は，部分的に当該指令よりも部分的に厳格な，部分的に緩やかな基準を定めていた。問題が起きた

---

[109] なお本事件において，個人の直接の行為につき，個人がその活動が社会的に有害であると構成国が考える団体と関係するという事実を考慮することは構成国に許容されていると解釈されるとした。つまり，本事件では当該指令3条1項の直接効果は認められたものの，van Duynの入国を拒否したイギリスの行為は許容されるとされた。

[110] Case 148/78 Ratti [1979] ECR 1629.

時点においては，イタリアにおいて指令の国内法化・国内実施はまだ行われていなかった。理事会指令 73/173 についてはすでに国内法化・国内実施の期限が過ぎていた。そこで欧州司法裁判所は，以下のように判示した[111]。

　共同体機関が指令という手段によって構成国にある一定の行動をとるように義務づけている場合，もし私人が法的訴訟においてそれに依拠することを妨げられ，また国内裁判所がそれを共同体法の要素として考慮に入れることを妨げられると，そのような行為の実効性が弱められてしまう。定められた期間内に実施措置を採択しなかった構成国は，個人に対し，指令の義務履行の懈怠に依拠することはできない。指令の実施期限が過ぎた後は，構成国は指令に適合していない国内法を，たとえそれが刑事制裁を定めていたとしても，私人に対して適用することはできないと。他方，理事会指令 77/728 は，国内法化・実施の期限が 2 年と定めており，その期限が過ぎていなかった。そこで欧州司法裁判所は，次のように判示した[112]。規定された国内法化・実施期限の終了時に構成国がその義務を怠っている場合にのみ指令の直接効果が認められる。指令は，その性質から構成国のみに義務を課しているため，実施期限が過ぎる前には個人は「正当な期待（legitimate expectation）」の原則に依拠することはできないと。

　〈**Becker v. Finanzamt Münster 事件**〉　　また，Becker v. Finanzamt Münster（Case 8/81）事件[113]では，構成国が期限内に指令の国内法化・実施を怠っている場合になぜ直接効果が発生するのかが判示された。同事件は，自営業者の Becker が売上高税についての構成国の調和に関する第 6 指令の 13 条 B (D) 1 に基づき税の免除を申請したが，ミュンスター税務署がそれを受け入れず訴訟になったものである。当時はまだドイツは当該指令を国内法化・実施をしておらず，同指令の直接効果が問題となった。欧州司法裁判所は，次のように判示した[114]。指令が正しく実施されている場合，その効果は構成国により採択された実施措置を通じて個人まで及ぶ。

---

[111] Ibid., paras.21-24.
[112] Ibid., paras.43 and 46.
[113] Case 8/81 Becker［1982］ECR 53.
[114] Ibid., paras.19-24.

そうであるのに，個人が国内裁判所において指令の規定に依拠できないのであればその措置の実効性が低減してしまうであろう。定められた期限内に指令により要求される実施措置を採択していない構成国は，個人に対して，指令が定める義務を怠っていることを抗弁することはできないと。直接効果が生じるのは，国家の怠慢のためという，いわゆるエストッペルによる正当化（estoppel justification）という図式を提示した。

〈**Marshall 事件**〉　第 4 の条件である，指令がそれ自体個人に義務を課すものではないことは，Marshall（Case 152/84）事件[115]においてだされてきた。Marshall（女性）は，イギリスの Southhampton 病院に栄養士として勤務し，65 歳まで働き続けたいと希望を述べていたが 62 歳のときに解雇された。病院側は，社会保障年金が支払い可能となったときが通常の定年であり，イギリスの国家年金は男性が 65 歳で女性が 60 歳となっているので，Marshall の 62 歳という年齢は通常の定年を過ぎており，解雇には問題がないとした。雇用アクセス，職業訓練，昇進及び労働条件についての男女の平等取扱い原則の実施に関する 76/207 理事会指令が 1976 年 2 月 9 日に採択され，すでに発効していた。そこで解雇が，同指令が禁止している差別行為となるのか，また同指令が直接効果を有するのかが問題となった。

欧州司法裁判所は，前者を肯定した上で，後者の審査に入った。裁判所は，上述した Becker v. Finanzamt Münster（Case 8/81）事件の判示，指令により要求される実施措置を期限内に採択しなかった構成国は指令が定める義務の懈怠を抗弁できないことを再確認した上で，次のように判示した。指令が個人に対して援用されえないという議論に関して，EEC 条約 189 条（現 EU 運営条約 288 条）に従い指令の拘束力は「宛てられた各構成国」との関係においてのみ存在することが強調されなければならない。したがって，指令はそれ自体で個人に義務を課すことができず，指令の規定は個人に対しては援用されえないと。

---

[115] Case 152/84 Marshall v. Southhampton and South-West Hampshire Area Health Authority［1986］ECR 723.

9.1.2 水平的直接効果

●条文の水平的直接効果

これまで説明してきた直接効果は，原告が私人で被告が国家という訴訟の中で条約条文や EU 法行為の条文の直接効果が発生するか否かという文脈で見てきたものである。このような直接効果は，上下関係のある主体の間，すなわち**垂直的直接効果**と呼ばれる。他方，EU 法が私人間で争いになる場合が起こってき，条文の，対等な地位にある主体の間，すなわち**水平的直接効果**が問題となってきた。

〈**Defrenne v. SABENA 事件**〉　条約条文の水平的直接効果が問題となった事件として，まず Defrenne v. SABENA（Case 43/75）事件[116]が挙げられる。同事件は，客室乗務員女性 Defrenne を原告，彼女の雇用者であるベルギーの Sabena 航空会社を被告とする訴訟で，Defrenne は客室乗務員として同じ仕事を行う男性に比べ賃金に違いあり，女性労働者として差別を受けていると主張した。そこで，男女同一労働同一賃金の原則を定める EEC 条約 119 条（現 EU 運営条約 157 条）[117]の効果と実施について欧州司法裁判所にベルギーの裁判所から先決裁定が求められた。

欧州司法裁判所は，次のように判示した[118]。EEC 条約 119 条が「原則」と規定しているために直接効果が発生しないという議論は受け入れられない。また，EEC 条約 119 条が「構成国」にのみ明示的に言及してい

---

[116] Case 43/75 Defrenne v. SABENA［1976］ECR 455；中村民雄「5　EC 条約規定の水平的直接効果と男女労働者の同一賃金原則」中村民雄・須網隆夫編『EU 法基本判例集』第 2 版 2010 年 日本評論社 43 頁。

[117] EEC 条約 119 条は「各構成国は，第一段階において同一の労働に対する男子及び女子の労働者間の賃金平等の原則が適用されることを確保し，かつその後も引き続きその適用を維持する。

　この条の適用上，報酬とは，雇用者が，労働者の雇用に対して労働者に支払う通常の基本の賃金もしくは手当または最低の賃金もしくは手当及び現金または現物で直接又は間接に支払う他のすべての利益をいうものと了解される。

　性に基づく差別のない報酬の平等とは，次のことを意味する。

　(a)　出来高払の同じ仕事に対して支払われる報酬は，同一の計算単位に基づいて定められる。

　(b)　時間支払の仕事に対して支払われる報酬は，同一業種につき同一とする」と定めていた。

[118] Case 43/75 Defrenne v. SABENA［1976］ECR 455, paras.28-32 and 39.

るために直接効果が発生しないという議論も受け入れられない。条約規定が形式的に構成国を名宛人とするものであるという事実は，定められている義務の履行に利益を有する個人に権利を付与することを妨げるものではない。EEC 条約 119 条のまさに文言は，定められた期限内に強制的に達成すべき特定の結果をもたらすよう義務を構成国に課していることを示している。EEC 条約 119 条が性質において強制的（mandatory）であるため，男女間の差別の禁止は，公的機関の行動のみならず，集団的に賃金労働を規律するすべての協定並びに私人間の契約にも適用される。このように裁判所は，EEC 条約 119 条が強行規範であることを主な理由として，私人間の直接効果を認めた[119]。

〈**Angonese 事件**〉　また，労働者の自由移動に関する EU 運営条約 45 条の水平的直接効果が Angonese（Case C-281/98）事件[120]において認定されている。Angonese 事件では，Angonese がイタリアの銀行の採用試験を受けようとしたが，採用にあたってイタリアの地方のみで発行される特別の語学資格試験の証明書が必要とされ，それをもっていなかったために不利益を受けたことが事実としてあった。そこでそのような場合に労働者の移動の自由を規律する EC 条約 48 条（現 EU 運営条約 45 条）に依拠できるのか否かについて欧州司法裁判所に先決裁定が求められた。

　裁判所は，イタリアの銀行での雇用者採用にあたってイタリアの地方でのみ発行される特別の語学資格試験の証明書の提出を応募者に要請することは，EC 条約 48 条（現 EU 運営条約 45 条）により排除されると判示された。この理由づけにあたって，裁判所は，次のように述べた[121]。条約のある規定が形式的には構成国のみに宛てられているという事実は，定められた義務の遵守に利益をもつ個人に権利が付与されることを妨げるものではない。強行法規である条約規定（EC 条約 119 条，現 EU 運営条約 157 条）に関して，差別の禁止は，私人間の契約と同様に労働者に対する賃金を集団

---

[119] この点については，中村民雄「5　EC 条約規定の水平的直接効果と男女労働者の同一賃金原則」中村民雄・須網隆夫編『EU 法基本判例集』第 2 版 2010 年 日本評論社 43-51 頁が詳しい。

[120] Case C-281/98 Angonese［2000］ECR I -4139；西連寺隆行「EC 条約（旧 48 条）の水平的直接効果」『貿易と関税』Vol.49 No.12 2001 年 89-86 頁。

[121] Case C-281/98 Angonese［2000］ECR I -4139, paras.34-36.

的に規律する協定にも同じように適用されると裁判所は過去において判示した。ましてや，基本的自由を定め，かつ EC 条約 6 条（現 EU 運営条約 18 条）に含まれる一般的な差別の禁止の特別適用を構成する EC 条約 48 条（現 EU 運営条約 45 条）にはそのような熟考が適用可能でなければならない。EC 条約 119 条（現 EU 運営条約 157 条）と同様に，労働市場における非差別を確保することが意図されている。EC 条約 48 条（現 EU 運営条約 45 条）に定められる国籍差別の禁止は，私人にも適用されるとみなされなければならない。なお，この他，Bosman 事件及び Walrave 事件においても，労働者の自由移動の水平的直接効果が問題となった。

〈指令の水平的直接効果〉　条約条文は判例により，また規則は直接適用可能であるというその性質から水平的直接効果が認められているのに対して，指令の水平的直接効果については，欧州司法裁判所は一貫して否定してきている。上述した Marshall（Case 152/84）事件[122] では，欧州司法裁判所は，次のように判示した。EEC 条約 189 条（現 EU 運営条約 288 条）に基づき，国内裁判所において指令の援用可能性の基礎を構成している指令の拘束的性質は，宛てられた国家との関係においてのみ存在しうる。したがって指令は，それ自体個人に義務を課すことができず，かつ指令の規定は個人に対しては援用されえないと。

指令の水平的直接効果が認められないのは，指令に垂直的直接効果が認められた理由に関係する。欧州司法裁判所は，指令の垂直的直接効果を導くときに構成国の怠慢（落ち度）の理由，すなわち，指令を期限内に国内法化・国内実施していないという構成国は，自らの怠慢を抗弁できないということをもちだした。しかし，個人に対してはこの理由を適用することはできない。また，水平的直接効果を認めてしまうと，規則と指令の規範分類の区別があいまいになってしまうということが言われる。しかし，水平的直接効果を認めないと，指令から生じる権利行使の実現結果が，誰が相手方かによって異なってきてしまうことになるという指摘もある。法務官の中には，指令の水平的直接効果が認められないことに対する批判が存

---

[122] Case 152/84 Marshall v. Southhampton and South-West Hampshire Area Health Authority［1986］ECR 723, para.48.

在する[123]。

●指令の水平的直接効果の否定と国家概念の拡大

上述した Marshall（Case 152/84）事件[124]において，欧州司法裁判所は，私人間の直接効果である水平的直接効果を否定した。Marshall 事件では，原告は私人の Marshall，被告はイギリスの Southhampton 病院（正式には，Southhampton and South-West Hampshire Area Health Authority）であった。欧州司法裁判所は，同病院に与えられている機能ではなく，同病院が民間の機関か公的機関（public authority）かという点に注目した。イギリスは，同病院を国家の機関として捉えれば病院という同じ機能を担っているにもかかわらず国家の雇用者と民間の雇用者の間に恣意的で不公正な差異が生じると主張した。しかし，裁判所は，この差異は構成国が指令を正しく国内法化していれば容易に避けられるものであるとして，イギリスの主張を受け入れず，病院であっても公的機関である場合には，それとの訴訟の間で指令の直接効果は生じうると判示した。

〈**British Gas事件**〉　British Gas（C-188/89）事件[125]においては，原告側は British Gas 会社（以下 BGC）に雇用されていた Foster 他の女性労働者であり，被告は British Gas 会社が民営化され，それを引き継いだ British Gas 株式会社（以下 BG plc）であった。BGC は，イギリスにおけるガス供給システムを発展させかつ維持することに責任を有する法定の会社（statutory corporation）であり，ガス供給を独占していた。原告たちは，60歳を過ぎてから退職を要請された。この退職要請は，BGC の一般政策によった。同政策は，イギリス国家年金が付与される年齢，女性は60歳，男性は65歳を基礎としたものである。原告たちは，BGC による退職要請は，雇用アクセス，職業訓練及び昇進並びに労働条件についての男女平等取扱い原則の実施に関する指令76/207の5条1項に反していると主張し

---

[123] Lenz の批判（Case C-91/92 Faccini Dori v. Recreb［1994］ECR I -3325），Gerven の批判（Case C-271/91 Marshall II［1993］ECR I -4367），Jacob の批判（Case C-316/93 Vaneetveld v. Le Foyer［1994］ECR I -763）など。

[124] Case 152/84 Marshall v. Southhampton and South-West Hampshire Area Health Authority［1986］ECR 723, paras.49-51.

[125] Case C-188/89 Foster and others/British Gas［1990］ECR I -3313.

た。欧州司法裁判所は，Marshall（Case 152/84）事件の判示に言及した上で，裁判所はこれまで国家の権限もしくは監督下にあるまたは私人間の関係に適用される通常の法規から生じるものを超える特別の権限をもっている組織や機関に対しては直接効果を認めてきたとした。欧州司法裁判所は，いくつかの判例に言及した上で，法的形態が何であれ，国家の監督下のもとで公共サービスを提供することに責任を有し，このため私人間の関係に適用される通常の法規から生じるものを超える特別の権限を有している組織に対しては，指令の規定に依拠できると結論した[126]。

このように国家の概念を広く捉えることで指令の直接効果が認められる範囲を拡大，すなわち指令の実効性が確保されてきた。

●指令の付随的水平的効果

指令の水平的直接効果を認めたものではないが，私人間の訴訟において指令規定の援用を認める判例が存在する。学説においては，それを水平的直接効果とは異なるが，それと類似した効果であるとして付随的水平的効果（incidental horizontal effect）と名づけている。以下において付随的水平的効果が認められたCIA Security（Case C-194/94）事件とUnilever（Case C-443/98）事件を紹介する。

〈**CIA Security事件**〉　CIA Security（Case C-194/94）事件[127]における原告のCIA Security International SA（以下CIA Security），被告のSignalson SA（以下Signalson）とSecuritel SPRL（以下Securitel）は，警報システム及びネットワークの製造販売を行う，ベルギーの警備保障会社であり，競争関係にある。CIA Securityは，SignalsonとSecuritelがCIA Securityの販売する警報システムが保障システムに関するベルギー法律（ここでは1991年5月14日のRoyal Decree（勅令）（以下1991年Decree））による要件を満たしていないと中傷する，不公正取引をやめるように商業裁判所に訴えた。1991年Decreeの2条は，機器委員会の承認を受けない限り機器販売ができないとなっており，CIA Securityの警報システムは，この承認を受

---

[126] Ibid., paras.17-20.
[127] Case C-194/94 CIA Security International/Signalson and Securitel ［1996］ECR I -2201.

けていなかった。しかし，この1991年Decreeは，技術基準及び規則分野における情報規定のための手続を定める指令83/189に従った欧州委員会への通知をしておらず，欧州委員会がベルギーに対しEEC条約169条（現EU運営条約258条）に基づく条約違反手続を開始していた。

ベルギー商業裁判所は，1991年Decreeが共同体法（現EU法）に違反していないか否かの判断が原訴訟の判決に先立ち必要であると考え，欧州司法裁判所に先決裁定を求めた。そこでの争点は，主に1991年Decreeが指令83/189が規定対象とする技術規則であるか，また，同指令，特に8条及び9条は十分に明確でかつ無条件であり，私人が国内裁判所においてそれに依拠できるか否かということであった。

欧州司法裁判所は，1991年Decreeが指令83/189の規定対象とする技術規則であるとした上で，指令の効果についての審査を行った。欧州司法裁判所は，次のように判示した。指令83/189は，予防的コントロール手段を通じて，共同体の基礎である商品の自由移動を保護することを目的としている。国内の技術規則が構成国間の商品の取引における障害となりうるため，指令が対象とする国内技術規則草案があらかじめ欧州委員会に通知され，その採択または発効が一時的に停止されることで予防的コントロールが効果的になる（40段）。それゆえ，通知及び一時的停止は，問題となる規則草案がEC条約に反した取引の障害となるか否か等を審査する機会を欧州委員会と他の構成国に与えることになる（41段）。同指令の目的が予防的コントロールを通じて自由移動を保護することであり，また通知義務はそのような共同体（現EU）のコントロールをするのに必須のものであることに議論の余地はない。同指令の通知義務違反が実質的な手続的欠陥を構成し，したがって，結果として問題となる国内技術規定が私人に適用不可能となると解されれば，共同体のコントロールの実効性（effectiveness）はより大きなものになるであろう（48段）。同指令の目的は，欧州委員会に単に通知することではなく，同指令は，国家により予定されている技術的規則を他の国家に通知し，欧州委員会と他の構成国に予定されている措置から生じる商品の自由移動への制限を減らすために行動し，修正を提案する時間を与え，かつ欧州委員会に調和させる指令を提案することを可能にするという，取引の障害を除去または減じるより一般的な目的

をもっている (50段)。

　裁判所は，このように同指令に定められた欧州委員会への通知義務の重要性を強調し，結論として，同指令は，通知義務違反が当該技術規定を適用不可能にすると解釈されなければならず，結果として当該規定は私人に対して執行不可能であるとした (54段)。この先決裁定は，同指令の水平的直接効果を認めたものではないが，同指令に定められている義務に違反した国内法が適用不可能となったことにより，結果的に同指令が私人間の法律関係に影響を与えることになった。

　〈**Unilever事件**〉　Unilever (Case C-443/98) 事件[128] では，CIA Security (Case C-194/94) 事件と同じく技術基準及び規則分野における情報の規定を定める理事会指令 83/189 が取り扱われた。CIA Security 事件では，主に同指令の 8 条に定められる国内技術規則案の欧州委員会の通知義務が問題となったのに対して，Unilever 事件では，主に同指令の 9 条に定められる国内技術規則案の採択の一時停止（延期）義務が審査の対象となった。同指令 9 条によると構成国は 8 条 1 項に定める通知を欧州委員会が受領した日から 3 カ月間は技術規則案の採択を延期しなければならないと定められていた。

　原訴訟 (main proceedings) においては，Unilever Italia Spa（以下 Unilever）と Central Food Spa（以下 Central Food）という 2 つの会社の間で Unilever により供給されたオリーブオイルの委託販売に対する Central Food による支払について争われた。Unilever は，Central Food からの注文を受けて，オリーブオイル 648 ℓ を供給した。しかし Central Food は，イタリア法に従ったラベルが添付されていないとして，支払を拒絶し，商品の引取りを Unilever に要請した。Unilever は，Central Food が言及するイタリア法は EU 法に違反しているため適用されるべきでないとして，契約通り商品の代金を支払うよう Central Food に求めた。問題となっているイタリア法（1998 年 8 月 3 日の法律 313 号）は，草案の段階で欧州委員会が当該指令 83/189 の 9 条 3 項に従い通知の日から 12 カ月間その採択

---

[128] Case C-443/98 Unilever [2000] ECR I -7535；須網隆夫「指令の付随的水平的効果」『貿易と関税』Vol.52 No.5 2004 年 75-70 頁。

を延期するようにイタリアに求めていたという曰くつきのものであった。しかし，イタリアの議会が可決し，署名がなされたことを受け，欧州委員会は，もし同法律がイタリア官報に公表されれば，イタリアに対してEEC条約169条（現EU運営条約258条）に基づく条約違反手続を開始するということを伝え，もし1999年5月4日までに公表された場合には同法律は個人に対して強制できないであろうと宣言した。それにもかかわらず同法律は1998年8月29日にイタリア官報に公表され，次の日に発効した。

イタリアの裁判所は，オリーブオイルの支払命令の発行を求められた国内裁判所において当該イタリア国内法が適用されえないか否かについて欧州司法裁判所に先決裁定を求めた。欧州司法裁判所は，国内裁判所は，契約上の権利及び義務に関する私人間の民事訴訟に際し，指令83/189の9条に定められた採択の延期期間の間に採択された国内技術規則を適用することを拒否するように要請されるか否かを問うていると捉え直し，審査を行った。

欧州司法裁判所は，上に見たCIA Security事件の判示を再確認しつつ，次のように判示した。指令はそれ自体個人に義務を課すことができず，それゆえ私人に対しては依拠されえないということは真ではあるが，実質的な手続的欠陥を構成する指令83/189の8条または9条の不遵守がそのような条文に違反して採択された技術的規則を適用不可能にする場合には，同判例法は適用されない（50段）。そのような場合は，同判例法が関係した指令の国内法化の不実施の場合とは異なり，指令83/189は，国内裁判所が事件を判断する際に基礎とする法的規範の実質的な範囲を定めるものではなく，私人に対して権利も義務も創設していない（51段）。よって，国内裁判所は，指令83/189の9条に定められた採択延期期間の間に採択された国内技術規則を適用することを拒否するように要請される（52段）。このように判示することによって，指令の水平的直接効果は認めないものの，指令に違反した国内法の適用は不可能となり，事実上指令が私人間の訴訟に適用される結果となっている。

● 三面関係における指令の直接効果

ここでいう三面関係とは，私人，国家及び私人という三者が，国家を挟

んで私人が向き合っている関係のことを言う。換言すれば，真の紛争は私人間であるが，そこに国家または公的機関の許可等が入り，私人が国家または公的機関を訴える形になっている状況をさす。私人は国家を訴えるわけであるが，指令が直接効果を有すると判断されれば，訴訟上の第三者である私人に不利益が及ぶ可能性がある。指令は，国家のみに義務を課し，個人には義務を課さず，権利のみを付与するという判例法が確立している。指令の中には，一方の私人に受益を与えると同時に他方の私人に負担をかけうる効果（二重の効果，Doppelwirkung）を有するものがある。三面関係（三者状況）における指令の直接効果（direct effect of directives in triangular situation）はどのようになるのかが問題となる。これについて示唆した3つの判例を紹介していくことにする。

〈Smith & Nephew 事件〉　Smith & Nephew（Case C-201/94）事件[129]は，次のような概要であった。薬品取引業者である Smith & Nephew は，イギリスにおいて専売薬品 Ditropan を取り扱う会社であったが，同じ名前の専売薬品を取り扱う薬品取引業者 Primecrown が薬品管理機関（MCA）に販売許可を申請しそれが許可されたため，Smith & Nephew は許可の取消を求めて Primecrown と MCA を相手にイギリスの裁判所に提訴した。イギリス裁判所は，欧州司法裁判所に同じ名前の専売薬品に関して競争（ライバル）会社への販売許可を争うために，専売薬品についての国内法令の調和に関する指令 65/65 の5条に私人が依拠することができるか否かにつき先決裁定を求めた。

指令 65/65 の5条が適用され許可決定の取消という事態になれば当然競争会社に負荷的な結果が生じることになるわけであるが，欧州司法裁判所はそれには触れず，管轄のある公的機関（MCA）が競走会社に付与した販売許可の有効性をめぐっての訴訟において指令 65/65 の5条の規定は無条件で十分に明確であるため，私人は国内裁判所においてそれに依拠できると判示した。欧州司法裁判所は，原告である私人が国内許可局に向き合っているため，指令の規定の直接効果を認めることに障害を見出さなか

---

[129] Case C-201/94 The Queen v. The Medicines Control Agency, ex parte Smith & Nephew Pharmaceuticals and Primecrown v. The Medicine Control Agency [1996] ECR Ⅰ-5819.

った。

〈**Wells 事件**〉　Wells（Case C-201/02）事件[130] においては，公的及び私的プロジェクトの環境影響評価に関する 85/337 指令（いわゆる環境影響評価指令）の三当事者間における直接効果が問題となった。1984 年に Wells は，コニガー採石場に隣接した場所に家を購入した。購入した当時は，採石場は長期間にわたって休業状態が続いていたが，同所有者は，1991 年に新たな採掘許可の登録を管轄機関（MPA）に求めた。国務大臣及び MPA は環境影響評価指令に従い環境影響評価を実施することなく，採掘許可登録を承認した。そこで，Wells は，国務大臣に採掘計画の許可の取消または修正を求めたが，回答を受け取らなかったため，イギリスの高等裁判所に提訴した。同裁判所は，欧州司法裁判所に，環境影響評価指令が私人に負荷を加えるものであっても，指令の直接効果が認められるかということにつき先決裁定を求めた。

　欧州司法裁判所は，まず Marshall 事件に言及し，私人に対しては指令の規定は義務を課せず，権利のみを創設することができることを確認し，指令に基づき第三者に別の義務を課すことに直接つながる国家の義務が問題となる場合，私人は構成国に対し指令に依拠することができないと判示した。他方，第三者の権利への単なる不利益的な影響（adverse repercussions）は，たとえその影響が明白であるとしても構成国に対し指令の規定を援用することを私人に妨げることを正当化しないとした。

〈**Arcor 他事件**〉　Wells（Case C-201/02）事件は，小法廷（fifth Chamber）においての判示であり，それが判例法となっていくかどうかが不明であったが，大法廷（Grand Chamber）で行われた Arcor 他（Joined Cases C-152/07 to C-154/07）事件[131] において再度同じような問題が扱われ，Wells 事件が先例として言及され，その判示が再確認された。

　Arcor 他事件の原訴訟においての原告は Arcor AG & Co. KG, Communication Services TELE 2 GmbH, Firma 01051 Telekom GmbH の 3 つの会社である。これら 3 社は，電気通信ネットワーク運営会社であり，それ

---

[130] Case C-201/02 Wells［2004］ECR I -723；中西優美子「環境影響評価指令の三当事者間における直接効果」『貿易と関税』Vol.53 No.6 2005 年 75-71 頁。

[131] Joined Cases C-152/07 to C-154/07 Arcor and others［2008］ECR I -5959。

ぞれは国家（ドイツ）が電気通信法により Deutsche Telekom AG（以下 Deutsche Telekom）が1分間につき 0.004 ユーロの接続手数料を電気通信ネットワーク運営会社から徴収することを許可したことに対して訴訟を起こした。そこで，ドイツ連邦行政裁判所は，欧州司法裁判所に，①ドイツ電気通信法が電気通信サービス市場に対する市場における競争に関する委員会指令 90/388 及びオープンネットワーク規定原則の適用を通じてユニバーサルサービス及び相互互換性の確保についての電気通信における相互接続に関する欧州議会と理事会指令 97/33 にドイツ電気通信法が反しているか，さらに，②それが肯定される場合，両指令に私人は国内裁判所において依拠できるかという，指令の直接効果について，先決裁定を求めた。

欧州司法裁判所は，上述した Wells 事件に言及しつつ，次のように判示した[132]。指令はそれ自体私人に義務を課すことができず，権利のみを付与することができる。結果として，私人は，同指令に従い第三者への別の義務の賦課に直接結びつく国家の義務が問題となる場合には国家に対する場合であっても指令を援用することはできない。他方，第三者への単なる反射的影響は，たとえその影響が明白であるとしても，私人が国家に対する指令の規定に依拠することを妨げることを正当化しない。Deutsche Telekom は，接続手数料を徴収しているが，その手数料が電気通信ネットワーク運営会社から徴収できなくなると，Deutsche Telekom 自身の利用者の負担を増やさなければならないため，反射的影響のみを被ることが明らかである。しかし，そのような受益の廃止は，第三者への義務とはみなされえないと。

これら3つの判例を通じて，指令の直接効果の制約となる，指令は私人に義務を課さず権利のみを付与するという原則がより精緻化され，直接効果が発生する範囲が拡大された。三面関係における直接効果も国家の怠慢により指令の国内法化・国内実施がなされない場合に指令の実効性を確保するための手段として位置づけられる。

なお，最近，国家が国家にコントロールされている機関を訴えることができるという，指令の国家機関間の水平的直接効果に関する判決が下された（Case C-425/12 Portgás ECL I：EU：2013：829）。

[132] Ibid., paras.35-38.

9.2 指令の適合解釈の義務（間接効果）

●適合解釈の義務

　条約条文，規則，決定や指令について，一定の条件が満たされれば，条文が直接効果を有し，個人が国内裁判所においてその条文に依拠して権利を主張できるということが上述したように判例により認められてきた。もっとも，直接効果の条件を満たさない場合，たとえば条文が十分に明確でなかったり，もしくは無条件ではなかったりする場合，あるいは，条文が十分に明確で無条件であったとしても問題となる条文が指令の条文である場合でかつ私人間の訴訟である場合などには直接効果は発生しない。欧州司法裁判所は，これまで指令の水平的直接効果を否定しつつも，他方で国家の概念を拡大したり，あるいは，付随的水平的効果を認めたり，さらに三面関係における直接効果を認めたりすることによって指令の実効性（effectiveness）を確保してきた。

　しかし，そういった方法によっては指令の実効性が確保できない場合が存在する。そのような状況における実効性確保手段として欧州司法裁判所が提示してきたのが，**適合解釈の義務**（Duty of consistent interpretation, die Pflicht zur richtlinienkonformen Auslegung），別名**間接効果**（indirect effect）と呼ばれるものである[133]。適合解釈の義務とは，指令に間接効果を生じさせるもの，すなわち，国内裁判所が国内法を指令の文言及び目的に適合するように解釈しなければならないという義務である。欧州司法裁判所は，以下に紹介する判例においてこの適合解釈を国内裁判所に要請した。まず，適合解釈義務のリーディングケースである，指令の直接効果が生じない場合が取り扱われた Colson 事件及び水平的直接効果（私人間効果）が生じない場合が取り扱われた Marleasing 事件を説明する。

〈**Colson 事件**〉　　Colson（Case 14/83）事件[134]の事実概要は，以下のよ

---

[133] 中西優美子「欧州司法裁判所による適合解釈の義務づけの発展」『専修大学法学論集』85巻 2002年 1-42頁。
[134] Case 14/83 Von Colson and Kamann v. Land Nordrhein-Westfalen [1984] ECR 1891.

うなものであった。ColsonとKamannは，男性刑務所で働くソーシャル・ワーカーの空きポストに応募した。彼女らは，ソーシャル・ワーカー委員会のリストの一番上に名前が挙げられていたのにもかかわらず，採用されず，代わりに男性2人が採用された。これを不服として，ColsonとKamannは，ドイツのノルドライン・ヴェストファーレン州を訴えた。そこでハムにあるドイツ労働裁判所は，「雇用，職業訓練及び昇進アクセス並びに労働条件についての男女平等取扱い原則の実施に関する理事会指令76/207」の解釈につき，先決裁定を求めた。付託事項の一つが，同指令6条の直接効果に関するものであった。

欧州司法裁判所は，同条は，無条件でかつ十分に明確な義務を定めていないと認定したが，同時に，適合解釈の義務を生み出した。すなわち，国内法，特に指令76/207を実施するために導入された国内法の規定を適用する際には，国内裁判所はEEC条約189条（現EU運営条約288条）に定められる結果を達成するために指令の文言及び目的に照らして国内法を解釈するように要請されると判示した[135]。その際，欧州司法裁判所は，この適合解釈の義務づけに対する根拠を，定められる結果を達成するという指令から生じてくる構成国の義務と，その義務の履行確保するために一般的または個別的にすべての適切な措置をとるというEEC条約5条（現EU条約4条3項）の下での義務に求めた。

〈**Marleasing事件**〉　Marleasing事件（Case C-106/89）[136]の原訴訟においては，Marleasing会社は，La Comercial会社がBarviesa会社の債権者を欺くために設立されたので，La Comercial会社を設立する契約は理由がない（lacked cause）ため，スペイン法に基づき無効になるとスペインの裁判所に訴えを起こした。なお同スペイン法は，本件で問題となる指令を国内法化したものではなく（この時点では国内法化はされていなかった），既存の一般的なスペイン民法の条文であった。それに対して，La Comercial会社は，「会社構成員及び会社と取引する第三者の保護の調和に関する理

---

[135] Ibid., para.26.
[136] Case C-106/89 Marleasing v. Comercial Internacional de Alimentacion ［1990］ECR I-4135；須網隆夫「7　国内法のEC法適合解釈義務」中村民雄・須網隆夫編『EU法基本判例集』第2版 2010年 日本評論社 60-69頁。

事会指令68/151（会社法第一次指令）」の11条が会社の無効を網羅的にリストアップし，その中で理由なし（lack of cause）は無効原因とされていないと主張した。スペインの裁判所は，この問題につき，欧州司法裁判所に先決裁定を求めたのが本件である。

欧州司法裁判所は，Colson（Case 14/83）事件に言及した上で，「国内法を適用する際，国内裁判所は問題となっている規定が指令の前または後で採択されたことにかかわらず指令によって追求されている結果を達成し，EEC条約189条3項を遵守するために，指令の文言と目的に照らしてできる限り解釈するように要請される」として，私人間の訴訟においても国内裁判所に適合解釈をするように義務づけた。適合解釈の義務づけは，問題となっている指令11条に網羅的にリストアップされている理由以外に会社の無効を定める国内法の解釈を排除するとした。

〈**Pfeiffer他事件**〉　Pfeiffer他（Joined Cases C-397/01 to C-403/01）事件[137]は，救急医療にかかわるPfeifferをはじめとする複数の医師がドイツ赤十字を訴えたものである。ドイツ労働法では，勤務時間（duty time）と雇用者が場所を指定する待機時間（on-call time）及び場所未指定の待機時間（stand-by time）を区別し，勤務時間のみを労働時間とし，両方の待機時間を休息時間に算入していた。この労働法は，労働時間の構成に関する指令93/104を実施するために採択されたものであった。指令93/104の6条2項は，残業を含め各7日間の平均労働時間は，48時間を超えてはならないと定めていた。欧州司法裁判所は，雇用者が場所を指定する待機時間は，指令93/104の目的からして労働時間としてみなされなければならないとした上で，同指令の6条2項の直接効果について検討した。同条文は，十分に明確でかつ無条件としたものの私人間の訴訟においては適用できないとした。そこで裁判所は，適合解釈の義務の検討に移り，次のように判示した[138]。

指令が定める結果を達成する義務から生じる構成国の義務及びその義務の履行を確保するために一般的または個別であれすべての適切な措置をと

---

[137] Joined Cases C-397/01 to C-403/01 Pfeiffer and others [2004] ECR I-8835.
[138] Ibid., paras.110-119.

るという EC 条約 10 条（現 EU 条約 4 条 3 項）の下での義務は，裁判所を含み構成国のすべての機関を拘束するということが Colson（Case 14/83）事件以降の判例法から明らかである。特に共同体（現 EU）法から引き出す法的保護を個人に与え，かつそれらの法規が十分に効果的であるよう確保することが国内裁判所の責任である。国内裁判所が，個人に権利を付与することを意図した指令の国内法化のために採択した国内法の適用に関する紛争に関わっているときはなおさらである。国内裁判所は，構成国が関係する指令から生じる義務を完全に履行する意図をもっていたということを EC 条約 249 条（現 EU 運営条約 288 条）3 項に照らして前提としなければならない。国内法，特に指令の要請を実施する目的で採択された立法規定を適用するときに，国内裁判所は指令により求められる結果を達成し，結果として EC 条約 249 条（現 EU 運営条約 288 条）の 3 項を遵守するために関連する指令の文言及び目的に照らしてできる限り国内法を解釈するように拘束される。国内法が共同体（現 EU）法に合致する形で解釈されるべきという要請は，条約のシステムに内在している。なぜなら，条約は国内裁判所にその管轄に属する事項について，裁判所における紛争を決定するときに共同体（EU）法の完全な実効性を確保することを可能にしているからである。国内法が共同体（EU）法と合致する形で解釈されなければならないという原則は，問題となる指令を実施するために採択された主に国内規定に関わるけれども，同原則は，単にそれらの国内規定の解釈のみに限定するものではなく，指令により求められるものに反する結果を生み出さないようにどの程度適用されうるかを審査するために国内裁判所に全体としての国内法を考慮に入れるように要請する。ある状況において国内法により認められている解釈方法の適用がある国内法規定の他の国内法規定との抵触を避け，または関連する法規と合致する限りにおいてのみ適用されることによってその規定の範囲が制限されるような形で解釈されることを可能にするのであれば，国内裁判所は指令により求められる結果を達成するためにその方法を利用するように義務づけられる。共同体（EU）法の適合解釈の原則は，国内裁判所に，当該指令 6 条 2 項に定める最大週間労働時間が超過することを避けるために国内法規全体を考慮し，裁判所の管轄権に属することを何でも行い指令が十分に実効性をもつよう

に確保することを要請すると。

Pfeiffer（Joined Cases C-397/01 to C-403/01）事件では，これまでの適合解釈の義務に関する判例を確認するとともに，次の諸点を明確にした。①指令の適合解釈の義務は，EU 運営条約 288 条に定められる指令からの義務及び EU 条約 4 条 3 項に定められる構成国の誠実協力義務から生じること，②国内裁判所は国内法の解釈にあたって構成国が指令から生じる義務を完全に履行する意図をもっていたということを前提としなければならないこと，③条約が国内裁判所に EU 法の完全な実効性を確保することを可能にしていることから適合解釈の義務は条約に内在していること，④指令の実効性確保のためには国内裁判所は単に問題となる指令を実施するために採択された国内法のみを解釈するのではなく，全体としての国内法を解釈しなければならないこと，である。

● **適合解釈の義務の制限**

ここまで指令の適合解釈の義務づけがどのように欧州司法裁判所によって確立されてきたかを見てきた。そこでは，国内裁判所が指令の適用解釈を要請されることが原則として確立したが，ここでは，逆に国内裁判所が指令の適合解釈を用いないよう欧州司法裁判所から要請される場合を見ておきたい。

〈**Kolpinghuis 事件**〉　Kolpinghuis（Case 80/86）事件[139]においては，「ミネラルウォーターの利用とマーケティングに関する構成国の法の接近に関する指令（80/777）」をめぐって，国家が国内法化していない指令をたてに個人に刑罰を科すことできるか否かが問題となった。欧州司法裁判所は，まず上述した Becker（Case 8/81）事件を引用して，指令の規定が無条件でかつ十分に明確であり，国家が期限までにその規定を国内法化しなかった，あるいは，指令を適切に国内法化しなかった場合は，個人はその規定を国家に対し行使することができると，指令の直接効果を確認した。次に，裁判所は，この考え方が，国家に課されている義務が履行されないと指令の拘束力と合致しなくなってしまうということを前提にしているこ

---

[139] Case 80/86 Kolpinghuis Nijmengen [1987] ECR 3969.

とを明らかにした。その上で，裁判所は，国内法化を怠っている構成国は，個人に対して自らの怠慢を抗弁することができないと述べ，最終的に，指令の直接効果は個人のみが依拠できるのであって，指令は個人に対して義務を課さず，国家は指令に依拠できないことを明確に判示した[140]。

続いて，裁判所は，国家が指令の適合解釈をすることで，個人に刑罰を科せるかという点について，以下のように判示した[141]。国内法の関連法規を解釈する際に指令の内容を参照する国内裁判所の義務は，共同体（現EU）法の一部を形成する法の一般原則，とりわけ法的安定性と不遡及の原則によって制限されるとした。国内裁判所は，指令に適合する解釈を要請されるが，指令の規定に反して行動する個人に対し，刑法上の責任を決定したり，その責任から不利益を与えたりする効力をもちえないとして，国内裁判所による適合解釈の適用を制限した。

〈**Arcaro 事件**〉　Arcaro（Case C-168/95）事件[142]においては，「共同体の水環境に排出される危険な物質によって引き起こされる汚染に関する理事会指令（76/464）」において排出前に管轄機関の許可が必要と定める当該指令3条の直接効果及びその適合解釈の適用性が問題となった。本件は，上述した Kolpinghuis（Case 80/86）事件と同様に国家が指令に依拠できるかということが問題にされた。

まず，欧州司法裁判所は，指令が完全に国内法化されていない場合，公的機関は個人に対して指令の規定に依拠できないとした。次に，本判決では，従来から確立している適合解釈の義務を確認した上で，適合解釈の制約につき，Kolpinghuis 事件を引用しつつ，以下のように判示した[143]。適合解釈が国内法化されていない義務を個人に課すことにつながる場合，特に指令の実施のために制定された国内法が存在しないにもかかわらず，指令の規定に違反して行動している者に対し，指令の規定に基づき，刑法における責任を決定したり，その責任から不利益を与えたりする効果を有するところでは限界を見るとした。

---

[140]　Ibid., 7-9.
[141]　Ibid., 13-14.
[142]　Case C-168/95 Arcaro［1996］ECR I-4705.
[143]　Ibid., 41-42.

もっとも刑法上の責任を決定したり，その責任から不利益を与えたりする場合は，国内裁判所による適合解釈の適用が制限されるが，原則的に構成国は，国家が原告で私人が被告という訴訟であったとしても指令に合わせた国内法の解釈を私人に課すことは可能である[144]。

● **適合解釈の義務の発生時期**

近年，指令の適合解釈を EU 法の一般原則の補強手段として用いて推し進める欧州司法裁判所の判例がだされている。構成国の義務違反は，指令の国内法化・実施の期限が過ぎたときに発生する。指令の直接効果が認められる条件として，指令の国内法化・実施の期限が過ぎたことが挙げられるのもそれに関連している。

Mangold 事件（Case C-144/04）[145] においては，指令の国内法化・実施の期限がまだ過ぎていない場合の国内裁判所の義務が問題となった。同事件においては，任期付き労働に関する枠組協定に関する理事会指令 1999/70 により効力をもった 1999 年 3 月 18 日に締結された任期付き契約に関する枠組協定の 2，5 及び 8 条並びに雇用及び職業における平等取扱いに対する一般枠組を設定する理事会指令 2000/78 の 6 条の解釈について先決裁定が求められた。

具体的には，指令 2000/78 の 6 条(1)は，労働者が 52 歳に達した場合任期付き契約の締結を許容する国内法の規定を排除すると解釈されるか否かということについて先決裁定を求められた。指令 2000/78 の 6 条(1)は，もし正当な目的により客観的に正当化されるのであれば，年齢に基づく異なる取扱いは許容されるとしていた。なお指令 2000/78 の国内法化の期限は，2003 年 12 月 2 日となっていたが，場合によりそこから 3 年延長ができること，つまり 2006 年 12 月 2 日まで可能となっていた。ドイツでは，関連法として雇用促進法律及び指令 1999/70 を国内法化したパートタイ

---

[144] Case C-53/10 Mücksch [2011] ECR I-8311, para.34；Case C-321/05 Kofoed [2007] ECR I-5795, para.45.

[145] Case C-144/04 Mangold [2005] ECR I-9981；橋本陽子「年齢差別の成否と平等指令への国内法の強行的適合解釈義務——指令の水平的直接効果と自然の結果の達成」『貿易と関税』Vol.54 No.9 2006 年 75-70 頁。

ム労働及び任期付き契約に関する法律（以下 TzBfG）が存在した。TzBfG の 14 条 3 項は，任期付き契約は，客観的な理由がないと締結できないが，任期付き雇用関係が開始される時までに労働者が 58 歳を越えている場合には客観的な正当化を必要としないと規定していた。しかし，2002 年 12 月 23 日の労働市場に関するサービスの規定についての法律により修正され，2006 年 12 月 31 日までは，58 歳に代えて 52 歳と読まれるとなっていた。Mangold は 2003 年 6 月 26 日に弁護士の Helm と契約をかわした。契約日は，2003 年 6 月 26 日でまだ指令 2000/78 の国内法化の期限は過ぎていなかった。また，契約当時 Mangold は 56 歳であった。契約書の 5 条では，雇用関係は 2003 年 7 月 1 日から 2004 年 2 月 28 日までとなっていた。Mangold は，任期付き契約の締結を許容する TzBfG 14 条 3 項は枠組協定及び指令 2000/78 に合致しないと主張した。

　欧州司法裁判所は，次のように判示した[146]。指令の国内法化の期限の期間，構成国は指令により定められている結果の達成を損なわせる可能性のある措置をとることを慎まなければならない。TzBfG の 14 条 3 項の規定が，構成国が指令を国内法化しなければならない期限よりほんの数週間後であるという事実は，決定的ではない。本件のように例外的に期間の延長が認められていることは，構成国が，指令により定められる結果に国内法を漸進的に近づけていくべきことを含意している。構成国にこの実施猶予期間の間に指令の目的と両立しない措置を採択することが許容されれば，その義務は余分なものとなってしまうであろう。指令 2000/78 は，それ自体雇用及び職業の分野における平等取扱い原則を定めていない。年齢に基づく非差別の原則は，共同体法の一般原則としてみなされなければならない。平等取扱い，とりわけ年齢に関する一般原則の遵守は，年齢に基づく差別に対処する一般枠組を設定することを意図している指令の国内法化に対し構成国に許容している期間が過ぎていることを条件とすることができない。共同体法と抵触しうる国内法の規定を排除することによって，個人が共同体法の法規から引き出す法的な保護を個人に与え，そのような法規が十分に効果的になるように確保するのは国内裁判所の責任である。指

---

[146] Ibid., paras.67–78.

令の国内法化に定められる期間がまだ到来していない場合でさえも共同体法と抵触しうる国内法の規定を排除することによって、年齢に関する非差別の一般原則の十分な実効性 (full effectiveness) を確保するのは、国内裁判所の責任である。

この Mangold 事件は、私人間の訴訟で指令の国内法化・実施の期限がまだ到来していない時期のものであったにもかかわらず、指令に一定の効果を認めた。ドイツの連邦憲法裁判所[147]や学説においては、このような指令の効果を消極的な効果 ("negative" Wirkung von Richtlinien) として表し、欧州司法裁判所が新たな指令の効果のカテゴリーを創設したと捉えている。

● 国内法の排除

欧州司法裁判所は、私人間の訴訟において指令の適合解釈ができない場合の手段として、指令に反する国内法を適用しないように義務づけたのが、Mangold Ⅱ事件とも呼ばれる Kücükdeveci (Case C-555/07) 事件[148]である。

Kücükdeveci (以下 K) は、18 歳の時から Swedex 社に勤務していたが、解雇された。解雇通告は、約 1 カ月前であった。K は、1996 年 6 月 4 日に雇用されてから 10 年以上勤務していた。10 年以上勤務している場合には、ドイツ民法 622 条 2 項によると解雇は、通告から 4 カ月経った月の末日となるはずであったが、同項は同時にこの規定が、被雇用者が 25 歳になるまでの期間は考慮に入れられないと定めていたため、25 歳までの勤務期間は考慮の対象とはならなかった。そこで K は、ドイツ裁判所に訴えを起こし、同法律は EU 法に反しており適用できないと主張した。ドイツの裁判所は、国内法が年齢に基づく差別の禁止の共同体法、とりわけ第一次法または雇用及び職業における平等取扱いのための一般原則を設定する理事会指令 2000/78 に違反するか否か、さらに国内裁判所は、共同体法に反する国内の規定を適用してはならないかについて先決裁定を求めた。

---

[147] BVerfG 2 BvR 2661/06 vom 6. Juli 2010, para.77.
[148] Case C-555/07 Kücükdeveci [2010] ECR Ⅰ-365；橋本陽子「年齢差別禁止原則の水平的直接効果」『貿易と関税』Vol.58 No.10 2010 年 87-83 頁。

同指令は，Mangold 事件のときに取り扱われたのと同じ指令であるが，解雇のときには指令の国内法化の期限は過ぎていた。

　欧州司法裁判所は，Mangold 事件に言及しながら，裁判所はこれまで EU 法の一般原則としてみなされなければならない年齢に基づく非差別の原則の存在を認識してきたとした。その上で，裁判所は，指令 2000/78 は，その原則を具体化したものであるとした（21 段）。EU 法，特に，指令 2000/78 により表現（具体化）された年齢に基づく非差別の原則は，25 歳に達しない被雇用者による雇用期間を解雇の通知期間の算定において考慮しないと定める国内法を排除するものとして解釈されなければならないとした[149]。

　Mangold 事件及び Mangold II 事件（Kücükdeveci 事件）に関して指令に反する国内法が不適用になるとも解されるが，欧州司法裁判所は，同指令が EU 法の一般原則である非差別の禁止原則を具現化したものであるという点を強調しており，一般的に指令に反する国内法がすべて不適用になるわけではなく，指令が EU 法の一般原則と密接に結びついている場合にのみ国内法が不適用になると捉えられる。

9.3　指令により国家機関に課される義務

●**指令が司法機関に与える効果**

　裁判所は，判例の中で，指令により定められる結果を達成するという指令から生じる構成国の義務及び義務の履行を確保するために一般的または個別的であれすべての適切な措置を採択する義務が構成国のすべての機関を拘束すると繰り返し判示してきた[150]。指令を国内法化・実施するのは主に立法機関であるが，他の機関司法機関・行政機関にも義務が課される。指令が国内法化・実施されない場合の指令がもつ効果を整理しておく。

　司法機関である裁判所は，指令の条文が明確で無条件であり国家に対す

---

[149] Ibid., paras.20-21 and 27.
[150] ex. Case C-555/07 Kücükdeveci［2010］ECR I -365.

る訴訟であれば，国内裁判所において指令から生じる個人の権利を保護しなければならない。もし私人間の訴訟であれば，指令の文言及び目的に照らして国内法を適合解釈することを義務づけられる。また，私人間の訴訟で適合解釈が不可能であり，国内法が EU 法の一般原則（非差別の原則）に違反している場合，同国内法を適用しないよう義務づけられる。

●指令が行政機関に与える効果

国内裁判所のみならず地方機関を含みすべての行政機関が指令の条文を適用するように義務づけられる。たとえば Costanzo (Case 103/88) 事件[151]において，公共事業契約の落札手続の調和に関する理事会指令 71/305 の 29 条 5 項の規定がイタリア法と抵触する場合に，国内裁判所と同様に地方機関が当該指令の規定と抵触する国内法を無視することを義務づけられるか否かということについて欧州司法裁判所に先決裁定が求められた。

欧州司法裁判所は，条文が，個人が国内裁判所で依拠できるものであるという条件を満たしている場合，つまり条文が十分に明確で無条件であり個人が国家に対して訴えを起こしている場合，地方機関を含み行政機関は，国内裁判所と同様に指令 71/305 の 29 条 5 項を適用し，それと抵触する国内法の規定の適用を控えなければならないとした。

●客観的効果（行政機関に対する効果）

指令が行政機関に対し義務づける結果生じる効果として客観的効果と呼ばれるものが存在する。ある条文が直接効果を有する場合，個人が国内裁判所においてその条文に依拠して権利を主張できることを意味する（これは以下に述べる客観的効果に対比して主観的直接効果と呼ばれることがある）。指令にはこのような個人の権利創設を意味しない，客観的（直接）効果が認められる場合がある。客観的（直接）効果とは，特に指令の履行期限後に履行されていないまたは適切に履行されていない指令が行政機関に対し有する効果のことを指す。

客観的（直接）効果として挙げられる判例として，欧州委員会対ドイツ

---

[151] Case 103/88 Fratelli Costanzo v. Comune di Milano〔1989〕ECR 1839, paras.28-32.

(Case C-431/92) 事件[152] がある。ドイツが事前の環境影響評価をせずに火力発電所の建設を許可したことに対して，公的・私的プロジェクトの環境への効果の評価に関する指令 85/377 の義務を怠ったとして欧州委員会が欧州司法裁判所に訴えた。指令の国内実施の期限は 1988 年 7 月 3 日，ドイツの行政機関による建設許可の決定は 1989 年 8 月 31 日であった。なおドイツが指令を国内法化し同法律が発効したのは，1990 年 8 月 1 日であった。ドイツが抗弁の一つとして，指令の規定が，特定の義務を定め，国内機関による適用が強制的であることが明白であるほど明確ではなかったという主張をした。欧州司法裁判所はこの主張は受け入れず，指令の規定はあるプロジェクトの環境への効果の評価を実施する義務を許可に対し責任を有する国内機関に明白に課しているとした。

●指令の直接効果と指令の国内法化義務

ある指令の条文が十分に明確でかつ無条件であり，直接効果の条件を満たしている場合，構成国は同指令を国内法化・実施する義務を免れるかという問題について触れておきたい。欧州委員会とベルギー (Case 102/79) 事件[153] は，自動車及びトラクターについての法の調和に関する指令をベルギーが国内法化・実施していないとして，欧州委員会が EEC 条約 169 条（現 EU 運営条約 258 条）に定められる条約違反手続に従いベルギーを欧州司法裁判所に訴えたものである。そこでベルギーは，問題となっている指令の条文は十分に明確で無条件であると反論した。それに対して欧州司法裁判所は，次のように判示した[154]。

EEC 条約 189 条 3 段（現 EU 運営条約 288 条 3 段）の効果は，指令が構成国の適当な措置により実施されなければならないことである。特別の場合，特に構成国が必要とされる実施措置をとることを怠ったり，または指令に

---

[152] Case C-431/92 Commission v. Germany ［1995］ECR I -2189.
[153] Case 102/79 Commission v. Kingdom of Belgium ［1980］ECR 1473.
[154] Case 102/79 Commission v. Kingdom of Belgium ［1980］ECR 1473, para.12；cf. Case C-433/93 Commission v. Federal Republic of Germany ［1995］ECR I -2303, para.24；Case C-253/95 Commission v. Federal Republic of Germany ［1996］ECR I -2423, para.13；Case C-54/96 Dorsch Consult Ingeniergesellschaft mbH v. Bundesbaugesellschaft Berlin mbH ［1997］ECR I -4961, para.44.

合致しない措置を採択した場合に，欧州司法裁判所は当該構成国に対して指令に依拠する権利を個人に認めてきた。指令の効果により構成国に課す義務の拘束力から生じるこの最小限の保障は，各指令の目的に合う十分な措置を期限内にとるという義務から構成国を免除することができないと。欧州司法裁判所は，指令の直接効果は個人に対する最小限の保障と位置づけ，他方で指令の直接効果の発生は構成国の指令の国内法化の義務を免除するものではないと判示した。

9.4 国家責任

●国家責任原則の確立

マーストリヒト条約発効以前は，条約上の履行確保手段としては，現 EU 運営条約 258 条（旧 EEC 条約 169 条）に定められる条約違反手続しか存在しなかった。条約違反手続については後述するが，条約違反手続によりだされた欧州司法裁判所の判決は確認判決に過ぎず，判決を履行させることが困難であった。国家責任の原則を確立した Francovich (Joined Cases C-6/90 and C-9/90) 事件の背景には，そのような事情がある。雇用者の倒産の際における被雇用者の保護に関する構成国法の接近についての理事会指令 80/987 が 1980 年 10 月 20 日に採択された。同指令の国内法化・実施の期限は，1983 年 10 月 23 日であったが，イタリアはその期限を過ぎても措置をとらず義務を怠っていた。欧州委員会は，このイタリアの態度が指令の義務違反を構成するとして，欧州司法裁判所に条約違反手続に基づき訴えを提起した。欧州司法裁判所は，イタリアの義務違反を認める判決を下した (Case 22/87)。このような状況の中で欧州司法裁判所がイタリアの裁判所から同指令について先決裁定を求められたのが Francovich (Joined Cases C-6/90 and C-9/90) 事件[155] である。

Francovich は，イタリアのある会社で労働者として働いていたが，同会社が倒産した。Francovich は，賃金を散発的にしか受け取れず, 同指令

---

[155] Joined Cases C-6/90 and C-9/90 Francovich and Bonifaci v. Italy [1991] ECR I -5357.

で定められている最小限の保証である未支払の賃金を求めてイタリア政府を相手に訴えを起こした。イタリア裁判所は，欧州司法裁判所に先決裁定を求めた。そこでの争点は，私人が国家責任から生じた損害につき，国家に対し損害賠償を請求することができるか否かであった。欧州司法裁判所は，同指令において保証の内容については十分に明確で無条件であるが，指令の文言からは誰が未支払の保証をするかについては不明であるため，直接効果は発生しないとした。その上で，国家責任が生じるか否かについて次のように判示した[156]。

　EEC条約は独自の法システムを創設しており，それは構成国の法システムに統合され，かつ国内裁判所はそれを適用することを義務づけられる。EEC条約が創設した法システムの主体は，構成国のみならず，その国民もである。共同体法は個人に負担を課すのと同様に，法的遺産の一部となる権利を与えることを意図している。それらの権利は，条約によって明示的に与えられている場合のみならず，条約が個人及び構成国並びに共同体機関に明確に定められた方法で課している義務を通じても生じる。共同体法の規定を適用する任務を負っている国内裁判所は，当該法規が十分な効果をもつように確保し，当該法規が個人に付与する権利を保護しなければならない。もし構成国に責任のある共同体法の違反によって個人の権利が侵害されてそれに対して個人が補償を得られないのであれば，共同体法規の十分な実効性（full effectiveness）は減じ，個人の権利の保護が弱まってしまうであろう。構成国から補償を得るという可能性は，共同体法規の十分な実効性が国家側の先立っての行為に服し，そのような行為がない場合には個人が共同体法により自己に与えられた権利を国内裁判所で行使できないところでは，特に不可欠である。構成国が損害を賠償しなければならないという義務の根拠は，EEC条約5条（現EU条約4条3項）に見つけられる。構成国が自己に責任のある共同体法の違反により個人に対して引き起こされた損害を賠償するように義務づけられるのは共同体法の原則であると。

---

[156] Ibid., 31–37.

●国家責任発生の条件

　欧州司法裁判所は，Francovich（Joined Cases C-6/90 and C-9/90）事件において国家責任が生じる条件としては，①指令により定められる結果が個人に権利付与を含んでいること，②指令の規定を基礎にして権利の内容を確定できること，③国家の義務違反と個人が被った損害の間に因果関係が存在することの3つを挙げた[157]。国家責任の条件は，後に精緻化されていくことになった。国家責任の条件が確立したのは，Brasserie/Factortame Ⅲ（Joined Cases C-46/93 and C-48/93）事件[158]である。

　〈Brasserie/Factortame Ⅲ事件〉　Brasserie事件では，Brasserie du Pêcheur（フランスの会社）がドイツのビール法律により損害を受け，損害の賠償をドイツに対して求めた事件である。なお当該ドイツの法律は，欧州委員会対ドイツ（Case 178/84）事件[159]においてEEC条約30条（現EU運営条約34条）違反であると判決が下されていた。Factortame Ⅲ事件では，Factortame他が1988年のイギリス商船法により漁業権を失ったことにつき，イギリスに対し損害賠償を求めた。なおイギリス商船法は，別の事件において共同体（現EU）法違反であると判示された。

　Brasserie/Factortame Ⅲ事件においては，Francovich事件のように国内法化されない指令が問題となったのではなく，EU法違反の国内法により損害を被ったことに対し私人が国家に損害賠償を求めた事件である。Brasserie/Factortame Ⅲ事件では，次の3つの条件が満たされた時，共同体（EU）法は損害賠償を求める権利を付与するとした[160]。第1に，違反された法規が個人に権利を付与することを意図したものでなければならない。第2に，違反が十分に重大でなければならない。第3に，国家の義務違反

---

[157] Ibid., 40.

[158] Joined Cases C-46/93 and C-48/93 Brasserie du Pêcheur v. Bundsrepublik Deutschland and The Queen v. Secretary of State for Transport, ex parte Factortame and others［1996］ECR Ⅰ-1029；西連寺隆行「9　構成国のEC条約違反行為（作為・不作為）の損害賠償責任」中村民雄・須網隆夫編『EU法基本判例集』第2版 2010年 日本評論社 77-86頁.

[159] Case 178/84 Commission v. Germany［1987］1227.

[160] Joined Cases C-46/93 and C-48/93 Brasserie du Pêcheur v. Bundsrepublik Deutschland and the Queen v. Secretary of state for Transport, ex parte Factortame and others［1996］ECR Ⅰ-1029, para.51.

と当事者により主張されている損害の間に直接的な因果関係がなければならない。この3つの条件が，国家責任発生の条件として確立している。

また，この判示により指令を国内法化・実施しなかったという義務違反のみならず，個人に権利を付与することを意図していたものであれば，より一般的な EU 法に対する義務違反においても国家責任が生じることが明らかにされた。加えて Francovich 事件において出された条件では違反が十分に重大であるということは特に言及がなされていなかったが，Brasserie/Factortame III 事件では，条件の一つとして位置づけられた。

〈**Dillenkofer** 他対ドイツ事件〉　　Dillenkofer 他対ドイツ（Joined Cases C-178/94, C-179/94, C-188/94, C-189/94 and C-190/94）事件[161] は，Francovich 事件判決と Brasserie/Factortame III 事件判決との齟齬を取り除いた。

Dillenkofer 他は，パッケージ旅行を購入したが，旅行会社が倒産してしまった。EU では，当時すでにパッケージ旅行，パッケージホリディ及びパッケージツアーに関する理事会指令 90/314 が 1990 年 6 月 13 日に採択され，1992 年 12 月 31 日までに国内法化・実施をすることが構成国に義務づけられていた。同指令 7 条によると消費者を保護するために倒産した場合には支払った代金が返金されることになっていた。ドイツは 1994 年 6 月 24 日に指令を実施するための国内法を採択し，同法律は 1994 年 7 月 1 日に発効した。しかし，同法律は 1994 年 4 月 1 日以降に旅行契約がなされ，かつ 1994 年 10 月 31 日以降の旅行から適用されることになっていたため，Dillenkofer 他はこの適用を受けなかった。Dillenkofer 他は，もしドイツが当該指令を期限内に国内法化・実施していたら返金保証を受けられたとして，ドイツに対して損害賠償を求めた。

欧州司法裁判所は，Brasserie/Factortame III 事件で判示された国家責任発生の 3 条件に言及した上で，次のように述べた[162]。Francovich 事件では，重大な違反の存在には明示的に言及されなかったが，指令を期限内に国内法化・実施しなかったことがすでにそれにあたることは明白であるとした。これにより Francovich 事件においても後から確立された国家責任

---

[161]　Joined Cases C-178/94, C-179/94, C-188/94, C-189/94 and C-190/94 [1996] ECR I-4845.
[162]　Ibid., 21-23.

の発生条件を満たしていたとされた。

●最高裁判所の行為と国家責任

Francovich（Joined Cases C-6/90 and C-9/90）事件，Barasserie/Factortame Ⅲ（Joined Cases C-46/93 and C-48/93）事件及び Dillenkofer 他対ドイツ（Joined Cases C-178/94, C-179/94, C-188/94, C-189/94 and C-190/94）事件は，いずれも国家の立法機関の責任が問題となった事件であった。Köbler（Case C-224/01）事件[163]では，司法機関，しかも最高行政裁判所の行為が問題となった。Köbler は，オーストリアの大学の専任教員であったが，勤務期間が 15 年を越えると特別な増加給金をもらえることになっていた。Köbler は，オーストリアの大学での勤務期間単独では 15 年を超えなかったが，EC（現 EU）の他の構成国の大学での勤務期間を合わせると 15 年を超えたので，特別増加給金を申請した。最高行政裁判所は，いったんは先決裁定を求めたが，別の事件において先決裁定が下されたのを受け，取り下げてこの申請を棄却した。Köbler は，この判決を不服とし，この最高裁判所の判決が共同体法に違反しているとし，ウィーンの民事裁判所に訴えを起こした。そこで同裁判所が欧州司法裁判所に先決裁定を求めたのが，本件である。争点となったのは，国内における最終審の裁判所の行為（判決）であっても国家責任を生じうるか否かであった。

欧州司法裁判所は，次のように判示した[164]。共同体法規から生じる個人の権利の保護の文脈において司法機関が果たすべき本質的な役割に照らし，もし最終審の国内裁判所の決定に起因する共同体法の違反により個人の権利が影響を受け，一定の条件の下で損害賠償を得ることを妨げられるのであれば，そのような法規の十分な実効性に疑問が投げかけられ，それらの権利の保護が弱められてしまうであろう。共同体法を基礎とする個人の権利を保護しなければならないという必要性から，個人は最終審裁判所の決定の責めに帰するその権利の違反により引き起こされた損害に対して国内裁判所において損害賠償を得る可能性を有さなければならない。

---

[163] Case C-224/01 Köbler v. Austria [2003] ECR I -10239；西連寺隆行「構成国最高裁判所の EC 法上の国家賠償責任」『貿易と関税』Vol.52 No.10 2004 年 75-71 頁。

[164] Case C-224/01 Köbler v. Austria [2003] ECR I -10239, paras.33 and 36.

このように欧州司法裁判所は，最終審の国内裁判所の行為であっても国家責任を生じさせうることを明確にした。

9.5 判例法による実効性確保手段のつながり

直接効果，適合解釈の義務づけ及び国家責任の法理が EU 法上のどのように位置づけられるかを示し判例をここで紹介しておく。これから扱う Miret（Case C-334/92）事件[165]の先決裁定は，上述した国家責任のリーディングケースである Francovich（Joined Cases C-6/90 and C-9/90）事件の先決裁定日である 1991 年 11 月 19 日より後の 1993 年 12 月 13 日に下された。

両事件においては，1980 年の「会社倒産の際の被雇用者の保護についての法の調和に関する理事会指令 80/987」が問題となった。同指令は，被雇用者に未払いの賃金を保証することを目的としていた。スペインでは，指令の採択に先立ち，被雇用者法により倒産の場合の保証基金（guarantee fund）が設立されていた。

Miret 事件においては，倒産した会社において，高い地位にあるマネジメント・スタッフとして雇用されていた Miret が給料保証基金に対しまだ支払われていない分の給料の支払を求め，スペインの国内裁判所に訴えたという事件が原訴訟となっていた。スペインは既存のスペイン被雇用者法が当該指令の目的及び内容を実現するものであると考え，別段の国内法を採択していなかった。しかし既存のスペイン被雇用者法では，高い地位のマネジメント・スタッフには給料保証がなされないというのがスペインの裁判所における一致した見解であった。そこでスペインの裁判所は，当該指令の解釈，すなわち高い地位のマネジメント・スタッフを含め，すべての被雇用者に適用されるかについて，欧州司法裁判所に先決裁定を求めた。

欧州司法裁判所は，適合解釈の義務に言及したが，同時に既存のスペイン被雇用法は，当該指令とは異なり，高い地位のマネジメント・スタッフ

---

[165] Case C-334/92 Wagner Miret v. Fondo de garantia salarial [1993] ECR I-6911.

にはどのように解釈しても適用できないという認識を踏まえ，次のように判示した。このような場合には，Francovich 事件の判示から，当該構成国は指令を国内実施するのを怠った結果として引き起こされた損害を補償する義務があるとした[166]。すなわち，裁判所は，本件において，適合解釈のツールが機能しない場合のセーフティ・ネットとして，国家に対する損害賠償請求が用いられることを示唆した。

Dori（Case C-91/92）事件[167] において，原告 Dori は，イタリアのミラノ駅でキャッチ・セールスにあい，英語通信講座を受講する契約をRecreb 会社と結んだ。後日，Dori は，「事業所から離れて交渉された契約についての消費者保護に関する指令 85/577」に基づくキャンセルの権利に依拠し，同契約の解除の意思を示す書状を Recreb 会社に送付した。他方，Recreb 会社は，Dori が同意された契約の費用に利子をつけた合計額を支払うように求めた。イタリアの裁判所は，当該指令の解釈につき，先決裁定を求めた。

欧州司法裁判所は，①当該命令の規定が無条件でかつ十分に明確か否かという問題，②私人間に適用されるかという問題に分けて，検討を行った。①の検討では，欧州司法裁判所は，指令の規定が無条件でかつ十分に明確であると認定した。

②の検討にあたっては，まず，Marshall（Case 152/84）事件を引用し，指令は，それ自身個人に義務を課すことができない，それゆえ個人に対してはそこに依拠することができないとした。そこでは，裁判所は，国家に対して指令に依拠する可能性についての判例法は，EC 条約 249 条（現 EU 運営条約 288 条）の下で指令が名宛人としている国家に対してのみ拘束力があるという事実に基づいていると述べ，判例法は共同体（現 EU）法を遵守しないことから国家が利益を得ることを妨げようとしていることを強調した[168]。同時に，私人間に直接効果の判例法を拡大することになれば，規則を制定する以外に，共同体（現 EU）に個人の義務を制定する権限を認めることになってしまうとし，本件において水平的直接効果を否定し

---

[166] Ibid., para.22.
[167] Case C-91/92 Faccini Dori v. Recreb [1994] ECR I -3325.
[168] Ibid., 20-22.

た[169]。その上で，欧州司法裁判所は，Colson 事件（Case 14/83）を引用し，指令の義務と EC 条約 10 条（現 EU 条約 4 条 3 項）からの義務は，司法機関を含むすべての構成国の機関を拘束することを確認した上で，Marleasing（Case C-106/89）事件を引用し，構成国が指令の適合解釈をするよう要請されるとした[170]。さらに，欧州司法裁判所は，解釈によって指令に規定される結果が達成されえないときは，Francovich（Joined Cases C-6/90 and C-9/90）事件で認められたように，指令の国内法化を怠った構成国に対し，損害賠償を請求できることを提示した[171]。

Miret（Case C-334/92）事件においては，適合解釈に対する関係では，適合解釈の機能しない場合の次善策として，個人の国家に対する損害賠償の請求が位置づけられることが明らかにされた。Dori（Case C-91/92）事件では，さらに踏み込んで，直接効果，適合解釈及び損害賠償請求（国家責任）の関係が明確にされた。

Dori（Case C-91/92）事件において，法務官 Lenz により，私人間の直接効果（水平的直接効果）を認める意見が出されていたが，欧州司法裁判所は，直接効果の条件，すなわち指令の規定が無条件でかつ十分に明確であるという条件を満たしていても，私人間には指令が直接効果を有さないことをあらためて明確に示した。また，同事件において，水平的直接効果を認めないことの次善策として，指令の適合解釈のツールを提示し，さらにこのツールが機能しない場合には，第三の策として，国家に損害賠償を請求するという手段を示唆した。すなわち，欧州司法裁判所は，EU 法の実効性確保のために，三重のツールを発展させてきたと言うことができる。

---

[169] Ibid., 24.
[170] Ibid., 26.
[171] Ibid., 27.

■第10章■

条約上の実効性確保
：条約違反手続と判決履行違反手続

　第9章において判例法による実効性確保として，直接効果，適合解釈の義務及び国家責任の原則を見てきた。本章においては，条約に定められている実効性確保，すなわち条約違反訴訟と判決履行違反訴訟を取り上げる。EU運営条約においては，欧州委員会による条約違反手続（EU運営条約258条），構成国による条約違反手続（EU運営条約259条），判決履行違反手続（EU運営条約260条）の履行確保制度が定められている。これらの手続においては，欧州委員会がEU法の擁護者として重要な役割を担っている（EU条約17条1項）。このような役割と権限を与えられているのは，EUの利益を追求する欧州委員会のみである。

10.1　条約違反手続

　EU運営条約258条は，**条約違反手続**を定めている。この手続は，EEC条約発効当時は，EEC条約169条に定められており，その後，マーストリヒト条約によりEC条約169条となり，アムステルダム条約によりEC条約226条となったが，リスボン条約による改正でEU運営条約258条となった。この条約違反手続は，もともとから条約上の履行確保手段として定められており，その文言は技術的な修正を除きもとのままである。

　条約違反手続ではEU条約及びEU運営条約に基づく義務を履行しない構成国に対して欧州委員会が手続を開始し，違反状態が解消されない場合に，構成国を相手に欧州司法裁判所に提起するということになっている。条約違反になる場合は，色々なケースが存在するが，主なものとしては構

成国が指令の国内法化・実施を怠るまたは不適切に行うということが挙げられる。その他，既存の国内法または新しく採択された国内法がEU法に合致しない場合，あるいは構成国がとった行動が条約違反である場合等も考えられる。

●条約違反手続の開始前の段階

EU運営条約258条の正式な条約違反手続が開始される前に非公式な段階がある。欧州委員会は，正式の書状（letter of formal notice）を送付する前に違反していると考える構成国に対し働きかけを行うのが通常である。この段階で違反が改善・解消されれば，欧州委員会が正式な手続を開始することはない。

欧州委員会が条約違反手続の開始を自ら決定するが，この開始を自らのイニシアティブで行う他に，構成国，欧州議会，オンブズマン，市民等からの質問や要請を受けて行う場合もある。もっとも条約違反手続を開始するか否かの決定，及びいつ手続を開始するかの決定は，欧州委員会の裁量である。EU運営条約258条は，「委員会は，……欧州司法裁判所に付託できる（may bring the matter before the Court of Justice）」と定められており，「……付託しなければならない（shall bring）」とは定められていない。欧州委員会が条約違反手続を開始しないとしても不作為確認訴訟の対象とはならない。

●条約違反手続

EU運営条約258条の規定は2つの項から構成され，前項は，「委員会は，構成国が両条約に基づく義務を履行しないと考える場合には，その構成国に意見を提出する機会を与えた後に，当該事案につき理由を付した意見を発表する」と定めている。この前項は，2つの段階を定めている。第1段階は，欧州委員会が違反していると考える構成国に**正式の書状**（letter of formal notice）を送付し，これに対して当該構成国が回答する。

第2段階は，**理由を付した意見**（reasoned opinion）の発出となる。欧州委員会は構成国からの回答を受け，違反状態が続いていると考える場合には，当該構成国に対して当該事項についての理由を付した意見を発表する。

この際，欧州委員会は，自らが定める期限内に構成国が必要な措置をとるように要請する。

EU 運営条約 258 条の後項は，「構成国は委員会が定める期間内に理由を付した意見に従わない場合には，委員会はその事案を欧州連合司法裁判所に付託することができる」と定める。欧州委員会は設定した期限まで待ち，それを過ぎても構成国による違反が続いている場合には，欧州司法裁判所に提訴することができる。なお，ここでも提訴するか否かは，またいつ提訴するかは，欧州委員会の裁量である。

欧州委員会が欧州司法裁判所に提訴した場合，原告が欧州委員会，被告が当該構成国である条約違反訴訟が開始される。書面手続，口頭手続を経て，最終的に欧州司法裁判所が判決を下す。欧州委員会の主張が認められる場合，すなわち構成国が EU 条約及び EU 運営条約に基づく義務に違反していると裁判所が認定する場合には，構成国は，裁判所の判決を履行するために必要な措置をとらなければならない（EU 運営条約 260 条 1 項）。もっとも，この時点の判決は確認判決に過ぎず，この判決の実施を構成国に強制できない。

10.2 判決履行違反手続

●判決履行違反手続導入の背景

EU 運営条約 258 条に定められる条約違反手続は，EEC 設立当初から存在した EU 法（当時は EC 法）の履行確保手段である。しかし，その手続を経て最終的に下される欧州司法裁判所の判決が単なる確認判決にとどまるために，構成国が同判決を履行しない場合，EU（当時の EC）としては，違反構成国に対し再度 EU 運営条約 258 条（旧 EEC 条約 169 条）の条約違反手続を用いるしか方法がなかった。

Francovich（Joined Cases C-6/90 and C-9/90）事件では，「雇用者の倒産の場合における被雇用者の保護に関する法の調和についての理事会指令」が 1980 年に採択されたにもかかわらず，イタリアがそれを国内法化・実施しなかったために，イタリアが EC 法に違反する状態が続いていた。そ

こで，欧州委員会は，EEC 条約169条（現 EU 運営条約258条）に定められる条約違反手続に従い，欧州司法裁判所にイタリアを相手に提訴した。欧州司法裁判所は，1989年にイタリアの義務違反を認める判決を下した（Case 22/87）。そういった背景の中で，Francovich 事件において，欧州司法裁判所は，個人が構成国の義務違反により被った損害に対し賠償を求めることができるという国家責任の原則を確立した。

Francovich 事件判決に対しては司法の行きすぎという批判もないわけではないが，同事件においては，条約違反手続に基づく欧州司法裁判所の判決がすでに下されており，EC 法の履行を確保するには条約上に規定のない国家責任という原則を打ち立てざるをえなかった状況が存在した。このような状況，すなわち条約上の履行確保手段では十分に履行を確保できないという状況に鑑み，マーストリヒト条約による EEC 条約の改正により EC 条約171条（現 EU 運営条約260条）に**判決履行違反手続**を定める2項が追加された[172]。

● **判決履行違反手続**

マーストリヒト条約により追加された EC 条約171条2項は，「委員会は，当該構成国が必要な措置をとっていないと判断する場合には，当該国に意見を表明する機会を与えた後に，当該国が司法裁判所の判決に従っていない点を明記し，理由を付した意見を表明する。当該構成国が，委員会の定めた期間内に，裁判所の判決に従うために必要な措置をとらない場合には，委員会は，事件を司法裁判所に提訴することができる。……」と定めた。この手続を整理すると次のようになる。

第1段階は，欧州委員会が判決を遵守していない構成国に正式の書状（letter of formal notice）を送付し，構成国に意見を表明する機会を設ける。第2段階において，当該構成国から回答を受けた上で，まだ判決の履行がなされていないあるいは不十分である場合には，欧州委員会は理由を付した意見（reasoned opinion）を発表する。この際，欧州委員会は期限を設定

---

[172] 中西優美子「EC 法の履行確保手段としての EC 条約228条2項」『国際関係の多元的研究』(東泰介教授退官記念論文集) 2004年 大阪外国語大学 119頁以下参照。

する。第3段階は，期限が過ぎても判決が履行されていない場合は，欧州委員会は，欧州司法裁判所に当該構成国を相手に提訴する。この際，欧州委員会は，適当と考える罰金（一括違約金または強制課徴金）の額を明記する。最後に欧州司法裁判所が判決を下すということになる。すなわち，判決履行違反手続は，条約違反手続と同じで，ただ，最後に罰金がつくということが相違点であった。

　リスボン条約によるEC条約の改正により，判決履行違反手続が改正された。リスボン条約によりEC条約228条2項（旧EC条約171条2項）が改正され，EU運営条約260条2項及び3項となった。EU運営条約260条2項は，「委員会が，当該構成国が司法裁判所の判決を遵守するのに必要な措置をとっていないと判断する場合には，委員会は，その構成国に意見を提出する機会を与えた後に，裁判所にその事案を付託することができる。……」と改正された。ここでの改正点は，第2段階が廃止，つまり欧州委員会は理由を付した意見を発表することなく，裁判所にすぐに提訴できることになった点である。これにより裁判所への提訴までの期間が短縮され，より迅速な履行確保が可能となった（SEC（2010）1371）。

10.3　判決履行違反訴訟における罰金の賦課

　条約違反手続と判決履行違反手続の間のもっとも大きな相違は，単なる確認判決かそれに加え**罰金**を課すことができるか否かにある。EU運営条約260条2項1段2文は，「委員会は，……状況において適当で考える当該構成国により支払われるべき一括違約金または強制課徴金の額を決定する」と定める。また，同条2項2段は，「司法裁判所が，当該構成国が判決を遵守しなかったと認定する場合には，司法裁判所は，その構成国に一括違約金または強制課徴金を課することができる」と規定する。

10.3.1　一括違約金と強制課徴金とは

　EU運営条約260条には，**一括違約金**（lump sum, Pauschalbetrag, somme

forfaitaire) または **強制課徴金** (penalty payment, Zwangsgeld, astreinte) が何を意味するのかについて，定義は存在しない。一括違約金と強制課徴金は，欧州委員会の文書や判例により明確化されてきた。以下において，欧州委員会の文書及び判例の時系列の紹介を通じて，一括違約金または強制課徴金を明確にしていくことにする。

●欧州委員会の文書（強制課徴金について）

1994 年の EC 法適用に関する報告書[173]において，欧州委員会は 1994 年 7 月に EC 条約 171 条 2 項（現 EU 運営条約 260 条 2 項）を活用していくことを構成国に通知し，すべての「正式の書状 (letter of formal notice)」及び「理由を付した意見 (reasoned opinion)」に強制課徴金が課されることを明記すると報告した。欧州委員会は，1996 年に EC 条約 171 条の適用に関するメモランダム[174]と 1997 年に強制課徴金の計算方法に関する文書[175]を公表した。

1996 年のメモランダムでは，欧州委員会は，判決履行違反手続の基本的目的はできるだけ速やかに履行を確保することにあるとし，遅滞に対して日ごとに加算される強制課徴金がその達成にもっとも適切な手段であるとした。また，共同体法（現 EU 法）の効果的実施を確保するという目的に照らして強制課徴金の額が決定されるとした。さらに，額の決定の際には，①違反の重大さ，②違反の期間，③罰それ自体がさらなる違反の抑止となることを確保する必要性（→国家別係数）という 3 つの基準となるとした。

①違反の重大さに関しては，判決不履行自体ですでに重大な違反であるが，さらに 2 つの要素が加味されるとした。1 つ目は，違反された共同体法規の重要性，2 つ目は一般または個別的利益に対する違反の影響である。前者については，規範のヒエラルキーではなく，規定の性質と範囲が問題

---

[173] COM (95) 500；欧州委員会は，欧州議会（1983 年 2 月 9 日の決議）及び構成国（マーストリヒト条約付属議定書 19）からの要請に応えるために，EC 法（現 EU 法）の適用に関する報告書を毎年公表している。この報告書によりどのくらいの履行がなされているかが数値によりわかるようになっている。また，どの構成国がどの措置の履行を怠っているのかも書かれている。

[174] OJ of the EU 1996 C 242/6–8.

[175] OJ of the EU 1997 C 63/2–4.

となり，特に基本権及び4つの基本的自由（人，物，サービス，資本の自由移動）の違反が重大性の高いものとして挙げられた。後者の例では，一般的利益に関するものとして，共同体法の違反行為から生じる大気汚染の結果としての独自財源の損失及び共同体の機能の侵害，他方，個別的利益に関するものとして，個人または経済活動者が被る損害，及び資格の相互承認不履行などが例示されている。

1997年の計算方法に関する文書においては，比例性の原則及び平等取扱い原則に合致し，明確で一貫した方法がとられなければならないとの欧州委員会の基本的認識が示された。また，強制課徴金は判決が下された日に開始され，判決が履行された日に終了すること，またEUの独自の財源となることが明確にされた。計算方法として，①統一的な基本額（インフレ率により変動する），②重大さの係数（1〜20），③違反期間の係数（1〜3），④国家別係数（1〜26.4）を掛け合わせたものであると提示された。国別係数は，国内総生産（GDP）に基づく支払い可能性と欧州議会における議席数を考慮して決定される。経済状況に鑑み随時変更される。なお，現在，最も係数の高いのは，ドイツで5000，最も低いのはマルタで0.08となっている。欧州委員会は，強制課徴金の額が比例性を有し，かつ同時に抑止効果を有すべきだとした。

さらに1996年のEC法適用に報告書[176]において，法的安定性及び不遡及の原則に基づいて，マーストリヒト条約発効，すなわち1993年11月1日以降の不履行期間にのみに関して罰金が課せられることが明らかにされた。また，2001年のEC法の適用に関する報告書において，違反期間の計算方法について，条約違反手続に基づく判決が下されてから7番目の月から1カ月につき，0.1ポイント加算することが明確にされた[177]。

●欧州委員会対ギリシャ（Case C-387/97）事件

欧州委員会は，上述したように1994年7月に構成国にEC条約171条（現EU運営条約260条）2項の判決履行違反手続を用いることを通知した後

---

[176] COM (97) 299.
[177] COM (2002) 324, 14.

に，欧州委員会は，EC条約171条（現EU運営条約260条）2項に基づく判決履行違反手続をギリシャに対して開始した。これが，欧州委員会とギリシャ（Case C-387/97）事件[178]で，EC条約171条2項に基づき判決が下された最初のケースである。

　事実概要を簡単に説明すると次のようになる。欧州委員会は，「廃棄物に関する理事会指令75/442」及び「有害危険廃棄物に関する指令78/319」の下での義務を怠っているとして，EC条約169条（現EU運営条約258条）に定められる条約違反手続に基づき1991年に欧州司法裁判所にギリシャを相手に提訴した。裁判所は，1992年4月7日にギリシャの義務違反を認定する判決を下した（Case C-45/91）。判決後もギリシャの違反が続いていた。その後，マーストリヒト条約が1993年11月1日に発効し，欧州委員会はEC条約171条2項（現EU運営条約260条2項）に定められる判決履行違反手続を用いることができるようになった。そこで欧州委員会は，1995年9月21日に同条に基づく判決履行違反手続を正式に開始した。同日付で正式な書状（letter of formal notice）をギリシャに送付し，ギリシャに意見表明の機会を与えた。ギリシャはその書状に回答はしたものの，判決の履行違反が続いていたため，欧州委員会は2カ月の履行期間を設定した理由を付した意見（reasoned opinion）を発表した。期限が過ぎた後も，ギリシャの違反が続いていたため，1997年11月14日に欧州委員会がギリシャを相手に欧州司法裁判所に訴えを起こしたのが，本件である。

　欧州委員会は，判決履行遅滞1日につき2万4,600ユーロの強制課徴金を課すことを欧州司法裁判所に提案した。2万4,600ユーロの計算方法は，基本額（500ユーロ）×重大性の係数8×違反機関の係数2×国家別係数4.1＝3万2,800ユーロから25％を割り引いたものとなっている。なお，なぜ25％を割り引いたのかについては，欧州委員会は説明をしていない。これに対して欧州司法裁判所は，ギリシャの判決履行違反が続いていることを認定した上で，計算方法を示すことなく，1日つき2万ユーロの強制課徴金を課すという判決を下した。

---

[178] Case C-387/97 Commission v. Greece [2000] ECR I-5047；中西優美子「EC法の履行確保手段としてのEC条約228条2項」『国際関係の多元的研究』（東泰介教授退官記念論文集）2004年　大阪外国語大学　128-135頁。

●欧州委員会対スペイン（Case C-278/01）事件

　欧州司法裁判所が状況に照らし強制課徴金額を設定した欧州委員会対スペイン（Case C-278/01）事件[179]を見ていくことにする。まず，事実概要は，次の通りである。1975年12月8日に「海水浴場等の水質に関する理事会指令76/160」が採択された。欧州委員会は，EEC条約169条（現EU運営条約258条）の条約違反手続に従い1989年にスペインに正式な書状を送り，スペインに意見表明の機会を与えた。その後，欧州委員会は，1カ月の履行期限を設定した理由を付した意見を発出した。スペインの違反が続いていたため，欧州委員会は欧州司法裁判所に提訴した（Case C-92/96）。欧州司法裁判所は，スペインが同指令に違反しているとの確認判決を下した。この確認判決後も違反が続いていた。そこで，欧州委員会は，2000年にEC条約228条（現EU運営条約260条）2項に定められる判決履行違反手続を開始した。正式な書状の送付，2カ月の履行期限を設定した理由を付した意見の発出を経て，欧州委員会は，2001年に欧州司法裁判所に強制課徴金の支払をスペインに命じる判決を求めて提訴した。

　提訴の際に，欧州委員会は1日につき基本額（500ユーロ）×重大さの係数4×違反の係数1.5×国家別係数11.4＝3万4,200ユーロの強制課徴金を課すように求めた。これに対して，欧州司法裁判所は，スペインが判決を履行していないことを確認した上で，次のように判示した。

　スペインは，本判決の言い渡し後の最初の水浴シーズンにおける海水浴場等の水質検査結果が確定された時点から，義務が完全に履行される年まで，当該指令により定められた基準が満たされていないと判断される限り，スペインの水浴領域における当該指令の義務が履行されていない水浴領域1％ごとに，毎年62万4,150ユーロの強制課徴金を支払わなければならないと。

　欧州司法裁判所は，この金額を基本額（500ユーロ）×重大さの係数4×期間の係数1.5×国家別係数11.4×365（日，1年間）÷20の計算方法でだした。つまり，欧州委員会の計算方法でだされた1日あたりの強制課徴金

---

[179] Case C-278/01 Commission v. Spain [2003] ECR I-14141；中西優美子「EC法の履行確保と強制金」『国際商事法務』Vol.32 No.3 2004年 364-369頁。

3万4,200ユーロに，1年365日を掛け合わせた1,248万3,000ユーロをだし，そこに義務不履行の水浴領域が20％残っているということで，それを20で割った金額である（不履行水浴領域1％ごとに課される）62万4,150ユーロとした。すなわち裁判所は，第1に1日ごとに累積していく強制課徴金に代わり，水質検査が1年に1回であるということを踏まえ，1年ごとに加算される強制課徴金を課し，第2に，固定額ではなく，履行状況に応じた変額の強制課徴金を課すという判断を行った。その際，裁判所は，欧州委員会の提示した見解は裁判所を拘束するものではなく，もっぱら判断の出発点または有益な考慮対象であるとした。

　この欧州委員会対スペイン（Case C-278/01）事件により，欧州司法裁判所が基本的な計算方法については，欧州委員会の計算方法を参考にするものの，欧州委員会により求められた強制課徴金をそのまま受け入れるのではなく，状況に応じて柔軟に強制課徴金の賦課方法を決定することが明らかになった。

●欧州委員会対フランス（Case C-304/02）事件

　これまで紹介した欧州委員会の文書並びに欧州委員会対ギリシャ（Case C-387/97）事件及び欧州委員会対スペイン（Case C-278/01）事件において，判決履行違反手続の罰金として，欧州委員会は強制課徴金のみに言及し，一括違約金については触れてこなかった。これには理由がある。EC条約171条2項（その後EC条約228条2項，現在EU運営条約260条2項）が，「委員会は，……適当と考えるその構成国により支払われるべき<u>一括違約金または強制課徴金の額を決定する</u>（It shall specify of the lump sum <u>or</u> penalty payment to be paid by the Member State concerned which it considers appropriate in the circumstances.）」（下線部筆者）と定めており，文言通り解釈すれば一括違約金または（or）強制課徴金のどちらかを課すことを選択するとなる。

　強制課徴金は，判決履行がなされるまで罰金が加算されていくのに対して，一括違約金は1回支払えばよい罰金であるため，履行確保を優先とする欧州委員会は，言わずもがな強制課徴金のほうを選択してきたと考えられる。また，EC条約171条2項（その後EC条約228条2項，現在EU運営

条約260条2項）は，「司法裁判所が，当該構成国が判決を遵守しなかったと認定する場合には，司法裁判所はその構成国に一括違約金または強制課徴金を課すことができる（If the Court finds that the Member State concerned has not complied with its judgment it may impose a lump sum or penalty payment on it.）」と定めており，同様に一括違約金または（or）強制課徴金のどちらかを課すことができると解釈できた。

これから紹介する欧州委員会対フランス（Case C-304/02）事件[180]では，強制課徴金及び一括違約金の賦課が問題となった。簡単に事実概要を説明し，争点をまとめることにする。欧州委員会は，漁業活動の規制措置に関する理事会規則2057/82の1条の義務及び理事会規則2241/87の1条の義務を履行することを怠ったとして，EC条約226条（現EU運営条約258条）の条約違反手続に従い，フランスを相手に司法裁判所に提訴した。欧州司法裁判所は，フランスの義務不履行を認める判決を1991年6月11日に下した（Case C-64/88）（以下第1判決）。同判決後もフランスの判決不遵守が続いているとして，EC条約228条2項（現EU運営条約260条2項）に従い欧州委員会は2002年8月27日に司法裁判所に提訴した。その際，判決履行遅滞1日につき31万6,500ユーロの強制課徴金の支払をフランスに命じるように裁判所に求めた。これが，本件（Case C-304/02）である。

本件において書面手続及び口頭手続を経て，本件の担当である法務官Geelhoedが法務官意見を2004年4月29日に提出した（以下法務官第1意見）。法務官第1意見において，法務官は，判決が履行されるまで6カ月ごとの強制課徴金5,776万1,250ユーロ（31万6,500×182.5（半年分））と並んで判決の履行・不履行にかかわらず，一括違約金1億1,552万2,500ユーロ（31万6,500×365（1年分））をフランスに支払わせることを提案した。これに対して欧州司法裁判所は，法務官意見には欧州委員会及びフランスの間で議論されていないEC条約228条の解釈に関わる法的問題が含まれているとして，口頭手続を再開した。

本件における争点は，大きく分けて2つある。第1にEC条約228条

---

[180] Case C-304/02 Commission v. France［2005］ECR I -6263；中西優美子「欧州司法裁判所による義務違反国への強制金並びに一括金の賦課」『貿易と関税』Vol.54 No.6 2006年75-70頁。

（現 EU 運営条約 260 条）2 項の文言によると欧州司法裁判所が一括違約金または（or）強制課徴金を課すことができると定めているが，欧州司法裁判所は一括違約金及び（and）強制課徴金の両方を課すことができるか否かという点である。第 2 に，欧州委員会が強制課徴金の支払を求めている場合に，欧州司法裁判所が一括違約金の支払を命じることができるか否かという，裁判所の裁量の問題である。

裁判所は，まずフランスが第 1 判決を履行するのに必要な措置を実施していないことを認定した。その上で，裁判所は，以下のように一括違約金及び強制課徴金の両方を賦課できるか否かという問題に関し判決を下した。

EC 条約 228 条（現 EU 運営条約 260 条）2 項に定める手続は義務違反と下された判決を遵守するように構成国に促し，それによって共同体法が適用されるよう確保する目的を有する。同規定によって与えられる措置，すなわち一括違約金及び強制課徴金はこの目的を追求することを意図している（80 段）。強制課徴金は，継続しがちな義務違反をできる限り早く終了させるよう構成国に促すことに特に適している措置であると考えられるのに対して，他方一括違約金は最初に下された判決から違反が長期間続いた場合に構成国の怠慢による公的及び私的利益への影響に鑑みて課される（81段）。よって，EC 条約 228 条（EU 運営条約 260 条）2 項に定められる 2 種類の罰則への依拠は，特に義務違反が長期間継続しており，かつそれが判決後も続行しそうである場合は，排除されない（82 段）。

次に，欧州委員会が強制課徴金の賦課を求めている場合に，裁判所が一括違約金を課すことができるかという点についても裁判所の裁量を認め，肯定した。

最後に，強制課徴金と一括違約金の額の基準については，次のように判示した。欧州委員会の提案には拘束力がなく，単なる役に立つ参照に過ぎない（103 段）。強制課徴金が強制力を有し，共同体法が統一的かつ効果的に適用されることを確保するために考慮されなければならない基準は，原則として違反の期間，重大さの程度，構成国の支払能力である（104 段）。一括違約金については，第 1 判決以後義務違反が長期間続いているという事実と問題となっている公的及び私的利益に鑑み一括違約金を命じることが不可欠である（115 段）。

結果，判決後6カ月ごとに5,776万1,250ユーロの強制課徴金と2,000万ユーロの一括違約金の支払をフランスに命じる。

欧州司法裁判所は，この欧州委員会対フランス（Case C-304/02）事件においてEC条約228条（現EU運営条約260条）2項の文言「一括違約金または（or）強制課徴金を課すことができる」が必ずしも二者択一的に解釈されるのではなく，場合によっては累積的にも解されることを示した。

●欧州委員会の文書（一括違約金）

これまで欧州委員会は，EC条約228条（現EU運営条約260条）2項の文言が一括違約金または（or）強制課徴金と二者選択的に定められていたため，判決の履行確保が期待できる，強制課徴金を選択してきた。2005年の欧州委員会対フランス（Case C-304/02）事件において強制課徴金と並んで一括違約金も同時に課すことができるとの欧州司法裁判所の判決を受け，欧州委員会は2005年12月13日づけでEC条約228条（現EU運営条約260条）の適用に関する文書を発表した[181]。それによると次のようなことが示された。

一括違約金の最低額が国ごとに固定される。最低額の一括違約金を超える場合，違反が続いている日ごとに一括違約金の額が増加する。その計算方法は，基本額（強制課徴金の基本額の3分の1，額は経済状況により変動する）×重大性の係数×日数（第1判決から同判決履行の日までまたは第2判決の日まで）×国別係数とする。第1判決とは，EU運営条約258条に定められる条約違反手続に基づく判決のことであり，第2判決とは，EU運営条約260条に定められる判決履行違反手続に基づく判決のことである。なお，現在（2022年8月）は，強制課徴金の基本額は2,726ユーロ，一括違約金909ユーロに設定されている（OJ 2022 C 74/2）。

●欧州委員会対フランス（Case C-121/07）事件

欧州委員会が2005年に一括違約金に関する文書を公表した後，欧州委員会が欧州司法裁判所に提訴した事件が欧州委員会対フランス（Case C-121/07）事件[182]である。まず，この事件の概要を説明する。

---

[181] SEC (2005) 1658.

「遺伝子組換え体（GMO）の意図的環境放出に関する理事会指令 2001/18」が 2001 年 3 月 12 日に採択され，同年 4 月 17 日に発効した。国内法化・実施の期限は，2002 年 10 月 17 日であったが，フランスは期限までに同指令の義務を履行することを怠った。そこで欧州委員会は，EC 条約 226 条（現 EU 運営条約 258 条）に定める条約違反手続に基づき欧州司法裁判所に提訴した。裁判所は，2004 年 7 月 15 日にフランスの義務不履行を認める判決を下した（Case C-419/03 事件）。

同判決後もフランスが義務履行を怠っているとして，欧州委員会は 2005 年 7 月 13 日に EC 条約 228 条（現 EU 運営条約 260 条）2 項に基づく判決履行違反手続を開始した。欧州委員会は，2005 年 12 月 9 日にフランスが判決を履行していない旨の理由を付した意見を発付し，その際履行期限は同通知から 2 カ月に設定した。フランスは，2006 年 2 月に GMO に関する法律を起草し，その旨を欧州委員会に通知した。しかし同 2006 年法律案は，上院で可決されたものの，2007 年 2 月 21 日の段階では，審議が国民議会で停止していた。

そこで，2007 年 2 月 28 日に C-419/03 事件判決が履行されていないとして，フランスを相手に欧州司法裁判所に提訴した。これが本件である。その際，欧州委員会は，判決履行違反の確認と，C-419/03 事件判決の履行遅滞に対して判決が履行されるまで 1 日につき 36 万 6,744 ユーロの強制課徴金及び 4 万 3,660 ユーロに C-419/03 事件判決日から判決が履行されるまであるいは本判決が下されるまでの合計日数を掛け合わせた額の一括違約金を課すように命じる判決を求めた。

欧州司法裁判所に事件が係属していた 2008 年 6 月 27 日に，フランスは指令を履行するための法律 No.2008-595 を制定したことを欧州司法裁判所と欧州委員会に通知した。欧州委員会は，2008 年 7 月 30 日づけの書状において同法律文書を検討した結果，当該指令が完全に履行され，したがって C-419/03 の事件判決の全部の点において履行がなされたという見解を示した。

---

[182] Case C-121/07 Commission v. France ［2008］ECR I -9159；中西優美子「EU における判決履行違反手続制度の完結」『国際商事法務』Vol.37 No.8 2009 年 1112-1116 頁。

欧州司法裁判所は，これに対し以下のような判示を行った。強制課徴金については，その賦課は，判決履行が続行している限りにおいてのみ正当化される。よって，本件においては，強制課徴金の賦課は不必要であるとした。一括違約金については，次のように判示した。2005年の欧州委員会の文書に示されている指針は，委員会が透明性，予見可能性及び法的安定性に合致した方法で行動することを確保するには有用であるかもしれないが，裁判所を拘束しえない。一括違約金を課すか否かの決定は，個々の事件において，違反の特質及びEC条約228条（現EU運営条約260条）に従い開始された手続過程における構成国の個々の行為に付随するすべての関連要因による。一括違約金につき，考慮すべき関連要因は，特に義務不履行確認判決（第1判決）が下されてから義務の違反がどれほど長く続いてきたかという点並びに関係する公的及び私的利益である。本件で問題となっているGMOの放出は環境を害し，また物の自由移動が妨げられる可能性もあるため，重大な違反となりうるため，一括違約金1,000万ユーロの支払を命じると。

この欧州委員会対フランス（Case C-121/07）事件により第1判決の履行がなされたとしても第1判決からの違反期間並びに私的及び公的利益を考慮して一括違約金が課されることが明確になった。よって，構成国は，EU運営条約258条に定められる条約違反手続に基づく第1判決後すぐに履行確保の措置をとらなければならないという圧力がかけられたことになる。最近の事例としては，Case C-241/11 Commission v. Czech [2013]が挙げられる。

10.3.2 ドイツにおける対応例

ここでは，一括課徴金が課せられるということに鑑みドイツがどのような対応をとったかを紹介しておくことにする。ドイツはこれまで罰金を課せられたことはないが，EU運営条約260条2項の手続が開始されたことはある。ドイツは，EUの構成国の中ではもっとも経済力があるため，罰金を課せられる際の国別係数ももっとも高く設定されている。

ドイツは連邦国家であるため，EU法によってはそれを実施するのが連邦レベルであったり州レベルであったりする。また，連邦国家であるゆえ

に指令の国内法化・実施に時間がかかることが多い。そこでドイツでは，2006年に連邦制改革がなされた。この文脈でドイツにおける意思決定の迅速化，特に「ヨーロッパ仕様（Europatauglichkeit）」の連邦制あるいは「ヨーロッパ適合能力（Europafähigkeit）」を有する連邦制にするということが目的の一つとして議論された[183]。

連邦制改革では，これまでドイツ基本法75条に定められていた大綱的立法，つまり連邦が枠組を決め，その後州が詳細を定めるというもの，が廃止された。大綱的立法は，制度上連邦と州の双方の立法が必要とされ，時間がかかることが必然となっていた。また，指令の国内法化・実施を長期化させていた要因が，連邦参議院の同意の必要性であった。連邦が州の官庁の組織及び行政手続を連邦法律において定める場合，連邦参議院の同意が必要であったが，基本法84条1項の改正により同意が不要になった。

10.3.3　指令の国内法化・実施措置の通知懈怠の場合

上述したように，リスボン条約による改正でEU運営条約260条に定める判決履行違反手続において欧州委員会は構成国に対し意見表明の機会を与えた後，理由を付した意見を発出することなく，そのまま欧州司法裁判所に提訴できることになった。

さらに，リスボン条約による改正で履行の迅速化が図られている。すなわち，EU運営条約260条に3項が追加された。同3項によると，構成国が立法手続に基づき採択された指令を国内法化・実施する措置を欧州委員会に通知する義務に違反した場合，欧州委員会は，EU運営条約258条に基づく条約違反手続の段階で欧州司法裁判所に罰金（一括違約金・強制課徴金）を課すように求めることができるようになった。なお，一括違約金の賦課は，指令の国内法化・実施期限日が基準日となる。

条約違反手続及び判決履行違反手続において主要な違反は指令の国内法化・実施の問題であるが，この改正により，早い段階で，構成国に指令の履行を促進することが可能になったと捉えられる。

---

[183] 中西優美子「ドイツ連邦制改革とEU法――環境分野の権限に関するドイツ基本法改正を中心に」『専修法学論集』100号 2007年 173-177，196-198頁。

10.3.4 判決の履行と罰金賦課の執行可能性

上述した欧州委員会対ギリシャ（Case C-387/97）事件判決は 2000 年 7 月 4 日に下されたが，その後，ギリシャは問題となっていたチュニア地域における個体の廃棄物及び有害廃棄物の管理のための地域計画を採択し，また違法なクルピトスごみ捨て場を閉鎖するとともに常設リサイクル及び処理施設の操業までの間のメソモウリにおける一時的なごみ処理と保管設備の始動を欧州委員会に通知した。これを受け，欧州委員会は，専門家を派遣し，ギリシャによって通知された措置が実際に実施されていることを確認して，強制課徴金の加算を終了することを決定した。ギリシャは，2000 年 7 月 4 日から 2001 年 3 月末までの約 9 カ月分の強制課徴金として，総計 540 万ユーロを支払った。このケースにより，判決の履行がなされたか否かを認定するのは，欧州委員会の任務であることが明らかになった。

欧州委員会対ギリシャ事件判決は，ギリシャが判決を履行し，かつ罰金である強制課徴金を支払ったので，執行可能性（Vollstreckbarkeit）は問題とならなかった。ただ，判決の執行可能性は，理論的な問題としては存在する。EU 条約及び EU 運営条約には，これに解答する条文はない。また，執行可能であるとしても，強制執行（Zwangsvollstreckung）が可能か否かという問題も残っている。

10.4 構成国による条約違反手続

これまで見てきた EU 運営条約 258 条に定められる条約違反手続及び EU 運営条約 260 条に定められる判決履行違反手続は，欧州委員会が中心に動き，欧州司法裁判所が最後に判決を下すという形であった。これらとは別に，EU 運営条約には，構成国による条約違反手続も定められている。EU 運営条約 259 条は，構成国は，他の構成国が EU 条約及び EU 運営条約に基づく義務を履行していないと考える場合には，欧州司法裁判所に提訴することができると定めている。しかし，この条約違反訴訟は，ほとん

ど用いられてきていない[184]。構成国は，自ら他の構成国を訴えるのではなく，欧州委員会に働きかけを行い，欧州委員会がEU運営条約258条に定められる条約違反手続を開始することを望む傾向がある。しかし，欧州委員会が同手続を開始するか否かは欧州委員会の裁量のため，必ずしも手続が開始されるわけではない。

〈欧州委員会対アイルランド事件〉　EU運営条約259条（旧EC条約227条）の存在意義がクローズ・アップされたのが，欧州委員会対アイルランド（Case C-459/03）事件[185]である。まず事実概要を紹介する。イギリス核燃料会社（以下BNFL）は，アイリッシュ海の沿岸に位置するセラフィールドでMOX工場を含む核燃料再処理施設を操業する会社である。MOX工場は，使用済核燃料から二酸化プルトニウムと劣化した二酸化ウランを混合し，それをMOXとして知られる新しい燃料に転化させることによって，プルトニウムをリサイクルすることを目的としている。イギリス当局は，1993年に公表されたBNFLの企業環境報告書を受け，MOX工場の建設を許可した。

同工場の操業からの放射性物質による汚染を恐れたアイルランドは，1994年から2001年6月のまでの間イギリス当局にMOX工場に関する見解を伝達し，1993年のBNFL企業環境報告書の内容にも疑問を呈していた。イギリスがアイルランドの要求を受け入れないため，2001年6月15日，アイルランドは，北東大西洋海洋保護条約32条に従って仲裁裁判所の設立を求めた。また，2001年10月25日，アイルランドは，国連海洋法条約の規定違反についての国連海洋法条約附属書Ⅶの下で設定される仲裁裁判所における訴訟の開始をイギリスに通知した。さらに，2001年11月9日，国連海洋法条約290条5項に従い，国際海洋法裁判所に暫定措置を要請した。

このようなアイルランドの行動を受け，欧州委員会は，同行動は，EC

---

[184] 用いられた事件として，Case 141/67 France v. UK［1979］ECR 2923；Case C-388/95 Belgium v. Spain［2000］ECR I -3123；Case C-145/04 Spain v. UK［2006］ECR I -7917.
[185] Case C-459/03 Commission v. Ireland［2006］ECR I -4635；中西優美子「MOX工場事件に対する欧州司法裁判所の排他的裁判管轄権」『専修ロージャーナル』No.2 2007年 171-185頁.

条約 10 条（現 EU 4 条 3 項）及び 292 条（現 EU 運営条約 344 条）並びに Euratom 条約 192 条及び 193 条の下での義務に違反したとして，EC 条約 226 条（現 EU 運営条約 258 条）に基づく条約違反手続を開始した。その後，欧州委員会がアイルランドを相手に欧州司法裁判所に提訴したのが，本件である。

　欧州司法裁判所は，MOX 工場に関する紛争において問題となっている国連海洋条約の規定は共同体法秩序の一部を形成していることから，この紛争は，EC 条約 292 条（現 EU 運営条約 344 条）の意味における EC 条約によって設定された紛争解決方法の一つ，すなわち EC 条約 227 条（現 EU 運営条約 259 条）の手続に包含されることは明確であるとした。それゆえ，アイルランドが紛争につき EU の枠外における紛争解決手段に訴えたことは，EC 条約 292 条（現 EU 運営条約 344 条）及び構成国の誠実義務を定める EC 条約 10 条（現 EU 条約 4 条 3 項）に違反するとした。すなわち，EC 条約 227 条（現 EU 運営条約 259 条）に定められる条約違反手続を用いず，EU 枠外での国際紛争解決手段に訴えたことが条約違反であるとした。

■第 11 章■

EU 立法による実効性確保

　第 9 章で判例法による実効性確保では判例法により確立された原則，直接効果，間接効果（適合解釈）及び国家責任を見てきたが，そこでは構成国が主に期限内に指令を適切に国内法化していないことの不都合を緩和するためにそのような判例法が確立したことを示した。また，第 10 章では，条約違反手続及び判決履行違反手続を取り扱ったが，主に期限内に指令を適切に国内法化していない構成国に対して欧州委員会が欧州司法裁判所に訴えを提起し，場合により罰金を課すという履行確保制度であることを示した。いずれも主に構成国の EU 法上の義務が問題となっていた。

　第 9 章や第 10 章の判例法や条約上の履行確保制度は EU 立法の実効性確保に寄与してきたが，それだけでは EU 法の究極的な実効性確保がなされない。規則は直接適用され，また指令は構成国により国内法化されたとしても，それだけでは EU 立法の実効性は確保されない。単に EU 規則が構成国において効力をもつ，あるいは単に EU 指令が国内法化されただけでは，EU 規則あるいは EU 指令に定められている目的は達成されていない。つまり法律（EU 立法）が存在するだけでは不十分で，その法律の内容が実現されて初めて EU 立法の実効性が確保されたことになる。

　そこで，さらなる EU 立法の目的の達成，実効性確保をするための手段として，別の次元，すなわち自然人あるいは法人がネックとなる。そのさらなる実効性確保手段は，すでに存在する EU 立法の実効性を確保するために，別の新たな EU 立法を通じて自然人あるいは法人に責任（liability）を負わせ，あるいは刑罰を科すことである。欧州委員会は，第 6 次環境行動計画において，既存の EU 立法の構成国における実施が改善されるべきであると強調し，その解決案として，環境損害を引き起こした者に責任を

負わせるように要請するものと，他方，EU 環境規定の違反に対して刑罰を科すように構成国に要請するもの EU 立法を提案した。そこで，本章では，環境損害責任（11.1）と刑罰立法（11.2）を取り扱い，EU 立法によるさらなる実効性確保を説明することにする。

11.1 環境損害責任

●環境損害責任指令

　既存の EU 立法の実効性確保を EU 立法により確保するという事例を紹介することにする[186]。EU では，環境分野においてこれまで数多くの EU 立法が採択されてきたものの，その実施（その規定内容の実現）が不十分であるという認識が存在した。特に環境分野で履行が問題となるのは，環境分野においては法律制定では不十分で，実際に環境が保護されて初めて目的が達成されたことになる。

　そのような問題認識の中で，欧州委員会は，環境損害責任に関して1993 年にグリーンペーパー（緑書）を公表し，幅広くステークホルダーの意見を集めた。その後，同グリーンペーパーに対して，構成国，経済界，環境団体及びその他の利害関係者から意見がだされ，それを受けて環境責任に関するホワイトペーパー（白書）を欧州委員会は公表した。このホワイトペーパーでは，欧州委員会は既存の EU 環境立法の実効性確保のためには，Natura 2000 で定められる自然資源の保護が必要であることを指摘した。Natura 2000 とは，自然生息地の保全に関する指令 92/43/EC により設定された，価値ある生息地及び危険にさらされた生物種の保護を確保するための EU 規模のネットワークである。欧州委員会は，2002 年に環境損害責任指令を提案し，2004 年に環境損害の未然防止及び修復についての環境責任に関する指令（**環境損害責任指令**）が欧州議会と理事会により採択された。

---

[186] 中西優美子「EU 環境法の実効性確保手段としての EU 環境損害責任指令」永野秀雄・岡松暁子編『環境と法』2010 年 三和書籍 91-120 頁参照。

●適 用 範 囲

　環境損害責任指令が既存の EU 環境立法の実効性確保を目的としていることを示すために，少し長文になるが，環境損害責任指令の適用範囲を以下に示すことにしたい。環境損害責任指令の適用範囲は，大きく分けて 2 つある。1 つ目のカテゴリーは，同指令の附属書Ⅲに列挙される業務上の活動の実施により生じる環境損害，及び，このような活動を原因とするかかる損害の生ずる急迫のおそれに適用される。このカテゴリーは，事業者の過失の有無にかかわらず，その責任が追及されることになる（厳格責任（strict liability），無過失責任）。このカテゴリーに列挙されている事業者は，危険なあるいは潜在的に危険な活動に従事している。

　2 つ目のカテゴリーは，事業者に過失があった場合における，附属書Ⅲに列挙されていない業務上の活動により引き起こされる，保護された生物種及び自然生息地への損害，並びに，このような活動を原因とするかかる損害の生ずる急迫のおそれに適用される。つまり，危険性がない事業に従事していたとしても環境損害が生物多様性に関わる場合に本指令が適用されることになる。このカテゴリーは，事業者に過失があった場合にのみその責任が追及されることになる（過失責任（fault liability））。

　附属書Ⅲには，既存の EU 環境立法である，EU 規則 1 つと複数の EU 指令が言及されている。附属書Ⅲは，危険性のある活動に関わるものであるが，具体的には，以下のように 12 項目に分けて列挙されている。

① 合汚染防止及び管理に関する指令 96/61/EC に従い許可の対象となる施設の操業。
② 廃棄物に関する指令 75/442/EEC 及び危険廃棄物に関する指令 91/689/EEC に従った，廃棄物及び危険廃棄物の収集，輸送，リカヴァリー及び処分を含む，廃棄物管理業務（これらの業務には，廃棄物の埋立に関する指令 1999/31/EC の下での埋立地の操業及び廃棄物の焼却に関する指令 2000/76/EC の下での焼却施設の操業が含まれる）。
③ 共同体の水環境に排出される危険物質により引き起こされる汚染に関する指令 76/464/EEC に従い事前認可を必要とする，内陸地表水へのすべての排出。
④ 危険物質により引き起こされる汚染に対する地下水の保護に関する指

令 80/68/EEC に従い事前認可を必要とする地下水への物質のすべての排出。
⑤ 水政策の分野における共同体行動に対する枠組を設定する指令 2000/60/EC に従った許可，認可，または，登録を必要とする表水または地下水への汚染の排出または投入。
⑥ 同指令 2000/60/EC に従った事前認可の対象となった水の抽出及び貯水。
⑦ 以下のものの製造，使用，貯蔵，加工，重点，環境中への放出及び用地での輸送。
　(a) 危険物質の分類，包装及び表示に関する構成国の法律，規則及び行政規定の接近に関する指令 67/548/EEC の 2 条 2 項に定められる危険物質。
　(b) 危険製剤の分類，包装及び表示に関する構成国の法律，規則及び行政規定の接近に関する指令 1999/45/EC の 2 条 2 項に定められる危険製剤。
　(c) 植物保護製品の市場での販売に関する指令 91/414/EEC の 2 条 1 項に定められる植物保護製品。
　(d) 殺生物製品の市場での販売に関する指令 98/8/EC の 2 条 1 項(a)に定められる殺生物製品。
⑧ 危険製品の道路輸送に関する構成国の法律の接近に関する指令 94/55/EC の附属書 A，危険製品の鉄道輸送に関する構成国の法律の接近に関する指令 96/49/EC，または，危険または汚染製品を積載し，共同体の港を目的地あるいは出航地とする船舶に対する最小限の必要条件に関する指令 93/75/EEC に定められる，危険製品または汚染製品の道路，鉄道，内陸水路，海路または空路による輸送。
⑨ 前述した指令 93/75/EEC の対象となる汚染物質の放出に関して産業施設からの大気汚染の対処に関する指令 84/360/EEC に従った認可の対象となる施設の操業。
⑩ 遺伝子改変微生物の封じ込め利用に関する指令 90/219/EEC により定められる遺伝子改変微生物に関わる，運輸を含む，あらゆる封じ込め利用。

⑪ 遺伝子組換え体（GMO）の意図的環境放出及び指令90/220/EECの削除に関する2001/18/ECにより定められる遺伝子組換え体の環境への故意の放出，運輸及び市場での販売。

⑫ EC（現EU）の域内，EC（EU）域内への及びEC（EU）域外への廃棄物の輸送の監督及び管理に関する規則259/93の意味において認可を必要とするまたは禁止されている，EUの域内，EU域内への及びEU域外への廃棄物の越境輸送。

環境損害責任指令は，単に廃棄物であるとか，危険物質であるとか，あるいは，水であるとかといった一般的な対象が適用範囲になっているのではなく，このように既存のEU環境立法に関連して，その適用範囲が設定されていることが注目される。この意味で，ホワイトペーパーで示されたように，同指令が既存のEU環境立法の実効性確保と密接につながっていると捉えられる。

また，2つ目のカテゴリーは，附属書Ⅲに列挙されていない事業活動によって引き起こされた保護された生物種及び自然生息地への損害である。この適用範囲にある生物種及び自然生息地も一般的ものではなく，環境損害責任指令は，次のように限定している。

具体的には，保護された生物種及び自然生息地は，

(a) 野鳥の保全に関する指令79/409/EECの4条2項に定められる，もしくは，同指令の附属書Ⅰに列挙される，または，自然生息地及び野生動植物の保全に関する指令92/43/EECの附属書Ⅱもしくは附属書Ⅳに列挙される，生物種。

(b) 野鳥の保全に関する指令79/409/EECの4条2項に定められる，もしくは，同指令附属書Ⅰに列挙される，または，自然生息地及び野生動植物の保全に関する指令92/43/EECの附属書Ⅱに列挙される生物種の生息地，指令92/43/EECの附属書Ⅰに列挙される自然生息地，並びに，指令92/43/EECの附属書Ⅳに列挙される生物種の繁殖地または休息地。

(c) 構成国が決定する場合の，これらの2つの指令の附属書に列挙されていないものの，これら2つの指令に定められているものと同等の目的に対して構成国が指定した生息地または生物種である。

と定めている（指令2条3項）。

よって，2つ目のカテゴリーの適用範囲も，既存の指令，ここでは，野鳥の保全に関する指令と自然生息地及び野生動植物の保全に関する指令に密接に関連していることが理解され，あくまでも EU 環境立法の実効性確保に寄与するものであると捉えられる。

環境損害責任指令3条1項は，このように適用範囲を既存の EU 環境立法に関連づけることによって限定している。また，既存の EU 環境立法に関わる事業者は，環境損害責任指令により以下のような責任を負う。環境損害責任指令により，同指令の附属書Ⅲに列挙される活動に従事している事業者及び附属書Ⅲに列挙されている活動以外に従事しているが過失により生物多様性に対し損害を生じさせた事業者は，次のような2つの義務を負う。

1次的義務は，環境損害を未然防止し（prevent），報告し（notify）及び対処する（manage）ことである。環境損害が生じた場合，事業者は，権限ある機関に遅滞なく報告し，さらなる環境損害及び人の健康に対する悪影響，または，さらなる機能の悪化を制限しまたは防止するため，関連する汚染物質及び/または損害のその他の要因を直ちに制御し，封じ込め，除去しまたはその他管理するための，すべての実行可能な手段をとらなければならない（指令6条1項(a)）。また，事業者は，7条に従って必要な修復措置をとらなければならない（指令6条1項(b)）。**2次的義務**として，事業者は未然防止措置及び修復措置にかかる費用を負担しなければならない。

環境保護のために EU はこれまで多数の EU 立法を採択してきたが，環境責任指令は事業者に環境損害に対し，未然に防止し，もし損害が生じた場合には遅滞なく報告し，それに対処する義務を負わせ，2次的に未然防止及び修復措置にかかる費用を負担させるという義務も負わせている。このように EU 立法（ここでは環境責任指令）が既存の EU 環境立法の目的である環境保護の実効性確保を構成国に対し義務づけるだけではなく，私人である事業者に義務づけている。

11.2 刑罰立法

　条約違反手続及び判決履行違反手続は，構成国レベル，すなわち，EU立法に合わせて国内立法を制定させるあるいは国内立法を修正させるというレベルの義務の履行が確保されることを意味する。しかし，これによりEU立法が十分に貫徹されているとは言えない。それではどこに問題があるのか。EU立法のうち，規則は拘束力をもち，発効すると，全構成国において直接適用される。指令は，拘束力をもつものの，上述したように，構成国が国内法化あるいは国内実施することになる。規則にせよ，国内法化あるいは国内実施された指令にせよ，拘束力をもつわけであるが，場合によっては，最終的に自然人あるいは法人に規則あるいは指令の内容の実施を義務づけることになる。よって，EU立法のより完全な履行確保には，構成国レベルのみならず，自然人あるいは法人レベルにまで義務の履行を徹底させることが必要になってくる。その履行手段として検討されてきたのが，EU立法の義務違反に対しEU立法を通じて自然人または法人に刑罰を科すことである[187]。

　まずそのようなEU立法による刑罰立法が考えられたのが環境政策の分野である。

　もっとも，それには問題があったので説明を加えておきたい。リスボン条約発効以前の当時は，刑罰規定を定める一般的な権限はECには付与されておらず，第3の柱であった警察刑事司法協力の枠組において，刑事法に関する規定がおかれるにとどまっていた。その第3の柱の枠組において，デンマークが重大な環境犯罪への対処に関する理事会の枠組決定を提案した。

　しかし，間もなくそれとは別に欧州委員会は，刑事法を通じた環境保護に関する指令を提案した。この提案の立法趣旨において，欧州委員会は，

---

[187]　中西優美子「第5章 個別的分野に付与されたEU権限の範囲——EUにおける環境刑罰権に関する事例を中心に」『EU権限の法構造』信山社 2013年 139–176頁。

環境保護に関する EU 法の重大な不遵守のケースがなお多いと問題点を指摘し，環境犯罪につき EU 全体で最小限の基準が必要であり，刑罰のみが十分に抑止的な効果を与えうる手段であるとの見解を示した。その際には，法的根拠条文を EC 条約 175 条（現 EU 運営条約 192 条）1 項とし，第 1 の柱においての措置の提案として提出した。

　理事会は，欧州委員会の提案に修正を加えるという形では検討を進めず，デンマーク提案である「刑事法を通じた環境保護に関する枠組決定 2003/80/JHA」を採択した[188]。欧州委員会は，この枠組決定に納得せず，欧州司法裁判所に同枠組決定の無効を求めて提訴した。欧州司法裁判所は，環境刑罰（Case C-176/03）事件[189]において，同決定を無効にし，かつ EU 立法に基づき EU が構成国に刑罰を科すように要請できる権限を有すると判示するに至った。この際，裁判所は，EC の刑罰権限の発動には，①管轄国内機関による効果的で，均衡がとれかつ抑止的な刑罰の適用が必須の（essential）措置であること，②環境保護に関する法規が十分に効果的になることを確保するために必要（necessary）であることの 2 つを挙げた。なお，2008 年 11 月 19 日に EC 条約 175 条 1 項（現 EU 運営条約 192 条 1 項）を法的根拠にして，正式に「刑事法を通じた環境保護に関する欧州議会と理事会の指令 2008/99/EC」が採択され，発効している[190]。

　このように裁判所は同（Case C-176/03）事件において環境分野において既存の EU 立法の実効性の確保のためには EU 立法による構成国への刑罰立法要請が可能であるとしたが，環境分野以外の EU 立法にもこれが当てはまるかが問題となった。それが争いとなったのが，船舶源汚染（Case C-440/05）事件[191]である。「船舶源汚染に対する法の執行のための刑事法枠

---

[188] OJ of the EU 2003 L 29/55, Council Framework Decision 2003/80/JHA of 27 January 2003 on the protection of the environment through criminal law.

[189] Case C-176/03 Commission v. Council [2005] ECR I -7879；西連寺隆行「環境侵害行為に対する刑罰導入を構成国に義務づける EC の権限」『貿易と関税』Vol.54 No.1 2006 年 74-70 頁；鈴木真澄「EU における『執行権支配』と『法の支配』(1) 環境保護枠組決定事件を素材として」『龍谷法学』38(4) 2006 年 1369-1347 頁。

[190] OJ of the EU 2008 L 328/28, Directive 2008/99/EC of the European Parliament and of the Council of 19 November 2008 on the protection of the environment through criminal law.

組を強化する理事会枠組決定 2005/667/JHA」と称され，2005 年 7 月 12 日に採択された[192]。欧州委員会は，同事件において枠組決定の無効を欧州司法裁判所に求めた。

裁判所は，原則として，刑事法も刑事手続法も EC（現 EU）の権限に入らないのは確かであるが，管轄の国内機関による効果的で，均衡がとれ（比例的）かつ抑止的刑罰の適用が重大な環境犯罪と闘うのに必須の措置であるとき，共同体（現 EU）立法機関がその分野で定める法規が十分に効果的であることを確保するためにそのような罰を導入するように構成国に要請できるとした。また，枠組決定 2006/667 の 2 条，3 条及び 5 条が海上安全の分野で採択された法規の効力を確保することを目的にしているので，その不遵守が重大な環境影響をもちうるある一定の行為形態に刑罰を適用することを構成国に要請することによって，それらの条文は環境保護と同様に海上の安全を改善することを目的としているとみなされなければならず，EC 条約 80 条 2 項（現 EU 運営条約 100 条 2 項）を法的根拠として有効に採択されえたと判示した。これにより，環境分野以外の措置であったとしても EU 立法により刑罰立法要請が可能であることが示された。

なお，判決後，欧州委員会は立法提案を行い，2009 年 10 月 21 日に EC 条約 80 条 2 項（現 EU 運営条約 100 条 2 項）を法的根拠とする「船舶源汚染及び違反に対する刑罰の導入に関する指令 2005/35/EC を修正する指令 2009/123」が採択され，発効している[193]。

さらに最近の傾向としては，EU 指令（刑罰を要請する EU 立法は指令の形式をとる）を採択する時点で，指令の中にすでに「構成国は，本指令の規定の違反に適用可能な罰則に関する規定を定め，それらの実施が確保され

---

[191] Case C-440/05 Commission v. Council［2007］ECR I -9097；中村民雄「EC の刑事立法権限の存在と限界——船舶源汚染対策立法事件」『貿易と関税』Vol. 56 No. 10 2008 年 75-68 頁。

[192] OJ of the EU 2005 L 255/164, Council Framework Decision 2005/667/JHA of 12 July 2005 to strengthen the criminal-law framework for the enforcement of the law against ship-source pollution.

[193] OJ of the EU 2009 L 280/52, Directive 2009/123/EC of the European Parliament and of the Council of 21 October 2009 amending Directive 2005/35/EC on ship-source pollution and on the introductions of penalties for infringements.

るようすべての必要な措置をとらなければならない。罰則は、効果的で均衡がとれ（比例的）かつ抑止的でなければならない」と定めるケースの増加が指摘できる[194]。このような指令の例から、今後新たに採択されていくEU指令においては、単に追求されるべき結果を定め、その指令の実施の確保を確実にするために、指令の国内法化を義務づけることのみならず、同時に、あらかじめ指令の私人の規定違反に対し構成国に罰則も定めるように要請する形がとられていくことが多くなると考えられる。

また、リスボン条約によりこれまで第3の柱が旧第1の柱（現EU運営条約）に定められた。EU運営条約82条及び83条に基づき刑事法に関して最小限の法規を指令の形式で通常立法手続に従って採択できるようになった。もっとも、両条は、既存のEU立法の実効性確保を目的とするというよりはむしろ国境を越える刑事問題や犯罪に対処することを目的とするために、これまで通り、それぞれの政策分野における法的根拠条文に基づき、既存のEU立法の実効性を確保するために刑罰要請立法指令が採択される可能性が高い。ただ、どちらの条文を法的根拠条文としても立法手続は通常立法手続となるため形式的な相違にとどまると考えられる。

---

[194] ex. OJ of the EU 2008 L 312/3, Directive 2008/98/EC of the European Parliament and of the Council of 19 November 2008 on waste and repealing certain Directives.

■第 12 章■

権限行使の合法性
：取消訴訟，不作為確認訴訟，損害賠償訴訟

　本章では，権限行使の合法性に関わる訴訟，取消訴訟，不作為確認訴訟及び損害賠償訴訟を取り扱う。取消訴訟は，EU 機関が自己に付与された権限を行使した結果生まれた行為が，その権限行使が不適切であったという理由で取り消される訴訟である。不作為確認訴訟は，EU 機関が自己に付与された権限を行使すべきであったのに行使しないことが不適切であるとして争われる訴訟である。損害賠償訴訟は，EU の機関または職員が任務の遂行に際し，契約上の責任に違反した場合，あるいは非契約上の責任（不法行為）を負う場合の訴訟である。

12.1　取消訴訟（合法性審査）

　EU 条約及び EU 運営条約により EU に構成国から権限が移譲されている。移譲された権限を EU 諸機関が行使した結果，EU の行為が採択される。もしその採択された行為が違法である場合，同行為は EU 運営条約 263 条に定められる**取消訴訟**を通じて取り消され，無効になる。取消訴訟は，**合法性審査**または**無効確認訴訟**（action for annulment）とも呼ばれる。

　取消訴訟は，EU が法の支配に基づいていることを具現化したものである。取消訴訟を通じて EU 機関の法行為は EU 法，とりわけ EU 運営条約及び法の一般原則と両立するか司法裁判所の審査に服することになる。欧州司法裁判所は，EU 運営条約が EU 司法機関に EU 機関の法行為の合法性を審査する裁判管轄権を付与し法的救済と手続の完全な制度を設定していると捉えている[195]。

12.1.1　取消訴訟の対象

　EU 運営条約 263 条 1 項は取消訴訟の対象を以下の 4 つのカテゴリーに分けて定めている。①立法行為，②勧告及び意見を除く理事会，欧州委員会及び欧州中央銀行の行為，③第三者に対して法的効果を生じさせることを意図した欧州議会及び欧州首脳理事会の行為，④第三者に対して法的効果を生じさせることを意図した EU の各機関及び各組織の行為である。

　このようなカテゴリー化はリスボン条約によりなされた。それ以前は，「司法裁判所は，勧告及び意見を除き，欧州議会と理事会が共同体して採択した行為，理事会，委員会及び欧州中央銀行の行為，並びに第三者に対し法的効果を生じさせることを意図した欧州議会の行為の合法性を審査する」(EC 条約 230 条) と定められていた。

① 　立 法 行 為

　取消訴訟の対象の第 1 のカテゴリーである**立法行為** (legislative acts) とは，立法手続により採択された法行為のことである（EU 運営条約 289 条 3 項）。立法手続とは，通常立法手続または特別立法手続により規則，指令または決定を採択する手続のことを意味する（EU 運営条約 289 条 1 項及び 2 項）。立法行為を採択できる機関は，立法機関である欧州議会と理事会のみである。

　立法行為の前に勧告及び意見を除くと言及されていないのは，立法行為は EU 運営条約 288 条に列挙される法行為の形式である規則，指令または決定のいずれかに限定されるためである。規則，指令及び決定のいずれも法的拘束力を有する。

② 　勧告及び意見を除く理事会，欧州委員会及び欧州中央銀行の行為

　第 2 のカテゴリーは，**勧告及び意見を除く理事会，欧州委員会及び欧州中央銀行の行為**である。第 2 のカテゴリーには，立法行為ではない理事会の行為，欧州委員会の行為及び欧州中銀の行為が入る。欧州委員会は立法機関でないため，欧州委員会の行為は立法行為には入らない。EU 運営条約

---

[195] Case C-550/09 [2010] ECR I -6213, para.44.

288条は，法行為として規則，指令，決定，勧告及び意見と列挙しているが，このうち取消訴訟の対象となるのは，規則，指令及び決定である。

EU運営条約288条に列挙されている勧告及び意見が除かれているのは，両者には法的拘束力がないからである。もっとも，勧告及び意見は，全く法的効果がないわけではない（解釈の際の参照とはなる）が，第三者に対して法的効果を生じさせることを意図するものではないと捉えられる。

また，Kadi事件（Joined Cases C-402/05 P and C-415/05 P）において問題となった国連安全保障理事会の決議に効果を与えることを意図した（理事会の）行為も，取消訴訟の対象となるとされている[196]。

③ 第三者に対して法的効果を生じさせることを意図した欧州議会及び欧州首脳理事会の行為

第3のカテゴリーは，**第三者に対して法的効果を生じさせることを意図した欧州議会及び欧州首脳理事会の行為**である。立法行為ではない欧州議会の行為でかつ第三者に対して法的効果を生じさせることを意図した行為がこのカテゴリーに入る。第三者に対して法的効果を生じさせることを意図しない純粋な内部行為は，取消訴訟の対象とはならない。

欧州首脳理事会は，立法権限を有さず，EU運営条約の枠組に入るEUの政策の意思決定には直接には関与しない。欧州首脳理事会の行為としての決定は，主に共通外交安全保障政策に関わる。EU司法裁判所は，共通外交安全保障政策の分野に対しては原則的に管轄権を有さないが，EU条約40条の遵守については裁判所が管轄権を有するため，欧州首脳理事会の行為も列挙されている。

④ 第三者に対して法的効果を生じさせることを意図したEU各機関・組織の行為

第4のカテゴリーは，**第三者に対して法的効果を生じさせることを意図したEUの各機関及び各組織の行為**となっており，その他の機関や組織の行為がこのカテゴリーに入ることになる。たとえば諮問機関である経済社会評議会や地域評議会，あるいは域内市場調和庁（EU商業意匠庁）や化学物

---

[196] Joined Cases C-402/05 P and C-415/05 P Kadi and Al Barakaat International Foundation v. Council and Commission [2008] ECR I -6351, para.278.

質庁などの下部機関の行為のうち第三者に対して法的効果を生じさせることを意図した行為がこのカテゴリーに入る。

● 4つのカテゴリーの共通点

これら4つのカテゴリーに共通するのは、どの機関の行為であれ、法的拘束力を有するもの、あるいは第三者に対して法的効果を生じさせることを意図するものでなければならないことである。これらの規定のもととなっている2つの判例がある。それは、AETR（Case 22/70）事件とLes Verts（Case 294/83）事件である。

EU運営条約288条に列挙されていない行為であったとしても取消訴訟の対象とはなることを明らかにしたのが、AETR（Case 22/70）事件[197]である。同事件では、EU運営条約288条（当時のEEC条約189条）に列挙されていない法行為形式としての理事会の審議決定（Beschluß）が問題となったが、欧州司法裁判所は、法的効果をもつことを意図されたものであれば、その性質または形式を問わず、機関により採択されたすべての措置が取消訴訟の対象となるとした。

また、1986年のLes Verts（Case 294/83）事件[198]では、欧州議会の行為が取消訴訟の対象となるか否かが問題となった。事件が付託された1983年当時、取消訴訟の対象となる行為は、勧告または意見を除く理事会及び欧州委員会の行為に限定されていた（EEC条約173条）。そこで欧州司法裁判所は、次のように判示した[199]。

欧州議会により採択された措置を排除しているというEEC条約173条の解釈は、EEC条約164条（現EU条約19条1項）に定められている条約の精神及びその制度に反するような結果になってしまうだろう。裁判所に

---

[197] Case 22/70 Commission v. Council［1971］ECR 263；中西優美子・中村民雄「38 ECの黙示的条約権限」中村民雄・須網隆夫編『EU法基本判例集』第2版 2010年 日本評論社 335-342頁。

[198] Case 294/83 Parti écologiste "Les Verts" v. European Parliament［1986］ECR 1339；須網隆夫「17 『法の支配』の徹底」中村民雄・須網隆夫編『EU法基本判例集』第2版 2010年 日本評論社 148-158頁。

[199] Case 294/83 Parti écologiste "Les Verts" v. European Parliament［1986］ECR 1339, para.25.

よる審査の可能性がなければ，EEC条約の文脈において欧州議会により採択された措置が，構成国のもしくはその他の機関の権限を侵害しまたは欧州議会の権限の範囲を超えてしまいうる。それゆえ，合法性審査訴訟は第三者に対して法的効果をもちうることを意図した欧州議会により採択された措置に対してもなされうると結論されなければならない。

　Kadi（Joined Cases C-402/05 P and C-415/05 P）事件[200]においては，国連安全保障理事会の決議に効果を与えることを意図した行為も取消訴訟の対象になるとされた。取消訴訟の対象となる行為は，AETR（Case 22/70）事件，Les Verts（Case 294/83）事件及びKadi（Joined Cases C-402/05 P and C-415/05 P）事件などの判例を踏まえつつ，リスボン条約によりあらためて定められたと捉えられる。

12.1.2　取消理由

　EU運営条約263条2項は，取消理由として，①無権限，②本質的な手続要件の違反，③EU条約及びEU運営条約もしくはその適用に関する法規の違反，④権限濫用の4つを列挙している。

●無権限

　まず，**無権限**について説明する。EUは，権限付与の原則に基づき，EU条約及びEU運営条約に定められる目的を達成するために両条約において構成国により付与された権限の範囲内において行動することができる（EU条約5条2項）。無権限とは，EUがEU条約あるいはEU運営条約により明示的あるいは黙示的に構成国から権限が移譲されていないところで権限を行使した場合のことである。EUに付与されていない権限は構成国の権限であり，ここでは条約に定められているEUと構成国間の垂直的な権限配分が問題となる。このようにEUに与えられている権限を越えて，EUが行動をした場合は，EUの権限の踰越となる。

---

[200]　Joined Cases C-402/05 P and C-415/05 P Kadi and Al Barakaat International Foundation v. Council and Commission［2008］ECR I -6351, para.278.

また、EU の各機関は EU 条約及び EU 条約において自己に付与された権限の範囲内で行動しなければならない（EU 条約 13 条 2 項）。EU には権限が移譲されていたとしても、ある EU 機関には権限が付与されていない場合がある。たとえば、欧州委員会の条約締結権限が問題となったフランス対欧州委員会（Case C-327/91）事件[201]が挙げられる。

同事件においては、フランスが、欧州委員会が競争法の分野でアメリカと締結した協定の取消を求めた。欧州委員会は、競争法の分野においては執行権限を有しており、EU 内部における競争法の執行のみならず、対外的にも競争法の分野で執行権限を有することができること、すなわち行政協定を締結できると主張した。

これに対して、欧州司法裁判所は、現 EU 条約 13 条 2 項（当時 EEC 条約 4 条 1 項）に言及しつつ、たとえ欧州委員会が競争法規に関する決定権限を対内的に有していたとしても、その対内権限は国際協定締結に関する EU 機関間の権限配分を変更するものではないとした。すなわち、EU は競争法の分野で第三国や国際組織と国際条約を締結することはできるが、締結権限を有するのは理事会であり、欧州委員会ができるのは交渉にとどまるとした。この条約により定められている EU 機関間の水平的な権限配分を越える場合は、EU 機関の権限の踰越になる。

● **本質的な手続要件違反**

第 2 の取消理由は**本質的な手続要件違反**である。軽微な違反では、取り消されない。本質的な手続要件違反における本質的であるか否かについては、法行為の内容に影響を与えるものか否かが基準となる。本質的な手続要件違反となるいくつかの例を挙げることにする。

たとえば、EU 法行為につき、前文においてその法行為が採択されるにあたっての理由づけがなされなければならない（EU 運営条約 296 条）。これに関するフランス対欧州委員会（Case C-41/93）事件[202]の事実概要は次

---

[201] Case C-327/91 France v. Commission [1994] ECR I -3641 ; cf. Case C-233/02 France v. Commission [2004] ECR I -2759；中西優美子「EC 委員会の対外的権能の範囲」『国際商事法務』Vol.32 No.12 2004 年 1679-1683 頁。

[202] Case C-41/93 France v. Commission [1994] ECR I -1829.

の通りである。欧州委員会がドイツに対し EC 条約 100 a 条 4 項（現 EU 運営条約 114 条 4 項〜6 項）に基づき域内市場の調和措置からの逸脱措置となる国内措置を承認した。これに対してフランスがこの欧州委員会の決定の取消を求めた。欧州司法裁判所は，同欧州委員会決定においては十分な理由づけがなされていないとして，フランスの主張を認める判決を下した。

諮問手続とは，欧州委員会が提案した後，欧州議会と協議した後に理事会が決定する手続のことを言う。この手続の中で求められる欧州議会の意見には拘束力がないが，理事会が欧州議会と協議せずに決定を行うと，場合によっては本質的な手続要件違反として同決定が取り消される可能性がある。

たとえば，欧州議会対理事会（Case C-65/90）事件[203]においては，欧州議会への諮問が問題となった。EEC 条約 75 条（現 EU 運営条約 91 条）に定められる手続においては，総会（現欧州議会）と協議の上で理事会が決定することとなっていた。欧州議会は欧州委員会の提案につき一度協議を受けたが，理事会はその提案から相当に変更を加えた。欧州議会の意見では，あらためて協議を受けることが必要であるとしたが，それをせずに理事会は議決した。そこで，欧州議会が同行為の取消を求めて欧州司法裁判所に訴えを起こした。欧州司法裁判所は，欧州議会の主張を認め，同行為を無効にした。

●EU 条約及び EU 運営条約もしくはその適用に関する法規の違反

第 3 の取消理由は，**EU 条約及び EU 運営条約もしくはその適用に関する法規の違反**である。EU 条約及び EU 運営条約は同等の価値を有する。また，EU 基本権憲章もこれらと同等の価値を有する。EU 法というヒエラルキー秩序の中で頂点に位置するのが，これらの規範である。また，非差別の原則などの法の一般原則もこの位置におかれる。これらの規範や原則に反する EU 派生法（EU 法行為）が取消訴訟の対象となる。派生法の中には，EU 運営条約の条文を法的根拠条文として採択される第二次法と，採択された第二次法を法的根拠として採択される第三次法がある。第一次法

---

[203] Case C-65/90 Parliament v. Council [1992] ECR I-4593.

及び第二次法に違反する第三次法は取り消されうる。EUが締結した国際条約は、第一次法であるので、原則的にそれに違反する派生法は取り消されうる。

　もっとも、国際条約に関しては、その文言に照らしてEU派生法を審査することが困難である場合が多い。いくつかの判例を挙げて説明する。まずドイツ対理事会（Case C-280/93）事件[204]、別名バナナ事件と呼ばれる事件を紹介する。共通農業政策の枠組においてバナナ規則が採択された。ドイツは、同規則がGATT規定に違反するゆえに無効であると主張した。これに対して、まず欧州司法裁判所は、GATT協定がEC（現EU）を拘束することを認めたものの、EC（現EU）法秩序におけるGATTの適用範囲を審査するには、GATTの精神、構造及び文言を考慮しなければならないとした。その上で、裁判所は、GATTにつき、GATTは相互主義及び互恵取極を基礎とする柔軟性によって特徴づけられるため、直接効果を有さないとした。よって、個人のみならず、構成国も共同体法行為（現EU法行為）の合法性を争う際にGATTを原則的に援用できないとした。つまり、EUが締結した国際条約は、EU法秩序の一部を構成し、EUを拘束するものの、同条約規定に直接効果が認められない場合、同条約規定に照らしてEU法行為の合法性を審査できないとした。

　次に、GATTの発展形であるWTO協定の裁判規範性が問題となったポルトガル対理事会（Case C-149/96）事件[205]を紹介する。GATTのウルグアイ交渉の中でまとめられたものがWTO協定である。ポルトガルは、WTOが特に紛争解決手続を備えている点で直接効果が否定されたGATT 1947とは異なっているとし、理事会決定の合法性審査にあたっては、WTO協定に依拠することができると主張した。これに対して、欧州司法裁判所は、WTO協定に対しても直接効果を否定した。WTO協定に照らしたEU法行為の合法性審査については、欧州司法裁判所は一貫して同協定の直接効果を否定してきている。

---

[204] Case C-280/93 Germany v. Council [1994] ECR I-4973.
[205] Case C-149/96 Portugal v. Council [1999] ECR I-8395.

● 権 限 濫 用

　第 4 の取消理由は，**権限濫用**である。違法な目的が意図的に追求される場合，あるいは法律上の目的の重大な誤認から生じる思慮の欠如の場合などに，権限濫用とされる。

12.1.3　提訴権者（locus standi）

　提訴権者は，次の 3 つのカテゴリーに分けられる。①特別提訴権者，②准特別提訴権者，③自然人または法人である。

● 特別提訴権者

　第 1 の**特別提訴権者**に入る主体は，EU 機関である，理事会，欧州委員会及び欧州議会と構成国である。

　このカテゴリーに入る提訴権者は，特別の理由・利益を主張することなく，つまり制約なく取消訴訟の原告になる権利を与えられている。たとえば，スペイン対理事会（Case C-36/98）事件[206]では，ドナウ川保護協定の締結にあたっての法的根拠条文が問題となった。なお，ドナウ川はドイツからオーストリアを通り，スロバキアへと流れる川である。この事件のドナウ川はスペインの領域は流れておらず，直接には関わっていない。しかし本事件では，そのようなことには全く触れられず，審理が進んだ。

　また，欧州議会は，現在は理事会及び欧州委員会と並んで特別提訴権者のカテゴリーに入れられているが，もともとからこのような権利を与えられていたわけではない。欧州議会は，判例と条約改正を通じて現在の地位を得た。

　欧州議会対理事会（Case C-70/88）事件[207]は，欧州議会が 1988 年に放射能汚染の最大限の許容基準を定める理事会規則の無効を求めて，裁判所に訴えを起こした事件である。欧州議会は，当時，取消訴訟の原告となる権利は与えられていなかった（EEC 条約 173 条）。同事件において，欧州司

---

[206]　Case C-36/98 Spain v. Council［2001］ECR I -779；中西優美子「EC の環境政策とドナウ川保護協定の法的根拠」『国際商事法務』Vol.30 No.2 2002 年 218-223 頁。
[207]　Case C-70/88 Parliament v. Council［1990］ECR I -2041.

法裁判所は，欧州議会に取消訴訟を提起する権利が条約に定められていないことは手続上のギャップを構成し，それはEEC条約に定められる機構上の均衡の維持及び遵守における基本的な利益に優先されえないとし，理事会または欧州委員会の行為に対して欧州議会により提起される取消訴訟は，欧州議会が自己の特権を保護するためには許容されると判示した[208]。

この判決により，まず欧州議会は，現在の准特別提訴権者に相当する権利を与えられた。その後，1993年発効のマーストリヒト条約により次のような条文が挿入された。「司法裁判所は，欧州議会及びECBがその特権を守るために提起する訴訟について，同様の条件に基づいて管轄権を有する」(EC条約173条3項)。さらに，2003年発効のニース条約により，欧州議会は理事会及び欧州委員会と同様の特別提訴権者としての地位を得た。

●准特別提訴権者

第2のカテゴリーである**准特別提訴権者**に入る主体は，欧州中央銀行，会計検査院及び地域評議会である。これらの機関は，自己の特権を保護するために訴訟提起できる。もともとは，この第2のカテゴリーは，存在しなかったが，マーストリヒト条約により創られ，まず欧州議会と欧州中央銀行がそこに入れられた。

その後，ニース条約により欧州議会は第1カテゴリーに移動し，欧州中央銀行がこのカテゴリーに残り，そこに会計検査院が新たにこの第2のカテゴリーに入れられた。リスボン条約により，欧州中央銀行及び会計検査院に加え，地域評議会がこのカテゴリーに入れられた。

●自然人と法人

第3のカテゴリーに入る主体は，**自然人**及び**法人**である。このカテゴリーに入る主体は，一定の条件を満たした場合にのみ原告適格が認められる。原告適格について，EEC条約発効からリスボン条約発効前までは，自然人または法人は，自己を対象とする決定に対し，またはたとえ規則もしくは他の者を対象とする決定の形式をとっていても，自己に直接かつ個人的

---

[208] Ibid., paras.26 and 27.

に関係する決定に対して，訴訟を提起することができると定められていた。よって，行為の形式にかかわらず自己に直接かつ個人的に関係するのか否かが基準となった。

　直接に関係するという条件は満たすのが比較的容易であるが，個人的に関係するという条件がこれまで問題になってきた。この条件については，欧州司法裁判所が Plaumann（Case 25/62）事件[209]において「原告に特有の属性があるために個人的に関係するといえるか，あるいは原告のおかれた事実関係からして他の者とは区別されるため直接の名宛人と同様に原告が個人的に特定されて影響を受けるといえるときに限定される」と基準を示した[210]。法務官は，オリーブオイル（Case C-50/00 P）事件[211]に関する意見の中で「個人は，ECの措置が当該個人に特有の事情により，当該個人の利益に実質的に不利益的効果をもち，あるいはもちうる場合，230条4項にいう個人的に関係するものと解するのが相当である」と述べ[212]，原告適格の緩和を提案した。しかし，欧州司法裁判所は，法務官の意見に従わず，Plaumann事件でだされた基準を固持した。

　原告適格の厳格さにより，自然人または法人が原告として取消訴訟を提起しても却下されるという問題が指摘されてきた。リスボン条約は，このような批判に応える形で原告適格に修正を加えた。EU運営条約263条4項は，自然または法人は，「自己に向けられた行為または直接かつ個人的に関係する行為，及び自己に直接関係しかつ実施措置を含まない規制的行為に対して」訴訟が提起できると定めた。つまり3番目の基準である「自己に直接関係しかつ実施措置を必要としない規制的行為」においては，個人的に関係するという条件が削除され，代わりに「実施措置を必要としない規制的行為」という文言が入れられている。個人的に関係するという基準が削除されたことにより，原告適格を満たしやすくなったと捉えられる。これに関し，その後の判例の中で，一般裁判所は，「規制的行為」は，立

---

[209] Case 25/62 Plaumann [1963] ECR 95.
[210] 中村民雄「取消訴訟における個人の原告適格」『貿易と関税』Vol.50 No.10 2002年 75-69頁。
[211] Case C-50/00 P [2002] ECR I-6677.
[212] 中村民雄「取消訴訟における個人の原則適格」『貿易と関税』Vol.50 No.10 2002年 75-69頁。

法行為ではない，一般的適用性を有するすべての行為を含むものとして解されなければならないとした（covering all acts of general application apart from legislative acts）（Case T-18/10［2011］ECR II-5599, para.56；T-262/10［2011］ECR II-7697, para.21.）。また，一般裁判所は，「実施行為を必要としない（does not entail implementing）」（規制的行為）については，構成国側での実施行為を必要としない（"without the Member States needing to adopt any implementing measure"）という意味に解されるとした（Case T-262/10［2011］ECR II-7697, paras. 34 and 35.）。追加改正の意義について，T-526/10［2013］。

12.1.4 EU 司法裁判所の管轄権

　欧州司法裁判所は，取消訴訟のうち，構成国が欧州議会及び（または）理事会（ただし国家援助，ダンピング及び実施権限を除く）を相手に訴訟を提起する場合，並びに機関間訴訟に対して排他的な管轄権を有する。構成国が提起する，国家援助，ダンピングまたは実施権限に関する理事会に対する訴訟は，一般裁判所がまず管轄権を有する。その他の訴訟，たとえば，構成国が欧州委員会を相手に訴訟を提起する場合，あるいは自然人または法人が原告となる場合などはすべて一般裁判所がまず管轄権を有する。一般裁判所の判決に不服がある場合は，欧州司法裁判所に上訴することができる。

　EU 司法裁判所は，原則的に EU 運営条約 275 条及び 276 条に定められる事項には管轄権を有さない。しかし，共通外交安全保障政策に関して，EU 条約第 5 編第 2 章に基づいて理事会により採択される自然人または法人に対する制限的措置を定める決定の合法性については，判決を下す管轄権を有する（EU 運営条約 275 条）。この規定が特別に入れられたのには理由がある。その理由は，Kadi 事件の存在である。

　Kadi 事件に関しては，まず Kadi が，理事会規則 467/2001 の取消を求め，第 1 審裁判所（現一般裁判所）に提訴した（Case T-315/01）[213]。その後上訴

---

[213] Case T-315/01 Kadi v. Council and Commission［2005］ECR II-3649；中村民雄「国連安保理の経済制裁決議を実施する EC 規則の効力審査」『貿易と関税』Vol.54 No.7 2006 年 75 -65 頁。

審である欧州司法裁判所（Joined Cases C-402/05 P and C-415/05 P）[214]で争われた。同理事会規則は，国連安全保障理事会において飛行禁止及び資金の凍結を強化するための決議がだされ，それを実施するという文脈でEUの第2の柱において措置が採択され，さらにそれを実施するために第1の柱での措置として当該規則が採択された。

第1審裁判所（現一般裁判所）は，安全保障理事会決議はEU法に優位すると認めた上で，同裁判所は，安全保障理事会決議と言えどもユス・コーゲンス（jus cogens, 強行規範）に違反するかについては審査できるとした。

他方，欧州司法裁判所は，国際機関により採択された決議の合法性を審査するのは，たとえその審査が同決議とユス・コーゲンスとの合致性の審査に限定されているとしても，EUの司法機関ではないとした。その上で，欧州司法裁判所が審査するのはEUの措置であり，それが安全保障理事会の決議を実施することを意図しているものであっても，国際法における同決議の優位性には異議を唱えることにならないであろうとした。欧州司法裁判所は，国連憲章はEU法第二次法に対して優位するが，第一次法，特に基本権がその一部を形成する一般原則に対しては優位しないと判示した。中村民雄は，第1審裁判所（現一般裁判所）は「国連―EU・EC―構成国という一元的な上下三層の世界法秩序観」を示したのに対し，欧州司法裁判所は，EU法の独自性・自律性を強調したと捉えている。結局のところ，欧州司法裁判所は，当該規則が基本権，特に防御権，とりわけ聴聞の権利及び効果的な司法的救済の権利並びに財産尊重の権利を侵害したと認定した。この欧州司法裁判所の判決においては，EU法の第二次法であるEU規則の合法性はたとえその規則が国際的な義務を実施するためのものであってもEUの自律的法秩序（autonomous legal order）の中で審査されることが明確にされた。

Kadi事件では，たまたま国連安全保障理事会の決議を実施するために

---

[214] Joined Cases C-402/05 P and C-415/05 P Kadi and Al Barakaat International Foundation v. Council and Commission［2008］ECR I-6351；中村民雄「国連安保理を実施するEC規則の効力審査」『ジュリスト』No.1371 2009年 48-59頁；同「42 国連の法とEC法の関係――国連決議を実施するEC措置の司法審査」中村民雄・須網隆夫編『EU法基本判例集』第2版 2010年 日本評論社 367-378頁；中西優美子「欧州司法裁判所によるEU基本権保障の貫徹――Kadi対EU理事会事件」『国際人権』20号 2009年 125-127頁。

第2の柱（共通外交安全保障政策）において措置がとられ，さらにそれを実施するための措置が第1の柱において理事会規則の形で採択された。よって，EU司法裁判所は理事会規則を審査する管轄権を有した。逆に言うと，第1の柱の措置が採択されていなければ，EU司法裁判所はこの事案につき管轄権を有さなかった。しかし，個人の基本権が関わる事案について裁判所が管轄権を有さないということはあってはならない欠缺となる。そこで，それを回避するために，リスボン条約では，特別に自然人または法人に対する制限的措置については，共通外交安全保障政策の分野であってもEU司法裁判所に例外的に管轄権を付与することが定められた。

12.1.5 具体的な事件

●具体的な事件（第1カテゴリー）

第1のカテゴリーに属する構成国，欧州議会，理事会または欧州委員会が原告となる事件は，大きく分けて①構成国対EU機関，と②EU機関対EU機関の訴訟になる。

第1の構成国対EU機関では，よくあるケースとしては，理事会の特定多数決で採択されたEU法行為の取消を構成国が求める場合が挙げられる。ある構成国がEU法行為について理事会の議決において反対票を投じたとしても全会一致ではないので，採択されることがあることを背景としている。上述したドナウ川に関するスペイン対理事会（Case C-36/98）事件[215]，バナナに関するドイツ対理事会（Case C-280/93）事件[216]及びWTO協定に関するポルトガル対理事会（Case C-149/96）事件[217]などが挙げられる。

第2のEU機関対EU機関の訴訟では，欧州委員会対理事会，欧州議会対理事会，欧州議会対欧州委員会などの事件が見られる。これらの機関間の訴訟の原因となっているのが，法的根拠（legal basis）条文の問題である。欧州委員会対理事会の訴訟でよく見られたのが，欧州委員会が理事会の特定多数決で十分とする法的根拠条文を提案段階で選択したのに対して，理

---

[215] Case C-36/98 Spain v. Council [2001] ECR I-779.
[216] Case C-280/93 Germany v. Council [1994] ECR I-4973.
[217] Case C-149/96 Portugal v. Council [1999] ECR I-8395.

事会がそれを修正して，全会一致を要請する法的根拠条文に変更して採択した場合である。このような場合に，欧州委員会は，採択された法的根拠条文が不適当であるとして取消を欧州司法裁判所に求めた[218]。

単一欧州議定書発効，さらにマーストリヒト条約発効以降，欧州議会が意思決定手続に参加できる場合が増えてきた。そこで，欧州委員会対理事会との図式の他に，欧州議会対理事会及び欧州議会対欧州委員会という図式も見られるようになった。法的根拠条文の中には，諮問手続を規定するものと，協力手続（現在は削除）及び共同決定手続（現通常立法手続）を定めるものが混在するようになった。そこで，何を法的根拠条文に選択するかが各EU機関の参与に大きな影響を与えることになった。欧州議会は，できるだけ自己が意思決定手続に参与できる法的根拠条文を適当な法的根拠条文であるとして，原告として訴訟の当事者となった[219]。

もっとも，ニース条約発効以降，法的根拠選択の訴訟は減少すると考えられた。なぜなら原則として，理事会の議決は特定多数決であり，また，欧州議会と理事会が共同で決定することになったからである。しかし，ニース条約発効以降も法的根拠をめぐる訴訟は存在した。それは第1の柱においては欧州議会と理事会の共同決定手続が原則となったが，柱間の法的根拠をめぐる訴訟という新たな法的根拠をめぐる争いが発生するようになったためである。たとえば，第1の柱対第3の柱（警察・刑事司法協力）に関する環境刑罰（Case C-176/03）事件[220]及び船舶源汚染（Case C-440/05）事件[221]並びに第1の柱対第2の柱（共通外交安全保障政策）に関する軽小火器に関する欧州委員会対理事会（Case C-91/05）事件[222]である。ただ，リスボン条約により第3の柱は第1の柱（現在EU運営条約の枠組）に移行したため，前者のような事例は減少すると考えられる。他方，後者のような

---

[218] 中西優美子「EC立法と法的根拠」『専修法学論集』82号 2001年 1-29頁。
[219] たとえば，Joined Cases C-164/97 and C-165/97 Parliament v. Council［1999］ECR I -1139.
[220] Case C-176/03 Commission v. Council［2005］ECR I -7879；上述第11章を参照。
[221] Case C-440/05 Commission v. Council［2007］ECR I -9097.
[222] Case C-91/05 Commission v. Council［2008］ECR I -3651；中西優美子「共通外交及び安全保障政策におけるEU権限と開発協力政策におけるEC権限の交錯」『貿易と関税』Vol.57 No.3 2009年 75-69頁。

事例は引き続き残ると考えられる。

後者の軽小火器に関する（Case C-91/05）事件では，西アフリカ諸国経済共同体（ECOWAS）に対する小型武器の取引を管理する重要性から理事会が，軽小火器の一時停止の枠組における ECOWAS に対する EU 支援を意図する，理事会決定 2004/833/CFSP を採択したことが問題となった。欧州委員会は，同決定の規定事項は，第1の柱におかれる開発援助政策の枠組に入るとし，第2の柱の枠組で採択された理事会の取消を求めた。後者の事例は，リスボン条約発効後は，EU 運営条約の枠組（旧第1の柱）で採択されるべきかあるいは EU 条約第5編の共通外交安全保障政策の枠組（旧第2の柱）で採択されるべきかという法的根拠をめぐる事例となる。共通外交安全保障政策においてはリスボン条約発効後も引き続き特別の規定と手続が適用されるため，欧州委員会対理事会の争いは続くであろう。

● **具体的な事件（第3カテゴリー）**

自然人または法人が訴訟を提起する主な行為は，競争法分野での措置と補助金のカットなどである。競争法の分野では，欧州委員会が強力な決定権限を付与されている。欧州委員会は，事業者の合併を EU 法違反とする決定を下したり，事業者のカルテルの存在や支配的地位の濫用を認めて，制裁金を会社に請求したりする決定を行う。そのような決定の取消を求めて，訴訟が提起される。

たとえば，欧州委員会は，Microsoft に対して，同社の PC オペレーティング・システムに Windows Media Player が自動的についてくることが 2004 年 5 月 24 日に支配的地位の濫用を定めた EC 条約 82 条（現 EU 運営条約 102 条）に違反するとし，多額の制裁金を課す決定を下した[223]。それに対して Microsoft は，2004 年 6 月 8 日に欧州委員会を相手に一般裁判所（当時第1審裁判所）に取消訴訟を提起した[224]。2007 年 9 月 17 日の一般裁判所の判決では，Microsoft が敗訴した。Microsoft は，欧州司法裁判所に上訴しなかったために敗訴が確定した。

---

[223] OJ of the EU 2007 L32/23.
[224] Case T-201/04［2007］ECRⅡ-3601；多田英明「EC 条約 82 条における市場支配的地位を有する事業者のライセンス拒否」『貿易と関税』Vol.56 No.3 2008 年 91-83 頁。

欧州委員会の決定は，日本企業にも関わってくる。たとえば，欧州委員会は，2009年10月7日に東芝，日立製作所，富士電機ホールディングスと欧州企業が変圧器の販売でカルテルを結んでいたことがEC条約81条（現EU運営条約101条）違反であるとして，6,764万ユーロの課徴金を支払うよう命じた。東芝は，2009年12月23日に欧州委員会を相手に一般裁判所（当時第1審裁判所）に訴訟を提起した[225]。

12.1.6　取消の結果

EU司法裁判所（欧州司法裁判所または一般裁判所）が，EU条約運営263条に基づく取消訴訟に理由があると認める場合には，関係する行為の無効を宣言する（EU運営条約264条）。EU司法裁判所は，必要と考える場合には，無効を宣言した行為の効力のうち有効と認めるべきものを指示する。つまり，一部無効という判断も可能である。原則的に最初から（ex tunc）無効となるが，一般的適用性のある法規についてはそれを行うことが実際困難であることから，別の法規に置き換えられるまで有効と判断されたり，財政的な問題の発生を回避するために遡及効を制限したりなど，判決には若干のヴァリエーションが見られる。

12.1.7　取消訴訟の提訴期間

取消訴訟の提訴期間は，場合に応じて，措置の公表または原告への通知もしくは通知がない場合には原告がこれを知った日から2カ月以内となっている。欧州委員会の決定などは，名宛人があることが多く，原告に直接に通知されることになる。他方，規則及びすべての構成国に向けられた指令並びに名宛人を特定していない決定は，EU官報に公表されることになる。

---

[225] Case T-519/09 Toshiba v. Commission.

12.2 不作為確認訴訟

　欧州議会，欧州首脳理事会，理事会，欧州委員会または欧州中央銀行が **EU 条約及び EU 運営条約に違反して行為を怠った場合**，構成国及び EU の他の機関は，条約違反の確認のための訴訟を EU 司法裁判所に提起することができる（EU 運営条約265条）。欧州議会，欧州首脳理事会，理事会，欧州委員会及び欧州中央銀行は，EU 条約または EU 運営条約により任務・役割が定められ，そのための権限も付与されている。これらの機関が自らに義務づけられた行為を行わないときは条約違反となりうる。もっとも裁量が認められている場合は，義務違反とはならない。たとえば，欧州委員会は，条約の擁護者として，EU 運営条約258条及び EU 運営条約260条において，条約または判決を履行しない構成国に対して条約違反手続または判決履行違反手続を開始することになるが，開始するか否かは欧州委員会の裁量であり，手続を開始しないとしても義務違反にはならない。

　自然人または法人も，EU の各機関または組織が，勧告または意見以外の行為であってその自然人または法人を対象とするものを怠ったことにつき，裁判所に提訴することができる。しかし，不作為確認訴訟はあまり用いられない。なぜなら「連合の各機関または各組織が最初に行為を要求される場合に限り，訴訟が受理される。要請を受けてから2カ月以内に，関係する連合の各機関または各組織が態度を明らかにしない場合には，その後の2カ月以内に訴訟を提起することができる」(EU 運営条約265条2項)とあり，通常，連合の機関または各組織は，要求された後に態度を明らかにする決定を行うからである。また，訴えたとしても実際にその訴えが認められることは少ない[226]。

---

[226] ex. Case 48/65 Lütticke v. Commission [1966] ECR 19 ; Case 42/71 Nordgetreide v. Commission [1972] ECR 105.

12.3 損害賠償訴訟

　EU 運営条約 340 条は，EU の契約上の責任と非契約上の責任について定めている。EU の契約上の責任は，その契約に適用可能な法により規律される。問題となるのは，EU の**非契約上の責任** (non-contractual liability for an unlawful act)，つまり EU の**不法行為に対する責任**である。EU は，EU の機関または職員がその任務の遂行に際して与えた損害を補償しなければならない。以下，非契約上の責任について説明していくことにする。

●非契約上の責任発生の条件

　EU 条約 340 条 2 項は，「非契約上の責任に関しては，連合は，構成国の法に共通の一般原則に従い，連合の機関または職員が職務の遂行中に与えたあらゆる損害を賠償する」と定める。EU においては，損害賠償を規律する法は存在しない。EU は，構成国の法に共通の一般原則に従い損害を賠償することになる。

　欧州司法裁判所は，Francovich (Joined Cases C-6/90 and C-9/90) 事件[227]，その後の Brasserie/Factortame (Joined Cases C-46/93 and C-48/93) 事件[228]を通じて**構成国の国家責任の原則**を発達させてきた。その国家責任の要件は，①個人に権利を付与することを意図した法規の違反でなければならない，②違反が重大でなければならない，③違反と損害の間に直接の因果関係がなければならない，である。EU の非契約上の責任（不法行為責任）は，この構成国の国家責任の原則に影響を受けながら発達してきた。

　「構成国の法に共通の一般原則に従って」という文言から欧州司法裁判所は，次の 3 つの要素が証明されたときに EU に責任があるという解釈をとっている。①原告への実際の損害，②EU 機関による違法な行為，③違

---

[227] Joined Cases C-6/90 and C-9/90 Francovich and Bonifaci v. Italy [1991] ECR I -5357.
[228] Joined Cases C-46/93 and C-48/93 Brasserie du Pêcheur v. Bundsrepublik Deutschland and the Queen v. Secretary of State for Transport, ex parte Factortame and others [1996] ECR I -1029.

法な行為と損害の間の因果関係である。このうちのいずれかが満たされない場合，残りの条件はさらに検討されない。

①原告への実際の侵害（actual damage）については，原告は損害をできるだけ少なくする義務がある[229]。原告が，損害という結果を回避することを怠った場合はこの条件が満たされない[230]。

最近の判例では，EU 機関による違法な行為が存在するか否かという基準がまず審査される。この条件がもっとも満たすのが難しい条件でもある。

EU 機関による違法な行為（wrongful act）については，一般的な立法措置による損害の訴えが多いため，訴えは Schöppenstedt あるいは Second Skimmed Milk Powder テストにより制限されてきた。このテストは，Schöppenstedt v. Council（Case 5/71）事件[231]，後の Second Skimmed Milk Powder（Joined Cases 83 and 94/76, 4, 15 and 40/77）事件においてだされた基準である。

Schöppenstedt 事件において，ドイツの砂糖製造業者である Schöppenstedt が国内砂糖価格に関する措置である規則 769/68 が採択されたことにより被った損害の賠償を求めた。欧州司法裁判所は，次の条件が満たされない限り，経済政策を含む立法行動に対する責任を EU は負うことができないとして，損害賠償を認めることを拒否した。同条件とは，個人の保護のための上位の法の十分に甚だしい違反が存在することである[232]。

Second Skimmed Milk Powder（Joined Cases 83 and 94/76, 4, 15 and 40/77）事件[233]においては，スキムミルク粉の強制購買に関する理事会規則 573/76 の採択により経済的な損害を受けた複数の家畜農家が理事会と欧州委員会に対して損害賠償を求めた。当該規則は，別件において無効が認められたが，本件ではそのような違法な行為により損害を受けた者が補償

---

[229] Joined Cases C-104/89 and C-37/90 Mulder v. Council and Commission ［1992］ ECR Ⅰ-3061.

[230] Case 145/83 Adams v. Commission ［1985］ ECR 3539.

[231] Case 5/71 Schöppenstedt v. Council ［1971］ ECR 975.

[232] Ibid., para.11 ; "……a sufficiently flagrant violation of a superior rule of law for the protection of the individual has occurred."

[233] Joined Cases 83 and 94/76, 4, 15 and 40/77 Bayerische HNL Vermehrungsbetriebe GmbH & Co. KG and others v. Council and Commission ［1978］ ECR 1209.

を受けられるか否かが問題となった。

　欧州司法裁判所は，単にある行為が違法のため無効になったという事実は，EU の責任を生じさせるわけではなく，立法措置は経済政策の選択を含んでいるため，個人の保護に対する上位の法の十分に重大な違反（sufficient serious breach）が生じた場合にのみ責任が発生するとした[234]。欧州司法裁判所は，このことを次のようにも言い換えた[235]。個人は，EU の経済政策に入る分野においては，合理的な範囲内でその経済的利益へのある一定の悪影響を受け入れる必要がある。EU は，共通農業政策の実施において不可欠な広い裁量をもち，その権限行使の限界を明白に（manifestly）かつ重大に（gravely）無視した場合にしか責任を負わない。

　Ireks-Arkady（Case 238/78）事件[236] においては，規則 1125/74 により Quellmehl に対する生産返済金が廃止されたことにより損害を被ったとして Irek-Arkady 社が理事会と欧州委員会を訴えた。欧州司法裁判所は，別の事件において当該規則は Starch のみに対して返済金を引き続き支払い，Quellmehl に対してはそれを廃止したことにより，平等原則に違反すると判示していた。本件で欧州司法裁判所は，Second Skimmed Milk Powder 事件を引用した上で，本件においては，EU 機関の行為に平等原則違反があり，Quellmehl の生産者が限定されており，かつその損害も活動に内在するリスクを越えているとして，共同体の責任を認めた。

　Second Skimmed Milk Powder 事件では，単に EU 機関が採択した法行為が EU 法違反で後に無効とされたとしても，その事実だけでは EU の責任は生じないとされたが，FIAMM（Case T-69/00）事件[237] では，WTO におけるパネル報告及び上級委員会報告により WTO 協定違反とされた EU の法行為（バナナ市場規則）が問題となった。このような場合であっても，第 1 審裁判所（現一般裁判所）は，EU 機関による WTO 法規違反とい

---

[234] Ibid., para.4.
[235] Ibid., para.6.
[236] Case 238/78 Ireks-Arkady GmbH v. Council and Commission ［1979］ECR 2955.
[237] Case T-69/00 FIAMM and FIAMM Technologie v. Council and Commission ［2005］ECRⅡ-5393；この事件は欧州司法裁判所に上訴されたが，棄却された。Joined Cases C-120/06 P and C-121/06 P ［2008］ECRⅠ-6513；cf. 小場瀬琢磨「WTO 加盟国の対抗措置による個人の損害の救済の可能性」『貿易と関税』Vol.57 No.8 2009 年 75-70 頁。

う理由ではEUの責任は原則的に生じないとした。

Second Skimmed Milk Powder事件でだされた基準がしばらく用いられてきたが[238]，現在はそれを若干精緻化した以下の基準が用いられている[239]。共同体機関の違法な行為は，個人に権利を付与することを意図した法規の十分な重大な違反でなければならない。この要件が満たされるかについての決定的な基準は，共同体機関が自己の権限の限界を明白に（manifestly）かつ重大に（gravely）無視したか否かである。機関が相当に少ない裁量しかないあるいは裁量をもっていない場合は，共同体法の単なる違反で十分に重大な違反の存在を設定するに十分でありうる。

なお，最近の傾向として，以下が指摘できる。Bergderm事件では，EU司法裁判所は，立法行為と行政行為を区別せず，国家責任の要件とEUの責任の要件を接近させる判示を行った（Case C-352/98 P Bergderm [2000] ECR I-5291）。

● 取消訴訟との相違

取消訴訟の場合は，提起が認められる期間が通知もしくは通知がない場合は原告がこれを知った日から2カ月以内に提起されないといけないが，非契約上の責任訴訟の場合は5年の期間が認められている。また，取消訴訟の場合は，自然人または法人の原告適格の問題があり，却下されることが多いが，非契約上の責任訴訟では，原告適格の問題はない。ただ，間口では却下されないものの，上述したような条件を満たさなければならないため共同体（現EU）の責任が認められる事例は少ない。

---

[238] ex. Joined Cases 116 and 124/77 G.R. Amylum NV and Tunnel Refineries Limited v. Council and Commission [1979] ECR 3497.

[239] ex. Case T-69/00 FIAMM and FIAMM Technologie v. Council and Commission [2005] ECR II-5393.

第Ⅲ部

EUと構成国との関係

■第 13 章　EU 法と国内法との関係
　　　　　　：EU 法の優位
■第 14 章　EU 法と国内機関との関係(1)
　　　　　　：EU 立法の国内法化・実施・執行
■第 15 章　EU 法と国内機関との関係(2)
　　　　　　：先決裁定手続

■ 第 13 章 ■

EU 法と国内法との関係
：EU 法の優位

13.1 EU 法の優位の原則

●Costa v. E.N.E.L. 事件

　Costa v. E.N.E.L.（Case 6/64）事件[240]は，EU法の直接効果に関するリーディングケースである Van Gend en Loos（Case 26/62）事件[241]と並んで，EU法の判例法の中でもっとも重要な判例である。Van Gend en Loos 事件では，オランダ関税法が EEC 条約 12 条に違反するとの主張がされ同条の直接効果が問題となった。欧州司法裁判所は，EEC 条約 12 条が直接効果を有し，国内裁判所は保護しなければならない個人の権利を創設すると判示した。もっとも，オランダ憲法 66 条は，条約と国内法律の適用関係につき，直接適用性のある条約規定に反する国内法律は適用されえないと定めていたため，両規定の抵触問題は生じなかった。しかし，すべての EU の構成国において国内法と規定の抵触が起こりうる際の適用指示を定めているわけではない。そこで起こるべくして起こった事件が Costa v. E.N.E.L. 事件である。

　イタリアは 1962 年 12 月 6 日の法律 1643 号により電力会社を国有化し，民間の電力会社は設立された電力公社（Ente nationle energia elettrica，略して E.N.E.L.）に譲渡された。国有化の対象となった電力会社の株主であっ

---

[240] Case 6/64 Costa v. E.N.E.L.［1964］ECR 585；中村民雄「2　EC 法の国内法に対する優位性」中村民雄・須網隆夫編『EU 法基本判例集』第 2 版 2010 年 日本評論社 14-23 頁。
[241] Case 26/62 Van Gend en Loos v. Nederlandse Administratie der Belastingen［1963］ECR 1.

た Costa は，E.N.E.L. からの電力料金請求に対して異議を申し立てた。その際，Costa は，同国有化を定めたイタリア法律が新たな独占事業の創設を禁じた EEC 条約 37 条 2 項（現 EU 運営条約 37 条 2 項），欧州委員会に対する事前通知を義務づけた EEC 条約 102 条（現 EU 運営条約 117 条）等に違反すると主張した。イタリアの裁判所は，そこで EEC 条約条文の解釈につき欧州司法裁判所に先決裁定を求めた。そこで欧州司法裁判所は，次のような理由づけで EU 法が国内法に優位すると判示した。

　通常の条約とは異なり，EEC 条約は，条約の発効とともに構成国の法システムの一部となり，構成国の裁判所が適用することを義務づけられる，独自の法システムを創設した。独自の機関，独自の法人格，独自の行為能力及び国際的な場における代表性能力，並びに主権の制限または国家から共同体への権限の移譲から生じる真の権限を有する無期限の共同体を創設することによって，構成国は，限定された分野であるが，自らの主権的権利を制限し，その国民と自己の両方を拘束する法の組織（body of law, Rechtskörper）を創設した。共同体から，より一般的には条約の文言と精神から派生する規定の各構成国法への統合は，当然の結果として，相互性を基礎として国家により受け入れられた法システムに対する一方的かつ事後的な措置の優先を認めることを不可能にする。共同体法の執行力は，事後の国内法の相違に応じて国ごとに変化してはならない。さもなければ EEC 条約 5 条 2 項（現 EU 条約 4 条 3 項 3 段）に定められる条約の目的の達成を危険にさらしめ，EEC 条約 7 条（現 EU 運営条約 18 条）により差別を生じさせてしまうであろう。もし EEC 条約の下での義務に署名国の事後的な立法行為によって疑義が挟まれうるのであれば，同義務は無条件ではなく，単に偶発的なものになってしまうであろう。共同体法の優位は，「規則は拘束力を有し，すべての構成国において直接適用可能である」と定める EEC 条約 189 条（現 EU 運営条約 288 条）により確認される。もし国家が立法措置の手段によりその効果を一方的に否定できるのであれば，いかなる留保にも服さない同規定が無意味なものになってしまうであろうと。

●国内憲法に対する EU 法の優位

　Costa v. E.N.E.L.（Case 6/64）事件では，国内法律と EEC 条約の条文

との抵触が問題となったが，さらに Internationale Handelsgesellschaft (Case 11/70) 事件[242]においては，国家の最高法規である憲法と第二次法である EU 法行為との関係が問題となった。共通農業政策の枠組で採択された穀物共通市場組織に関する理事会規則 120/67 及び輸出入許可に関する欧州委員会規則 473/67 は，保証金制度を定めていた。それによると，EU 構成国と EU 域外との間の穀物の輸出入につき，輸出業者は事前に許可を得なければならず，一定の期限内に申請通りの輸出入を行わなかった場合には，不可抗力である場合を除き，許可申請の際に納めた保証金が返却されないということであった。原告 (Internationale Handelsgesellschaft) は，納めた保証金を返金されなかったため，ドイツフランクフルト行政裁判所において，この保証金制度が，ドイツ基本法（憲法）2 条 1 項及び 14 条が保障する財産権の侵害にあたると主張した。

　同行政裁判所は，この保証金制度が共同体法の枠組の中で保護されなければならない国内憲法のある構造原則 (Strukturprinzip) に反しており，また超国家法（EU 法のこと）の優位はドイツ基本法の原則に対しては当てはまらないという見解をもっていた。そこで同行政裁判所は，同理事会規則及び同欧州委員会規則の有効性を受け入れることを拒否した。このことから生じた法的な不安定さに終止符を打つため，同行政裁判所は，両規則の有効性につき欧州司法裁判所に先決裁定を求めた。

　欧州司法裁判所は，EU の法行為が国内憲法の構造原則に反しうる場合，EU 法と国内憲法との関係はどのようになるかという事項につき次のように判示した[243]。共同体機関により採択された措置の有効性を判断するために国内法の法規範や概念に依拠することは，共同体法の統一性及び効果に悪影響をもたらすであろう。共同体の措置の有効性は，共同体法に照らしてのみ判断されなければならない。事実，条約から派生した法，独立した法源は，まさにその性質ゆえに，国内法規範により優先されえない。さもなくば，共同体法としての性質が奪われ，共同体それ自体の法的基礎に疑義が挟まれることになるであろう。それゆえ，構成国における共同体措置

---

[242] Case 11/70 Internationale Handelsgesellschaft mbH v. Einfuhr-und Vorratsstelle für Getreide und Futtermittel [1970] ECR 1125.
[243] Ibid., 3.

の有効性または効果は、国内憲法または国内憲法の構造原則により定められる基本権に反するという主張により影響を受けえない。

この判示により EU 法の平面では、EU の法行為が国内憲法に対しても優位することが確立した。ただ、この先決裁定を受け取ったドイツフランクフルト行政裁判所は、これに納得せず、ドイツ連邦憲法裁判所に事件を付託し、これがいわゆる Solange Ⅰ 判決[244]と呼ばれる判決につながっていくことになった。換言すれば、この先決裁定は、国内法の平面におけるEU 法の国内法に対する優位を確立したものではない[245]。

欧州司法裁判所は、本件において EU 法が国内憲法に優位すると明確に判示したが、同時に次のようにも判示している[246]。共同体法に内在する国内憲法または国内憲法原則により定められる類似の保障が無視されなかったか否かの審査がなされるべきである。事実、基本権の尊重は、欧州司法裁判所により保護される法の一般原則の一部を構成する。構成国に共通の憲法的伝統から示唆される、そのような権利の保護は、共同体の構造と目的の枠組の中で確保されなければならないと。つまり、欧州司法裁判所は、EU 法が国内憲法に優位するということは、EU において基本権が保障されないということを意味するのではないとし、また、EU 法秩序においても基本権の保障が法の一般原則として尊重されることを示した。

● 国内後法に対する優位

「後法が前法を破る」という法諺があるが、EU 法と国内法との間でこれが当てはまるのか否かについて明確にした事件が Simmenthal Ⅱ（Case 106/77）事件[247]である。Simmenthal 会社は、フランスから食用牛肉をイ

---

[244] BVerfGE 37, 285；Solange Ⅰ 判決では、ドイツ連邦憲法裁判所は、EU 法の優位を認めず、ドイツ通常裁判所は具体的規範統制訴訟を連邦憲法裁判所に提起できるとした。伊藤洋一「EC 法の国内法に対する優越 (3)」『法学教室』266 号 2002 年 121, 127 頁。

[245] 須網隆夫「EU 法と国内法──多元的な法秩序観と EU 法秩序の性質」福田耕治編『多元化する EU ガバナンス』2011 年 早稲田大学出版部 7-37 頁は、EU 法の絶対的優位が認められていないことから憲法的多元主義の考え方を検討している。

[246] Case 11/70［1970］ECR 1125, para.4.

[247] Case 106/77 Amministrazione delle Finanze dello Stato v. Simmenthal SpA［1978］ECR 629；中村民雄「3 EC 法の絶対的優位性」中村民雄・須網隆夫編『EU 法基本判例集』第 2 版 2010 年 日本評論社 24-31 頁。

タリアに輸入したが，その際 1970 年 12 月 30 日のイタリアの法律 1239 号に従い，検査料を賦課された。そのような検査料の賦課は，Simmenthal Ⅰ（Case 35/76）事件[248]において共同体法，特に 1968 年 6 月 27 日に採択された食肉市場の共通組織に関する理事会規則 805/68 と合致しないと判断され，また欧州司法裁判所は Simmenthal 会社に不法に徴収した検査料に利子をつけて返金するようにイタリア財務行政機関に命じた。しかし行政側は，この命令を受け入れず，上訴した。イタリアでは，問題となる国内法律が違憲となるか否かという問題は，イタリア憲法裁判所に付託されなければならないという事情があった。そこで上訴された国内裁判所は，イタリア憲法裁判所による違憲判決を待たず，問題となっている，後から制定された国内法の適用を排除できるのか否かにつき，欧州司法裁判所に先決裁定を求めた。

　欧州司法裁判所は，次のように判示した[249]。直接適用可能性は，共同体法の法規が発効の日からすべての構成国において十分にかつ統一的に適用されなければならないことを意味する。これらの規定は，共同体法の下での法的関係にある当事者に対し，それが構成国であれ，私人であれ，権利及び義務の直接の源となる。それゆえ，国内裁判所は，その管轄権の範囲において，共同体法により個人に付与された権利を保護するという任務をもつ。さらに，共同体法優位の原則に従い，条約の規定及び EU 機関の直接可能な措置，他方構成国法との関係は，前者の規定が発効することによって自動的にそれらに抵触する国内法を適用不可能にするだけでなく，構成国において適用可能な法秩序は共同体規定と両立しない限りにおいて新しい国内立法措置の有効な採択を排除する。共同体法の規定を適用するように求められている国内裁判所は，たとえ国内法が共同体の規定よりも後に採択されていたとしても，もし必要ならば共同体法の規定と抵触する規定の適用を職権で拒否することによって，それらの規定に十分な効果を与えなければならない。また，国内裁判所は，立法または他の憲法上の手段によるそのような抵触規定の改廃を要請したり，それを待つことは必要ではない。

---

[248] Case 35/76 Simmenthal SpA v. Italian Minister for Finance［1976］ECR 1871.
[249] Ibid., 14–17.

欧州司法裁判所は，1978年のこのSimmenthal II事件においてEU法と国内後法との関係につき，EU法の優位を明確にしたが，これはEU法レベルで確定された原則であり，これがそのまま国内法レベルで受け入れられたわけではなかった。フランスでは，1989年10月20日のコンセイユ・デタ（Conseil d'Etat）のNocole判決によりようやくフランス法律がEC条約に後に制定されたものであっても，条約に違反する場合はその適用が除外されることが確立された。

13.2 EU法の優位の意味

欧州司法裁判所は，Costa v. E.N.E.L.事件をはじめとする諸判例において，EU法が国内法に優位すると判断してきた。この優位が何を意味するのか。ドイツの学説では，従来から**適用の優位**（Anwendungsvorrang）と**効力の優位**（Geltungsvorrang）の語を区別し，EU法の優位は，効力の優位ではなく，適用の優位を意味するとしてきた。適用の優位は，EU法と国内法の両方が存在するときに，EU法が優先的に適用されることを意味する。効力の優位は，EU法が国内法の効力を否定，すなわち無効にすることを意味する。ドイツ学説では，EU法は国内法を無効にするような力を有していないとされていた。なお英語では，適用の優位がprimacy，効力の優位がsupremacyに相当するが，必ずしも厳格な意味で使い分けられているとは言えない。

1998年の会社登録料に関するIN. CO. GE' 90（Joined Cases C-10/97 to C-22/97）事件において，欧州司法裁判所は，次のように判示した[250]。後から制定された国内法が共同体と合致しないことは，国内法の法規を不存在（non-existent）にする効果をもっていない。しかし国内裁判所は，同法規を適用しないように（disapply）義務づけられる。ただし，この義務は，国内法の下で利用可能な種々の手続の中から，共同体法により付与される個人の権利を保護するのに適当であるものを管轄のある国内裁判所が適用す

---

[250] Joined Cases C-10/97 to C-22/97 Ministero delle Finanze v. IN.CO.GE' 90 and others ［1998］ECR I -6307, para.21.

る権限を制限するものではない。この事件判決により，ドイツの学説で主張されてきたことが追認された形になった。

また，EU 司法裁判所は，国内過渡的措置としてであっても，原則として，国内法を EU 法に優位させることはできないと判示した（Case C-409/06 Winner Wetten［2010］ECR I-8015）。

13.3　EU 法の優位の条文化とリスボン条約

ドイツは連邦国家であり，連邦と 16 の州から成っている。そこで連邦と州法の関係については，ドイツ基本法（憲法のこと）21 条が「連邦法は州法に優越する」と定めている。

未発効に終わってしまった欧州憲法条約の I-6 条においては，ドイツ基本法 21 条に相当する条文，すなわち「この憲法及び連合機関に付与された権限を行使して連合機関が採択した法は，構成国の法に優位するものとする」が，定められた。このことは，全く新しいことではなく，これまでの EU 法の優位に対する判例法が条文化されたことを意味する。また，しかし同時に，この条文に言う連合機関が採択された法に，共通外交安全保障政策の枠組で採択された法行為も入れられるとすると，これまで判例で認められてきた以上に，EU 法の優位の範囲が広げられるとも解することができた。

リスボン条約は，欧州憲法条約の実質を引き継いだものであると捉えられるが，欧州憲法条約 I-6 条にあたる条文は，リスボン条約の中には入れられなかった。EU 法の国内法に対する優位は，連邦法の州法に対する優位に類似し，連邦国家を連想させるものであるため，一部の国家が同原則の条文化に難色を示したとされる。もっとも EU 法の優位の原則は，リスボン条約の「17　優位に関する宣言」の中に言及されている。

「両条約（EU 条約及び EU 運営条約のこと）及び両条約を基礎とした EU によって採択された法は，判例法で確立された条件の下で，構成国の法に対して優位すると政府間会議は示す。さらに政府間会議は，文書 11197/09 に定める優位についての 2007 年 6 月 22 日の理事会の法務部の意見を

最終議定書に付すことを決定した。『判例法によると，EC法の優位は共同体法の礎石である。裁判所によると，この原則は共同体の特質から生じている。この確立された判例法の最初の判決（Case 6/64 Costa v. E.N.E.L. 事件，1964年7月15日）時においては，条約においてこの優位への言及は存在しなかった。それは今日においてもそうである。この優位の原則が将来の条約に含まれないという事実は，原則の存在及び裁判所の既存の判例に変更を加えるものではない。』」と。

■第14章■

EU 法と国内機関との関係(1)
：EU 立法の国内法化・実施・執行

14.1 EU 法の執行・実施と構成国

　EU 条約 4 条 3 項 2 文は，「構成国は，両条約から生じる義務または連合の機関の行為から生じる義務の履行を確保するために，一般的なまたは個別的なあらゆる適当な措置をとる」と構成国の作為義務を定めている。他方同項 3 文は，「構成国は，連合の任務の達成を促進するものとし，連合の目的の達成を危険にさらすいかなる措置もとってはならない」と不作為義務を定めている。これら条約に定められた誠実協力義務に基づき構成国は EU 法の実施を義務づけられてきた。このような構成国と EU が相互に尊重し，かつ支援するという，誠実協力義務は連邦国家であるドイツにおいても見られる。ドイツでは**忠実義務**（Bundestreu）と呼ばれている。

　誠実協力義務に服する構成国には，立法機関のみならず，行政機関や司法機関，中央機関のみならず地方機関，国家機関のみならず公共機関までも，すなわち構成国のすべての公的機関が含まれる。

　指令は結果のみを拘束し，それを達成する手段は構成国の裁量に任されている。指令の国内法化は主に立法機関が担っている。国内法化・実施義務は EU 法上の義務であるが，国内法においても義務づけがなされている国も存在する。たとえば，フランスでは EU 指令の国内化・実施義務がフランス憲法 88 条-1 により基礎づけられている。2004 年 6 月 10 日の判決でフランス憲法院は，EU 指令の国内法化・実施義務に反する国内立法は憲法 88 条-1 に違反するゆえに違憲となると判示した[251]。また，2007 年 2 月 8 日のフランス国務院の Arcelor 事件判決においても，フランス憲法院

の判決に従い，EU 法の国内法化・実施義務が憲法 88 条-1 に基づく憲法上の義務であるとした[252]。立法機関は，EU 法を実施するための措置をとるように義務づけられているのみならず，逆に EU 法に反するような措置をとらないことも義務づけられている。また，既存の国内法が EU 法に違反するような場合，同国内法を修正するあるいは廃止することも求められる。

司法機関である国内裁判所は，自らの管轄権の範囲にある事項につき EU 法の十分な実効性を確保するために国内法を EU 法に適合させて解釈しなければならない。EU 法に適合させて国内法を解釈するという原則は，国内裁判所に指令によって求められるのと反対の結果を生じさせないように一体としての国内法を検討することを義務づけられる。また，国内裁判所は，EU 法に違反する国内法を適用しないように義務づけられている（適合解釈の詳細については上述 9.2 を参照）。

行政機関については次の節で取り上げる。

14.2　国内機関による EU 法の間接的執行

EU に権限が付与されている分野においては，EU 諸機関，特に立法機関である理事会と欧州議会が法行為（EU 立法）を採択する。EU に権限が付与されている分野も実施・執行は原則的に構成国が行うことになっている。これは，EU がまだ国家ではなく，不十分にしか権限を付与されていないことを意味するのではない。連邦国家によく見られることである。たとえば連邦国家であるドイツでは，専属的権限，競合的権限など連邦に権限が付与されているが，それらが付与されている分野でも実施・執行は原則的に州が行っている。立法権限とそれを実施する権限は区別されている。

EU 法の実施は原則的に構成国が行ってきている。リスボン条約は，これを次のように明文化した。「構成国は，拘束力のある連合の法行為を実

---

[251] 伊藤洋一「EC 法の優越とフランス憲法規範——フランス国内判例の新展開」『慶應法学』12 号 2009 年 101-170 頁。
[252] 伊藤洋一（前掲論文）。

施するために必要なあらゆる国内法上の措置を採択する」(EU 運営条約 291 条 1 項)。拘束力のある EU の法行為を実施するために統一的な条件が必要である場合は EU 法上で派生的手続法が採択されるが (EU 運営条約 291 条 2 項)，そのような派生的手続法が存在しない場合，構成国は，EU 法を国内法の形式及び実施規定に従い執行する。EU 法レベルにおける一般的手続規定は現時点では存在しない。よって，EU 構成国の行政の差異は甘受されなければならない。ただし，EU 法の適用範囲やその効果を侵害するような差異は許されない。EU 司法裁判所は，判例の中で EU 法の執行・実施にあたって国内法を適用する場合に遵守しなければならない原則を確立してきた。一つは，**実効性の原則**（principle of effectiveness or minimum protection），すなわち EU 法の実現を実際に不可能なものにしたり，あるいは過度に困難なものにしてはならないという原則である。もう一つは，**同等の原則**（principle of equivalence or non-discrimination），すなわち国内のケースの場合と比べて不利なものにしてはならないという原則である。

14.3　EU 機関による EU 法の直接的執行

　EU 法の執行・実施は，原則的に構成国（国内機関）により行われるが，例外的に EU 機関が直接に執行する場合がある。直接執行を担う機関は主に欧州委員会及び EU 法行為により設立された**エイジェンシー**（Agency）と呼ばれる機関である。

　EU 法の直接執行は，EU の内部事項の執行と外部事項の執行に分けられる。内部事項の執行は，①人事（採用，昇進，社会福祉など），②予算（EU 運営条約 317 条），③内部組織，④翻訳・通訳，法務サービスなどである。

　EU の外部事項の執行は，①独自の執行分野，②特別な執行権限が付与される場合，③競争法及び補助金などの監視などが挙げられる。

　①**独自の執行分野**は，拘束力のある法行為によってよりもむしろ援助手段の利用によって管理する分野に見られる。たとえば，農業政策（EU 運営条約 40 条），社会政策（EU 運営条約 162 条及び 163 条），経済的，社会的及び地理的結合（EU 運営条約 174 条以下），研究及び開発政策（EU 運営条約

179 条以下)などである。これらの分野で基金の管理が大きな意味をもっている。

②**特別な執行権限が付与される場合**とは、EU 派生法により下部機関が設立され、同機関が執行する場合である。設立された機関は、独自の法人格を有している。たとえば、医薬品の分野では、欧州医薬品審査庁 (European Medicines Agency, EMA) が設立されている。化学物質については、化学物質庁 (European Chemicals Agency, ECHA) が設立されている。その他、欧州環境庁 (European Environment Agency)、欧州食料審査機関 (European Food Safety Authority, EFSA)、欧州生活・労働条件改善基金 (European Foundation for the Improvement of Living and Working Conditions, EUROFOUND)、域内市場調和庁 (商標意匠庁) (Office for Harmonisation in the Internal Market, OHIM)、EU 基本権庁 (European Union Agency for Fundamental Rights, FRA)、欧州海洋安全庁 (European Maritime Safety Agency, EMSA)、欧州航空安全庁 (European Avisation Safety Agency, EASA)、欧州職業教育センター (European Centre for the Development of Vocational Training, Cedefop) などである。最近設立されたものとして、自由、安全及び司法の領域における大規模な IT システムの運用管理のための欧州機関 (European Agency for the operational management of large-scale IT systems in the area of freedom, security and justice) が挙げられる。同機関は、2011 年 10 月 25 日の欧州議会と理事会規則 1077/2011 により設立された[253]。これは、EU の下部機関であり、かつ独自の法人格を有する。各政策分野で専門的、技術的、科学的あるいは管理的任務を担う下部機関が 20 以上存在し、今後も増加していくと考えられる。

③**競争法及び補助金などの監視を必要とする一定の分野**は、理事会規則 17/62 号 (2004 年 5 月 1 日以降は、理事会規則 1/2003) により欧州委員会に大きな権限が付与されている特別な分野となっている。競争法 (EU 運営条約 105 条) の分野では、欧州委員会に調査権限、制裁金の賦課権限が与えられている。もっとも、EU 競争法の分野は以前もっぱら欧州委員会が執行を担っていたが、1990年代末以降競争法分野の現代化がすすめられ、2004年

---

[253] OJ of the EU 2011 L 286/1.

以降は欧州委員会のみならず構成国の競争当局も執行に加わる体制になっている。補助金の分野では，理事会規則 659/1999 により欧州委員会に原則的に権限が付与され，例外的に理事会に執行規定の採択権限が付与されている。一定規模以上のあるいは一定の類型に入る国家援助は欧州委員会に通知し許可をもらわなければならない。また，通商政策の分野における輸出入のコントロールは，欧州委員会が実施している。

■第15章■

EU法と国内機関との関係(2)
：先決裁定手続

　本章では，EU法と国内機関との関係，特に先決裁定手続を通じたEU法と国内裁判所との関係を説明していくことにする。**先決裁定手続**とは，一言で言うと，このようなEU裁判所としての役割を担っている国内裁判所が訴訟過程においてEU法に関し不明な点が存在する際に，欧州司法裁判所にその点につき質問をし（先決裁定を求めて付託し），欧州司法裁判所がそれに答える（先決裁定を下す）という手続のことである。先決裁定手続は，英語のpreliminary rulingを翻訳したものであるが，その他の訳としては，**先行判決**，**中間判決**などがある。先決裁定手続は，EEC条約発効時には，EEC条約177条に定められており，その後EC条約234条になり，現在EU運営条約267条に規定されている。

15.1　国内裁判所と先決裁定手続

●国内裁判所の役割
　ルクセンブルクにおかれているEU司法裁判所は，欧州司法裁判所，一般裁判所及び専門裁判所（職員紛争審判所）であるが，EU法を解釈し，適用する裁判所は，EU司法裁判所だけではない。EU構成国にある裁判所（国内裁判所）がEU法を解釈し，適用して，EU裁判所としての役割を果たしている。ここで理解しなければならないことは，構成国において「EU裁判所」という名称をもつ裁判所が存在するのではなく，通常の裁判所（民事にせよ，刑事にせよ，あるいは行政裁判所のような専門裁判所にせよ）がそのままEU裁判所でもあるということである。

EU 条約及び EU 運営条約の主体は構成国や EU 機関のみならず，個人でもある。EU 規則は直接適用性を有し，発効すれば，そのまま国内法の一部となる。このように EU 法は国内法に組み込まれているため，国内裁判所は EU 法を国内法として解釈し，適用することになる。

　リスボン条約により次のような規定が裁判所に関する EU 条約 19 条 1 項に入れられた。「構成国は，連合法により規律される分野において実効的な法的保護を確保するために十分な救済手段を講じる」。これにより国内裁判所が EU 法の実効的な効果を確保する任務を担っていることが明示的に定められたと捉えられる。

　また，欧州司法裁判所は，2011 年の裁判所意見 1/09 において国内裁判所の役割を次のように確認した[254]。EU 条約 4 条 3 項に定められている誠実協力の原則（principle of sincere cooperation）により，構成国は，それぞれの領域において，EU 法の適用と尊重を確保するように義務づけられる。さらに，EU 条約 4 条 3 項 2 段により，構成国は，EU 条約または EU 機関の行為から生じる義務の履行を確保するのに適切な措置をとらなければならない。この文脈において，すべての構成国において EU 法の完全な適用を確保し，同法の下での個人の権利の司法的保護を確保するのは，国内裁判所及び欧州司法裁判所である。国内裁判所は，欧州司法裁判所と協力して，EU 条約及び EU 運営条約の解釈及び適用において法が遵守されるように確保するという与えられた任務を履行すると。

● 国内裁判所と先決裁定

　国内裁判所が EU 法を解釈し，適用する際には，当然のことながら不明点や疑問点が生じてくる。EU 司法裁判所は，それらの点につき先決裁定手続を通じて回答を与えることになる。このように先決裁定手続は，国内裁判所が「EU 裁判所」としての役割を果たす上で，なくてはならない非常に重要な制度である。欧州司法裁判所は，先決裁定手続を EU 法の本質そのものの維持に必須のものであると捉えている。すなわち，国内裁判所

---

[254] Opinion 1/09〔2011〕ECR I -nyr, paras.68 and 69；中西優美子「欧州および共同体特許裁判所を創設する国際協定案と EU および EU 運営条約の両立性」『国際商事法務』Vol.39 No.9 2011 年 1346-1352 頁。

から先決裁定を求める権利，あるいは最終審の裁判所である場合には先決裁定を求める義務を剥奪すること，また欧州司法裁判所から国内裁判所が付託する先決裁定問題に回答する権限を奪うことは，EUの機関及び構成国に付与しかつEU法の本質そのものの維持に不可欠な本質的特性を変更することを意味するとしている[255]。

15.2　先決裁定手続の意義

　先決裁定手続の細かな説明に入る前に，先決裁定手続がもつ意義についてまとめておくことにする。

●EU法の発展へ寄与
　先決裁定手続は，EU法の効果的な適用と発展に寄与する。EU司法裁判所は，先決裁定を下す中でEU法を明確にし，また発展させてきている。たとえば，第9章で見てきたVan Gend en Loos（Case 26/62）事件をリーディングケースとするEU法の直接効果，適合解釈の義務（間接効果）及びFrancovich事件の国家責任並びに第13章で取り扱ったCosta v. E.N.E.L.（Case 6/64）事件をリーディングケースとするEU法の優位の原則は，EU法の最重要な原則であるが，それらはすべて国内裁判所が先決裁定手続を通じて欧州司法裁判所に求めた先決裁定の中で確立した原則であり，この手続のもつ意義は大きい。

●EU法の統一的適用と一貫性の確保
　国内裁判所が，「EU裁判所」としてEU法を解釈し，適用していくわけであるが，国内裁判所の裁判官はEU法を大学で必須科目として学ぶものの，各国の法制度を中心として法学教育を受けてきている。しかし，同じEU法の文言でも各国によって解釈や定義が異なりうることがある。先決裁定手続は，国内裁判所がEU法の解釈や有効性に疑問がある場合に，

---

[255]　Opinion 1/09 [2011] ECR I -1137, para.89, ECLⅠ：EU：C：2011：123.

EU 司法裁判所に当該条文の解釈や有効性につき先決裁定を求めることを可能にする。EU 司法裁判所が下す先決裁定により EU 法に対して統一的な解釈がなされ，結果統一的に適用されることになる。後述するが，最終審の国内裁判所に先決裁定を求めることが義務づけられていることからも統一的な適用がなされ，一貫性が確保されるようになっている。

●個人の権利の間接的な保護

後述するが，EU 諸機関の行為については，EU 条約及び EU 運営条約とは異なり，その解釈のみならず有効性についても先決裁定の対象となる。EU 法行為の有効性を争うには，EU 運営条約 263 条に定められている取消訴訟が存在するが，上述したように，自然人または法人の原告適格が限定されており，訴訟を提起しても却下されることが多い。国内裁判所に提起する場合には，EU 法で要求される厳格な原告適格が要求されないため，門前払いを受けることが少ない。自然人または法人が国内裁判所に提起し，国内裁判所が先決裁定手続を通じて EU 司法裁判所に先決裁定を求めるということにより，問題となる EU 法行為の無効が宣言され，個人の権利が保護される場合がある。このように先決裁定手続は，取消訴訟を通じては救済されない個人の権利の間接的な保護を可能にしている。

15.3　先決裁定の対象

EU 運営条約 267 条は，EU 司法裁判所は，①EU 条約及び EU 運営条約の解釈，②EU の諸機関または諸組織の行為の効力及び解釈に関係する先決裁定を下す管轄権を有する，と定める。

●条約の解釈

EU 条約及び EU 運営条約については，その解釈が先決裁定の対象となる。たとえば，EU 法の直接効果のリーディングケースとして知られる Van Gend en Loos（Case 26/62）事件[256]では，オランダの国内裁判所が，EEC 条約（現 EU 運営条約）旧 12 条の解釈，すなわち，同条が構成国の領

域において直接適用性を有するか否か，換言すれば，個人が問題となっている条文に依拠して裁判所が保護しなければならない権利を主張できるか否かについて欧州司法裁判所に先決裁定を求めた。これに対して，欧州司法裁判所は，EEC 条約 12 条は直接効果を有し，国内裁判所が保護しなければならない個人の権利を創設するとの先決裁定を下した。

EU 法の優位のリーディングケースである Costa v. E.N.E.L.（Case 6/64）事件[257]においては，イタリアの裁判所が，イタリア法律 1670 号，138 号及び 219 号の実施のために発布された大統領令が EEC 条約 102 条，93 条，53 条及び 37 条に違反するか否かについて欧州司法裁判所に先決裁定を求めた。これに対し，イタリア政府は国内法を適用することを義務づけられている国内裁判所は，EEC 条約 177 条（現 EU 運営条約 267 条）を利用することはできないので，国内裁判所の先決裁定の求めは許容されえない（inadmissible）と主張した。この事件において，欧州司法裁判所は，EU 法の優位の原則を導き出すことになった判示を行った。

●EU 諸機関の行為の有効性及び解釈

EU 諸機関または諸組織の行為と定められているため，EU 条約 13 条に列挙されている欧州委員会，理事会，欧州議会，欧州中央銀行，会計検査院の行為のみならず，諮問機関である経済社会評議会及び地域評議会，さらに下部機関である欧州環境庁，域内市場調和庁（EU 商標意匠庁），化学物質庁などの行為も含まれると考えられる。欧州首脳理事会も EU 条約 13 条に列挙される EU の機関の一つであるが，EU 司法裁判所は，原則的に共通外交及び安全保障政策に対しては管轄権を有さない。

また，行為とだけ規定されているため，立法行為のみならず，非立法行為も入る。また，法行為の中で，法的拘束力のある規則，指令及び決定のみならず，法的拘束力のない勧告や意見も入る。さらに，法行為ではない，

---

[256] Case 26/62 Van Gend en Loos v. Nederlandse Administratie der Belastingen ［1963］ECR 1；付託された事項は，以下の通りである。"Whether Article 12 of the EEC Treaty has direct application within the territory of a Member State, in other words, whether nationals of such a State can, on the basis of the Article in question, lay claim to individual rights which courts must protect".

[257] Case 6/64 Costa v. E.N.E.L.［1964］ECR 585.

単なる行為も入ると考えられる。

加えて，行為には，EU 域内における行為のみならず，条約締結の行為も含まれる。第三国あるいは国際組織と締結するのは，理事会であり，それを決定という行為を通じて行う。よって，EU が締結した国際条約も EU 機関の行為であるとされ，欧州司法裁判所は EU が締結した国際条約に関して先決裁定を下す管轄権を有している[258]。

問題となったのは，EU と構成国の両方が当事者となる混合協定の形で締結した国際条約に対し先決裁定を行う管轄権についである。すなわち，国際条約の規定の一部が EU の権限に属するものの，残りが構成国の権限に属している場合に欧州司法裁判所が，EU がまだ権限を有していない同条約規定についても解釈権限を有するのか否かということが問題となった。それに答えたのが，Hermès International（Case C-53/96）事件[259]である。

同事件においては，WTO 協定の付属議定書の一つである TRIPs 協定 50 条の解釈権限が問題となった。WTO 協定は EC（現 EU）と構成国と共同の混合協定（mixed agreement）の形で締結された。欧州司法裁判所は TRIPs 協定については裁判所意見 1/94 において TRIPs 協定の締結権限は，EC と構成国の間で分有されていると判示していた。Hermès International（Case C-53/96）事件においては，フランス及びイギリスが TRIPs 協定 50 条は，共同体法の適用範囲に入らないため，欧州司法裁判所は同規定を解釈する権限を有さないと主張した。これに対して欧州司法裁判所は，EC が TRIPs 協定の当事者であること及び TRIPs 協定が共同体商標に適用されることから，TRIPs 協定の 50 条の解釈する管轄権を有するとした。

また，欧州司法裁判所は，Parfums Christian（Joined Cases C-300/98 and C-392/98）事件[260]においては，Hermès International 事件を参照しつつ，より詳細な理由づけを行った。TRIPs 協定のような規定が国内法の範囲に入る状況にも共同体法の範囲に入る状況にも適用される場合，解釈に

---

[258] Opinion 1/91［1991］ECR I -6079, para.38.
[259] Case C-53/96 Hermès International v. FHT［1998］ECR I -3603.
[260] Joined Cases C-300/98 and C-392/98 Parfums Christian Dior v. TUK Consultancy BV［2000］ECR I -11307；中西優美子「TRIPs 協定 50 条の解釈権限と適合解釈」『国際商事法務』Vol.29 No.8 2001 年 976-981 頁；Case C-431/05 Merck Genèricos［2007］ECR I -7001.

15.3 先決裁定の対象　**245**

おいて将来生じうる齟齬を避けるために欧州司法裁判所はそれを解釈する権限を有するとした。また，欧州司法裁判所は，TRIPs 協定 50 条がその範囲に入るすべての状況において同じように適用されるべき手続規定を構成し，かつ国内法の対象となる状況と共同体法の対象となる状況の両方に適用されるゆえに，その義務は構成国と共同体の司法機関に実際的かつ法的理由によりそれに対し統一解釈をなすことを要求しているとし，さらに先決裁定手続を通じて国内裁判所と協力する欧州司法裁判所のみが統一解釈をすることができると述べ，結論として TRIPs 協定 50 条を解釈する管轄権は，EU 立法がなされた商標権のみに限定されず，すべての知的所有権に適用されるとした。

　EU 諸機関の行為については，EU 条約及び EU 運営条約とは異なり，その解釈のみならず有効性についても先決裁定の対象となる。たとえば，EU 諸機関により採択された指令が EU 条約と合致するか否かについて先決裁定が求められる。Association belge des Consommateurs Test-Achats ASBL（Case C-236/09）事件[261]においては，ベルギーの裁判所が理事会指令 2004/113 の 5 条 2 項が EU 条約 6 条 2 項（現 EU 条約 6 条 3 項），より具体的には同規定により保障される平等と非差別の原則と合致するか否かについて欧州司法裁判所に先決裁定が求められた。これに対して欧州司法裁判所は，両者の不合致を認め，同指令 5 条 2 項は，2012 年 12 月 21 日から無効であると判示した。

●共通外交安全保障政策と管轄権

　共通外交安全保障政策に対しては，EU 司法裁判所は原則的に管轄権を有さない。ただ，EU 司法裁判所は，EU 条約 40 条に定められることの遵守については管轄権を有するため，共通外交安全保障政策の実施が EU の権限の行使に関して諸機関の手続の適用及び権限の範囲に影響を及ぼしうる可能性がある場合には，共通外交安全保障政策の枠組でとられた理事会及び欧州首脳理事会の決定に関して先決裁定を行う管轄権を有する。また，

---

[261] Case C-236/09 Association belge des Consommateurs Test-Achats ASBL etc v. Conseil des ministres ［2011］ECR I -773, ECL I：EU：C：2011：100；中村民雄「個人保険料・保険金の男女平等」『貿易と関税』Vol.59 No.8 2011 年 75-69 頁。

逆に EU 運営条約 3 条から 6 条までに定められる政策の実施が共通外交安全保障政策の権限の行使に関して手続の適用及び権限の範囲に影響を及ぼしうる場合も，EU 司法裁判所は，EU 諸機関の行為に関して先決裁定を行う管轄権を有する。

なお，第 3 の柱であった名残として，自由・安全・司法の領域に関しても一部 EU 司法裁判所の管轄権が及ばない（EU 運営条約 276 条）。

15.4　先決裁定を求める国内裁判所

●裁　判　所

EU 運営条約 267 条に言及されている構成国の裁判所は，裁判所（court または tribunal）に限定されない。判例の中で，EU 司法裁判所は，EU 運営条約 267 条にいう裁判所にあたるか否かについては，先決裁定を求める組織が法によって設立されたものか，常設か，その管轄権が強制的なものか，その手続は当事者間のものか，法規を適用するか及び独立性を有しているのかといったような要素を考慮するとしてきた[262]。もっとも，EU 司法裁判所は，裁判所という概念を広く解釈してきており，国内におけるいかなる司法機関でも，何らかの公的な承認の措置を享受しているのであれば，先決裁定を求めることができる。たとえば，準司法的な機能を有する行政機関も可能である。一般医療審査委員会も EU 運営条約 267 条にいう裁判所として認められた[263]。さらに，複数の構成国に共通の裁判所，ベネルックス裁判所も先決裁定を求めることができるとした[264]。

逆に，裁判所として認められない場合もある。たとえば，司法機関であっても拘束力を生じさせない行政手続にとどまる場合は，先決裁定を求めることができない[265]。また，私人間の紛争解決を行う仲介者（arbitrator）は，裁判所とはみなされない。さらに，構成国間，構成国と EU の間の協

---

[262] Case C-196/09 Paul Miles and others v. European Schools [2011] ECR I -5105, para.37.
[263] Case 246/80 Broekmeulen v. Huisarts Registratie Commissie [1981] ECR 2311.
[264] Case C-337/95 Parfums Christian Dior SA v. Evora BV [1997] ECR I -6013, paras.20-23.
[265] Case C-111/94 Job Centre Coop [1995] ECR I -3361.

力形態の形として国際協定により設立された欧州学校の内部の苦情部 (complaints board) は,「構成国」の裁判所ではないから先決裁定を求められないとされた[266]。

● 最終審の裁判所とそれ以外の裁判所

EU 運営条約 267 条 2 項によると国内裁判所が判決を下すために EU 法に関する決定が必要であると考える場合には,当該裁判所は EU 司法裁判所にそれに関する先決裁定を求めることができる。つまり,先決裁定を求めるか否かは国内裁判所の裁量であり,国内裁判所は,任意により先決裁定を求めることになる。もっとも,下級審であっても EU 法行為の有効性については司法裁判所に先決裁定を求めなければならない (Case 314/85 Foto・Frost [1987] ECR 4199)。民事手続においては,当事者主義が原則であるが,先決裁定を求める決定は,当事者の一方により求められる場合のみならず,裁判所が職権で裁判所自体が必要と考える場合にもなされる[267]。また,先決裁定を求めるように当事者から求められる場合であっても,最終的に求めるか否かを決定するのは当事者ではなく,裁判所である。

EU 運営条約 267 条 3 項によると,国内法上司法的救済がないような構成国の国内裁判所に係属している事件の中で EU 法の問題が提起された場合には,その裁判所は,その事案を欧州司法裁判所に付託するとなっている。すなわち,国内において最終審の裁判所は,EU 法の問題を欧州司法裁判所に付託することが義務づけられている。これは,EU 法が統一的に解釈されるべきだからである。

もっとも先決裁定を求める義務が免除される場合が 2 つある。一つは,問題となっている EU 法の規定がすでに EU 司法裁判所によって解釈されている場合 (acte éclairé),もう一つが,EU 法の正しい適用がいささかの疑いも残さないくらい明らかである場合 (acte clair) である[268]。ただ,この判断は国内裁判所が自ら行うので,問題がないわけではない。

---

[266] Case C-196/09 Paul Miles and others v. European Schools [2011] ECR I-5105, paras.37-43.
[267] Case 126/80 Salonoa v. Poidomani and Giglio [1981] ECR 1563, para.7.
[268] Case 283/81 CILFIT v. Minister of Health [1982] ECR 3415, para.21.

● 先決裁定を求める段階

　国内裁判所が先決裁定を求める段階は，国内裁判所自らが決定する。書面手続の前後，口頭手続の前後，最終的に判決を下す前など，自由に選択可能である。極端に言えば，国内裁判所に付託されてから最終的に判決が下される前の間であれば，いつでも EU 司法裁判所に先決裁定を求めることができる。

● 先決裁定を求めるにあたっての国内裁判所の義務

　国内裁判所は，先決裁定を求めるにあたって，なぜ先決裁定が必要なのかを明らかにしなければならない[269]。さらに，付託の前提として事実関係及びそれと法の関わり合いにつき明確にしなければならない。EU 司法裁判所は，事実を審査する裁判所ではない。また，EU 司法裁判所の判事は，各国国内法に精通しているわけではない。事実判断あるいは国内法の問題については，EU 司法裁判所は管轄権を有さず，それらを行うのは国内裁判所の役目である。

　先決裁定を通じて EU 法が定義され，また発展してきているが，国内裁判所の裁判官は自らが関心をもつ一般的なあるいは仮定の問題を EU 司法裁判所に付託することはできない[270]。国内裁判所は，EU 司法裁判所に EU 法につき先決裁定を求めることができるが，国内裁判所において実際の事件が係属していることが前提となる。また，実際の性質または本訴の訴訟物を無関係である場合も先決裁定を求めることはできない[271]。

　もっとも EU 法の発展を望む弁護士などがわざわざ当事者となり EU 法の定義を明確にするために事件を作ることも考えられる。このような微妙な場合は，EU 司法裁判所が**先決裁定の許容性**（admissibility）を判断することになる。たとえば Mangold 事件では，Helm という弁護士が Mangold との労働契約し，それが年齢差別を構成するのかが問題となったが，ドイツはこの原訴訟は虚構であるとして先決裁定の許容性を争ったが，欧州司法裁判所は，国内裁判所から先決裁定が求められればそれに回答するのが

---

[269] Case C-340/01 Plato Plastik v. Caropack［2004］ECR I-4884, para.29.
[270] Case 244/80 Folgia v. Novello［1981］ECR 3045, para.18.
[271] Case C-340/01 Plato Plastik v. Caropack［2004］ECR I-4884, para.28.

司法裁判所であり，国内裁判所のみが事件の事実について直接的な知識をもっており，先決裁定を必要とするか否かを判断するのは国内裁判所であるとした上で，Mangold 事件においては契約が実際にかわされ，その適用に共同体法の解釈の問題が生じたとして，許容性を認めた[272]。

15.5　EU 司法裁判所の管轄権

　EU 司法裁判所は，上述したように事実，国内法，仮定の問題などに対しては管轄権を有さない。
　このような問題が付託された場合には，先決裁定の許容性（admissibility）審査のところで却下されることになる。EU 司法裁判所は，国内裁判所との権限配分を考慮しており，本案審理（substance）に入った場合であっても，国内裁判所が判断すべき事項と考える場合には，"It is for national court to……"として，判断を国内裁判所に委ねる。
　また，注意しなければならないのは，EU 司法裁判所は先決裁定を求められた具体的な付託事項についてのみ先決裁定を下すのであって，もともとの国内裁判所に係属している事件に最終判決を下すのは国内裁判所であるということである。したがって，EU 司法裁判所の先決裁定を見ただけでは，もともとの国内裁判所が事件にどのような判決を最終的に下したのかわからない。最終判決を知りたいと考える場合は，国内裁判所の判例集を調べなければならない。

15.6　先決裁定手続と迅速性

●先決裁定手続にかかる期間
　先決裁定手続は，中間判決と呼ばれるように，EU 司法裁判所が最終判決を下すのではなく，再び国内裁判所に戻され，訴訟手続が再開され，最

---

[272] Case C-144/04 Mangold [2005] ECR I-9981, paras.32-39.

終的に判決が下されることになるため，訴訟期間が長くなる傾向がある。国内裁判所が先決裁定を求めて EU 司法裁判所に事件を付託してから先決裁定が下されるまで平均して 20 カ月がかかる。つまり，訴訟期間は通常の国内裁判所の訴訟にかかる時間＋平均 20 カ月ということになる。

　先決裁定手続自体になぜ時間がかかるかというと，次のような手続を踏むからである。まず，国内裁判所が EU 司法裁判所に先決裁定を求めると，その際の付託事項（質問事項）が EU の全公用語（現在 24 言語）に翻訳され，当事者，全構成国及び EU 諸機関に送付されることになる。その後，関係当事者は，2 カ月以内に書面意見を提出することになるが，提出された意見は当該事件言語及び裁判所での作業言語（通常はフランス語）に翻訳され，関係当事者に送付されることになる。口頭手続の段階では，ルクセンブルクにある EU 司法裁判所の法廷では，複数の同時通訳者が法廷の側面上部に設けられたブースでスタンバイしており，即座に関係当事者の発言を通訳することになる。口頭手続の終了後，法務官は裁判所に意見を提出する。それを受け，裁判所で討議がなされ，その結果が当該事件言語に翻訳されて先決裁定が言い渡されることになる。

●迅速性の改善

　2000 年に**急速審理手続**（accelerated procedure）が導入された（裁判所手続規則 105 条）。それによると，通常の先決裁定手続が踏む手続と同一ではあるが，係属中の他の事件に優先して審理されるという手続である。しかし，この手続はあまり用いられていない。

　それに対して 2008 年に**緊急先決手続**が導入された（裁判所手続規則 107 条以下）[273]。それによると，以下のようになる。あらかじめ決められた担当の裁判官 3 名（任期は 1 年）がおり，法廷が指定されている。通常の先決裁定手続とは異なり，国内裁判所がこの緊急審理手続を求める場合，付託事項は訴訟の当事者，付託した構成国及び EU 諸機関に送付されるが，この段階では翻訳はされない。口頭手続の段階では，書面意見が翻訳されることになる。通常は，法務官は裁判所に意見を提出するが，この手続の場

---

[273] OJ of the EU 2012 L 265/1.

合においては意見を聴取されるのみである。書類のやり取りには，FAXや電子メールが用いられる。この緊急審理手続を用いることのできる分野は自由，安全及び司法の領域に限定されている。これらの分野では，離婚，子供の扶養などの家族法の問題あるいは刑罰が科せられる刑事法の問題にからんでおり，身分の不確定が当事者に大きな負担あるいは不利益となる可能性が高い。実際にこの手続が用いられたケースとして，Inga Rinau (Case C–195/08) 事件が挙げられる[274]。

リスボン条約により迅速性に関し先決裁定手続に改正がなされた。EU運営条約267条4段において，EU法の解釈や有効性に関わる問題が拘留中の者に関して国内裁判所に係属している事件の中で提起される場合には，EU司法裁判所はできる限り迅速に行動すると定められた。

15.7　先決裁定手続を求める義務の履行確保

EU運営条約267条3項は，国内の最終審の裁判所は先決裁定を求めなければならないと定めている。この義務の履行確保についてEU法上と国内法（ドイツ法）上の判決があるので，紹介する。

●EU法レベルでの履行確保

最終審の国内裁判所が先決裁定を求めない場合は，原則的にEU運営条約267条3項の義務に反することになる。

この履行確保として2つの手段がEU法上考えられる。一つは，条約違反手続及び判決履行違反手続を用いることである。もう一つは，国家責任の原則に依拠することである。前者については，判例は存在しない。後者については，Köbler（Case C–224/01）事件[275]が例として挙げられる。

Köbler(Case C–224/01)事件においては，オーストリアの最高行政裁判所

---

[274]　Case C–195/08 PPU Inga Rinau［2008］ECR I –5271；中西康「緊急先決手続の創設」『貿易と関税』Vol.57 No.2 2009年 75–70頁。

[275]　Case C–224/01 Köbler v. Austria［2003］ECR I –10239；西連寺隆行「構成国最高裁判所のEC法上の国家賠償責任」『貿易と関税』Vol.52 No.10 2004年 75–71頁。

がEU司法裁判所に先決裁定を求めなかったことにより，国家責任が生じるか否かが問題とされた。EU司法裁判所は，国家責任の発生の3つの要件，①違反された法規が個人に権利を付与することを意図するものであること，②重大な違反が存在すること，③国家の違反と個人が被った被害の間に直接的な因果関係が存在すること，を確認した上で，②の重大な違反について，次のように判示した[276]。第2の要件については，司法機能の特質と法的安定性が考慮に入れられなければならない。国内裁判所による共同体(現EU)法違反に対する国家責任は同裁判所が適用される法を明白に (manifestly) に侵害したという例外的な場合に負わされる。その条件を満たすか否かを決定するためには，補償に対する請求に応じる国内裁判所がおかれた状況を特徴づけるすべての要素を考慮しなければならない。その要素は，特に侵害された法規の明確さと精確さの程度 (degree of clarity and precision)，侵害が意図的であったか否か，法の誤りは許容されるものか否か，EC条約234条(現EU運営条約267条)3項の下での先決裁定を求める義務に裁判所が従っていないこと，場合により共同体 (現EU) 機関の意見を対象とする。

このように先決裁定を求める義務に国内裁判所が違反したということは，国家責任が発生するか否かの検討要素として挙げられている。よって，EU法レベルでは，この義務の不遵守が国家責任を生じさせうることが明確にされている。

● 国内法レベルでの履行確保

ここでは，ドイツ連邦憲法裁判所の判例[277]を紹介する。

ドイツ連邦憲法裁判所において，次のような事件が付託された。異議申立人は，ハンブルクにおいて一般医研修 (Allgemeinarztpraxis) におけるパートタイム実習 (Teilzeitqualifizierung) に基づき，開業医 (praktische Ärztin) としての承認を得ようとしていた。本件における憲法異議は，「一般医学における特別養成専門教育に関する1986年9月15日の理事会指令（86/457/

---

[276] Case C-224/01 Köbler v. Austria [2003] ECR I-10239, paras.53-55.
[277] Beschluß der 2. Kammer des Ersten Sentas vom 9. Januar 2001；中西優美子「ドイツ憲法判例研究（133）欧州司法裁判所に先決裁定を求める国内裁判所の義務」『自治研究』81巻8号 2005年 130-137頁。

EWG）」によるフルタイム実習の要請が「雇用，職業教育および昇進への機会並びに労働条件に関する男女均等待遇原則の実施のための 1976 年 2 月 9 日の指令 (76/207/EWG)」との関係でどのように解釈されるべきかについて，連邦行政裁判所が欧州司法裁判所に先決裁定を求めることを義務づけられていたか否かという問題であった。

これに対して，ドイツ連邦憲法裁判所は次のように判示した。

欧州司法裁判所はドイツ基本法（憲法のこと）101 条 1 項 2 文の意味における法律上の裁判官であり，国内裁判所が先決裁定手続により欧州司法裁判所に先決裁定を求める義務を遵守しない場合には法律上の裁判官の剥奪に相当することが明らかにされている。それによると，特に最終審の国内裁判所が先決裁定を求める義務を原則的に見誤った場合には，同義務への対処方法を変更し，先決裁定を求めなければならない。これから下されるべき判決にとって重要な共同体（現 EU）法の問題につき，欧州司法裁判所が関連する判決をまだ下していない場合あるいは既存の判決がこれから下されるべき判決にとって重要な問題に対してまだ十分には回答を与えていない可能性がある場合にも，同様である（判決理由 18 段）。

共同体（現 EU）二次法の審査にあたって，ドイツ連邦行政裁判所は，基本法に定められる性差別の禁止に相当し，かつ，共同体一次法としての通用性を有する，そのような欧州司法裁判所が発達させた性の平等取扱い原則の存在を考慮に入れていなかった。このことが考慮されていたならば，当然ながら先決裁定が求められていたであろう。なぜなら，ドイツ連邦憲法裁判所は管轄権がないために，基本権をもとにして実質的な審査をできず，かつ，欧州司法裁判所が先決裁定を求められないために共同体の中で発達してきた基本権保障に沿って共同体二次法を審査する可能性を有さない場合，異議申立人の基本権保護は宙に浮くことになる。このような場合においては，最終審である裁判所は欧州司法裁判所に先決裁定を求めないことにより基本法 101 条 1 項 2 文に違反する（判決理由 24 段）。

よって，最終審の国内裁判所が EU 司法裁判所に先決裁定を求めないことは，単に EU 法違反になるだけではなく，ドイツ憲法違反になることが明確にされた。最近の関連判例として 2 BvR 2661/06 Honeywell 事件がある。

第Ⅳ部

政 策 法

- ■第 16 章　域 内 市 場
- ■第 17 章　EU 環境法
- ■第 18 章　自由・安全・司法の領域
- ■第 19 章　対外関係法
- ■第 20 章　EU とアジア

■第16章■

域内市場

　EEC条約は**共同市場**（common market）の創設を目標に掲げていた。1987年に発効した単一欧州議定書により新たな概念として**域内市場**（internal marktet）が導入された。域内市場という概念には，当時経済停滞が続いていたヨーロッパにおいて1992年末までに市場統合を行うという目標と結びついて経済促進剤としての役割が与えられた。リスボン条約発効以前は，EC条約の中に共同市場という概念と域内市場という概念の両方が存在していた。リスボン条約により共同市場が域内市場という文言にすべて置き換えられた。

　EU条約3条3項は，目的の一つとして域内市場の設立を掲げている。域内市場は，物，人，サービス及び資本の自由移動がEU条約及びEU運営条約の規定に従って確保される域内国境のない領域からなると定義されている（EU運営条約26条2項）。物，人，サービス及び資本の自由移動は，**4つの基本的自由**（fundamental freedom）と称され，重要な原則となっている。

　EUは域内市場分野において共有権限を有している（EU運営条約4条2項(a)）。すなわち，同分野においては，EUと構成国の両方が権限を有しているが，EUがいったん権限行使すると，構成国は措置をとることができなくなる。これは専占効果（pre-emption effect）というが，これがよく見られるのがこの分野である（特に，EU運営条約114条，旧EC条約95条に基づく措置による）。域内市場は，EU運営条約の第3部「連合の域内政策と活動」に規定されている。域内市場は，第3部の中で特に，第1編「域内市場」（26条～27条），第2編「物品の自由移動」（28条～37条）及び第4編「人，サービス及び資本自由移動」（45条～66条）並びに域内市場の設

立と運営を対象とする EU 運営条約 114 条に関係するが，他の政策にも影響を及ぼしている重要な概念である。域内市場に関しては，文献も判例も膨大であるが，ここではそのエッセンスを説明していくことにする。

16.1 物の自由移動

物の自由移動を妨げているのは，関税や課徴金といった金銭的なものと数量制限や規制といった非金銭的なものがある。そこで EU 運営条約では，第3部第2編「物の自由移動」において，関税同盟（第1章）と構成国間の数量制限の禁止（第3章）と分けて規定し，物の自由移動を妨げる原因となるものを排除している。

16.1.1 関 税 同 盟

EEC はもともと経済統合を目的としていたが，最初の具体的な目標は関税同盟を設立することであった。関税同盟とは，①その域内においては物が制限なく自由に移動する自由貿易領域であり，②その域外に対しては共通の関税率が課せられるシステムを意味する（EU 運営条約 28 条 1 項）。中南米南部共同市場（Marcado Commun del Cono Sur, Mercosur）は，EU の関税同盟をモデルとして 1995 年に関税同盟を発足させた。東南アジア諸国連合（ASEAN）も関税同盟の設立を目標の一つとしている。現在は，2カ国間，あるいは2当事者間での自由貿易・経済連携協定（FTA/EPA）の締結が進んでいるが，それを進めた段階が関税同盟となる。さらに，それを進めた段階が共同市場あるいは域内市場の創設となる。

関税同盟の2つの要素のうち一つ，域内における自由貿易領域は，輸出入に対する関税及び同等の効果を有する課徴金を構成国において禁止することによって実現することが定められている（EU 運営条約 30 条）。旧 EEC 条約 12 条（現 EU 運営条約 30 条相当）は，直接効果があると欧州司法裁判所により Van Gend en Loos（Case 26/62）事件[278]において判示されている。よって，貿易会社がある構成国の関税あるいは同等の効果を有する課

徴金が課せられていると考えるときは，国内裁判所においてこの条文に依拠して権利を主張することができる。

輸出入にかかる関税と同等の効果をもつ**課徴金**（charges having equivalent effect）が何を意味するかについては条約には定義はないが，判例により「名目が何であれ，輸入時あるいは後日に一方的に課せられ，ある構成国から輸入された製品に直接影響を及ぼすことによって価格を上昇させ，ちょうど自由に流通する製品に関税を課したのと同じ結果になる」ものとされている。例としては，統計のための手数料，検査手数料などが挙げられる。ただ，国内産品と輸入品の取扱いを区別しておらず，手数料額が物品の量に比例しており，自由移動の利益を促進するものであるなどの一定の条件が満たされる場合には例外として許容されることもある。

また，ここでいう物品には，構成国において生産される物品及び第三国から輸入されたものが構成国に自由に流通しているものが入る（EU運営条約28条2項）。もっとも，何が物品にあたるかについては条約上定義が存在しない。判例の中で，物品とは，金銭的に評価することができ，商取引の対象となりうるあらゆる有体物であるとされている。廃棄物が物品に入るか否かが議論されたが，廃棄物であっても技術発展によりリサイクルや再利用される可能性があるので，物品に入ると裁判所は判示している。

他方，関税同盟のもう一つの要素，域外に対する**共通関税率**（Common Custom Tariff）の設定は，EU運営条約207条に定められる共通通商政策において定められる。共通通商政策分野においては，EUは排他的権限を有しており，原則的にEUのみが規律することができる。よって，たとえばA国が第三国であるX国と特別な関係にあったとしてもEUで定められた統一的な関税率をX国に対し適用しなければならない。

16.1.2　構成国間の数量制限の禁止

●構成国間の数量制限の禁止

関税あるいはそれと同等の効果を有する課徴金のように物品の自由移動

---

[278] Case 26/62 Van Gend en Loos v. Nederlandse Administratie der Belastingen ［1963］ECR 1.

に対し金銭的負荷をかけることを禁止すると同時に，EUは輸出入についての構成国間の数量制限及び同等の効果を有する措置を禁止している（EU運営条約34条及び35条）。主に問題となるのは，輸入に関する数量制限及び同等の効果を有するすべての措置である（EU運営条約34条）。数量制限とは，重さ（トン）や数（個数）に制限を設定する場合である。実際に問題となり争いが多いのは，何が数量制限と同等の効果を有する措置（measures having equivalent effect to quantitative restrictions）にあたるかということである。EU司法裁判所は，これについて数多くの判例を下してきた。以下に主要な判例を紹介しつつ，数量制限と同等の効果を有する措置について説明を加えていきたい。

● **数量制限と同等の効果を有する措置**

数量制限と同等の効果を有する措置が何を意味するかについては，条約上定義されていないが，それを明確にしたのが，欧州司法裁判所のDassonville（Case 8/74）事件判決[279]である。同事件においては，フランスからベルギーに並行輸入されたイギリスのスコッチウィスキーが問題となった。ベルギーの国内法は，原産地表示のある製品の輸入の際には，原産国政府発行の原産地証明書の添付を要請しており，それがない場合には輸入を禁止していた。本件においては，このベルギー法が数量制限と同等の効果を有する措置にあたり，EEC条約30条（現EU運営条約34条）に違反するか否かが争われた。

本件において，欧州司法裁判所は，後に**Dassonville定式**（formula）と呼ばれることになる，基準を提示した。その基準とは，「直接または間接に，現実的にまたは潜在的に，域内貿易を妨げうる，構成国によって制定された通商規則は，数量制限と同等の効果を有する措置に当たる（"All trading rules enacted by Member States which are capable of hindering, directly or indirectly, actually or potentially, intra-community trade are to be considered as measures having an effect equivalent to quantitative restrictions."）」(para.5)というものである。

---

[279] Case 8/74 Dassonville [1974] ECR 837.

欧州司法裁判所は，この後，各国に存在する独特の法律がEU運営条約34条に違反するという判例を下していった。興味深い判例としては，1982年のマーガリン（Case 261/81）事件判決[280]や1987年のビール事件（Case 178/84）判決[281]を挙げることができる。前者のマーガリン事件では，ベルギーの法律が，消費者がバターとマーガリンを混同しないように，バターとマーガリンに特定の型の包装を要請していたことが問題となった。欧州司法裁判所は，そのような法律は物品の自由移動に対する絶対的な障害とはならないが，製品の販売を困難にし，その結果製品が割高になってしまうため，数量制限と同等の効果を有する措置であるとした。後者のビール事件では，ドイツのビール税法が，ビールの原料は大麦，ホップ，イーストと水に限定し，それ以外の原料や添加物を使用して製造されたビールは流通が制限されることが問題となった。ドイツは，公衆衛生の保護から正当化しようとしたが，EU運営条約34条（旧EEC条約30条）違反となった。EU運営条約34条が数量制限と同等の効果を有するすべての措置を禁止すると定めていることから，法の接近あるいは調和では実現できない，EU基準の適用が可能になった。

　もっとも，これらのように各国の「文化」を背景とする国内法がEU法違反とされることによって，各国法の独自性あるいはおもしろさが失われてしまう可能性もあることは確かであろう。余談であるが，ドイツではこのビール事件判決の後，添加物を加えたビールもビールとして販売できることになったが，ドイツ人はこれまで通り純粋なビールを好み，添加物を加えたビールの消費量は増えていないと報告されている。ドイツ人の嗜好まではEU法は変更できないということである。

●同等な効果を有する措置の内在的制約

　Dassonville（Case 8/74）事件において，欧州司法裁判所は，何が数量制限と同等の効果を有する措置にあたるかについて基準を示した。1979年のCassis de Dijon（Case 120/78）事件[282]において，数量制限と同等の効

---

[280] Case 261/81［1982］ECR 3961.
[281] Case 178/84 Commission v. Germany［1987］ECR 1227.
[282] Case 120/78［1979］ECR 649.

果を有する措置に内在的制約があることを示した。すなわち，Dassonvill 定式に当てはまるものであっても，正当化され EU 運営条約 34 条違反にならない場合があることを示した。

　Cassis de Dijon 事件の事実概要は，次のようなものである。ある商社がリキュール (Cassis de Dijon) をフランスからドイツに輸入したいと考えて，火酒 (Branntwein) としてドイツ連邦専売局に申請し許可を求めた。当該リキュールは，アルコール分が 15%～20% であったが，ドイツ法によると，果実リキュールは少なくとも 25% のアルコールを含有していなければならないとなっていた。結果的に，フランスで自由に流通している果実リキュールのドイツへの輸出を妨げているドイツ法が数量制限と同等の効果を有する措置にあたるか否かが争点となった。ドイツは，アルコール含有量の低い果実リキュールの流通を制限することは公衆衛生の観点から正当化されると主張した。そこで欧州司法裁判所が提示したのが，後に **Cassis de Dijon 定式**と呼ばれる正当化理由である。判示は，以下の通りとなっている。

　「とりわけ税制の監督の効率性，公衆衛生の保護，商取引の公正及び消費者保護に関する強制的要請（必須の要件）を満たすために必要であると認められる限り，問題となっている製品の販売に関する国内法の相違から生じる共同体における移動に対する障害が容認されなければならない ("Obstacles to movement within the Community resulting from disparities between the national laws relating to the marketing of the products in question must be accepted in so far as those provisions may be recognized as being necessary in order to satisfy mandatory requirements relating in particular to the effectiveness of fiscal supervision, the protection of public health, the fairness of commercial transactions and the defence of the consumer.")」(para.8)。

　Cassis de Dijon 定式には正当化理由として税制の監督の効率性，公衆衛生の保護，商取引の公正及び消費者保護のみが明示的に言及されているが，これらの列挙されている内在的制約は網羅的ではなく，例示であると捉えられている。1988 年に判決されたデンマーク容器 (Case 302/86) 事件[283]では，デンマークの国内法が再利用可能な容器に入った飲料を販売するか，あるいは預かり金返却システムを設定しなければならないと定め

ていたことが問題となった。さらに預かり金返却システムを設定した場合には数量制限も課されていた。よって，そのようなデンマーク国内法がEU運営条約34条（旧EC条約30条）に違反するか否かが争われた。欧州司法裁判所は，環境保護は，Cassis de Dijon定式の強制的な要請（必須の要件）を満たすものの一つであり，正当化理由として認められると判示した。このような解釈は，Cassis de Dijon定式の文言，「とりわけ（particular)」から肯定される。その他，強制的な要請を満たすものとされた事項として，国内文化の促進[284]や基本権[285]が挙げられる。

Cassis de Dijon定式の適用は，そこに列挙されている正当化理由がある場合に常に可能であるのではなく，問題となっている国内法が国産品と輸入品を区別していない場合のみに限られる[286]。

● 販売方法に関する規制

数量制限と同等の効果を有する措置に関する判例変更とも捉えることのできるのが，1993年のKeck（Joined Cases C-267/91 and C-268/91）事件判決[287]である。Keck事件では，KeckとMithouardが原価割れ販売をしたために，フランスで刑事責任に問われた。フランスでは，そのような売り方を禁じていた。Keckらは，フランスのそのような販売方法の規制は，数量制限と同等の効果を有する措置にあたるとした。

これに対して，欧州司法裁判所は，ある一定の販売方法（selling arrangement）を制限したりあるいは禁止する国内法は，Dassonville判決の意味における構成国間の貿易を直接あるいは間接的に，実際にあるいは潜在的に妨げるものではないとした。もっとも，その際裁判所は，国内規定が国内領域において活動するすべての関連する取引者に適用され，また国産品と他の構成国からの輸入品の販売に法律上も事実上も同様に影響するものでなければならないとの2つの要件をつけた（Keck基準）。つまり，

---

[283] Case 302/86 [1988] ECR 4607.
[284] Case 60 and 61/84 Cinéthèque v. Fédération des cinémas français [1985] ECR 2605.
[285] cf. Case C-112/00 Schmidberger v. Austria [2003] ECR I -5659, para.78.
[286] Case 788/79 Gili [1980] ECR 2071, para.6.
[287] Joined Cases C-267/91 and C-268/91 Keck and Mithouard [1993] ECR I -6097.

欧州司法裁判所は，製品自体に対する規制と販売方法に対する規制を区別した上で，販売方法に対する規制については，差別基準と呼ばれる2つの要件，①あらゆる取引主体に平等に適用されること，及び②国産品と輸入品の販売に，法律上も事実上も同様に影響することを満たした場合には，EU運営条約34条の適用除外となるということを示した。

欧州司法裁判所は，このKeck事件判決以降，小売店舗の営業時間，営業品目の規制，広告規制，特定の製品についての小売店舗数の制限ないし許可制などが販売方法であると示してきた。しかし，法務官のJacobsは，1995年のLeclerc Siplec（Case C-412/93）事件[288]において，Keck基準に照らし，販売方法か否かで国内規制が数量制限と同等の効果を有する措置の射程に入るのか否かを判断するのは不適当であると批判し，国内規制が国内市場への輸入品の参入を直接かつ実質的に侵害しているか否かが基準となるべきであると指摘した。判例においても近年の傾向として，国内規制が販売方法にあたると認定しつつも，別の観点，市場参入が妨げられていないか否かという点を審査し，EU運営条約34条の適用除外とはならないと判断するケースがでてきている。いくつか判例を紹介する。

2000年のHeimdienst（Case C-254/98）事件[289]は，次のようなものであった。オーストリア法では，営業許可によって販売が認められている商品の地域巡回販売を認めていたが，それには条件があった。その種の巡回販売は，販売商人が行政区画あるいはそれに隣接する地方自治体におかれる「恒久的施設」を通じてその行政区域内において行う場合に限り認められ，巡回販売できる商品もその恒久的施設で取り扱われているものに限定されていた。原訴訟の被告であったHeimdienstは，チロル地方に本社をかまえ，オーストリア各地に支店を有する小売商であった。Heimdienstが本社あるいは支店のある自治体に隣接しない行政区画で巡回販売をしていたために，原訴訟の原告SchutzverbandがHeimdienstの行為がオーストリア法違反であるとして，訴訟を提起した。Heimdienst事件では，当該オ

---

[288] Case C-412/93 Leclerc Siplec [1995] ECR I -179；Opinion of Advocate General Jacobs delivered on 24 November 1994, paras.38-42.

[289] Case C-254/98 Heimdienst [2000] ECR I -151；須網隆夫「数量制限と『同等の効果を有する措置』の範囲」『貿易と関税』Vol.49 No.10 2001年 81-77頁。

ーストリア法が販売方法にあたり，EU 運営条約 34 条の適用除外となるのか否かが争点となった。

欧州司法裁判所は，恒久的施設の設置を義務づけることになるオーストリア法は，輸入品に，オーストリア国産品と比べて同じ市場へのアクセスを得るためにより大きな負担を強いることになるとした。したがって，他の構成国製品の輸入国市場への参入を輸入国国産品の参入に比べ事実上阻害することなり，結果として域内通商の妨害を構成し，EU 運営条約 34 条違反（当時旧 EC 条約 28 条違反）とした。

2001 年の Gourmet（Case C-405/98）事件[290]の概要は，次のようなものであった。スウェーデンのアルコール広告法は，一定のアルコール飲料に対し，その商業広告を雑誌に掲載することを原則として禁止していた。原訴訟の被告 GIP は雑誌『グルメ』を発行していたが，定期購読版に別冊をつけ，その中にアルコール飲料の広告を掲載した。そこで，消費者オンブズマンが雑誌差し止めの請求を国内裁判所に行った。国内裁判所から欧州司法裁判所に求められた先決裁定手続においては，このスウェーデン法による広告規制が EU 運営条約 34 条（当時旧 EC 条約 28 条）の適用範囲に入るのか否かが争点となった。

欧州司法裁判所は，広告規制は販売方法にあたるとした上で，本件での広告規制は国産品に比べ輸入品の販売により大きな影響を与えることになり，通商障害を構成し，EU 運営条約 34 条が適用されるとした。

欧州司法裁判所は，Heimdienst 事件と Gourmet 事件の両方で国内規制が販売方法に関するものであることを認定しつつも，国内規制により輸入品の市場アクセスが国産品より困難になっていることから EU 運営条約 34 条の適用除外を認めなかった。これらの判例から市場参入基準が新たな観点として重要視されてきている。さらに，製品の使用方法を規制する国内法が数量制限と同等の効果を有する措置となりうるかが問題となる事件が増えてきている。Mickelsson（Case C-142/05）事件[291]では，スウェ

---

[290] Case C-405/98 Gourmet ［2001］ ECR I -1795 ; 西連寺隆行「酒類広告規制と物の自由移動」『貿易と関税』Vol.50 No.12 2004 年 75-71 頁。
[291] Case C-142/05 Åklagaren v. Mickelsson ［2009］ ECR I -4273 ; Opinion of Advocate General Kokott delivered on 14 December 2006, para.62.

ーデンのジェット・スキー使用規制が問題となったが，法務官 Kokott は，販売方法に適用される Keck 基準が使用方法にも適用可能されるべきであるとした。欧州委員会対イタリア（C-110/05）事件[292]では，バイクにトレーラーを牽引させることを禁じるイタリア法が数量制限と同等の効果を有する措置にあたるか否かが問題となった。欧州司法裁判所は，使用規制に対し販売方法のように EU 運営条約 34 条の適用除外とする類型を設定するのではなく，EU 運営条約 34 条の適用範囲として従来の判断枠組の中で審査する方法を選択した。これは，Keck 基準から市場参入基準への傾斜を意味する。

　数量制限と同等の効果を有する措置に関する判例は，当初はラベルの添付やアルコール含有量など製品自体への国内規制が問題となったが，1990 年代以降は製品の販売方法，さらに現在では製品の使用方法への国内規制が問題となるようになってきた。これは，物の自由移動が高度な段階まで進んできていることの証左である。

● 正当化事由

　Dassonville 定式により EU 運営条約 34 条にいう数量制限と同等の効果を有する措置と認定されても，同国内法が EU 法違反とならない場合がある。Cassis de Dijon 定式では，一定の強制的要請（必須の要件）を満たせば，国内法が許容されることが判例により示されたが，EU 運営条約自体も国内法が正当化される事由を認めている。

　EU 運営条約 36 条には，①公共道徳，②公の秩序もしくは公共の安全，③人間，動物もしくは植物の健康及び生命の保護，④芸術的，歴史的もしくは考古学的価値のある国宝の保護，⑤工業的及び商業的財産の保護という 5 つの理由が列挙されている。Cassis de Dijon 定式の正当化事由は例示列挙であり，強制的要請（mandatory requirements）と認められれば，明示的に列挙されている事由でも許容されたが，EU 運営条約 36 条に列挙される正当化理由は網羅的列挙であり，これ以外の理由は認められていない。Cassis de Dijon 定式による正当化事由は，国産品と輸入品を区別し

---

[292] Case C-110/05 Commission v. Italy [2009] ECR I -519；小場瀬琢磨「製品の使用規制に対する EU 運営条約 34 条の適用可否」『貿易と関税』Vol.59 No.11 2011 年 91-86 頁。

ている国内法には適用不可能であったが，EU 運営条約 36 条に列挙される正当化事由は，国産品と輸入品の取扱いを区別している国内法にも適用可能である。また，さらに，その正当化事由は例外であるとして，欧州司法裁判所により制限的に解釈されてきたが，最近は正当化が認められるケースもでてきている[293]。

●比例性原則

　ある国内法が数量制限およびそれと同等の効果を有する措置があたっても，EU 運営条約 36 条あるいは Cassis de Dijon 定式に基づき正当化される場合がある。しかし，たとえ国内規制が正当化理由を有するとしても，EU 運営条約 34 条違反となる可能性が残っている。その場合とは，当該国内規制が比例性（proportionality）を欠く場合である。すなわち，国内規制は，その規制措置が求められる目的の達成という意図に合致しており，かつ，その目的に達成に必要な範囲を超えるものであってはならない。正当化された国内規制あるいは販売方法に関する国内規制であったとしても，それが比例性原則に従ったものでなければならない。

16.2　その他の自由移動

16.2.1　人の自由移動

　域内市場の4つの自由移動のうち**人の自由移動**について説明していくことにする。

●労働者の自由移動

　EU 運営条約第 3 部第 4 編第 1 章 45 条～48 条が「労働者」と題されている。EU 運営条約 45 条 1 項は，「労働者の自由移動は，連合内において確保される」と定めている。また，それを実現するための法的根拠として

---

[293] Case C-142/05 Åklagaren v. Mickelsson ［2009］ECR Ⅰ-4273；Case C-110/05 Commission v. Italy ［2009］ECR Ⅰ-519.

EU 運営条約 46 条がおかれている。

　EU 運営条約 45 条にいう「労働者」については，条約上定義がなく，各国国内法による「労働者」の定義とは必ずしも一致しているわけではない。EU 司法裁判所は，「労働者」を非独立的な活動をし，賃金・報酬関係にある者と定義した。独立した活動をする者に対しては，EU 運営条約 45 条の適用範囲ではなく，開業の自由を定めている EU 運営条約 49 条以下が適用される。賃金・報酬関係にある者とは，経済活動者を意味し，奉仕活動者はそこには含まれない。「労働者」には，主に雇用者と雇用契約に基づいて労働を提供する者が当てはまる。その際，重要なのは，実質的かつ真正な活動であることであって，就業期間や賃金の高低，あるいは雇用形態（正社員，パートなど）は基準とはならない。判例法により求職者も「労働者」とみなされることが確立している。

　労働者の自由移動の実質的な確立は，労働者のみの自由移動を定めるのみでは不十分である。そこで，派生法によりそれを補う措置がとられた。たとえば，X 国に住む A さんが Y 国に労働者としての職を見つけたとしても A さんに家族がいる場合，家族の移動・居住の自由が一緒に認められなければ，X 国から Y 国に移動することを決心するのは難しいだろう。そこで，規則 1612/68 は，労働者本人の移動の自由を定めるだけではなく，その家族（配偶者，21 歳未満の子供，21 歳以上であっても被扶養者たる子供並びに尊属たる被扶養者）にも移動の自由を認めた。これらの家族は，国籍にかかわらず（EU 市民でなくとも）居住し，働くことができ，また，子供は受入れ国国民と同様の教育を受ける権利を有する。また，同時に A さんが X 国ですでに何年も労働者として働いた上で，Y 国に移動する場合などには，これまで積み立ててきた年金・保険等が無駄にならないという安心があって初めて移動を決心しやすくなるであろう。そこで，労働者及びその家族への社会保障制度の適用を定める規則 1408/71 が採択された。さらに，労働者が退職年齢を迎え，会社を退職したとしても，受け入れ先の国で雇用終了後も滞在できるという権利が保障された（規則 1251/70）。このように労働者の移動の自由を確立するために，派生法が採択されてきた。

　労働者の移動の自由は EU 運営条約 46 条に定められているが，この条

文が直接効果をもつだけではなく，私人間にも適用されることが判例により確立してきた。Walrave（Case 36/74）事件[294]では，ペース・メーカーは，サポーターとして選手と同じ国籍を有さなければならないという国際自転車競技連合のルールが，国籍差別の禁止と同様に労働者の自由移動にも反するとして問題になった。欧州司法裁判所は，EU運営条約45条の適用を認めた。また，Bosman（C-415/93）事件[295]では，サッカー選手であったBosmanが，移籍金がネックになって他の構成国のサッカークラブに移籍できなかったことがEU法違反であると争われた。同事件では，欧州司法裁判所は，構成国の国民であるサッカー選手がもし新契約クラブが旧クラブに対し移籍金を支払わなければ，他の構成国のクラブに雇用されないというスポーツ連盟のルールは，EU運営条約45条違反であるとし，同時にサッカークラブが他の構成国の国民であるプロ選手の数を制限するスポーツ連盟のルールも同条違反であるとした。

● 人の自由移動

　人の自由移動は，労働者の自由移動から始まっている。労働者の移動の自由は，その実質を確保するために，労働者の家族にまで認められることになった。その後，マーストリヒト条約でEU市民の概念が導入され，当時EC条約8a条は，「すべての連合市民は，この条約に規定する範囲及び条件に従いかつその実施のためにとられた措置に従って，構成国の域内において自由に移動しかつ居住する権利を有する」と定められた。労働者の移動の自由からEU市民の移動の自由へと発展してきた。すなわち，移動の自由を認められる者は労働者及びその家族のみならず，また，自営業者などの独立経済活動者にとどまらず，非経済活動者の「人」も含められるようになった。指令2004/38は，EU市民とその家族の移動及び居住の権利を定めている。

---

[294]　Case 36/74 Walrave and Koch v. Association Union Cycliste Internationale and others ［1974］ECR 1405.

[295]　Case C-415/93 Union royale belge des sociétés de football association and others v. Bosman and others ［1995］ECR I -4921.

16.2.2 開業・設立の自由

　独立経済活動者（自営業者）に関し，構成国国民の他の構成国の領域における開業の自由に対する制限は，禁止されている（EU 運営条約 49 条）。このような禁止は，いずれかの構成国の国民による代理店，支店または子会社の設立に対する制限にも適用される。開業・設立の自由の権利は，構成国国民が他の構成国に移動して開業する状況を想定して定められている。他国での開業を容易にするために学位や資格等の相互承認が必要であるため，EU 運営条約 53 条に基づき各国規制を調整するための指令が採択されている。たとえば，EU のある構成国で弁護士の資格をもつものは，他の EU 構成国においても弁護士業務ができるようにと弁護士職務の遂行に関する指令 98/5 が採択された。これによりたとえば，この指令を実施するためにドイツでは欧州弁護士の活動に関する法律を制定された。もしある EU 構成国の弁護士がドイツで適性試験を受け基準を満たせば，ドイツで弁護士として許可されることができるようになった。なお適性試験は，ドイツで要請される弁護士のための国家試験に比較し，容易なものとなっている。

　また，構成国の法律に基づいて設立され，かつ，定款上の本店，経営の中心または主たる営業所を EU 内に有する会社は，開業の権利の主体として，自然人と同様に取り扱われる（EU 運営条約 54 条）。もっとも，法人の開業・設立の自由は，構成国国内法に基づく会社の設立（第 1 次的開業）の後，EU 法により他の構成国における代理店，支店及び子会社の設立（第 2 次的開業）の権利が付与されることに注意しなければならない。

　Daily Mail（Case 81/87）事件[296]では，イギリス法において会社を設立した後，オランダに経営中枢を移転させることが EU 法上の権利として認められるか否かが問題となった。欧州司法裁判所は，EU 運営条約 49 条及び 54 条につき，ある構成国法の下で設立した会社の地位を維持しつつ，経営中枢を他の構成国に移す権利を会社に与えるものとは解釈されないと

---

[296] Case 81/87 Daily Mail［1988］ECR 5483.

した。すなわち，他の構成国に会社の経営中枢を移転させる場合には，一度会社を清算し法人格を喪失させてから他の構成国においてあらためて会社を設立しなければならないとした。

ただ，EU 法に基づいてヨーロッパ会社（Societas Europae, SE）の形で設立された会社は，会社の清算を経ずに会社の経営中枢を EU 構成国間において移動させることができる。他方，いったんある構成国の法の下で会社を設立し，その子会社や支店を別の構成国に設立することは，詐欺行為や具体的な濫用が証明されない限り，開業の権利として広く認められている[297]。

16.2.3 開業・設立の自由及びサービスの自由と公共政策等による正当化

物の自由について，輸出入に関する数量制限及び同等の効果を有するすべての措置は，構成国において禁止される（EU 運営条約 34 条及び 35 条）が，公共の道徳，公の秩序など EU 運営条約 36 条に列挙される正当化事由により，例外的に許容される場合がある。開業・設立の自由についても，構成国の国民の他の構成国の領域における開業の自由に対する制限は禁止される（EU 運営条約 49 条）が，開業の自由を制限する国内規定は，外国人に対する特別の取扱いを定める国内法規であり，公の秩序，公共の安全及び公衆衛生の理由により正当化される場合は，その適用を妨げられない（EU 運営条約 52 条 1 項）。すなわち，開業・設立の自由は EU 法上の原則であるが，公の秩序などの事由により例外的に正当化される場合がある。サービスの自由については，EU 内におけるサービスの自由な提供に対する制限は，サービス提供の対象となる者がいる構成国とは異なる構成国に居住している構成国国民との関係では禁止されると定められている（EU 運営条約 56 条）。サービスの自由については，開業・設立の自由に関する EU 運営条約 51 条から 54 条が準用されるため，正当化事由に言及した EU 運営条約 52 条 1 項も準用されることになる。

---

[297] Case C-212/97 Centros［1999］ECR I -1459；Case C-167/01 Inspire Art Ltd［2003］ECR I -10155；上田廣美「ペーパーカンパニーの『支店開設の自由』——インスパイア・アート事件」『貿易と関税』Vol.53 No.5 2005 年 75-71 頁。

実際に，サービスの自由と公の秩序が問題となった事件がOmega（Case C-36/02）事件である[298]。Omega事件では，殺人疑似行為のようなゲームのサービス提供がドイツ基本法1条1項に定める人間の尊厳（human dignity）を害するという理由で禁止されるのか否かが問題となった。欧州司法裁判所は，ゲームのサービス提供を禁止するドイツボン警察法が公の秩序により正当化され，また比例性原則にも合致したものであるとの先決裁定を下した。なお，同判決が下されたのは2004年であり，その当時は「人間の尊厳」はEU諸条約に定められていなかったが，現在は，EUの諸価値を定めるEU条約2条及びEU基本権憲章1条1項にも定められている。

16.2.4　域内市場の発展

●経済通貨同盟

域内市場は，人，物，サービス及び資本の自由移動が確保される域内国境のない領域を意味するが，それをより実質的に確保するために経済通貨同盟（Economic Monetary Union）が設立され通貨がユーロ（Euro）に統一された。経済通貨同盟に加入している国においては，金融政策分野の権限をEUに移譲している。すなわち，EUがこの分野で排他的な権限を有しており，欧州中央銀行制度が設定され，欧州中央銀行（ECB）が通貨の発行量を決定している。

経済通貨同盟は，1992年に署名されたマーストリヒト条約によるEEC条約の改正により導入された。もっとも，その後すぐに通貨ユーロが流通したわけではなく，段階に分けられた通貨統合を経て，2002年に流通することになった。また，経済通貨同盟に加入するためには，一定の経済的条件[299]を満たさなければならない。東欧の大半の諸国がユーロを導入していないのは，この条件がまだ満たされていないからである。ただ，イギ

---

[298] Case C-36/02 Omega Spielhallen-und Automatenaufstellungs-GmbH v. Oberbürgermeistrin der Bundesstadt Bonn [2004] ECR I -9609；新村とわ・中村民雄「29　サービスの自由提供と構成国の公序規制」中村民雄・須網隆夫編『EU法基本判例集』第2版 2010年 日本評論社 243頁。

リスやデンマークなどは，マーストリヒト条約の交渉の時にオプト・アウトを認められているために，経済的な状況にかかわらず加入していない。

通常，国家は，財政政策と金融政策の両輪により経済運営を行っているが，経済通貨同盟に加入している構成国は金融政策の権限をEUに移譲しているため財政政策によってのみしか舵取りをすることができない。他方，EUは金融政策の権限は有していても財政政策の権限を有していないので効果的な措置をとることができない。ユーロは，ドルに次ぐ国際通貨となったが，リーマン・ショック以降の財政危機がギリシャやスペインなどのEU構成国に押し寄せ，難しい舵取りを迫られることになった。

経済問題が生じたときには，連帯の精神でそれを乗り越えていかなければならない（EU運営条約122条）。そこで，欧州金融安定基金（EFSF）の機能が拡充され，銀行への資本注入と市場での国債買支えにも利用できることが合意された。また，2011年のギリシャ経済危機の対応にあたって，構成国の経済政策の調整を促進するために欧州中期財政評価制度（European Semester）が導入された。それに合わせてこれまで構成国の権限であった経済・財政政策の調整と監視を強化するために経済ガバナンスに関する立法パッケージが採択された。さらに，ユーロ危機を乗り越えるために，「均衡予算ルール」を導入し，財政規律を高め，いわゆる財政規律条約（fiscal compact）（正式名は，経済通貨同盟における安定，調整及びガバナンスに関する条約（TSCG））が2012年3月2日に調印された。また，2012年2月2日欧州安定メカニズム（ESM）の設立条約が調印された。将来的なものとしては，ECBによる一元的銀行監督制度を設定する銀行同盟の創設が予定されている。また，構成国予算に対して欧州委員会が一定のコントロールするなど，構成国は財政分野においてEUに権限を移譲するという抜本的解決案をだしてきている。

[299] EU加盟国がユーロを導入するには次の5つの収れん基準を満たさなければならない。物価の安定：当該国のインフレ率と，インフレ率の最も低い3つの加盟国の平均インフレ率との差が，1.5%ポイント以内に収まっていること。金利：当該国の長期金利と，金利のもっとも低い3つの加盟国の平均金利との差が，2%ポイント以内に収まっていること。財政赤字：当該国の財政赤字が国内総生産（GDP）の3%を超えないこと。政府債務残高：当該国の政府債務残高がGDPの60%を超えないこと。為替レートの安定：当該国の為替レートが直近2年にわたって所定の変動幅内に収まっていること（パスカル・フォンテーヌ『EUを知るための12章』2011年 駐日EU代表部広報部）。

● 知 的 財 産

　域内市場という規模の経済は，EUにとって大きなメリットである。それを活かそうとしている分野として知的財産法の分野が挙げられる。商標や意匠については，すでに域内市場調和庁（EU商標意匠庁）がスペインのアリカンテに設立され，共同体商標・意匠の登録を受け付けている。共同体商標あるいは意匠として登録されると，各EU構成国において個別に登録することなく，すべてのEU構成国においてその権利を認められることになる。

　最近の動きとしては，特許の分野でも共同体特許を創設しようとすることが見られる。EUはこれまで知的財産に関するEU法行為は，EU運営条約114条や352条を法的根拠として採択してきたが，リスボン条約によりEU運営条約118条に知的財産分野のために個別的な権限を得た。2013年2月19日に，単一かつ専門特許管轄を設定する構成国間の国際協定（いわゆる統一特許裁判所（Unified Patent Court））という形で締結された。同協定は，EUが締結する条約ではなく，EUの枠外において，EU構成国間で締結された協定であり，EU構成国25か国（イタリア，スペインは署名せず）により署名された。

● 域内市場領域の広がり

　域内市場は，EU構成国のみならず，EUと欧州経済圏（EEA）協定を締結しているEFTA諸国の領域にまで及んでいる。現在は，ノルウェー，アイスランド及びリヒテンシュタインがその当事国となっている。よって，EU法の中には，それらの国に適用されるものがある。EFTA諸国は，EU法行為の意思決定に参加しないにもかかわらず，それが発効すると拘束されることになっている。このため，以前EFTA諸国としてEEA協定を締結していた，スウェーデン，フィンランド及びオーストリアは，EFTAを脱退し，EUに加盟した。なお，スイスは，EFTAの一員であるが国民投票によりEEA協定を否決したため，それには入らず，EUと個別に協定を結んでいる。

第 17 章

EU 環境法

17.1 EU 環境法の発展

　EEC が設立されたのは 1958 年であるが，その頃は，もっぱら経済統合が目指されていた。環境保護は，EC の目的として定められていなかった。それが変化したのが，1972 年である。世界的にもローマクラブが成長の限界を示し，またスウェーデンのストックホルムで人間環境宣言がだされ，環境保護が注目されるようになった。EU では，パリで首脳会議が開かれ，今後は環境に関する措置を採択していくことが合意された。これ以降，当時環境保護のための個別的な権限が EU には付与されていなかったが，共同市場（現在域内市場）の設立と運営に関する EEC 条約 100 条（現 EU 運営条約 115 条）及び共同体（現 EU）の目的を達成するための手段としての 235 条（現 EU 運営条約 352 条）に依拠することによって数多くの環境に関する措置が採択されるようになった。

　次の大きな変化は，1987 年に発効した単一欧州議定書である。単一欧州議定書により EEC 条約の中に環境に関する 3 カ条が追加された。EEC 条約 130 r 条，130 s 条及び 130 t 条である。これらの 3 カ条は，条文の修正を加えられているが，それぞれ現行の EU 運営条約 191 条，192 条及び 193 条にあたる。つまり，1987 年以降，EU は環境保護に対する個別的な権限を有するようになった。それを受けて，EU の国際的な位置づけも変化した。その変化の例を示すと次のようになる。「絶滅のおそれのある野生動植物の種の国際取引に関する条約（CITES）」（別名ワシントン条約）は，1973 年 3 月 3 日に採択されているが，この条約は，EU 自体は締結してい

ない。1973年当時は，環境分野に関するEUの国際的プレゼンスがまだ高くなく，同条約は国家にのみ当事者を限定していたためである。他方，1987年9月16日に採択されたオゾン層を破壊する物質に関するモントリオール議定書あるいは1992年に採択された国連気候変動枠組条約等においては，EUが当事者となるための特別規定が設けられ，EU自体が当事者となっている。

現在では，環境保護はEUの目的を定めるEU条約3条に「連合は，……環境の質の高水準の保護及び改善を基礎とする欧州の持続可能な発展のために活動する」と定められている。また，EUは国際環境保護の分野でリーディングプレイヤーとして行動するまでに発展している。

17.2　環境政策の目的

EU運営条約191条1項は，4つのEU環境政策の目的を列挙している。**①環境の質の保全，保護及び改善，②人間の健康の保護，③天然資源の慎重かつ合理的な利用，④地域的または世界的規模の環境問題に対処するための措置，特に気候変動と闘う措置の推進**である。

1つ目の環境の質の保全，保護及び改善という目的においては，次のようなものとなっている。EU条約及びEU運営条約の中には，環境に関する定義は存在せず，広く解釈されてきている。環境には，単に自然環境のみならず，人工的な環境も含まれている。また，人間の環境のみならず，動植物（野生動植物，動物保護，生物多様性など）の環境も含まれる。環境に対する危険性を回避するために遺伝子組換え組織体（GMO）の規制も対象となる。環境の地理的範囲としては，EU構成国の領域にとどまらず，排他的経済水域（EEZ）までの排出規制もされている。

2つ目の目的である人間の健康を保護するために，さまざまな措置がとられてきている。たとえば，有害化学物質の規制，農薬の使用を規制，水の質の管理，大気の改善，騒音規制などである。狂牛病問題や市民の生活の質及び社会福祉といった幅広い問題も取り扱われる。

3つ目の目的として，天然資源の慎重かつ合理的な利用が挙げられてい

る。環境保護の高次の目的として持続可能な発展が位置づけられているが，それと結びついている。再生資源の利用，廃棄物のリサイクル，環境にやさしい製品など企業活動に関する措置がとられている。EU 独自のものとして，エコラベルや環境管理・監査（EMAS）制度も創設されている。

　最後の目的として，地域的または世界規模の環境問題に対処するための措置，特に気候変動と闘う措置の推進が挙げられている。EU の環境政策は，EU 域内における環境保護のみならず，世界規模の環境保護を目指している。これまでこの目的を達成するためにさまざまな国際環境条約の当事者となってきた。たとえば生物多様性条約，カルタヘナ議定書，国連気候変動枠組条約，京都議定書，オゾン層保護のためのウィーン条約とモントリオール議定書，有害廃棄物の越境移動に関するバーゼル条約，残留性有機汚染物質に関するストックホルム条約，長距離越境汚染に関するウィーン条約など。リスボン条約により，改正され追加された部分が「とくに気候変動と闘う措置の促進」である。この変更に伴い，欧州委員会では，環境を担当する委員とは別に気候変動を担当する委員のポストがつくられた。現在，EU は，ポスト京都議定書の交渉においてもリーダーシップを発揮している。

17.3　環境に関する諸原則

●高水準の保護を求める原則

　EU 条約及び EU 運営条約は，EU が高水準の環境保護を求めることを定めている。たとえば，EU の目的を定める EU 条約 3 条 3 項は，「環境の質の高水準の保護及び改善」と定めている。EU 運営条約 191 条 2 項 1 文は，EU の環境政策は，EU の各地域における事情の多様性を考慮しつつ高水準の保護を目指すと定めている。また，EU 運営条約 114 条は，域内市場の設立と運営を対象とする規定の国内法の調和措置の採択を可能にする法的根拠条文であるが，調和措置からの逸脱を認める事由として環境保護を挙げている。ただしその際，科学的事実を基礎としたすべての新たな発展を考慮しつつ，高水準の保護をその基本としなければならないと定

めている。つまり，環境保護という理由により域内市場の調和措置からの逸脱行為が認められるためには，構成国が高水準の環境保護を目指していなければならない。

　これらのように高水準の環境保護がEUの目標となっている。もっともEUレベルで採択される環境に関する措置が技術的に可能な中での最も高水準の保護措置であることは意味していない。立法機関の一翼を担う理事会は構成国の代表から構成され，特定多数決で措置が採択される。その際には，北欧のような環境先進国のみならず，そうではない国の同意も必要となる。よって，EUは目標としては，高水準の環境保護を掲げているが，意思決定の際には，中庸の措置となる。もっとも，その措置は国際的観点から見て高水準の環境保護措置として評価されている。

● **持続可能な発展の原則**

　1987年にブルントラント委員会の報告書"Our Common Future"の中で，自然生態系の保護と未来世代の利益保護のために持続可能な発展（sustainable development）という新しい概念が用いられた。この国際的な流れを受けて，EUでは，1992年署名のマーストリヒト条約において**持続可能な成長**（sustainable growth）という文言が用いられた。

　現在では，持続可能な発展がEUにおいて重要な鍵概念となっている。EU条約前文において「持続可能な発展の原則を考慮し……環境保護の強化の文脈において……政策を実施することを決意し」と定められている。また，EUの目的規定の中にも「連合は，環境の質の高水準の保護及び改善を基礎とする欧州の持続可能な発展のために活動する」と規定されている（EU条約3条3項）。また，後述するが環境統合原則を定めるEU運営条約11条においても言及がなされている。今後は，この持続可能な発展の原則をどのように具体的に実現していくかが問題となる。欧州委員会は，この原則に関し将来の世代に対し負うべき義務を認識し，政策の立案にあたっては長期的視野に立って決定を行うべきであると認識している。

● **環境に関する4つの原則**

　EU運営条約191条2項1段2文は，4つの原則①**予防原則**，②**防止原則**，

③根源是正優先の原則，④汚染者負担の原則を定めている。これらの4つの原則のうち，予防原則を除いては，1987年発効の単一欧州議定書によるEEC条約の改正のときに取り入れられた原則である。予防原則は，1993年発効のマーストリヒト条約による改正により追加された。

予防原則（precautionary principle）は，もともとドイツの概念"Vorsorgeprinzip"（事前配慮原則）に由来すると言われている。国際的には，1992年の「環境と開発に関するリオ宣言」の中で予防原則が明示的に挙げられた。予防原則は，ある活動が環境に対して有害な結果を招く可能性が強く疑われる場合には，明らかな因果関係が証明されるまで待つのではなく，その時点で当該活動を規制することを是とする原則である。予防原則に従い，潜在的に害を及ぼす活動からの潜在的に重大あるいは不可逆的な環境への有害な結果に対し，環境への害を除外あるいは少なくするために即座の行動がとられるべきであるとされる。

欧州委員会は，2000年に予防原則に関するCOM文書を公表している[300]。イギリスで狂牛病が発生しイギリスからの牛の輸出を制限した欧州委員会の措置の取消をイギリスが求めた狂牛病（C-180/96）事件[301]において，欧州司法裁判所は，「（健康に対する）リスクの存在または程度について科学的不確実性が存在する場合であっても，（EU）諸機関はリスクの実態や深刻さが十分に明らかになるのを待つことなく予防措置を講ずることができる」とした。EUでは，予防原則に基づき，遺伝子組換え生物（GMO）の環境放出に関する指令90/220や化学物質の登録，評価，認可及び制限に関する規則（REACH）規則1907/2006などが採択されている。EUは，国際交渉においてもできるだけ条約条文に予防原則を導入しようと努力している。また，予防原則をめぐりアメリカとの間にホルモン牛肉事件などが発生している。

（未然）防止原則（preventive principle）は，環境損害を防ぐために早い段階で措置をとるべきであるという原則である。早い段階で対処することでコストを抑えることができる。防止原則に従い，包装廃棄物指令1994/62，廃車指令2000/53，環境管理・監査（EMAS）規則761/2001，Eco-label規

---

[300] COM (2000) 1.
[301] Case C-180/96 UK v. Commission [1998] ECR I-2265, para.99.

則 1980/2000 などが採択され，また環境影響評価指令 85/337 や地下水保護指令 80/68 に見られる事前審査手続なども防止原則を基礎としている。

根源是正優先の原則（the principle that environmental degradation should be rectified at source）は，環境損害は末端で処理されるよりも発生源において処理されることが望ましいという原則である。これに類似するものとして，可能な限り廃棄物は発生場所にできるだけ近いところで処理されるべきという，自己処理・近接性の原則（the proximity principle）がある。

汚染者負担の原則（polluter pays principle）は，汚染に責任のある者が汚染を処理する費用を支払わなければならないという原則である。汚染者自身に汚染対策活動のための費用を負担させることは，汚染者に汚染の削減と汚染が少ない製品または技術の開発を促進することになる。この原則に基づき採択されたものとして，廃電子・電気機器（WEEE）指令 2002/96 がある。また，汚染者原則を具現化したものとして，環境損害を引き起こした自然人・法人に責任を負わせる，環境責任指令 2004/35 が存在する。また，Commune de Mesquer（Case C-188/07）事件では，石油大手の Total が廃油の輸送を頼んだが石油タンカーのエリカ号が事故によって座礁し，海洋汚染が生じたが，この環境損害の責任を誰が負うかということが問題となった[302]。欧州司法裁判所は，運輸会社のみならず廃棄物の所有者あるいは旧所有者であった Total にも責任を負わせる可能性を認めた。

17.4　環境行動計画

1972 年にパリ首脳会議が開かれ，今後は環境に関する措置を採択していくことが合意されたが同時に欧州委員会に**環境行動計画**を作成するように要請した。そこで，欧州委員会は 1973 年に第 1 次環境行動計画を作成した。その後，欧州委員会は，1977 年に第 2 次環境行動計画，1982 年に第 3 次環境行動計画を作成した。第 1 次，第 2 次及び第 3 次の環境行動計画では，許可基準や排出基準，禁止や制限といった狭義の行政規制的手法

---

[302] Case C-188/07 Commune de Mesquer v. Total France SA [2008] ECR I-4501.

を用いる措置が主であった。

　第4次環境行動計画は1987年に出されたが，この行動計画から新たな規制アプローチが導入されることになった。つまり，環境政策を農業，運輸，開発といった他の共同体政策に体系的に統合し，かつそれを地球規模に拡大し強化させることに重点をおくようになった。この変化は，1986年に署名され，翌年に発効した単一欧州議定書によりEEC条約が改正され，EEC条約に中に環境に関する編が導入されたことに起因する。後述するが，EEC条約130r条2項2文に「環境保護の要請は，共同体の他の政策における構成要素」であるという文言が入れられたことから，このような新しいアプローチが可能になったと考えられる。

　1992年署名，翌年発効したマーストリヒト条約では，上述したようにブルントラント報告書で新たに導入された「持続可能な発展」概念を受けて，「持続可能な成長」という文言が条約の中に用いられるようになった。それに呼応して，1993年の第5次環境行動計画は，「持続性に向けて」というタイトルがつけられた。そこでは，持続可能な発展と政策手段の多様化が柱となり，すべてのステークホルダー（利害関係者）を取り込む方式を基礎にして長期戦略が策定された。現在では，このような環境法分野での慣行が，EU条約11条に結晶化している。また，この第5次環境行動計画から欧州委員会の作成したものを理事会が決定として採択するという形をとるようになった（EC条約130s条3項）。

　2001年には，第6次環境行動計画が作成された。これは，欧州委員会が作成した後で，欧州議会と理事会が共同決定手続（現通常立法手続）に基づき決定の形式で採択した。つまり，欧州委員会の立てた環境行動計画は，立法機関によるお墨付きを得ている。第6次環境行動計画は，「環境2010」と題され，2002年7月22日からの10年間に対しての行動計画となっている。同環境行動計画決定の2条1項においては，政策原則として，高水準の環境保護の原則，補完性原則，地域の多様性の考慮，汚染者負担の原則，根源是正原則，予防原則及び防止原則が定められている。10の戦略的アプローチとして，①さらなるEU環境法の発展，②既存のEU環境法のより効果的な実施と執行，③環境統合原則，④持続可能な生産・消費パターンの促進，⑤ステークホルダーの関わり合い，⑥消費者，企業，

公的機関の意識向上，⑦資金財政分野における環境統合の支援，⑧共同体責任制度の創設，⑨消費者，NGO との協力，参加促進，⑩土地及び海の効果的かつ持続可能な利用と管理の促進が挙げられている（同決定3条）。また，優先事項として，①気候変動，②自然と生物多様性，③環境，健康，生活の質及び④自然資源の持続的利用と廃棄物の管理の4つが定められている（同決定1条，5～8条）。

このように現在実施されている EU の環境政策は10年のスパンをもった環境行動計画に従って進められている。環境行動計画が最終的に立法機関により採択されることにより，よりその目標設定に正統性を得ている。次に，このような環境行動計画を実現していくための手段（EU 法行為の採択）を見ていくことにする。

17.5　EU 法行為の採択と法的根拠

環境に関する措置を採択するためには，**法的根拠条文**（legal basis）が必要である。EU 運営条約191条1項に環境政策の目的が列挙されているが，その目的を実現するために EU 運営条約192条1項及び2項が法的根拠条文として用意されている。また，環境政策とは異なる分野において環境に関する措置が採択されうる。以下において，環境に関する法的根拠を説明していくことにする。

●EU 運営条約192条1項及び2項

EU 運営条約192条1項は，「欧州議会と理事会は，191条に定める目的を達成するために，通常立法手続に従い，かつ経済社会評議会及び地域評議会と協議した後に，連合のとるべき行動を決定する」と定めている。環境に関する措置は，主にこの法的根拠条文に基づいて採択される。同項に基づく場合，欧州委員会の提案に基づき，経済社会評議会及び地域評議会の意見を聞いた上で，欧州議会と理事会が通常立法手続により措置を採択することになる。経済社会評議会及び地域評議会に諮問するのは，環境に関する措置が経済にもまた地域にも影響を及ぼす場合があるからである。

また，通常立法手続の場合は，理事会の意思決定は特定多数決となる。

他方，EU運営条約192条2項は，「理事会は，……欧州議会，経済社会評議会及び地域評議会と協議した後に，特別立法手続に従い，全会一致により，……採択する」と定める。こちらの法的根拠条文は例外的でかつ列挙されている事項にのみ用いられる。立法機関は，理事会のみとなり，欧州議会は諮問されるにとどまる。また，理事会における意思決定は全会一致を要する。列挙されている事項は，(a)主として財政的性質の規定，(b)次の事項に影響を与える措置，①都市計画及び国土計画，②水資源の量的管理または水資源の利用可能性に直接もしくは間接に影響を与えるもの，③廃棄物管理を除く土地利用，(c)構成国が選択する異なるエネルギー資源及びエネルギー供給の全体的構成に重大な影響を与える措置である。いずれも国家主権（財政，領域）に関わる事項となっており，すべての構成国の同意がないと措置が採択できないという位置づけになっている。

ドナウ川保護協定の法的根拠をめぐるスペイン対理事会（Case C-36/98）事件[303]が存在する。同事件では，ドナウ川保護協定に関する決定がEC条約175条1項（現EU運営条約192条1項）に基づいて採択されたが，スペインは，EC条約175条2項（現EU運営条約192条2項）が適当な法的根拠であるとして，その取消を求めた。ここでは，ドナウ川保護協定が水資源の質を扱っているのか量を扱っているのかが争点となった。当時EC条約175条2項は，「水資源の管理」と言及するのみで，文言からはそれが水資源の量のことなのか，質も含むのかが不明であった。欧州司法裁判所は，本件において水資源の量が問題となっている場合はEC条約175条2項（現EU運営条約192条2項），質が問題となっている場合はEC条約175条1項（現EU運営条約192条1項）が適当な法的根拠であるとした。その後，ニース条約による改正で水資源の量のみがEC条約175条2項（現EU運営条約192条2項）の適用範囲に入ることが明示的に定められるようになった。

---

[303] Case C-36/98 Spain v. Council［2001］ECR I -779；中西優美子「ECの環境政策とドナウ川保護協定の法的根拠」『国際商事法務』Vol.30 No.2 2002年 218-223頁。

● その他の政策における環境に関する措置

　1987 年に単一欧州議定書により EEC 条約が改正される前は，環境に関する措置は EEC 条約 100 条（現 EU 運営条約 115 条）及び EEC 条約 235 条（現 EU 運営条約 352 条）のいずれかまたは両方に基づき採択されていた。EC が EEC 条約 130 s 条（現 EU 運営条約 192 条）に法的根拠条文を得てからは，同条に基づき措置が採択されることが主となった。しかし，現在も別の政策における条文，特に EU 運営条約 114 条に基づき採択される措置も存在する。EU 運営条約 114 条は，域内市場の設立と運営を対象とする国内法の接近をさせるために用いられる条文である。電気及び電子機器への特定有害物質使用禁止に関する指令（RoHS）2002/95，化学物質（REACH）規則などは，同条文を法的根拠条文としている。また，農業政策，共通通商政策，運輸政策などの分野においても環境に関する措置が採択される。これは，後述する環境統合原則に由来する。

17.6　より厳格な国内措置

　EU 運営条約における環境の編は 3 カ条から構成されるが，大きく分けて目的と原則が EU 運営条約 191 条，法的根拠条文が 192 条，そして残りの 193 条が**より厳格な国内措置**に関する規定である。EU 運営条約 193 条（旧 EC 条約 176 条）は，「192 条に従って採択される保護措置は，いずれかの構成国がより厳格な保護措置を維持しまたは導入することを妨げない」と定めている[304]。

　同条は，EU の措置よりもより厳格な国内措置を維持しあるいは新たに採択することを構成国に許容するものである。上述したように EU は確かに高度な環境保護を目標としているが，EU の措置は必ずしももっとも高いレベルで採択されるわけではない。環境分野の EU の権限は共有権限であり（EU 運営条約 4 条 2 項(e)），原則的に EU が権限を行使した場合は，

---

[304] 中西優美子「EC 条約 176 条に基づく国家のより厳格な環境保護措置——EC 条約 95 条による国家の保護措置との比較を中心に」『専修法学論集』97 号 2006 年 83-127 頁。

構成国は行動できないということになるが，EU の中で環境先進国と呼ばれる国家が EU に加入していることで環境保護の基準を下げる必要がないようにこの規定がおかれている。日本法で言うところの上乗せ・横出し規制に相当する。ただし，このような国内措置は，EU 条約及び EU 運営条約と両立するものでなければならない。特に，域内市場に関わる措置との抵触が問題となる。また，構成国は措置を欧州委員会に通知しなければならない。

17.7 環境統合原則

　EU 環境法秩序を支える両輪は，一つは EU 運営条約 191 条〜193 条に定められる EU の環境政策，もう一つは環境保護が政策横断的に考慮されることを要請する横断条項，EU 運営条約 11 条に定められる**環境統合原則**である[305]。環境統合原則は，環境政策以外の分野においても環境保護を考慮しなければならないという原則である。すなわち，共通通商政策，農業政策，運輸政策，開発援助政策など環境政策以外の分野においても環境を考慮しつつ，法行為が提案され，また，実施されなければならないという原則である。

　1987 年発効の単一欧州議定書により EEC 条約 130 r 条 2 項 2 文に「環境保護の要請は，他の共同体政策の構成要素である」という環境統合原則が定められた。その後，マーストリヒト条約により改正され，EC 条約 130 r 条に「環境保護の要請は，他の共同体政策の策定及び実施にあたって統合されなければならない」と定められた。さらに，アムステルダム条約により改正され，環境統合原則は，「環境保護の要請は，とくに持続可能な発展の促進のために 3 条に定める共同体の政策及び活動の策定と実施の中に統合されなければならない」と規定された。現在，環境統合原則は，EU 運営条約 11 条において，「環境保護の要請は，とくに持続可能な発展

---

[305] 中西優美子「EU 法における環境統合原則」庄司克宏『EU 環境法』2009 年 慶應義塾大学出版会 115-150 頁。

の促進のために，連合の政策及び活動の策定と実施の中に統合されなければならない」と定められている。

当初は，条約の中の「環境」の編に定められていたのが（EEC条約130r条2項2文）が，条約改正により一般規定（EU運営条約11条）に定められるようになった。これにより環境統合原則がより重要性を増すようになった。また，文言についても，当初の「共同体政策の構成要素である」(EEC条約130r条2項2文) から「統合されなければならない（must be integrated）」という規定に変更されより原則が強化され，法的な義務となった。さらに，環境統合原則が適用される分野についても当初は他の共同体政策に限定されていたが，現在は，EUの政策及び活動の策定と実施に拡大されている。加えて，「とくに持続可能な発展の促進」という高次の目標と環境統合原則との連結が明確にされている。

環境統合原則が用いられる具体例として，共通農業政策（CAP）が挙げられる。共通農業政策には，EUの予算の約半分が使われている。これまで農業政策の改革が試みられてきたが，予算を削減することには成功してこなかった。もっとも，最近公表された欧州委員会の提案では，予算額を変更することなく，共通農業政策のグリーン化が前面にでている[306]。すなわち，共通農業政策の措置に環境統合原則を適用し，農家への直接支払の30％を生態系の維持，土壌やエコシステムの回復など農業のグリーン化に結びつけて行うことを提案している。

17.8 欧州環境庁

欧州委員会には，環境を担当するDG Environmentと気候変動を担当するDG Climate Changeと呼ばれる事務局があり，新たなEU法行為の提案作成や環境法のアップデート提案を作成し，また，採択されたEU法行為が遵守されているかをチェックしている。それとは別に，「欧州環境庁（European Environment Agency）と欧州環境情報観察ネットワーク

---

[306] COM（2011）625, 3.

(EIONET) の設立に関する理事会規則 1210/90」により，よりよい環境政策のために**欧州環境庁**がデンマークのコペンハーゲンに設立された。これは，上述した EU の下部組織であるエイジェンシーの一つである。

欧州環境庁の任務と目的は，ヨーロッパレベルでの客観的で信頼でき比較可能な情報に基づき EU と構成国が環境保護に必要な措置をとることを可能にし，またとられた措置の結果を審査し，さらに市民に適切な環境情報を与えることである。具体的な機能としては，データの収集，処理及び分析，ヨーロッパレベルでのデータの比較作業，環境の状態，傾向及び展望について 5 年ごとの報告書の公表などがある。同庁は独自の法人格を与えられ，他の EU 機関，EU 外の機関と協力を行っている。また，同庁のメンバー国は，EU 27 カ国の他に，アイスランド，ノルウェー，スイス及びトルコである。

17.9　環境と動物

環境倫理では，人間中心主義から自然中心主義あるいは生態系中心主義への発展が見られる。EU 環境法ではどのようになっているだろうか。EU 運営条約 191 条 1 項の目的には，「人間の健康の保護」が定められているが，「動物」への明示的な言及は存在しない。「環境の質の保全，保護及び改善」の中の「環境」に動物も含まれる。あるいは，「天然資源の慎重かつ合理的な利用」の中で野生動物は「天然資源」の一部として保護される。EU 運営条約 34 及び 35 条は，輸出入に関する数量制限及び同等の効果を有するすべての措置は構成国において禁止されると定められているが，EU 運営条約 36 条で正当化事由が列挙されている。国内規制が正当化される事由の一つが，「動物の健康及び生命の保護」となっている。

EU 環境法は，人間中心主義を基礎としながらも動物にも一定の配慮を行っている。そのような配慮を明確に表している条文が，EU 運営条約 13 条である。13 条は，「連合の農業政策，漁業政策，運輸政策，域内市場政策，研究技術開発及び宇宙政策の策定と実施において，連合及び構成国は，感覚ある生物としての動物の福祉を十分に尊重する」と定めている。環境

統合原則とは異なり，動物福祉配慮原則が限定された政策にのみ適用されるものの，動物の福祉が政策横断的に配慮されるべきことがリスボン条約によって新たに定められた。リスボン条約が発効する前にも EU 法行為の中では動物の福祉に配慮したものは見られた。たとえば，アザラシに痛みを与える方法でその毛皮を剥ぐことを制限する，アザラシ製品の取引についての規制を定める規則 1007/2009，実験や化学的目的のために用いられる動物の保護に関する指令 86/609，足を挟むわなの利用を禁止する規則 3254/91，動物園での野生動物の飼育に関する指令 1999/22 などである。リスボン条約発効後は，このような動物の福祉を考慮した EU の法行為は増加していくと考えられる。

EU 運営条約 13 条は，動物福祉配慮原則を定めるとともに，宗教儀式，文化的伝統及び地域的遺産に関係する構成国の立法上もしくは行政上の規定及び慣習が尊重されるとも同条に定めている。これは，スペインの闘牛など伝統的な競技として残っていることに配慮したものであると考えられる。

17.10　エネルギー政策

●**法的根拠条文**

リスボン条約により EU 運営条約 194 条に追加された新しい個別的権限分野として，**エネルギー政策**が存在する。これまでエネルギーに関連する措置は，主に EU 運営条約 114 条，115 条，352 条，172 条及び 192 条を法的根拠条文にしてとられてきた。エネルギー関連立法は，具体的には，EU については，一般的なもの，石油，ガス，電気，再生可能エネルギー，エネルギー効率および欧州横断網など約 70，Euratom については，原子力エネルギー，原子力安全，放射性保護，放射性廃棄物など約 80 が存在する。

エネルギー政策は，これまで特に域内市場の設立と運営に関わる EU 運営条約 114 条と環境政策に関する EU 運営条約 192 条を基礎に築かれてきたので，194 条は，次のように定めている。「域内市場の設立及び運営の

文脈の中で並びに環境を維持しかつ改善する必要性に鑑み，エネルギーに関する連合の政策は，構成国の連帯の精神によって，次のことを目的とする」。連帯の精神は，リスボン条約により強調されている概念であるが，エネルギーの供給にとっては，特に連帯が重要と位置づけられている。

　エネルギー政策の目的は，①エネルギー市場の運営を確保すること，②連合におけるエネルギー供給の安全を確保すること，③エネルギー効率及びエネルギー節約並びに新たな及び再生可能なエネルギーの発展を促進すること，④エネルギーネットワークの相互接続を促進することである。EU 運営条約 194 条の条文を見ながら，これまでの実行がどのように反映されているかを見ていくことにする。

　1 つ目の目的（エネルギー市場の運営の確保）は，主にこれまで EC 条約 95 条（現 EU 運営条約 114 条）を法的根拠にして，2 つ目の目的（エネルギー供給の安全）は，EC 条約 100 条（EU 運営条約 122 条），3 つ目の目的（エネルギー効率の改善と再生可能エネルギーの促進）は，主に EC 条約 175 条（現 EU 運営条約 192 条）を法的根拠にして採択されてきた措置に関連すると考えられる。4 つ目の目的（エネルギーネットワーク）は，EC 条約 156 条（現 EU 運営条約 172 条）に関連する。このように既存の EC 条約条文と EU 運営条約 192 条の適用範囲には大部分において重複が見られる。

　それでは，これらのような既存の条文と EU 運営条約 194 条とはどのような関係になるであろうか。これについていくつかの具体例を挙げることにする。

① 　EC 条約 156 条及び EC 条約 175 条から EU 運営条約 194 条へ

　「エネルギー分野における計画の財政的援助を供与することによる経済回復を支援する計画を策定する規則 663/2009」は，欧州横断網に関する法的根拠条文 EC 条約 156 条（現 EU 運営条約 172 条）と EC 条約 175 条（現 EU 運営条約 192 条）1 項を法的根拠条文としていた。2010 年 12 月 15 日に同規則を修正する欧州議会と理事会の規則 1233/2010 が EU 運営条約 194 条を法的根拠条文にして採択された[307]。規則 663/2009 が規定する内容をもつ措置を採択するには，2 つの法的根拠条文が必要であったが，今後は EU 運営条約 194 条 1 カ条で十分ということになる。

② EC 条約 100 条から EU 運営条約 194 条へ

　2004 年 4 月 26 日に「天然ガスの供給の安全を確保するための措置に関する理事会指令 2004/67」が EC 条約 100 条（現 EU 運営条約 122 条）を法的根拠条文に採択された。しかしリスボン条約発効後の 2010 年 10 月 20 日にガス供給の安全に確保する手段に関する規則 994/2010[308] が採択され，同規則は，既存の指令 2004/67 を廃止した。このことは，これまでは供給の安全の確保については，EC 条約 100 条に依拠することが必要であったが，今後は EU 運営条約 194 条 2 項が法的根拠条文になることを示している。

③ EEC 条約 100 a 条（EC 条約 95 条）から EU 運営条約 194 条へ

　EEC 条約 100 a 条（EC 条約 95 条）（現 EU 運営条約 114 条）に基づき，家庭用器具によるエネルギー及び他の資源の消費のラベルおよび標準製品情報による表示に関する指令が 1992 年 9 月 22 日に採択されたが，当該指令は，2010 年 5 月 19 日に採択された指令 2010/30[309] に置き換えられることになった。新しい指令は，EU 運営条約 194 条 2 項を法的根拠にして採択された。なお，同指令により家庭用器具に限定せず，エネルギーに関連する製品に対象が広げられた。

④ EC 条約 175 条 1 項から EU 運営条約 194 条へ

　建物のエネルギー性能に関する欧州議会と理事会の指令 2002/91 は，2012 年 2 月 1 日より指令 2010/31[310] に置き換えられる。新しい指令 2010/31 の法的根拠条文は，EU 運営条約 194 条 2 項である。これは，これまでの環境に関する法的根拠条文 EC 条約 175 条 1 項がエネルギーに関する

---

[307] OJ of the EU 2010 L 346/5, Regulation 1233/2010 of the European Parliament and of the Council of 15 December 2010 amending Regulation 663/2009 establishing a programme to aid economic recovery by granting Community financial assistance to projects in the field of energy.

[308] OJ of the EU 2010 L 295/1, Regulation 994/2010 of 20 October 2010 concerning measures to safeguard security of gas supply and repealing Council Directive 2004/67.

[309] OJ of the EU 2010 L 153/1, Directive 2010/30/EU of the European Parliament and of the Council of 19 May 2010 on the indication by labelling and standard product information of the consumption of energy and other sources by energy-related products.

[310] OJ of the EU 2010 L 153/13, Directive 2010/31/EU of the European Parliament and of the Council of 19 May 2010 on the energy performance of buildings.

法的根拠条文 EU 運営条約 194 条にとって代わられたことを意味する。

これらの例から，これまでエネルギー関連の措置は，既存の EC 条約条文に依拠してきたが，リスボン条約発効後においては EU 運営条約 194 条が用いられるようになってきたことが理解される。これらのことから今後は，EU 運営条約 194 条に法的根拠条文が置き換わっていくことが増加することが予想される。

●EU 運営条約 194 条の意義

EU 運営条約 194 条にエネルギーの個別権限が規定されたことにより，上述したように 4 つの目的が明確化され，対象とする措置の範囲が広がりうるという実質的な意義が指摘できる。

2010 年 11 月 10 日に欧州委員会は，「エネルギー 2020：競争的，持続可能でかつ確実なエネルギーのための戦略」と題される COM 文書を公表した[311]。そこで，欧州委員会は，次のように述べた。エネルギー政策の主要な目標（供給の安全，競争性及び持続性）は，リスボン条約（EU 運営条約 194 条）に新たに今や定められている。このことは，エネルギー分野においてヨーロッパから期待されているものが何かを明確に規定していると[312]。共通エネルギー政策が EU 運営条約の中に定められたことの意義を EU 立法推進者である欧州委員会自身が自覚している。欧州委員会は，この後，「2020 年及びそれ以降に対するエネルギー――インフラストラクチャー優先事項――統合された欧州エネルギーネットワークのためのブループリント」と題される COM 文書[313]を公表した。さらに，2011 年に入ってからは，「エネルギー効率計画 2011」と題される COM 文書[314]及び「2050 年において競争的な低炭素経済への移行のためのロードマップ」と題される COM 文書[315]を公表した。

また，欧州委員会のみならず，欧州首脳理事会でもエネルギー政策の重

---

[311] COM（2010）639, "Energy 2020, A strategy for competitive, sustainable and secure energy".
[312] Ibid., p.2.
[313] COM（2010）677, "Energy infrastructure priorities for 2020 and beyond-a blueprint for an integrated European energy network".
[314] COM（2011）109, "Energy Efficiency Plan 2011".

要性が認識されている。2011年2月4日に開催された，欧州首脳理事会においてエネルギー政策が優先事項の主要なものの筆頭として位置づけられた。欧州首脳理事会において，テーマが「エネルギーと革新」と決められたが，このようにテーマのある会合が開催されるのは初めてのことであり歴史的なこととされた。この欧州首脳理事会の会合で，エネルギー分野では①域内エネルギー市場，②エネルギーインフラ，③エネルギー効率と供給，④再生可能エネルギー，⑤対外関係，⑥低炭素2050年戦略が項目として挙げられた。

このうち，①は，EU運営条約194条1項(a)に定められた目的「エネルギー市場の運営を確保すること」，②は，同項(d)の「エネルギーネットワークの相互接続を促進すること」，③は，同項(b)の「連合におけるエネルギー供給の安全を確保すること」，④は，同項(c)の「エネルギー効率及びエネルギー節約並びに新たな及び再生可能なエネルギーの発展を促進すること」に直接関連している。リスボン条約は，対外行動分野の権限を強化したが，⑤はそれに関わる。また，⑥の低炭素2050年戦略は，リスボン条約により追加された環境政策の目的，地球温暖化への対処に関わる。

リスボン条約によりEUがEU運営条約194条という新たなエネルギー分野の権限を得たことで，また，対外行動及び環境政策が強化されたことにより，EUにおいてエネルギー政策を推進する環境が整えられた。欧州首脳理事会においてエネルギーが主要テーマとして取り上げられたことは，偶然ではなくこのような変化と結びついており，今後，ますます発展していくと考えられる。

● **エネルギー分野における構成国の権限**

EU運営条約194条2項1文においてエネルギー分野に対する個別的権限がEUに付与されたが，同時に構成国に留保されている権限が存在する。EU運営条約194条2項2段は，構成国による権限の留保として，エネルギー資源の使用に対する条件，構成国が選択する異なるエネルギー資源及びエネルギー供給の全体的構造を決定する構成国の権利に影響を与えるも

---

[315] COM (2011) 112, "A roadmap for moving to a competitive low carbon economy in 2050".

のではないと明示的に定めている。たとえば，フランスは，エネルギー供給の約 80% を原子力発電に頼っている。他方ドイツは，約 23% のみを原子力発電に頼り，2020 年までに脱原発するとの決断を示した。各 EU 構成国がエネルギー供給を何に頼るかの決定は，構成国の権限に属し，EU レベルでは統一することができない。もっとも，EU 運営条約 194 条 2 項 2 段が，環境政策に関する EU 運営条約 192 条 2 項(c)を妨げてはならないと規定していることから，EU 運営条約 192 条 2 項に基づきこれらを対象とする措置は全会一致では定めることができることになる。また，原発については，その被害が国境を越えて広がるリスクが大きいことから緊急対応計画を作成する動きや EU レベルでの原発の共通安全基準がないためその基準作成検討の動きがでてきている。

　ただ，リスボン条約に付された「35　EU 運営条約 194 条に関する宣言」においては，「EU 運営条約 194 条が 347 条に定める条件の下でエネルギー供給を確保するために必要な措置をとる構成国の権限に影響を与えるものではない」と規定しており，構成国による念入りな留保がなされている[316]。今後どこまで共通のエネルギー政策が打ち出せるのか，EU の権限と構成国の権限配分が問題となってくるだろう。

---

[316]　cf. Carsten Novak, *Europarecht nach Lissabon*, 2011, Nomos, p.253, Rn.18.

■第18章■

自由・安全・司法の領域

18.1 自由・安全・司法の領域

自由・安全・司法の領域（area of freedom, security and justice）の概念は，域内市場がほぼ完成した後，1997年署名，1999年発効のアムステルダム条約により導入された新しい概念である。マーストリヒト条約有効時には，まだ自由・安全・司法の領域という概念は，存在しなかったが，それに関係する分野は，第3の柱「司法・内務協力」(EU条約)におかれていた。すなわち，政府間協力を基礎としていた分野であった。

アムステルダム条約により第3の柱の一部がEC条約第3部第4編に「査証，庇護，入国及び人の自由移動に関するその他の政策」として規定されることになった。残り，警察及び刑事分野における司法協力は引き続き，EU条約に規定されることになった（EU条約第6編）。リスボン条約発効前に第1の柱であったEC条約第3部第4編「査証，庇護，入国及び人の自由移動に関するその他の政策」に定められていたものは，現在の第2章「国境管理，難民及び移民に関する政策」と第3章「民事分野における司法協力」に，他方，第3の柱であったEU条約第6編「警察及び刑事分野における司法協力に関する規定」におかれていたものは，現在の第4章「刑事分野における司法協力」及び第5章「警察協力」におかれている。

リスボン条約により柱構造が解消し，第3の柱はこれまで第1の柱とされてきたEC条約（現EU運営条約）に移行した。現在は，自由・安全・司法の領域に関する規定がEU運営条約に定められ，法の共同体，あるいは超国家組織の枠組にある。これまでは特別規定や例外規定が多かった分野

であったが，原則的に立法手続も措置等も他のEUの政策と同様なものとなった。リスボン条約によりもっとも変更が加えられた分野の一つである。

　リスボン条約発効後の自由・安全・司法の領域を見ていくことにする。現在EU条約の前文において，「……自由，安全及び司法の領域を確立することによって，各国民の安全を確保しつつ，人の自由移動を容易にすることを決意し……」と定められている。また，EUの目的の一つとして，「連合は，内部に境界のない，自由，安全及び司法の領域をその市民に提供する。その領域内では，人の自由移動が対外国境管理，庇護，移民並びに犯罪の防止及び撲滅に関する適切な措置と結びついて保障される」と定められている（EU条約3条2項）。EU運営条約においては，第3部「連合の域内政策と活動」の第5編「自由，安全及び司法に関する領域」と題される67～89条に定められている。第5編は，5つの章から構成される。第1章は「一般規定」，第2章「国境管理，難民及び移民に関する政策」，第3章「民事分野における司法協力」，第4章「刑事分野における司法協力」及び第5章「警察協力」である。以下において，個別に見ていくことにする。

18.2　国境管理，難民及び移民に関する政策

　ニース条約当時のEC条約第6編「査証，庇護，入国及び人の自由移動に関するその他の政策」から「民事分野における司法協力」が抜けたものが，現在EU運営条約第3部第5編第2章「国境管理，難民及び移民に関する政策」(77条～80条) に規定されている。

　1987年に域内市場の概念が導入され，またマーストリヒト条約によりEU市民の概念が創設されたことにより，労働者やその家族のみならず，学生などの非経済活動者を含めた，人の自由移動が容易になった。さらにシェンゲン協定が締結され，国境コントロールが廃止され，移動するのにパスポートが不要になった。その後，シェンゲン・アキがEUの枠組に組み入れられ，イギリス及びアイルランド並びに東欧諸国の一部を除き，シェンゲン圏がEU及び協定を締結している諸国において形成されている。

これにより，EU 市民のみならず，非 EU 市民も EU 構成国のいずれかに入国すれば，パスポートコントロールを受けることなく，自由に移動することができる。たとえば，ある構成国の入国審査が緩いとその国から入国して，入国審査が厳しい国に移動することができる。そこで，対外国境における人のコントロールを統一化する必要性が生まれてきた。

　ニース条約時においては，国境管理に関する規定は，EC 条約 62 条に定められていたが，リスボン条約発効後はより明確な形で EU 運営条約 77 条に定められている。目的として，①域内の国境を通過する際に，国籍を問わず，人に対する管理を撤廃することの確保，②対外国境を通過する人に対する検問と効率的な監視の実施，③対外国境に対する統合された運営制度の漸進的導入の 3 つが挙げられている（EU 運営条約 77 条 1 項）。①は，たとえば，フランスからドイツなどに移動する場合の EU の域内国境，②及び③は，たとえば，日本からドイツへ入国する場合の対外国境に関係する。これらの目的を達成するために，EU 運営条約 77 条 2 項に定められる手続により措置が採択される。もっとも，EU 運営条約 77 条 1 項の目的をより具体化した 5 つの事項に措置の採択が限定されている（EU 運営条約 77 条 2 項）。

　難民及び移民政策の分野において地位及び手続の統一化が必要であることから，EU 運営条約 78 条は，庇護に関する措置，79 条は移民に関する措置を定めている。これまで難民の地位を求める者の受け入れのための最低限の基準を定める理事会指令 2003/9 や難民申請審査に対し責任ある構成国を決定するための基準と手続を設定する理事会規則 343/2003，また長期滞在者である非 EU 市民の地位に関する理事会指令 2003/109 などが採択されている。2009 年 12 月に開催された欧州首脳理事会では，多年次計画のストックホルムプログラムが採択された。2010 年には，同プログラムを実施するための欧州委員会の行動計画が立てられた。現在は，合法移民の受入れに対する新しいかつ柔軟な枠組からなる真の共通移民政策を発展させることにベクトルが向いている。つまり，移民の EU 内での移動性を高め，国内労働市場の必要性に適合可能なものにすることが目指されている。

　もっとも 2011 年 6 月の欧州首脳理事会は，中東の民主化運動により難

民が急増したことを受け，いったん廃止された対内国境コントロールの再導入を一定の条件で可能にするべく，欧州委員会にこれまでの EU 立法を修正するよう要請した[317]。また，EU 運営条約 80 条は，財政上の意味を含めた構成国間の連帯及び責任の公平な分担の原則を定めている。これは，難民や移民が入ってきやすい地形をもつ国（スペインやイタリアなど）とそうではない国が存在するが，一定の構成国だけが難民や移民の受入れの負担を負わないように規定されている。

18.3　民事司法協力

18.3.1　民事司法協力分野における権限の発展

　民事司法協力分野における立法権限は，EEC 設立当初から，EC に付与されていたわけではない[318]。ただ，当初から，EEC 条約 220 条（EC 条約 293 条［TFEU では削除］）において，「構成国は，必要な限り，その国民のために次の事項を保障する目的で，相互に交渉を行うものとする。……－裁判判決および仲裁判断の相互承認および相互執行に関する手続の簡素化」という規定は存在した。マーストリヒト条約により，上述したように，EU は 3 本柱構造に変化した。

　第 3 の柱（司法内務協力）におかれた旧 EU 条約 K.1 条（現在は削除）は，連合の目的，特に自由移動を実現するために，構成国が庇護政策，対外国境管理，移民政策，麻薬対策，詐欺対策，民事事項における司法協力，刑事事項における司法協力，税関における協力，警察協力等を共通利益としてみなすことを定めた。つまり，民事事項における司法協力が第 3 の柱において明示的に定められた。もっとも，旧 EU 条約 K.1 条は，民事事項における司法協力と言及するのみにとどまっており，単に構成国が共通利

---

[317]　European Council, 23/24 June 2011, Conclusion；これを受けた欧州委員会の提案 COM（2011）560, COM（2011）561.
[318]　中西優美子「EU における権限の生成——民事司法協力分野における権限を素材として」『EU 権限の法構造』2013 年　信山社　251-286 頁。

益とみなす事項の一つとしての位置づけでしかなかった。

1999年発効のアムステルダム条約は，EU条約およびEC条約を改正する条約であったが，主な改正事項は，第3の柱に定められていた事項の一部を第1の柱に移行させた（いわゆる共同体化）ことであった。また，同時に，「自由，安全および司法の領域」という新たな概念を導入したことにあった。具体的な改正としては，「査証，庇護，入国及び人の自由移動に関するその他の政策」が，新たに追加されたEC条約第4編に定められた。民事司法協力分野は，この政策の一部として，EC条約65条に定められることになった。これにより，ECは民事司法協力分野において権限を有するようになった。

さらにリスボン条約により，民事事項における司法協力の権限は，「査証，庇護，入国及び人の自由移動に関するその他の政策」から離れ，EU運営条約第5編第3章「民事分野における司法協力」と題される，独立した章に定められることになった。同章は，81条の1カ条からなる。すなわち，民事司法協力分野の権限は，リスボン条約による改正でようやく名実ともに独立した個別的権限となった。

18.3.2 民事司法協力分野の措置

EUは，判決及び裁判外事件における決定の相互承認の原則に基づき，国境を越える関連を有する民事分野における司法協力を発展させることを目的として，特に域内市場の円滑な運営に必要である場合に措置を採択する（EU運営条約81条1項）。これは，EUに域内市場が設立され，人，物，資本及びサービスの自由移動が活発になる中で，国際結婚，国際取引などが増えてきたことに関係している。訴訟においても連結点が複数あり裁判管轄の問題が生じ，裁判や決定の迅速化の要請から判決・決定の相互承認等が不可欠となってきた。そのような要請を受け，民事司法協力分野においてEUに権限が付与された。

また，この分野の権限は単に判決の相互承認に関連するものにとどまらず，構成国の法令を接近・調和させる措置を採択することも可能である。リスボン条約による改正でこの分野のEUの権限も明示的に拡大した。

ニース条約時においては，旧 EC 条約 65 条は，「67 条に従ってとられかつ域内市場の円滑な機能に必要な限りにおいて，越境にからむ民事事項における司法協力の分野における措置は，次のものを含む」と定めており，国境を越える関連を有する (cross border implication, grenzüberschreitende Bezügen, une incidence transfrontière)」という条件と，「域内市場の円滑な運営に必要な限り」という条件がつけられていると解された。このうち，主な制約として議論されたのが，後者の「域内市場の円滑な運営に必要な限り」という条件であった。リスボン条約により改正で，「とくに域内市場の円滑な運営に必要な場合」となり，同条件は，絶対的条件ではなくなった。つまり，措置が域内市場の円滑な運営に必要である場合に限定されないことが文言改正により明確になった。前者の条件については，そのまま維持されたが，学説上この条件による実質的な制約はないと考えられている。

民事司法協力分野においては，以下の事項の確保を目的として，措置が採択される。
① 判決及び裁判外事件における決定の構成国間における相互承認及び執行，
② 裁判上及び裁判外の文書の越境送達，
③ 法及び管轄権の抵触に関する構成国内で適用可能な法規の両立性，
④ 証拠収集における協力，
⑤ 司法への効果的なアクセス，
⑥ 構成国内で適用可能な民事手続に関する法規の両立性の促進の必要に応じた，民事手続の適正な運用に対する障害の除去，
⑦ 代替的紛争解決手段の発展，
⑧ 裁判官及び司法職員の研修の支援，
である。

リスボン条約発効前の旧 EC 条約 65 条(b)は，「法および管轄権の抵触に関する構成国内で適用可能な法規の両立性の促進」と定めており，その中で「両立性の促進 (promoting the compatibility, Förderung der Vereinbarkeit, favoriser la compatibilité)」の文言が問題となってきた。すなわち，これは，法の接近あるいは法の統一を排除していると解されるのか否かという問題で議論された。リスボン条約では，「両立性の促進」から「促進」が削除

され，EU 運営条約 81 条 2 項(b)「法及び管轄権の抵触に関する構成国内で適用可能な法規の両立性」となったことにより，法の接近あるいは法の統一が可能であることが明らかになった。

　民事司法協力分野の措置は，欧州委員会の提案に基づき，欧州議会と理事会が通常立法手続に従い採択される。民事司法協力分野については，ニース条約の下では残っていた立法手続及び司法制度に関する第 3 の柱的要素は取り去られた。EU 立法には，家族法を除いて通常立法手続が用いられることになった（なお家族法に関する措置は，欧州委員会の提案に基づき，理事会が欧州議会と協議した後に全会一致で決定するという特別立法手続により採択される）。先決裁定については，他の分野にも適用される通常の先決裁定手続を定める EU 運営条約 267 条が適用されることになった。ちなみに通常立法手続ないしは特別立法手続で EU 法行為が採択できない場合は先行統合制度が用いられるが，同制度を用いた最初のケースが民事司法協力分野であった。

　イギリス，アイルランドおよびデンマークのオプト・アウトを定めた EC 条約 69 条に相当する条文は，リスボン条約において削除された。もっとも，イギリスおよびアイルランドについては，自由，安全および司法の領域に関する立場に関する議定書（No.21）とデンマークについては，議定書（No.22）において，同諸国のオプト・アウトに関して，規定が存在し，オプト・アウトがなされている。

18.3.3　私人による司法の領域の享受

　民事事項における司法協力は相互承認原則を基礎としているが，別の形からの私人が司法の領域を享受できるような管轄権の拡大を認めた事件を紹介しておく。2000 年には，「民事・商事事項における管轄権並びに判決の承認及び執行に関する規則 44/2001」が採択されている。同規則 5 条 3 項は，有害な出来事が生じたあるいは生じる可能性のあるところにある裁判所であれば，ある構成国に居住している私人は，その裁判所に訴えを提起することができると定める。それに関する判例を紹介しておく。

　俳優である Olivier Martinez は，元恋人の Kylie Minogue との関係をイ

ギリスの新聞紙 Sunday Mirror によりウェブのサイトに載せられたことで，プライバシーの権利が侵害されたとしてフランスの裁判所に提訴した。フランスの裁判所は，規則 44/2001 の 2 条及び 5 条 3 項に基づき他の EU の構成国（ここではイギリス）に居住する人によって公表されたウェブサイトからインターネットを通じてなされた人格権の侵害訴訟を扱う管轄権を有するのか否かということについて，欧州司法裁判所に先決裁定を求めた。欧州司法裁判所は，個人の人格権への潜在的なインパクトを審査するのに最適な裁判所は，個人が「利益の中心」または「常居所」を有しているところにある裁判所でありうるとし，そのような裁判所は，EU の領域内において引き起こされたすべての損害に関して管轄権を有するとした[319]。

18.4 警察・刑事司法協力

マーストリヒト条約下で第 3 の柱と位置づけられた「司法・内務協力」分野において，アムステルダム条約によりその一部につき「共同体化」（＝超国家化）が行われ，結果「査証，庇護，入国及び人の自由移動に関するその他の政策」が第 1 の柱に移行した。その際，第 3 の柱に残った部分が**警察・刑事司法協力分野**である。リスボン条約による改正により，第 3 の柱の「共同体化」が行われ，EU 運営条約第 5 編第 4 章及び第 5 章に規定されるようになった。

域内市場がほぼ 1992 年末に完成し，シェンゲン協定によりパスポートコントロールが廃止されるという状況の中で，単なる経済活動者や学生などの非経済活動者の自由移動のみならず，犯罪者も自由移動に移動が可能になり，国境を越えた組織犯罪も容易になった。そこで，EU レベルで国際犯罪及び組織犯罪に対処する必要性が生じ，この分野が発展してきた。

「自由，安全及び司法の領域」と題される EU 運営条約第 5 編の最初の条文，EU 運営条約 67 条 3 項において「連合は，犯罪，人種差別及び外国人排斥を防止しかつそれらと闘うための措置，警察，司法機関及び他の

---

[319] Joined Cases C-509/09 and C-161/10 eDate Advertising GmbH v. X and Olivier Martinez v. MGN Limited ［2011］ECR I-10269.

権限ある機関間の調整と協力のための措置，並びに，刑事分野における判決の相互承認及び必要に応じて刑事法の平準化を通じて，高水準の治安を確保するために努力する」と定められた。警察・刑事司法協力は2つに分けられ，「刑事分野における司法協力」は，同編の第4章に，「警察協力」は同編第5章に定められることになった。

18.4.1 刑事分野における司法協力

　刑事分野における司法協力に対しては，個別の章「刑事分野における司法協力」(EU運営条約第5編第4章) が設けられ，EU運営条約82条〜86条に定められている。刑事分野における司法協力を進める手段としては，①相互承認，②国内法の調和及び③EUレベルでの法の統一が考えられる。EU運営条約82条は，刑事司法協力が判決及び裁判所の決定の相互承認原則に基づくことを明示的に定めている。たとえば，リスボン条約発効前の措置であるが，欧州逮捕状及び構成国間の引渡し手続に関する理事会枠組決定2002/64[320] は，相互承認原則を基礎にした刑法分野における最初の措置である。同枠組決定は，相互承認原則に基づき，これまでの引渡し条約において原則となっていた**双罰性**（double criminality）の要件を同決定2条2項に列挙された32の重大犯罪については不要としていることが特徴的である。これにより，司法を逃れて外国に逃亡している者，犯罪行為を疑われている者あるいはすでに判決を受けた犯罪者は，裁判に服することになるあるいは裁判にかけられていたもとの国に迅速に連れ戻されることになった。

　EU運営条約82条は，1項と2項が別の法的根拠条文となっている。前者は，①すべての形式の判決及び裁判所の決定のEU全域における承認を確保するための規則及び手続の確定，②構成国間の管轄権抵触の防止及び解決，③裁判官及び司法職員の研修の支援，④刑事分野における訴訟手続及び決定の執行に関する構成国の司法機関またはそれに相当する機関相互

---

[320] 浦川紘子「欧州逮捕状に関する理事会枠組決定の意義──自国民の扱いを中心として」『熊本法学』111巻 2007年 73-113頁。

間の協力の促進の事項に関する措置を採択するために用いられる。他方，82条2項は，国際的側面を有する刑事分野における判決及び司法決定の相互承認並びに警察及び司法協力を容易にするために必要な範囲において，最小限の法規を採択するために用いられる。特に，①構成国間の証拠の相互許容性，②刑事手続における個人の権利，③犯罪被害者の権利，④理事会が決定により事前に明確にした刑事手続の他の特定の側面である。EU運営条約82条1項は，主に司法協力の前提となる側面を，2項は主に司法協力の内容となる側面を規定している。

　EU運営条約82条2項に基づく措置は，EUレベルでの法の統一は最小限のレベルに設定し，それ以上は構成国に任せるものとなっている。さらに，同項に基づく措置は指令に限定され，さらに，構成国の法的伝統及び制度の相違を考慮に入れなければならない。指令は，規則に比べ，構成国の裁量が大きい措置ではあるが，刑事法という伝統のある法律を調和させるということで，特別な配慮がなされている。この分野で採択された例としては，「人身の売買の防止及び対処並びにその犠牲者の保護に関する欧州議会と理事会の指令2011/36」[321] が挙げられる。同指令は，EU運営条約82条2項及び犯罪及び制裁の定義に関する83条1項に基づき採択された。

　重大犯罪に対する闘いを強化する目的で，**欧州司法機構**（ユーロジャスト（Eurojust））が2002年2月28日の理事会決定により採択された。欧州司法機構は，独自の法人格を有し，オランダのハーグにおかれている。その任務は，複数の構成国に影響を与える重大犯罪または共通の基盤に基づく訴追を必要とする重大犯罪に関して国内の捜査及び訴追機関相互間の調整と協力を支援し強化することである。その際，欧州司法機構は，構成国間の機関及び欧州警察機関により行われる活動及び提供される情報を基礎とする（EU運営条約85条）。ただし，独自の訴追を行う権限をもたず，その権限は構成国の管轄機関に捜査を求めること，あるいは刑事訴追を開始するように要請することにとどまる。構成は，各構成国から，検事，裁判官，警察官などの1名である。また，リスボン条約により，EUの財政的利益

---

[321] OJ of the EU 2011 L 101/1.

に影響を与える犯罪行為と対処するために，欧州司法機構に欧州検察局を規則により創設することが可能になった（EU運営条約86条）。

18.4.2 警察協力

「警察協力」は，EU運営条約第5編第5章に独立して規定されるようになった。同章は，87条〜89条から構成される。

警察協力分野の目的は，刑事犯罪の防止，探知及び捜査に関する警察，税関及びその他の専門的な法執行機関を含むすべての構成国の権限ある機関が関与する警察協力を構築することである（EU運営条約87条）。この目的を達成するために，①関連する情報の収集，保管，処理，分析及び交換，②職員の訓練の支援，職員の交流並びに設備及び犯罪探知研究に関する協力の支援，③重大な形態の組織犯罪の探知に関する共同捜査技術に関する措置を採択する権限がEUに付与されている。

リスボン条約によりこの分野は共同体化したが，以前から徐々に警察協力は形成されてきた。

たとえば，ルクセンブルク欧州理事会で**欧州警察機構**（ユーロポール（European Police Office, Europol），現EU運営委条約88条に規定されている）を設立することが1991年に合意された。1995年ユーロポール設立に関する協定が署名され，1998年に発効，翌年施行された。欧州警察機構は，独自の法人格を有する機関で，オランダのハーグにおかれている。欧州警察機関の任務は，複数の構成国に影響を与える重大犯罪，テロリズム及びEUの政策により規律される共通利益に影響を与える犯罪形態を防止しかつそれと闘うにあたり，構成国の警察機関及び他の法執行機関による行動並びに相互協力を支援しかつ強化することにある（EU運営条約88条）。具体的には，構成国間の情報交換を容易にし，情報の収集・分析，他の構成国への迅速な通知，調査支援，情報のデータベース化をし，国家の執行機関がEUを通じての犯罪の情報を共有できるようにすることである。欧州警察機構の要は，国際犯罪の重要なデータを常に利用可能にし，国内の訴追機関への伝達を可能にすることである。もっとも，欧州警察機構は，自らは捜査を行わず，構成国の機関のあるいは複数の構成国により設置され

た共通の特別調査措置を支援し，また特別な場合には構成国の機関に捜査を要請することにとどまる。同機構は，各構成国の警察官，税官吏，憲兵，入国管理官などから構成される。

　また，2000年12月22日の理事会決定により，**欧州警察大学**（European Police College, Cepol）が設立された。これは，国際犯罪に対処するためにEUレベルで働き，協力する警官を育成するためにである。

　刑事司法協力には，構成国間相互の協力が必要であるが，欧州司法機構や欧州警察機構を創設の他に，人的な交流を深めるための政策が実施されている。たとえば，国際法の父と呼ばれるグロチウス（Hugo Grotius）にちなんだグロチウスプログラムや，ファルコン（Falcon）プログラムなどがある。前者は，弁護士や判事の法制度の相互理解及び交流の促進，後者は，判事，検察当局，警官，税関職員間の交流促進を図るためのものである。

第 19 章

対外関係法

19.1 対外行動の枠組

19.1.1 諸原則と目的

　リスボン条約により**対外行動**に対する**特別の枠組**が設定された。EU 条約には,「連合の対外行動に関する一般規定および共通外交安全保障政策に関する特別規定」と題される第5編がおかれた。また, これまで通商政策, 開発協力, 技術的援助など, EU の対外行動に関する政策が旧 EC 条約の中に散在していたのに対して, EU 運営条約においては, 第5部「連合の対外行動」という新たな部が創られ, そこに体系的にまとめられた。このように対外行動に対し特別の枠組が設定されたのは初めてである。

　対外行動に対する枠組は, EU 条約 21 条及び 22 条並びに EU 運営条約 205 条によって設定された。EU 条約第5編第1章は, 21 条と 22 条の 2 カ条からなり, EU の対外行動における一般規定を定める。EU 条約 21 条において, EU 自らの創設, 発展及び拡大を支える諸原則として, 民主主義, 法の支配, 人権と基本的自由の普遍性及び不可分性, 人間の尊厳の尊重, 平等及び連帯の原則並びに国連憲章及び国際法の諸原則の尊重が列挙された。これらの諸原則は, リスボン条約発効以前 (特にマーストリヒト条約以降) は, 開発援助政策において適用されてきた。

　旧 EC 条約 177 条 2 項は, 「この分野における共同体の政策は, 民主主義および法の支配の発展と強化, 並びに人権及び基本的自由の尊重という一般的目的に寄与しなければならない」(旧 EC 条約 177 条 2 項) と規定して

いた。これに対して、リスボン条約発効以降は、すべての対外活動においてこれらの諸原則が適用されることになった。たとえば、ウクライナのティモシェンコ（Yuliya Tymoshenko）前首相が、ウクライナのペチェルスク地区裁判所で在任中の職権濫用罪に問われ禁錮7年の有罪判決を受けたことに対して、EUのアシュトン上級代表は声明を発表し、ウクライナとの安定連合協定の締結に影響を及ぼす可能性を示唆した。また、EUは、第三国とEPA/FTA協定を締結するが、その際のパラレル協定として政治的枠組協定の締結を求められることが多くなってきた。EUは韓国とFTAを締結したが、同時に政治的な枠組協定も締結した。また、EUは日本とのFTAの交渉にあたっても拘束力のある政治的協定の同時締結を求めている。EUにとって、対外政策は、EUの諸原則を実施する場になっている。

　また、EU条約3条5項は、対外関係の発展をEUの目的の一つとして定めている。より具体的目的としては、EU条約21条2項に(a)EUの価値の保護、(b)民主主義、法の支配、人権の支援、(c)国連憲章の目的及び諸原則に従った平和維持、(d)貧困の撲滅、(e)国際貿易の促進、(f)持続可能な発展、(g)天災または人災時の救援、(h)健全な世界統治秩序に基づく国際体制の推進という8つの項目が列挙された。

　次に、EU条約22条においては、欧州首脳理事会が、EU条約21条の諸原則及び目的に基づき、EUの戦略的利益と目標を定めることになっている。さらに、EU運営条約205条においては、EUの対外行動が、EU条約第5編第1章に定める一般規定に従って実施されるとある。これらEU条約21条及び22条並びにEU運営条約205条の3カ条によりEUの対外政策は統一的な外交政策の諸原則と目的に沿って形成される政策分野として位置づけられる。

19.1.2 条約の体系

条約の体系は以下のようになっている。

EU条約第5編：EUの対外行動に関する一般規定及び共通外交安全保障政策に関する特別規定（21条～46条）
 第1章　連合の対外行動に関する一般規定（21条及び22条）
 第2章　共通外交安全保障政策に関する特別規定（23条～46条）
  第1節　共通規定（23条～41条）
  第2節　共通安全保障防衛政策に関する規定（42条～46条）

EU運営条約第5部：連合の対外行動（205条～222条）
 第1編　連合の対外行動に関する一般規定（205条）
 第2編　共通通商政策（206条～207条）
 第3編　第三国との協力及び人道援助（208条～214条）
  第1章　開発協力（208条～211条）
  第2章　第三国との経済，財政および技術的援助（212条～213条）
  第3章　人道援助（214条）
 第4編　制限的措置（215条）
 第5編　国際協定（216条～219条）
 第6編　国際組織，第三国及び連合の代表団に対する連合の関係（220条～221条）
 第7編　連帯条項（222条）

19.1.3 対外関係におけるEUの権限

●国際法人格と条約締結権限

条約を締結するためには，**国際法人格**（権利能力）と**条約締結権限**（行為能力）が必要である。EEC設立当初において，後者の条約締結権限が明示的に付与されていたのは，共通通商政策（旧EEC条約113条）と連合協定

(旧EEC条約238条)のみであった。国際法人格については,旧EEC条約217条に定められていた。法人格については,上述したような発展を経て,EU条約47条においてEUに明示的に付与された。

●明示的条約締結権限と黙示的条約締結権限

対外関係分野の権限には,大きく分けて**明示的条約締結権限**と**黙示的条約締結権限**が存在する。明示的権限が付与されている分野としては,後述するような共通通商政策,開発協力,人道援助などが挙げられる。黙示的条約締結権限が認められるのは,①条約締結がEUの政策の枠組の中においてEU条約あるいはEU運営条約に定めるいずれかの目的を達成するために必要である場合,②条約締結が拘束力あるEUの法行為において定められている場合,③条約締結が共通法規に影響を与えもしくはその範囲を変更する可能性のある場合である(EU運営条約216条)。①,②及び③のいずれも判例法の中で発展してきた黙示的条約締結権限の法理を明示的に規定したものである。①の場合は,Kramer(Joined Cases 3, 4 and 6/76)事件[322]及び裁判所意見1/76[323],②及び③は,AETR(22/70)事件[324]で確立した判例法である。現在,EUがさまざまな分野で条約を締結できているのは,これら3つの判例のおかげである。

条約締結は,対外行動に関係するEU条約第5編やEU運営条約第5部に規定される分野のみならず,EUの域内政策と活動に関するEU運営条約第3部に規定される分野においても多数行われている。たとえば,環境,運輸,農業,エネルギーなどの分野でも条約が締結される。また,逆に対外行動に関するEU条約第5編やEU運営条約第5部に規定される分野においても自律的措置(EU対内的措置)が採択される。

●対外権限の種類

対外権限の種類は,複数ある。権限の種類には,**排他的権限,共有権限,支援,調整または補足的権限,sui generis(特別な)権限**がある。

---

[322] Joined Cases 3, 4 and 6/76 Cornelis Kramer and others [1976] ECR 1279.
[323] Opinion 1/76 [1976] ECR 741.
[324] Case 22/70 Commission v. Council [1971] ECR 263.

排他的権限とは，EU のみが立法を行い，拘束力のある法行為を採択することができると定義されているが（EU 運営条約 2 条 1 項），対外関係分野の排他的権限とは，EU（欧州委員会）が単独で交渉し，EU が単独で条約を締結できる権限を意味する。対外関係分野において，EU は，共通通商政策の分野において排他的権限を有する（EU 運営条約 3 条 1 項(e)）。もっとも最近の条約について言えば，単なる通商協定ではなくさまざまな分野にわたる包括的な協定が締結されることが多いので，EU が単独で条約を締結するのではなく，構成国とともに締結する混合協定（mixed agreement）の形が増えている。たとえば，EU と韓国は自由貿易協定（FTA）を締結したが，法的根拠条文は，通商政策に関する EU 運営条約 207 条のみならず，運輸政策に関する EU 運営条約 91 条及び 100 条 2 項，文化に関する EU 運営条約 167 条 3 項となっており，混合協定の形で締結された[325]。また，EU は排他的条約締結権限を次の場合に有する。①国際条約の締結が EU の立法行為の中に定められる場合，②EU が対内権限の行使を可能にするために必要である場合，または，③条約締結が共通法規に影響を与えもしくはその範囲を変更するものである場合には，排他的条約締結権限を有する。これらは黙示的排他的条約締結権限と呼ばれる。

　共有権限分野においては，EU と構成国が立法を行い，拘束力ある法行為を採択することができると定義されている（EU 運営条約 2 条 2 項）。この場合，EU が委任を受け交渉を単独で行うことが多いが，締結は EU と構成国の両方により行われることが多い。つまり，混合協定の形で締結される。共有権限の分野では，構成国は EU が権限を行使しない範囲においてその権限を行使する（EU 運営条約 2 条 2 項），すなわち EU が権限を行使すればその範囲において専占効果（pre-emption effect）が生じる。対外関係においては，この専占効果は上述した黙示的条約締結権限の③の条約の締結が共通法規に影響を与えもしくはその範囲を変更するものである場合になり，排他的条約締結権限になる。開発協力及び人道援助の分野では，EU は共有権限を有するが，通常の共有権限とは異なり，EU が権限を行使したとしても構成国はその権限の行使を妨げられない（EU 運営条約 4 条

---

[325] OJ of the EU 2011 L 127/1.

4項)。よって，専占効果は生じず，常にEUは構成国と常に一緒に条約を締結することになる。

　共通外交安全保障政策の分野においては，排他的権限でも，共有権限でもなく，支援，調整または補足的権限でもない，sui generis（特別な）権限がEUに付与されている（EU運営条約2条4項）。リスボン条約によりEUに法人格が明示的に付与され，この分野においてもEUが条約を締結できることが明確になった。

19.1.4　条約締結手続

●国際交渉と条約締結

　条約締結は，EUにおいては欧州委員会が国際交渉をし，理事会が国際条約を締結する。欧州委員会には，条約締結の権限は付与されていない。競争政策に関わるフランス対委員会（Case C-327/91）[326]事件において，欧州司法裁判所は，欧州委員会は条約を締結することができないと判示した。ここで，裁判所は，競争法の分野では，欧州委員会に強力な権限が付与されているものの，機関間の水平的権限配分の観点から条約は締結できないという限界を示した。その一方で，その後，拘束力のない国際取決めについては，欧州委員会は第三国と合意できることが判示された（Case C-233/02）[327]。また，Euratomの枠組においては，欧州委員会は交渉するのみならず，場合により条約締結する権限も付与されている。

●条約締結手続

　条約手続は，主にEU運営条約207条と共通外交安全保障政策に関わる場合を除き，次のようになる（EU運営条約218条）。

---

[326] Case C-327/91 France v. Commission［1994］ECR I -3641.
[327] Case C-233/02 France v. Commission［2004］ECR I -2759；中西優美子「EC委員会の対外的権能の範囲」『国際商事法務』Vol.32 No.12 2004年 1679-1683頁。

① 欧州委員会が，理事会に勧告を提出する。
② 理事会が，交渉の開始を許可する。その際，検討中の条約の事項に応じて，EUの交渉担当者またはEUの交渉団の長を指名する決定を採択する。
③ 理事会は，交渉担当者に命令を発し，特別委員会を指名する。
④ 交渉が第三国とあるいは国際会議において行われる。この際，交渉は，特別委員会と協議をしつつなされる。
⑤ 交渉後，交渉担当者による提案に基づき，理事会は，条約の署名を許可する決定及び必要な場合にはその発効前の暫定的適用を許可する決定を採択する。
⑥ 理事会が，交渉担当者による提案に基づき，条約を締結する決定を採択する。
　(a) 欧州議会の事前の同意がいる場合
　　(i) 連合協定
　　(ii) 欧州人権条約への加入に関する条約
　　(iii) 協力手続の導入により特別機構枠組を設定する条約
　　(iv) 重要な財政上の意味をもつ条約
　　(v) 通常立法手続が適用される分野または欧州議会による同意が必要される特別立法手続が適用される分野を規律する条約
なお緊急事態においては，同意のための期限の設定を欧州議会と理事会は合意することができる。
　(b) 欧州議会との協議で十分である場合
　　(a)の事項以外の場合。

⑥の行為が，国際条約の批准にあたる。また，理事会が条約を締結する決定は，EU機関の行為となる。EU運営条約297条に従い，EU官報に公表される。なお，EUが締結した国際条約は，欧州司法裁判所の先決裁定の対象となりうる。

第19章 対外関係法

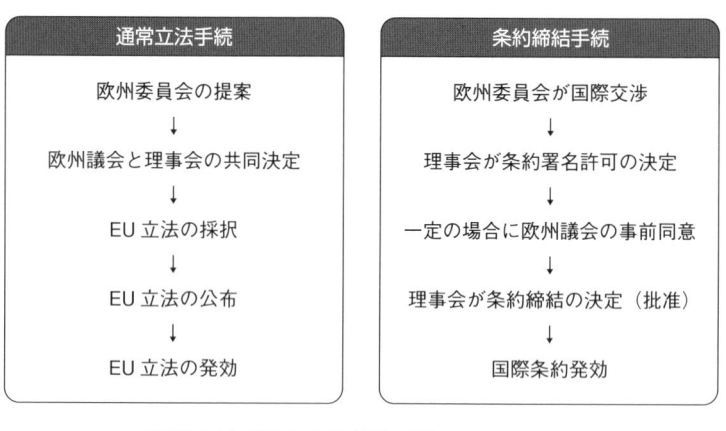

通常立法手続	条約締結手続
欧州委員会の提案 ↓ 欧州議会と理事会の共同決定 ↓ EU立法の採択 ↓ EU立法の公布 ↓ EU立法の発効	欧州委員会が国際交渉 ↓ 理事会が条約署名許可の決定 ↓ 一定の場合に欧州議会の事前同意 ↓ 理事会が条約締結の決定（批准） ↓ 国際条約発効

通常立法手続と条約締結手続の流れの比較

19.1.5 既存の条約とEU及びEU運営条約との関係

　EU運営条約351条は，既存の条約とEU条約及びEU運営条約との関係を規定している。同条1項は，1968年1月1日以前に，または，新規加盟国については，その加盟日以前に，1または2以上の構成国を一方の当事者，1または2以上の第三国を他方の当事者として締結された協定から生じる権利及び義務は，EU条約及びEU運営条約の規定により影響を受けないと定めている。これは，EUに加盟する前に第三国と国際条約を締結している場合に，第三国の権利及び義務を尊重するための規定である。これにより法的安定性が維持されることになる。たとえば，欧州委員会対スロバキア（Case C-264/09）事件において，欧州司法裁判所は，ATEL（スイスの電力会社）に付与する優先的アクセス権は指令2003/54と両立しないとしても，その権利はEU運営条約351条により保護されるとした[328]。

　他方，2項では，既存の条約とEU条約及びEU運営条約が両立しない場合には，その構成国は，既存の不都合を除去するために適切なあらゆる手段を講じなければならないとされ，構成国は，必要に応じてこのため相

---

[328] Case C-264/09 Commission v. Slovak Republic ［2011］ ECR I -8065, ECL I ： EU ： C ： 2011：580.

互に援助を与え，適切な場合には共通の態度をとるように要請される。これは，加盟前に第三国とすでに締結していた国際条約が EU 条約あるいは EU 運営条約と両立しない場合の対処方法が規定されている。EU 条約あるいは EU 運営条約と不合致の場合は，第三国とすでに締結していた国際条約はそのままの形で維持されるのではなく，同条約を締結した当事国である EU 構成国は，関連第三国と再交渉を行うなどの行動をとらなければならない。結果，1 項で保護される第三国の権利及び義務は，当事者の合意の下で変更されたり，廃止される可能性がある。たとえば，欧州委員会対オーストリア（Case C-205/06）事件[329]では，オーストリアが第三国と締結していた投資協定が資本の自由移動に関する EU 運営条約の規定（EC 条約 57 条 1 項，59 条及び 60 条 1 項）と両立しないことが問題とされた。欧州司法裁判所は，オーストリアがこの不都合を回避するための行動をとらなかったことは EU 運営条約 352 条 2 項に違反すると判示した。

　EU は，EEC 条約を締結した後，数度にわたり条約を改正してきた。その結果，EU の権限が拡大してきた。すでに EU に加盟している，ある EU 構成国が第三国と国際条約を締結した時点においては，EU に権限が付与されていなくとも，その後権限が付与される可能性がある。その場合，既存の国際条約と EU 条約あるいは EU 運営条約との関係には，EU 運営条約 351 条が類推適用されることになる。たとえば，リスボン条約による改正で EU 運営条約 207 条において対外直接投資が共通通商政策分野の権限として追加された。これまで EU 構成国と第三国は投資協定を結んできたが，この条約改正により影響を受けることになるが，EU 運営条約 351 条が類推適用されることになる。

19.1.6　裁判所意見

　構成国，欧州議会，理事会または欧州委員会は，検討中の国際条約が EU 条約及び EU 運営条約と両立するか否かについて，**欧州司法裁判所の**

---

[329] Case C-205/06 Commission v. Austria ［2009］ECR I -1301；小場瀬琢磨「構成国条約関係の EC 条約適合性確保」『貿易と関税』Vol.58 No.6 2010 年 75-69 頁。

意見を求めることができる (EU 運営条約 218 条 11 項)。欧州司法裁判所が，当該条約と EU 諸条約とが合致しないと考える場合には，当該条約が修正されるかまたは EU 諸条約が改正されない限り，当該条約は効力を生じない。

EU が締結しようとしている国際条約が EU 条約あるいは EU 運営条約と両立しないと判断された事件としては，EEA 協定に関する裁判所意見 1/91[330]，共同体特許裁判所を創設する国際条約に関する裁判所意見 1/09[331] がある。このように文字通り，検討中の条約と EU 諸条約の両立性について裁判所の意見が求められる場合もあるが，このような場合には限定されていない。他の場合としては，①EU (旧 EC) がある国際条約を締結する権限を有するか否かという権限の有無の問題，②EU がある国際条約を締結する排他的権限を有するのかあるいは共有権限を有するのかという権限の種類の問題，③EU がある国際条約を締結する黙示的権限を有するか否かという問題，また，④ある国際条約を締結するのに適切な法的根拠条文は何条かという問題などがある。

①の場合としては，EU (当時 EC) が欧州人権条約に自ら加入できるかについて裁判所意見 (2/94)[332] が求められた例がある。②の例としては，WTO 協定の締結に関する裁判所意見 1/94[333]，ルガノ条約の締結に関する裁判所意見 1/03[334]，また WTO 関連文書の決定に関する裁判所意見 1/08[335] が挙げられる。③の場合としては，航行に関する国際協定の締結についての裁判所意見 1/76[336]，裁判所意見 1/94 及び裁判所意見 1/03 が挙げられる。④の場合としては，生物多様性条約の締約国会議で採択されたバイオ・セイフティに関するカルタヘナ議定書を批准するにあたって，法

---

[330] Opinion 1/91 [1991] ECR I -6079；中西優美子「EEA 協定と EC 条約との関係」『国際商事法務』Vol.27 No.11 1999 年 1356-1359 頁。
[331] Opinion 1/09 [2011] ECR I -1137.
[332] Opinion 2/94 [1996] ECR I -1759.
[333] Opinion 1/94 [1994] ECR I -5267.
[334] Opinion 1/03 [2006] ECR I -1145；中西康「新ルガーノ条約についての EC の対外権限の排他性」『貿易と関税』Vol.54 No.12 2006 年 72-65 頁。
[335] Opinion 1/08 [2009] ECR I -11129；中西優美子「共通通商政策関連分野における EU の排他的対外権限の範囲」『国際商事法務』Vol.38 No.8 2010 年 1140-1146 頁。
[336] Opinion 1/76 [1977] ECR I -741.

的根拠条文が問題となった裁判所意見2/00[337]がある。つまり，通商政策に関するEC条約133条（現EU運営条約207条）か環境に関するEC条約175条1項（現EU運営条約192条1項）のどちらが適切な法的根拠条文かが争われた。

19.2 共通通商政策

●共通通商政策分野の権限

共通通商政策（Common Commercial Policy, CCP）は，対外関係分野の中で，EEC条約発効当初から規定されていた分野である（当時EEC条約113条）。EECは，まず関税同盟を目指したが，第三国に対する関税率を統一するという措置は，共通通商政策分野の措置であった。

リスボン条約によって共通通商政策の分野においてEUは**排他的権限**を有すると明示的に定められた（EU運営条約3条1項）。もっとも，それ以前においても判例中でEUが同分野において排他的権限を有すると確認されてきた。同分野における権限により条約を締結したり，あるいはEU域内の措置を採択することが可能である。

●共通通商政策に関する条文の変化

(1) EEC条約113条（EEC条約締結当初）

「1．過渡期間の終了後，共通通商政策は，特に，関税率の改正，関税及び貿易協定の締結，自由化措置の統一，輸出政策並びにダンピング及び補助金などの貿易上の保護措置に関して，統一的原則に基づくものとする。」

(2) EC条約133条（アムステルダム条約）

EC条約133条に5項が追加された。

---

[337] Opinion 2/00 [2001] ECR I-9713；中西優美子「ECにおける通商政策と環境政策の比重」『貿易と関税』Vol.50 No.9 2002年 75-71頁。

「5. 理事会は，委員会の提案に基づき，欧州議会と協議した後に，全会一致により1から4の規定を，サービスおよび知的財産権に関する国際交渉および協定に準用することができる。」(下線部筆者)

(3) EC条約133条（ニース条約）

「1. 共通通商政策は，特に，関税率の変更，関税及び貿易協定の締結，自由化措置の統一，輸出政策並びにダンピングまたは補助金などの貿易上の保護措置に関して，統一的原則に基づくものとする。
2. 委員会は，共通通商政策の実施について，理事会に提案を行う。
3. 1もしくは2以上の国家または国際組織との協定が交渉を必要とするときは，委員会は理事会に勧告し，理事会は委員会が必要な交渉を開始することを許可する。理事会と委員会は交渉される協定が対内の共同体の政策及び法規と合致するよう確保することに責任を有する。
　委員会は，理事会はこの任務に関し委員会を補佐するために任命した特別評議会と協議して，理事会が与えることのある命令の範囲内で交渉を行う。委員会は，交渉の進行について特別委員会に定期的に報告するものとする。300条の関連規定が準用される。
4. 理事会は，本条により付与される権限を行使するにあたり，特定多数決により決定する。
5. サービス貿易及び知的財産権の貿易的側面に関する協定が，第1項から第4項の規定によって規律されず，かつ，第6項を損なわない限りにおいて，当該協定の交渉及び締結についても第1項から第4項の規定が準用される。
　第4項の規定に対する例外として，理事会は，本項第1段に定める分野のいずれかにおいて協定を交渉及び締結するにあたり，当該協定が対内法規の採択に全会一致を要求する規定を含む場合，又は，本条約により付与された権限を共同体が対内法規の採択により行使していない場合には，全会一致により決定する。
　理事会は，水平的協定の交渉及び締結に関し，当該協定が本項前段又は第6項第2段にも関わる限り，全会一致により決定する。

本項は，構成国が第三国又は国際組織と協定を維持及び締結する権利につき，当該協定が共同体法及び他の関連する国際協定と合致する限り，構成国の権利に影響を与えるものではない。
 6．協定が，対内権限を超えることになる規定を含む場合は，とりわけ，本条約が構成国の法律又は規則の調和を排除している分野においてそのような調和を導くことにより対内権限を超えることになる場合は，理事会は当該協定を締結することができない。
　これに関して，第5項第1段に対する例外として，文化及びオーディオ・ヴィデュアルのサービス，教育サービス，並びに，社会及び健康サービスにおける貿易に関連する協定は，共同体と構成国の共有権限に属する。従って，当該協定の交渉には300条の関連規定に則りとられる共同体の決定に加え，構成国の共通の合意を必要とする。このようにして交渉された協定は，共同体と構成国が共同で締結する。
　運輸分野における国際協定の交渉及び締結は，第5編及び300条の規定により引き続き規律される。
 7．第6項第1段を損なうことなく，理事会は，委員会の提案に基き，欧州議会との協議の後，全会一致により，第5項の及ばない知的財産権に関する国際交渉及び協定に対して第1項から第4項の規定の準用を拡大することができる。」(下線部筆者)

(4)　EU 運営条約 207 条（リスボン条約）
「1．共通通商政策は，特に，関税率の変更，物品及びサービスの貿易に関する関税及び貿易協定の締結，知的財産の貿易的側面，対外直接投資，自由化措置の統一的達成，輸出政策並びにダンピングまたは補助金に関してとるべき措置を含む貿易上の保護措置に関して，統一的原則に基づくものとする。共通通商政策は，連合の対外行動の原則と目的の文脈の中で実施される。
 2．欧州議会と理事会は，通常立法手続に従い，規則により共通通商政策を実施する枠組を定める措置を採択する。
 3．1もしくは2以上の第三国または国際組織と協定が交渉され締結さ

れることが必要な場合には，本条の特別規定に従い，第218条が適用される。

　委員会は，理事会に勧告し，理事会は委員会が必要な交渉を開始することを許可する。理事会及び委員会は，交渉される協定が連合の対内政策及び規則と両立することを確保する責任を負う。

　委員会は，理事会がこの任務に関して委員会を補佐するために任命した特別委員会と協議し，かつ，理事会が定めることができる命令の範囲内でこの交渉を行う。委員会は，交渉の進展に関して，特別委員会及び欧州議会に定期的に報告する。

4．3に定める協定の交渉及び締結に関して，理事会は特別多数決で決定する。

　サービス貿易及び知的財産の貿易的側面並びに外国直接投資の分野における協定の交渉と締結にあたっては，理事会は，その協定が域内規則の採択に全会一致を必要とする規定を含む場合には全会一致により決定する。

　理事会は，次の分野における協定の交渉及び締結に関しても，全会一致により決定する。

(a)　これらの協定が連合の文化的及び言語的多様性を危うくするおそれのある文化的及び音響映像的サービスの貿易分野

(b)　これらの協定により，当該サービスの国内組織が著しく阻害され，かつサービスを供給する構成国の責任が害される重大な危険性のある社会的，教育的及び健康的サービス貿易の分野

5．運輸の分野における国際協定の交渉及び締結は，第3部第6編及び218条に従う。

6．共通通商政策の分野において本条により付与される権限の行使は，連合と構成国間の権限配分に影響を与えず，また，両条約が調和を排除している限り，構成国の立法規定又は規制規定の調和化を目指すものではない。」(下線部筆者)

　共通通商政策の範囲は，設立当初から判例及び条約改正を通じて拡大してきた。EEC条約は，共通通商政策を定義していないため，その定義に

つき欧州委員会及び理事会の間で見解の相違が存在した。欧州委員会は，用いられる手段が通商政策に関係する場合は EEC 条約 113 条を法的根拠とすることができるとした（いわゆる「手段理論」）。他方，理事会は，とられる措置の主目的が通商政策に関係するものでなければならないとしていた（いわゆる「目的理論」）。これらに対して，欧州司法裁判所は，天然ゴムに関する裁判所意見 1/78[338] において，「EEC 条約 113 条が，通商政策の範囲を従来の対外貿易のみに限定し，さらなる発展のメカニズムを排除するものと解釈されてはならない。もしそのように通商政策が解釈されるのであれば，次第にそれは意義を失っていくであろう」とした。この意見において，裁判所は，EEC 条約 113 条（現 EU 運営条約 207 条）が狭義の解釈ではなく，時代の要請とともに拡大解釈されるべきことを示した。

しかし，欧州司法裁判所は，欧州委員会が共通通商政策の範囲拡大のお墨付きをもらおうとした WTO 協定の締結に関する意見 1/94[339] において，次のように判示した。WTO 協定の付属文書の一つである「物品の貿易に関する多角協定」(1994 年の GATT) については，EC 条約 113 条に基づく排他的権限を認めたが，他の付属文書である，「サービス貿易に関する協定」(GATS) と「知的所有権の貿易関連の側面に関する協定」(TRIPs) については，EU と構成国の間で権限が分有されるとした。すなわち，裁判所は，世界貿易の拡大と取引客体の変更に合わせて対外経済政策に対する包括的な EU の排他的権限の存在を認定しなかった。

この判示を契機に欧州委員会の共通通商政策の範囲拡大に向けて条約改正を求める動きが活発化した。WTO 協定締結に関する意見 1/94 以降，上に示したように，アムステルダム条約，ニース条約，そしてリスボン条約においても条文が改正された。欧州委員会としては，GATS の規定対象であるサービス貿易及び TRIPs の規定対象である知的財産の貿易的側面が共通通商政策の適用範囲に入るように尽力してきた。これには，国際交渉において単独でかつ EU の利益のみを考慮して臨みたいという欧州委員会の要求があった。

---

[338] Opinion 1/78 [1979] ECR 2871.
[339] Opinion 1/94 [1994] ECR I -5267；中西優美子・須網隆夫「40 EC の排他的対外権限の範囲」中村民雄・須網隆夫編『EU 法基本判例集』第 2 版 2010 年 日本評論社 351-358 頁。

アムステルダム条約では，EC条約133条に5項が追加され，共通通商政策に関する規定EC条約133条1項から4項がサービス貿易及び知的財産権に関する国際交渉及び協定に準用することを理事会は全会一致で決定できることになった。しかし，この規定では，まず理事会が準用することを決めて，さらに，措置をとることになり，2段階のステップを踏まなければならず，また，決定には全会一致が必要とされるということ，さらに，準用されるだけでサービス貿易あるいは知的財産分野が共通通商政策の分野に入ることを意味しなかったため，欧州委員会の求める改正には程遠いものであった。

ニース条約の改正は，より大きな変更となった。これにより，サービス貿易及び知的財産権の貿易的側面に関する協定につき，その交渉及び締結についても第1項から第4項の規定が準用されることになった。つまり，アムステルダム条約のときに改正とは異なり，わざわざ準用するために事前の理事会の全会一致を必要せずに，また，原則として特定多数決で共通通商政策の規定を準用できるようになった。しかし，例外とは言え，多くの場合に全会一致が要請されることになった（EC条約133条5項2段及び3段）。また，共通通商政策分野においてEUは排他的権限を有しているが，サービス貿易及び知的財産権の貿易的側面の分野はあくまでも共通通商政策の規定が準用されるだけでそれらの分野に排他的権限が付与されたわけではなかった（EC条約133条5項4段及び6項2段）。よって，欧州委員会はこの改正にも満足せず，さらなる権限拡大を求めた。

リスボン条約による改正では，欧州委員会の要望を受け，通商政策の範囲が拡大した。共通通商政策は，特に，関税率の変更，物品及びサービスの貿易に関する関税及び貿易協定の締結，知的財産の貿易的側面，対外直接投資，自由化措置の統一的達成，輸出政策並びにダンピングまたは補助金に関してとるべき措置を含む貿易上の保護措置に関して，統一的原則に基づくものとするとされた（EU運営条約207条1項）。すなわち，これまでの懸案事項であった，サービス貿易と知的財産の貿易的側面が明確な形で共通通商政策の適用範囲に入れられることになった。加えて，対外直接投資についても共通通商政策の適用範囲に入れられることになった。つまり，これらの事項についてもEUが排他的権限を有することになった。

もっとも，これらの改正によってもEUはWTO関連の文書に対する包括的な排他的権限を付与されたわけではない。残されている問題として，一定の事項が例外として理事会の全会一致を要請していること（EU運営条約207条4項2段及び3段），またEU運営条約207条5項が，運輸の分野における国際協定の交渉及び締結はEU運営条約第3部第6編に従うと定めていることから，WTO関連文書が運輸に関係する場合は，事項がEUの排他的権限ではなく，EUと構成国の共有権限に属することが挙げられる[340]。

● 共通通商政策の措置

共通通商政策の措置は，条約を締結するだけではなく，域内の措置も含まれる。域内の措置は，規則（regulation）に限定される。これは，共通通商政策では統一な措置が要求されるため，指令のように国内裁量を与えるものが適さないためであると考えられる。第三国に対する共通関税率を設定したり，輸入・輸出規則が採択されている。民需にも軍事目的にも利用可能な汎用品（dual-use goods）の輸出も，共通通商政策の枠組で採択される。共通通商政策の措置で過去において日本が大きな影響を受けてきたのがEUのアンチダンピング規則である。日本製品にダンピング課税がなされ，日本政府がGATTに訴えを起こしたこともある。

19.3 その他の対外活動に関する権限

EU運営条約の枠組におかれるその他の対外活動に関する権限は，開発協力，第三国との経済，財政及び技術的援助，人道援助，制限的措置，連合協定である。

● 開 発 協 力

開発協力に対する個別的権限は，マーストリヒト条約によりEC条約第

---

[340] Opinion 1/08 [2009] ECR I -11129.

20編に追加された。それ以前は，開発協力は部分的に通商政策として EEC 条約 113 条に基づき措置がとられていた。開発協力は，現在 EU 運営条約 208 条から 211 条に定められている。EU は，開発援助を行う時に，**コンディショナリティ**（conditionality）を設定する。EU は，民主主義や法の支配の発展を武力ではなく，開発援助のコンディショナリティ設定により促進する方針を採用している。開発協力分野の権限は共有権限であるが，この分野においては，他の共有権限とは異なり，EU が権限を行使しても構成国は権限の行使を妨げられない（EU 運営条約 4 条 4 項）。

EU は，主に旧植民地国からなるアフリカ，カリブ，太平洋諸国（ACP 諸国）と連合協定を締結し，経済援助を含めた特別な関係を維持している。古くは，1963 年のヤウンデ協定に始まり，1975 年からのロメ協定を経て，現在は，EU と ACP 諸国のパートナーシップ協定であるコトヌー協定が締結され，発効している。

●人 道 援 助

EU は，これまで**欧州委員会人道援助機関**（European Community Humanitarian Office, ECHO）を通じて緊急援助金を用いてきた。1992 年に同機関が創設されて以来，ECHO は，100 以上の国において世界的に活動し，災害の犠牲者が生存にとって重要な設備と緊急時の供給物資をできるだけ迅速に手に入れられるように配慮してきた。7 億ユーロ以上の年予算から ECHO は，医療チーム，地雷除去専門家，運輸及び情報伝達，食料援助並びに後方支援に対しても財政支出をしている。リスボン条約発効以前は，人道援助に対する個別的権限は条約に定められていなかったが，現在は EU 運営条約 214 条に定められている。**人道援助**の権限は，共有権限に属するが，開発協力の場合と同様に EU の権限行使が構成国の権限行使を妨げるものではない。

●制限的措置

経済的及び財政的関係を部分的にまたは完全に**断絶ないし縮小する措置**（経済制裁など）は，経済制裁の目的は，安全保障であったとしても手段は通商に関わるため，従来は共通通商政策を定める EEC 条約 113 条を法的根

拠にしてとられてきた。マーストリヒト条約の改正により，EC条約228 a条に経済制裁措置のための規定が追加された。現在は，EU運営条約215条に定められている。もともと共通通商政策に関するEEC条約113条を基礎に採択されてきたことから，安全保障に関わるものであるが，理事会の特定多数決により措置が採択される。もっとも，この分野の措置は2段階になっており，まず共通外交安全保障政策（EU条約第5編第2章）の枠組で決定が行われ，それを実施するための措置がEU運営条約の枠組（EU運営条約215条）において採択される。また，EU運営条約の枠組の中でとられる措置は，欧州委員会の提案に基づくが，この分野では共通外交安全保障上級代表と欧州委員会の共同提案に基づくことになっている。

また，国家に対する経済制裁のみならず，自然人または法人あるいは団体または非国家主体に対しても経済的な制限的措置がとられる。たとえば，テロに対する闘いの中でテロ活動に関与する自然人等の資金の凍結などの措置がとられる。

● 連 合 協 定

連合協定は，EECが設立された当初から明示的に定められていた（旧EEC条約238条）。現在は，EU運営条約217条において，EUが相互的な権利及び義務，共同の行動並びに特別の手続を含む連合（association）を設定する協定を結ぶことができると定められている。EUは，これまで東欧諸国，ACP諸国，トルコなど多数の国家と連合協定を締結してきた。連合協定を締結した国の多くは，現在はEUに加盟している。

また，EUは近隣諸国との間においても特別な協定を締結することができる（EU条約8条）。

19.4 共通外交安全保障政策

EUの政策の中で**共通外交安全保障政策**（CFSP）のみがEU条約に定められ，また，同政策には特別の規則と手続が適用される（EU条約24条1項2段）。EUの3本柱構造は解消したものの，共通外交安全保障政策は「共同

体化」(=超国家化) されておらず, 政府間協力的性質が残っている[341]。

19.4.1 共通外交安全保障政策分野の権限

　権限の種類のところでも触れたが, 共通外交安全保障政策分野の権限は, EU 運営条約 2 条 4 項において共有権限とも排他的権限ともまた支援, 調整または補足的措置をとるための権限とも異なる別カテゴリー (sui generis) として規定されている。また, 他の政策分野に付与された個別的権限は一定の目的を設定し, それを達成する手段として付与されている。それに対して, 共通外交安全保障政策における権限は, 外交政策のすべての分野及び共同防衛に至りうる共通防衛政策の漸進的な確定を含む EU の安全保障政策に関するすべての問題を含むと定められており, 包括的なものとなっている (EU 条約 24 条 1 項 1 段)。

19.4.2　共通外交安全保障政策における意思決定とその履行確保

●共通外交安全保障政策における意思決定

　欧州首脳理事会が EU の戦略的利益を定め, 共通外交安全保障政策の目的及び一般的指針を決定する。(閣僚) 理事会は, この一般的指針及び戦略的方針を基礎として, 共通外交安全保障政策の策定と実施のために必要な決定を行う。その後, 共通外交安全保障上級代表及び構成国が共通外交安全保障政策を実施する (EU 条約 26 条)。他の政策分野の場合とは異なり, 措置の提案権は欧州委員会自体にはなく, 共通外交安全保障上級代表と共同で提案できる場合があるに過ぎず, また, 欧州議会には意思決定権限は付与されていない。この分野においては, 欧州首脳理事会と理事会のみが意思決定権限をもっている。

　国際情勢に鑑み EU による作戦行動が必要とされる場合には, 理事会は, 作戦行動の目標, 範囲, EU が利用可能な手段, さらに必要に応じてその

---

[341] 中村民雄「リスボン条約による EU 対外関係の法と制度の改革」森井裕一編『地域統合とグローバル秩序——ヨーロッパとアジア』2010 年 信山社 27-68 頁；中西優美子「リスボン条約と EU の対外権限——CFSP 分野を中心に」『日本 EU 学会年報』31 号 2011 年 127-147 頁。

期間及び実施条件を定める,「EUの行動」決定を採択する (EU条約28条)。また,理事会は,地理的または主題別の特定の問題について,EUの方針を定める,「EUの立場」決定を行う (EU条約29条)。

　欧州首脳理事会及び理事会の決定は,原則的に全会一致によりなされる。全会一致を容易にするための工夫として,全会一致を妨げない**積極的棄権**が設定されている。この場合,棄権する構成国は決定を適用することは義務づけられないが,決定がEUを拘束することを受け入れる (EU条約31条1項)。理事会の措置は内容的には上述したようにEUの立場とEUの行動に分かれるが,形式的にはどちらも決定の形で採択される。理事会において,①EUの戦略的利益と目標に関する欧州首脳理事会の決定に基づくEUの行動または立場を定める決定を採択する場合,②理事会自らの発議または上級代表の発議に基づき,欧州首脳理事会の特別の要請を受けた外交安全保障上級代表の提案を基礎として,EUの行動または立場を定める決定を採択する場合,③EUの行動または立場を定める決定を実施するための決定を採択する場合,④特定の政治的問題に関して授権を受け,上級代表の権限の下で任務を遂行する特別代表を任命する場合には特定多数決により議決される。もっとも,国内政策の重要かつ言明された理由から特定多数決に反対する構成国がある場合には,表決は実施されない (EU条約31条2項)。これは,いわゆる「ルクセンブルクの妥協」のときに用いられた妥協の方式を明文で取り入れたものであると捉えられる。

●**措置の履行確保**

　共通外交安全保障政策分野の措置は,同分野に対しては特別の規則及び手続が用いられるため国際法的性質の拘束力にとどまるという見解も存在する。しかし,共通外交安全保障政策分野の措置は,単なる構成国の合意ではなく,EUの権限の行使の結果として理解するほうがよいであろう。EU条約31条1項2段は,棄権する構成国は,棄権した決定には自らは拘束されないが,EUが同決定に拘束されることを受け入れなければならないと定めている。つまり,理事会の決定は,構成国のみならず,EUも拘束すると解される。

　しかし,共通外交安全保障政策分野の措置に拘束力があるとしても,他

の政策分野の措置と履行確保の点においても異なっている。他の分野の措置に対しては，EU 司法裁判所がその履行確保につき裁判管轄権を有しているが，共通外交安全保障政策分野に対しては，管轄権は及ばない。その結果，ある構成国が措置に違反する行動をとったとしても条約違反手続等を用いることはできない。

　共通外交安全保障政策分野においては，「構成国は，連合の外交安全保障政策を誠実と相互連帯の精神の下で積極的かつ留保なく支援し，この分野における連合の行動に従う。構成国は，相互の政治的連帯を強化しかつ発展させるために協力する。構成国は，連合の利益に反する行動または国際関係における結束した力としての連合の実効性を損なわす可能性のあるいかなる行動も慎む」と定められ（EU 条約 24 条 3 項），措置の履行確保のために誠実協力及び連帯の義務が強調されている。

19.4.3　共通外交安全保障政策分野の機構的強化

　リスボン条約により共通外交安全保障政策分野の機構的強化が図られた。まず共通外交安全保障上級代表に強力な権限が付与された（EU 条約 18 条, 27 条, 30 条）。また，上級代表を支える人材として，理事会は，上級代表の提案に基づき，特定の政治問題に関して授権を受け，上級代表の権限の下でその任務を遂行する特別代表を任命することができるようになった。

　上級代表を補佐する機関として，**欧州対外行動庁**（European External Action Service, EEAS）が設立された（EU 条約 27 条 3 項）。同庁は，理事会事務総局及び欧州委員会の関連部局並びに構成国の外務省から配置された職員により構成される。リスボン条約発効前は，駐日欧州委員会代表部が東京の半蔵門におかれていたが，同条約発効後駐日 EU 代表部と名称を変更し，場所も広尾におかれることになった。駐日 EU 代表部[342]においてもイギリスやアイルランドなど各国外務省から派遣された外交官と欧州委員会に所属する EU 職員の両方が働いている。

---

[342] http://www.euinjapan.jp

■第20章■

EUとアジア

　本章では，EUを部分的にモデルとしているASEAN，EUとアジアの関係，アジアの中の統合について簡単に説明しておきたい。

20.1 ASEAN

　EU，特にその関税同盟をモデルとしている地域組織としてメルコスール（MERCOSUR）が存在する。ASEANは，もともと関税同盟を目指していたわけではないが，現在はその方向に動いている。
　ASEANは，Association of South-East Asian Nations（東南アジア諸国連合）の頭文字をとったものである。その原加盟国は，インドネシア，マレーシア，フィリピン，シンガポール及びタイの5カ国であるが，その後1984年にブルネイ，1995年にベトナム，1997年にラオス及びミャンマー，1999年にカンボジアが加わり，東南アジアの国（10カ国）から構成されている。
　ASEANは，1967年8月8日のASEAN宣言（別名バンコク宣言）により地域協力の連合として設立された。ASEANの目的は，①東南アジア諸国の繁栄および平和的共同体の基礎を強化するため平等とパートナーシップの精神において共同の努力を通じて経済成長，社会進歩および文化的発展を促進すること，②国連の原則を尊重し，平和および安全を促進すること，③経済，社会，文化，技術，科学及び行政分野における共通利益事項について積極的な協力と相互援助を促進すること，④教育，職業，技術及び行政の分野における訓練及び教育環境の領域で相互に援助を与えること，⑤

農業及び産業の効率化，貿易の拡大，運輸及び通信伝達の改善，生活水準の向上に対して効果的に協力すること，⑥東南アジア研究を促進すること，⑦既存の国際及び地域組織と緊密で有益な協力を維持すること，とされた。

　協力の実施方法としては，ASEAN 外相会議（毎年夏），経済閣僚会議（毎年夏），財務閣僚会議（毎年春）等，分野別閣僚会議を開催することでなされている。ASEAN 常任委員会は，外相会議の政策調整を 1 年かけて行うという役目を担っている。ASEAN 事務局は，インドネシアのジャカルタにおかれている。ASEAN の諸活動の調整・実施等を行う役目をする ASEAN 事務総長という役職が設けられている。また，ASEAN 国内事務局が ASEAN 各国の外務省に設置されている。ASEAN の意思決定は首脳会議で行われる。EU で見られるような欧州委員会，理事会，欧州議会あるいは裁判所などのような権限を付与された独自の機関は存在せず，会議を基礎として相互の協力が進められている。

　ASEAN における最高意思決定の場所が首脳会議である。第 1 回首脳会議が 1976 年 2 月にインドネシアのバリで開催され，そこでは東南アジア友好協力条約(Treaty of Amity and Cooperation in Southeast Asia，TAC)が採択された。その基本原則は，①独立，主権，平等，領土保全及び国家のアイデンティティの相互尊重，②対外的干渉，破壊または強制からの自由な国家の存在に至る国家の権利，③国内干渉への不介入，④紛争の平和的解決，⑤武力の脅威または行使の自制，⑥相互間の効果的な協力，である。EU とは異なり，ASEAN への権限移譲は行われていない。また，ASEAN 30 周年を記念して，1997 年の非公式首脳会議において，ASEAN 共同体の創設を目指す，ASEAN Vision 2020 が採択された。第 9 回の首脳会議（2003 年 6 月 15 日～16 日）においては，地域経済統合が ASEAN の競争力にとって重要であるという認識の下，ASEAN 共同体に向けより経済統合を進める必要性が再確認された。また，同会議において第二 ASEAN 協和宣言（Declaration of ASEAN Concord Ⅱ）に署名がなされた。2007 年 1 月 13 日にフィリピンのセブで開かれた第 12 回の首脳会議においては，「2015 年までの ASEAN 共同体創設の促進に関するセブ宣言」に署名がなされた。ASEAN 共同体は 3 つの柱，すなわち ASEAN 政治安全共同体，ASEAN 経済共同体及び ASEAN 社会文化共同体から構成されること，また，それぞ

れの柱が独自の青写真を形成することなどが決められた。2007年11月20日にシンガポールで第13回首脳会議が開催された。そこでは，ASEAN憲章が採択された。

　ASEAN憲章は，2008年12月15日に発効した。同憲章は，ASEANの法的地位と機構枠組を定めることによってASEAN共同体を達成するための基礎としての役割を果たす。また，同憲章は，ASEAN規範，法規及び価値を規定し，ASEANの明確な目標を設定している。その主な内容は，①ASEANの基礎となる諸原則の確認，国内問題への不干渉原則の維持，②ASEAN人権機構の設立を明記，③コンセンサス方式とASEAN・マイナス方式（決定に参加しない国に対しては合意の効力は適用されない），④ASEAN各代表部をジャカルタに設置，⑤ASEAN事務総長の権限の強化，ASEAN事務局の機能の強化，となっている。また，ASEAN共同体の一つの柱であるASEAN経済共同体のための青写真（ロードマップ）に署名がなされた。

20.2　アジアとEU

　1972年にASEANとEU（当時EC）の間で最初の対話がもたれた。1978年からは，ASEANとEUが定期的な会合を開催することになり，現在まで続いている。1980年にはASEANとEUの間で協力協定が調印された（民主主義の問題を抱えていたミャンマーを除く）。

　アジア経済が急成長する中で，アジアと欧州の対等な対話と協力の場を設定するためにアジア欧州会合（Asia-Europe Meeting, ASEM）が開催されることになった。ASEMにはASEANの他に，ASEAN＋3と呼ばれる日本，中国及び韓国もアジア側として参加している。第1回目の会議が1996年3月にタイのバンコクで開催され，その後2年ごとにアジアとヨーロッパの輪番で会合が開催されている。ASEMの一つの意義は，アメリカの参加なしにヨーロッパとアジアの対話の場がもたれることである。

20.3　東アジア共同体の可能性

　現在，東アジア共同体（East Asia Community）は存在せず，それについての構想や言及が見られるに過ぎない[343]。ただ，その萌芽がASEAN＋3からなる東アジア首脳会議という形で見られるようになっている。

　1997年12月にASEANが日中韓の首脳をASEAN首脳会議に招待する形でASEAN＋3（日本，中国及び韓国）という形態が形成された。その後，年1回ASEAN首脳会議の際にASEAN＋3で会議を行うことになっている。2004年の第8回の会議の際に東アジア首脳会議を開催することが決定され，2005年に第1回の東アジア首脳会議（East Asia Summit, EAS）がクアラルンプールで開催された。同会議では，クアラルンプール宣言がだされ，東アジア首脳会議が毎年開催されることになった。2010年10月には，第5回東アジア首脳会議がベトナムで開催され，5周年を記念してハノイ宣言が採択された。日本はコンセプトペーパーとして，「東アジアの地域統合に向けたイニシャル・ステップス：漸進的アプローチ」を発表した。

　民主党のマニフェストに東アジア共同体の構築を目指すとあり，そのための鳩山構想は注目を集めたが，東アジア共同体に向けての具体的な動きへとはつながっていない[344]。今後の発展に注目していきたい。

---

[343] 中村民雄・須網隆夫・臼井陽一郎・佐藤義明『東アジア共同体憲章案——実現可能な未来をひらく議論のために』2008年　昭和堂参照。

[344] 鳩山構想については大谷良雄「東アジア共同体について（上）（下）」『時の法令』1859号 2010年 29-33頁及び1861号 2010年 61-63頁が詳しい。

第 V 部

実践・応用のための基礎知識

■第 21 章　実際の EU 法行為
■第 22 章　EU 司法裁判所の解釈と判例

■第21章■

実際のEU法行為

21.1 欧州委員会の提案の前段階

　EU運営条約上定められたEU法行為の法行為手続は第8章で説明した。通常立法手続であれば，欧州委員会の提案に基づき，欧州議会と理事会が決定する（EU運営条約294条）。しかし，実際は，欧州委員会が提案を行う前に法行為手続に現れていない過程がある。
　環境分野においては，早くからこの欧州委員会の提案前の前段階が重要視されていた。1993年の第5次環境行動計画「持続性に向けて」においては，すべての経済的・社会的パートナーを取り込む方式を基本として長期戦略が策定された。たとえば，EUの排出枠取引制度指令は，2001年10月23日に欧州委員会が提案し，2003年10月13日に欧州議会と理事会により採択されている。欧州委員会は，提案に先立ち2000年に欧州レベルでの排出枠取引についての議論を促すためにグリーンペーパーを提出した[345]。これに対し，企業及びNGO等から意見が寄せられた。それを受け，欧州委員会は提案を行った。また，環境損害責任指令は，2004年4月21日に採択された。しかし最初の動きは，1993年5月14日に公表されたグリーンペーパーにさかのぼる[346]。このグリーンペーパーに対して，構成国，経済界，環境団体及びその他の利害関係者から100を超えるコメントが提出された。これを受け，欧州委員会は2000年2月9日に環境責任に関す

---

[345] COM (2000) 87.
[346] COM (93) 47.

るホワイトペーパーを公表した[347]。これによりさらに意見を集め，検討を重ねた上で，欧州委員会は，2002年1月23日に環境損害責任指令案を公表した[348]。化学物質（REACH）規則についても，まず欧州委員会は1999年2月に150を超えるステークホルダー（産業界，使用者側，消費者，NGOなど）とブレインストーミングを行った。その上で，2001年に将来の化学物質政策に対する戦略と題されるホワイトペーパーを公表した[349]。これに対し，600以上の意見が寄せられ，2003年に欧州委員会は化学物質規則案を公表した[350]。同案は，2006年12月18日に採択された。これらのようにグリーンペーパーやホワイトペーパーが提案前に公表され，幅広く意見が集められた上で，欧州委員会が提案を行われてきた。

　リスボン条約よって，このような環境分野の欧州委員会の慣行が明文化された。EU条約10条3項は，すべての市民は連合の民主的運営に参加する権利を有すると定めている。さらに，EU条約11条1項は，EUの諸機関はEUのすべての活動分野において，適当な方法により市民と代表団体に対して意見表明及び公開の意見交換の機会を与えるとし，2項はEUの諸機関は，代表団体及び市民社会との間での公開で透明かつ定期的な対話を維持するとし，また3項では，欧州委員会はEUの行動が一貫性を有しかつ透明であることを確保するために関係当事者と広範な協議を行うと定めている。

21.2　欧州委員会への権限の委任

　リスボン条約発効以前，EC条約211条は，「委員会は，……理事会が定めた規定を実施するために理事会から与えられた権限を行使する」と定め，逆にEC条約202条は，「理事会は，理事会が採択する措置の中で理事会が定める規定を実施する権限を委員会に付与する」と定めていた。

---

[347] COM (2000) 66.
[348] COM (2002) 17.
[349] COM (2001) 88.
[350] COM (2003) 644.

EC 条約 201 条は，さらに「理事会は，これらの権限の行使に関して，一定の要件を課することができる」と定めていた。理事会から行政府としての欧州委員会に政策実施に必要な細則を定める**権限の委任**が行われてきた。この際，理事会は，欧州委員会に権限を丸投げしたのではなく，欧州委員会は，小委員会（諮問評議会（consultative committee），管理評議会（management committee），規制評議会（regulatory committee）に提案する措置に関し意見を求めなければならなかった[351]。これがいわゆるコミトロジー手続と呼ばれるものである。ただ，欧州議会が参加できないということ及び不透明さが問題点として指摘されてきた。

　リスボン条約発効以前は，すでに採択された法行為に関し欧州委員会が法行為を採択することにつき，区別はなかったが，リスボン条約は，上述したように委任された行為（delagated act）と実施行為（implementing act）に区別した。さらに，それぞれ，EU 運営条約 290 条及び 291 条に定められることで手続の透明性が改善され，また，欧州議会の参与も認められるようになった。

　委任された行為に関し，欧州議会と理事会が欧州委員会に法行為の採択を委任する場合には，立法行為に明示的に定められなければならない。その具体例としては，次節に掲載した指令 2011/82 が挙げられる。前文(24)において委任について言及され，具体的に 9 条及び 10 条において明示的に定められている。実施行為は，すでに採択された法行為（立法行為には限定されていない）を実施するために統一の条件が必要である場合に，採択される行為である。原則的に欧州委員会が法行為を採択し，例外的に理事会が法行為を採択する。たとえば，「単一欧州空域における航空航法システムの規定に関する欧州議会と理事会の規則 550/2004」を実施するために「航空交通管理と航空航法サービスにおける安全管理に関する委員会実施規則 1034/2011」が採択された[352]。

---

[351] OJ of the EU 1999 L 184/23, Council Decision of 28 June 1999 laying down the procedures for the exercise of implementing powers conferred on the Commission（1999/468/EC）.
[352] OJ of the EU 2011 L 271/15.

21.3　EU法行為の実例

　2011年10月25日に採択された交通安全違反に関する国境を越えた情報交換を容易にする欧州議会と理事会の指令2011/82の英語版の一部を掲載。

336 第21章 実際のEU法行為

官報公布日　英語版　　　　　EU官報　　　　　　　　　　Lシリーズ　号　頁
5.11.2011　　EN　　　Official Journal of the European Union　　L 288/1

I

(Legislative acts) ── 立法行為

DIRECTIVES

指令　年　通し番号　法行為採択機関欧州議会　　法行為採択機関
　　　　　　　　　　　　　　　　　　　　　　　理事会

DIRECTIVE 2011/82/EU OF THE EUROPEAN PARLIAMENT AND OF THE COUNCIL

of 25 October 2011 ── 採択日

facilitating the cross-border exchange of information on road safety related traffic offences

THE EUROPEAN PARLIAMENT AND THE COUNCIL OF THE EUROPEAN UNION,

法行為採択機関

Having regard to the Treaty on the Functioning of the European Union, and in particular Article 87(2) thereof,

法的根拠条文

Having regard to the proposal from the European Commission,

欧州委員会の提案

Acting in accordance with the ordinary legislative procedure ([1]),

法行為手続　　　通常立法手続

Whereas:

前文（1）～（27）

(1) Improving road safety is a prime objective of the Union's transport policy. The Union is pursuing a policy to improve road safety with the objective of reducing fatalities, injuries and material damage. An important element of that policy is the consistent enforcement of sanctions for road traffic offences committed in the Union which considerably jeopardise road safety.

(2) However, due to a lack of appropriate procedures and notwithstanding existing possibilities under Council Decision 2008/615/JHA of 23 June 2008 on the stepping up of cross-border cooperation, particularly in combating terrorism and cross-border crime ([2]) and Council Decision 2008/616/JHA of 23 June 2008 on the implementation of Decision 2008/615/JHA ([3]) (the 'Prüm Decisions'), sanctions in the form of financial penalties for certain road traffic offences are often not enforced if those offences are committed with a vehicle which is registered in a Member State other than the Member State where the offence took place. This Directive aims to ensure that even in such cases, the effectiveness of the investigation of road safety related traffic offences should be ensured.

(3) The Commission, in its Communication of 20 July 2010 entitled 'Towards a European road safety area: policy orientations on road safety 2011-2020', emphasised that enforcement remains a key factor in creating the conditions for a considerable reduction in the number of deaths and injuries. The Council, in its conclusions of 2 December 2010 on road safety, called also for consideration of the need for further strengthening of enforcement of road traffic rules by Member States and, where appropriate, at Union level. It invited the Commission to examine the possibilities of harmonising traffic rules at Union level where appropriate. The Commission should therefore assess the need to propose in the future further measures on facilitating cross-border enforcement with regard to road traffic offences, in particular those related to serious traffic accidents.

(4) Greater convergence of control measures between Member States should also be encouraged and the Commission should examine in this respect the need for developing common standards for automatic checking equipment for road safety controls.

(5) The awareness of Union citizens should be raised as regards the road safety traffic rules in force in different Member States and as regards the implementation of this Directive, in particular through appropriate measures guaranteeing the provision of sufficient information on the consequences of not respecting the road safety traffic rules when travelling in a Member State other than the Member State of registration.

(6) In order to improve road safety throughout the Union and to ensure equal treatment of drivers, namely resident and non-resident offenders, enforcement should be facilitated irrespective of the Member State of registration

---

([1]) Position of the European Parliament of 17 December 2008 (OJ C 45 E, 23.2.2010, p. 149) and position of the Council at first reading of 17 March 2011 (OJ C 136 E, 6.5.2011, p. 1). Position of the European Parliament of 6 July 2011 (not yet published in the Official Journal) and decision of the Council of 29 September 2011.
([2]) OJ L 210, 6.8.2008, p. 1.
([3]) OJ L 210, 6.8.2008, p. 12.

前文（続き）

　　　of the vehicle. To this end, a system of cross-border exchange of information should be put in place for certain identified road safety. related traffic offences, regardless of their administrative or criminal nature under the law of the Member State concerned, granting the Member State of the offence access to vehicle registration data (VRD) of the Member State of registration.

(7)　A more efficient cross-border exchange of VRD, which should facilitate the identification of persons suspected of committing a road safety related traffic offence, may increase the deterrent effect and induce more cautious behaviour by the driver of a vehicle that is registered in a Member State other than the Member State of the offence, thereby preventing casualties due to road traffic accidents.

(8)　The road safety related traffic offences covered by this Directive are not subject to homogeneous treatment in the Member States. Some Member States qualify such offences under national law as 'administrative' offences while others qualify them as 'criminal' offences. This Directive should apply regardless of how those offences are qualified under national law.

(9)　In the framework of the Prüm Decisions, Member States grant each other the right of access to their VRD in order to improve the exchange of information and to speed up the procedures in force. The provisions concerning the technical specifications and the availability of automated data exchange set out in the Prüm Decisions should, as far as possible, be included in this Directive.

(10)　Existing software applications should be the basis for the data exchange under this Directive and should, at the same time, also facilitate the reporting by Member States to the Commission. Such applications should provide for the expeditious, secure and confidential exchange of specific VRD between Member States. Advantage should be taken of the European Vehicle and Driving Licence Information System (Eucaris) software application, which is mandatory for Member States under the Prüm Decisions as regards VRD. The Commission should report on an assessment of the functioning of the software applications used for the purposes of this Directive.

(11)　The scope of the above-mentioned software applications should be limited to the processes used in the exchange of information between the national contact points in the Member States. Procedures and automated processes in which the information is to be used are outside the scope of such applications.

(12)　The Information Management Strategy for EU internal security aims at finding the simplest and most easily traceable and cost-effective solutions for data exchange.

(13)　Member States should be able to contact the owner, the holder of the vehicle or the otherwise identified person suspected of committing the road safety related traffic offence in order to keep the person concerned informed of the applicable procedures and the legal consequences under the law of the Member State of the offence. In doing so, Member States should consider sending the information concerning road safety related traffic offences in the language of the registration documents or the language most likely to be understood by the person concerned, to ensure that that person has a clear understanding of the information which is being shared with the person concerned. Member States should apply the appropriate procedures to ensure that only the person concerned is informed and not a third party. To that effect, Member States should use detailed arrangements similar to those adopted for following up such offences including means such as, where appropriate, registered delivery. This will allow that person to respond to the information in an appropriate way, in particular by asking for more information, settling the fine or by exercising his/her rights of defence, in particular in the case of mistaken identity. Further proceedings are covered by applicable legal instruments, including instruments on mutual assistance and on mutual recognition, for example Council Framework Decision 2005/214/JHA of 24 February 2005 on the application of the principle of mutual recognition to financial penalties ([1]).

(14)　Member States should consider providing equivalent translation with respect to the information letter sent by the Member State of the offence, as provided for in Directive 2010/64/EU of the European Parliament and of the Council of 20 October 2010 on the right to interpretation and translation in criminal proceedings ([2]).

(15)　With a view to pursuing a road safety policy aiming for a high level of protection for all road users in the Union and taking into account the widely differing circumstances acting within the Union, Member States should act, without prejudice to more restrictive policies and laws, in order to ensure greater convergence of road traffic rules and of their enforcement between Member States. In the framework of its report to the European Parliament and to the Council on the application of this Directive, the Commission should examine the need to develop common standards in order to establish comparable methods, practices and minimum standards at Union level taking into account

---

([1]) OJ L 76, 22.3.2005, p. 16.
([2]) OJ L 280, 26.10.2010, p. 1.

前文（続き）

(16) In the framework of its report to the European Parliament and to the Council on the application of this Directive by the Member States, the Commission should examine the need for common criteria for follow-up procedures by the Member States in the event of non-payment of a financial penalty, in accordance with Member States' laws and procedures. In this report, the Commission should address issues such as the procedures between the competent authorities of the Member States for the transmission of the final decision to impose a sanction and/or financial penalty as well as the recognition and enforcement of the final decision.

(17) In preparing the review of this Directive, the Commission should consult the relevant stakeholders, such as road safety and law enforcement authorities or bodies, victims' associations and other non-governmental organisations active in the field of road safety.

(18) Closer cooperation between law enforcement authorities should go hand in hand with respect for fundamental rights, in particular the right to respect for privacy and to protection of personal data, guaranteed by special data protection arrangements which should take particular account of the specific nature of cross-border online access to databases. It is necessary that the software applications to be set up enable the exchange of information to be carried out in secure conditions and ensure the confidentiality of the data transmitted. The data gathered under this Directive should not be used for purposes other than those of this Directive. Member States should comply with the obligations on the conditions of use and of temporary storage of the data.

(19) Since the data relating to the identification of an offender are personal data, Member States should take the measures necessary to ensure that the relevant provisions of Council Framework Decision 2008/977/JHA of 27 November 2008 on the protection of personal data processed in the framework of police and judicial cooperation in criminal matters ([1]) are applied. Without prejudice to the observance of the procedural requirements for appeal and the redress mechanisms of the Member State concerned, the data subject should be informed accordingly, when notified of the offence, of the right to access, the right to rectification and deletion of personal data as well as of the maximum legal storage period of the data and should have the right to obtain the correction of any inaccurate personal data or the immediate deletion of any data recorded unlawfully.

(20) It should be possible for third countries to participate in the exchange of VRD provided that they have concluded an agreement with the Union to this effect. Such an agreement would have to include necessary provisions on data protection.

(21) This Directive respects the fundamental rights and observes the principles recognised in particular by the Charter of Fundamental Rights of the European Union, as referred to in Article 6 of the Treaty on European Union.　＼基本権の尊重

(22) In accordance with Articles 1 and 2 of the Protocol (No 21) on the Position of the United Kingdom and Ireland in respect of the Area of Freedom, Security and Justice, annexed to the Treaty on European Union and to the Treaty on the Functioning of the European Union, and without prejudice to Article 4 of that Protocol, those Member States are not taking part in the adoption of this Directive and are not bound by it or subject to its application.　＼イギリスとアイルランドのオプト・アウト

(23) In accordance with Articles 1 and 2 of the Protocol (No 22) on the position of Denmark, annexed to the Treaty on European Union and the Treaty on the Functioning of the European Union, Denmark is not taking part in the adoption of this Directive and is not bound by it or subject to its application.　＼デンマークのオプト・アウト

(24) In order to achieve the objective of exchange of information between Member States through interoperable means, the power to adopt acts in accordance with Article 290 of the Treaty on the Functioning of the European Union should be delegated to the Commission in respect of taking into account relevant changes to Decision 2008/615/JHA and Decision 2008/616/JHA or where required by legal acts of the Union directly relevant for the update of Annex I. It is of particular importance that the Commission carry out appropriate consultations during its preparatory work, including at expert level. The Commission, when preparing and drawing up delegated acts, should ensure a simultaneous, timely and appropriate transmission of relevant documents to the European Parliament and Council.　＼欧州委員会への権限の委任

(25) In accordance with point 34 of the Interinstitutional Agreement on better law-making ([2]), Member States are encouraged to draw up, for themselves and in the interest of the Union, their own tables, which will, as far as possible, illustrate the correlation between this Directive and the transposition measures, and to make them public.

(26) Since the objective of this Directive, namely to ensure a high level of protection for all road users in the Union by facilitating the cross-border exchange of information on road safety related traffic offences, where they are committed with a vehicle registered in a Member State other than the Member State where the offence took place, cannot be sufficiently achieved by the Member States and can therefore by reason of the scale and effects of the action be better achieved at Union level, the Union may adopt measures, in accordance with the principle of subsidiarity as set out in Article 5 of the Treaty on European Union. In accordance with the　＼補完性原則と比例性原則の遵守

([1]) OJ L 350, 30.12.2008, p. 60.

([2]) OJ C 321, 31.12.2003, p. 1.

前文（続き）

principle of proportionality as set out in that Article, this Directive does not go beyond what is necessary in order to achieve that objective.

(27) The European Data Protection Supervisor was consulted and adopted an opinion (^{1}).

HAVE ADOPTED THIS DIRECTIVE:

本文開始

Article 1
Objective ——目的

This Directive aims to ensure a high level of protection for all road users in the Union by facilitating the cross-border exchange of information on road safety related traffic offences and thereby the enforcement of sanctions, where those offences are committed with a vehicle registered in a Member State other than the Member State where the offence took place.

Article 2
Scope ——範囲

This Directive shall apply to the following road safety related traffic offences:

(a) speeding;

(b) non-use of a seat-belt;

(c) failing to stop at a red traffic light;

(d) drink-driving;

(e) driving under the influence of drugs;

(f) failing to wear a safety helmet;

(g) use of a forbidden lane;

(h) illegally using a mobile telephone or any other communication devices while driving.

Article 3
Definitions ——定義

For the purposes of this Directive, the following definitions shall apply:

(a) 'vehicle' means any power-driven vehicle including motor-cycles, which is normally used for carrying persons or goods by road;

(b) 'Member State of the offence' means the Member State where the offence has been committed;

(c) 'Member State of registration' means the Member State where the vehicle with which the offence has been committed is registered;

(d) 'speeding' means exceeding the speed limits in force in the Member State of the offence for the road and the type of vehicle concerned;

(e) 'non-use of a seat-belt' means failing to comply with the requirement to wear a seat-belt or use a child restraint in accordance with Council Directive 91/671/EEC of 16 December 1991 relating to the compulsory use of safety belts and child-restraint systems in vehicles (^{2}) and the law of the Member State of the offence;

(f) 'failing to stop at a red traffic light' means driving through a red traffic light or any other relevant stop signal, as defined in the law of the Member State of the offence;

(g) 'drink-driving' means driving while impaired by alcohol, as defined in the law of the Member State of the offence;

(h) 'driving under the influence of drugs' means driving while impaired by drugs or other substances having a similar effect, as defined in the law of the Member State of the offence;

(i) 'failing to wear a safety helmet' means not wearing a safety helmet, as defined in the law of the Member State of the offence;

(j) 'use of a forbidden lane' means illegally using part of a road section, such as an emergency lane, public transport lane or temporary closed lane for reasons of congestion or road works, as defined in the law of the Member State of the offence;

(k) 'illegally using a mobile telephone or any other communication devices while driving' means illegally using a mobile telephone or any other communication devices while driving, as defined in the law of the Member State of the offence;

(l) 'national contact point' means a designated competent authority for the exchange of VRD;

(m) 'automated search' means an online access procedure for consulting the databases of one, several, or all of the Member States or of the participating countries;

(^{1}) OJ C 310, 5.12.2008, p. 9.

(^{2}) OJ L 373, 31.12.1991, p. 26.

(n) 'holder of the vehicle' means the person in whose name the vehicle is registered, as defined in the law of the Member State of registration.

Article 4

Procedure for the exchange of information between Member States

1. For the investigation of the road safety related traffic offences referred to in Article 2, the Member States shall allow other Member States' national contact points, as referred to in paragraph 3 of this Article, access to the following national VRD, with the power to conduct automated searches on:

(a) data relating to vehicles; and

(b) data relating to owners or holders of the vehicle.

The data elements referred to in points (a) and (b) which are necessary to conduct the search shall be in compliance with Annex I.

2. Any searches in the form of outgoing requests shall be conducted by the national contact point of the Member State of the offence using a full registration number.

Those searches shall be conducted in compliance with the procedures as described in Chapter 3 of the Annex to Decision 2008/616/JHA, except for point 1 of Chapter 3 of the Annex to Decision 2008/616/JHA, for which Annex I to this Directive shall apply.

The Member State of the offence shall, under this Directive, use the data obtained in order to establish who is personally liable for road safety related traffic offences referred to in Articles 2 and 3.

3. For the purposes of the exchange of data as referred to in paragraph 1, each Member State shall designate a national contact point. The powers of the national contact points shall be governed by the applicable law of the Member State concerned.

4. Member States shall take all necessary measures to ensure that the exchange of information is carried out by interoperable electronic means without exchange of data involving other databases. Member States shall ensure that this exchange of information is conducted in a cost efficient and secure manner and ensure the security and protection of the data transmitted, as far as possible using existing software applications such as the one especially designed for the purposes of Article 12 of Decision 2008/615/JHA, and amended versions of those software applications, in compliance with Annex I to this Directive and with points 2 and 3 of Chapter 3 of the Annex to Decision 2008/616/JHA. The amended versions of the software applications shall provide for both online real-time exchange mode and batch exchange mode, the latter allowing for the exchange of multiple requests or responses within one message.

5. Each Member State shall bear its costs arising from the administration, use and maintenance of the software applications referred to in paragraph 4.

Article 5

Information letter on the road safety related traffic offence

1. The Member State of the offence shall decide whether to initiate follow-up proceedings in relation to the road safety related traffic offences referred to in Article 2 or not.

In the event that the Member State of the offence decides to initiate such proceedings, that Member State shall, in conformity with its national law, inform the owner, the holder of the vehicle or the otherwise identified person suspected of committing the road safety related traffic offence accordingly.

This information shall, as applicable under national law, include the legal consequences thereof within the territory of the Member State of the offence under the law of that Member State.

2. When sending the information letter to the owner, the holder of the vehicle or the otherwise identified person suspected of committing the road safety related traffic offence, the Member State of the offence shall, in accordance with its law, include any relevant information, notably the nature of the road safety related traffic offence referred to in Article 2, the place, date and time of the offence, the title of the texts of the national law infringed and the sanction and, where appropriate, data concerning the device used for detecting the offence. For that purpose, the Member State of the offence may use the template as set out in Annex II.

3. Where the Member State of the offence decides to initiate follow-up proceedings in relation to the road safety related traffic offences referred to in Article 2, the Member State of the offence, for the purpose of ensuring the respect of fundamental rights, sends the information letter in the language of the registration document, if available, or in one of the official languages of the Member State of registration.

Article 6

Reporting by Member States to the Commission

Member States shall send a preliminary report to the Commission by 7 November 2014. They shall also send a comprehensive report to the Commission by 6 May 2016 and every two years thereafter.

The comprehensive report shall indicate the number of automated searches conducted by the Member State of the offence addressed to the national contact point of the Member State of registration following offences committed on its territory, together with the type of offences for which requests were addressed and the number of failed requests.

The comprehensive report shall also include a description of the situation at national level in relation to the follow-up given to the road safety related traffic offences, based on the proportion of such offences which have been followed up by information letters.

Article 7

Data protection

1. The provisions on data protection set out in Framework Decision 2008/977/JHA shall apply to personal data processed under this Directive.

2. In particular, each Member State shall ensure that personal data processed under this Directive are, within an appropriate time period, rectified if inaccurate, or erased or blocked when they are no longer required, in accordance with Articles 4 and 5 of Framework Decision 2008/977/JHA, and that a time limit for the storage of data is established in accordance with Article 9 of that Framework Decision.

Member States shall ensure that all personal data processed under this Directive are only used for the objective set out in Article 1, and that the data subjects have the same rights to information to access, to rectification, erasure and blocking, to compensation and to judicial redress as those adopted under national law in implementation of relevant provisions of Framework Decision 2008/977/JHA.

All relevant provisions on data protection set out in the Prüm Decisions shall also apply to personal data processed under this Directive.

3. Any person concerned shall have the right to obtain information on which personal data recorded in the Member State of registration were transmitted to the Member State of the offence, including the date of the request and the competent authority of the Member State of the offence.

Article 8

Information for road users in the Union

1. The Commission shall make available on its website a summary in all official languages of the institutions of the Union of the rules in force in Member States in the field covered by this Directive. Member States shall provide information on these rules to the Commission.

2. Member States shall provide road users with the necessary information about the rules applicable in their territory and the measures implementing this Directive in association with, among other organisations, road safety bodies, non-governmental organisations active in the field of road safety and automobile clubs.

Article 9

Delegated acts

The Commission shall be empowered to adopt delegated acts in accordance with Article 10 concerning the update of Annex I in the light of technical progress to take into account relevant changes to Decision 2008/615/JHA and Decision 2008/616/JHA or where required by legal acts of the Union directly relevant for the update of Annex I.

Article 10

Exercise of the delegation

1. The power to adopt delegated acts is conferred on the Commission subject to the conditions laid down in this Article.

2. The delegation of power referred to in Article 9 shall be conferred on the Commission for a period of five years from 6 November 2011. The Commission shall draw up a report in respect of the delegation of power not later than nine months before the end of the five-year period. The delegation of power shall be tacitly extended for periods of an identical duration, unless the European Parliament or the Council opposes such extension not later than three months before the end of each period.

3. The delegation of power referred to in Article 9 may be revoked at any time by the European Parliament or by the Council. A decision to revoke shall put an end to the delegation of the power specified in that decision. It shall take effect on the day following the publication of the decision in the Official Journal of the European Union or at a later date specified therein. It shall not affect the validity of any delegated acts already in force.

4. As soon as it adopts a delegated act, the Commission shall notify it simultaneously to the European Parliament and to the Council.

5. A delegated act adopted pursuant to Article 9 shall enter into force only if no objection has been expressed either by the European Parliament or the Council within a period of two months of notification of that act to the European Parliament and the Council or if, before the expiry of that period, the European Parliament and the Council have both informed the Commission that they will not object. That period shall be extended by two months at the initiative of the European Parliament or of the Council.

Article 11

Revision of the Directive

By 7 November 2016, the Commission shall submit a report to the European Parliament and the Council on the application of this Directive by the Member States. In its report, the Commission shall focus in particular on the following aspects and shall, as appropriate, make proposals to cover those aspects:

— an assessment of whether other road safety related traffic offences should be added to the scope of this Directive,

— an assessment of the effectiveness of this Directive on the reduction in the number of fatalities on Union roads, in particular whether the effectiveness of this Directive is affected by its territorial scope,

— an assessment of the need for developing common standards for automatic checking equipment and for procedures. In this context, the Commission is invited to develop at Union level road safety guidelines within the framework of the common transport policy in order to ensure greater convergence of the enforcement of road traffic rules by Member States through comparable methods and practices. These guidelines may cover at least the non-respect of speed limits, drink-driving, non-use of seat belts and failure to stop at a traffic red light,

— an assessment of the need to strengthen the enforcement of sanctions with regard to road safety related traffic offences and to propose common criteria concerning the follow-up procedures in the case of non-payment of a financial penalty, within the framework of all relevant EU policies, including the common transport policy,

— possibilities to harmonise traffic rules where appropriate,

— an assessment of the software applications as referred to in Article 4(4), with a view to ensuring proper implementation of this Directive as well as guaranteeing an effective, expeditious, secure and confidential exchange of specific VRD.

Article 12
Transposition

1. Member States shall bring into force the laws, regulations and administrative provisions necessary to comply with this Directive by 7 November 2013. They shall forthwith communicate to the Commission the text of those provisions.

本指令の国内法化・実施期限は２０１３年１１月７日

When Member States adopt those provisions, they shall contain a reference to this Directive or be accompanied by such a reference on the occasion of their official publication. Member States shall determine how such reference is to be made.

2. Member States shall communicate to the Commission the text of the main provisions of national law which they adopt in the field covered by this Directive.

Article 13
Entry into force

This Directive shall enter into force on the day following its publication in the *Official Journal of the European Union*.

Article 14
Addressees

This Directive is addressed to the Member States in accordance with the Treaties.

Done at Strasbourg, 25 October 2011.

For the European Parliament
The President
J. BUZEK

For the Council
The President
M. DOWGIELEWICZ

©European Union, http://eur-lex.europa.eu/

■第22章■

EU 司法裁判所の解釈と判例

22.1　EU 司法裁判所判決における言語

　ECSC が設立されたときは，フランスのシューマン宣言が基礎となっていることもあり，フランスの影響が大きかった。ECSC 条約の正文は，フランス語のみであった。西ドイツ及びイタリアは第2次世界大戦の敗戦国であり，影響力の行使に遠慮があった。また，当時，イギリスは ECSC に加盟せず，英語は ECSC の公用語ではなかった。そのような背景により，裁判官の作業言語は原則的にフランス語であり，判決草案もフランス語で作成される。もっとも裁判は，当事者が選択する言語で行われる。法廷には，同時通訳者がブースにスタンバイしており，当事者が自国の言葉で発言し，また，聞くことができるようになっている。判決は，その後その他の EU の公用語に翻訳される。翻訳が完了した言語からウェブサイトに判例が掲載される。なお，これらの公用語は等しく正文であるとみなされる。

　裁判官は，各国において国内法を中心に法学の素養を身につけている。ドイツ法を背景とする裁判官，フランス法を背景とする裁判官，あるいはコモンローを背景とする裁判官などさまざまである。各国により法制度が異なり，法的な伝統も異なる。不都合を避けるためあるいはよりよい相互理解のために民事法分野では EU 運営条約 81 条 2 項(h)において，刑事法分野では EU 運営条約 82 条 1 項(c)において，「裁判官及び司法職員の研修の支援」のための措置の採択が定められている。

　同じ単語でも同じことを意味しない場合がある。ルクセンブルクで毎日

のように行われる訴訟の中で，ドイツ法でもなく，フランス法でもなく，あるいはコモンローでもなく，同時にドイツ法でもあり，フランス法でもあり，あるいはコモンローでもある EU 法が日々形成されていっている。

22.2　解 釈 方 法

　法の解釈方法としては，主に文言解釈，歴史的解釈，体系的解釈及び目的的解釈の 4 つが挙げられる。

●文 言 解 釈

　文言解釈とは，条文の文言に沿って解釈することを意味する。EU 法の文言解釈で問題となるのは，EU 条約及び EU 運営条約並びに EU 法行為の正文は 1 言語ではなく，複数の言語であるということである（EU 条約 55 条，EU 運営条約 358 条）。言語版に優劣はなく，言語版により意味が異なる場合には，裁判所は，複数の言語版を考慮して解釈しなければならない。たとえば，Weber v. Wittmer 事件（Joined Cases C-65/09 and C-87/09）において，ドイツ語の "Ersatzlieferung" の意味が問題となったが，欧州司法裁判所は，それをスペイン語（sustitución），英語（replacement），フランス語（remplacement），イタリア語（sostituzione），オランダ語（vervanging）及びポルトガル語（substituição）と比較して判断した[353]。

●歴史的（沿革的）解釈

　歴史的(沿革的)解釈は，ECSC や EEC の設立条約については，準備文書（travaux préparatoires）が公表されていないため，条約起草者の意思を推定できず困難である。もっとも，古文書あるいはその他の文書の公開なども透明化の促進のために若干進んできている。現行の EU 条約及び EU 運営条約は，もともと未発効に終わってしまった欧州憲法条約を下敷きにし

---

[353] Joined Cases C-65/09 and C-87/09 Weber v. Wittmer/Putz v. Medianess Electronics ［2011］ECR I -5257, para.54, ECL I：EU：C：2011：396.

ている。欧州憲法条約草案の起草にあたっては，欧州憲法諮問会議が組織されその作業文書が随時ウェブサイトで公開されていたため，解釈の補助となりうる。

また，EU法行為については，アムステルダム条約によるEC条約207条の改正によって，理事会の議事録，投票結果などの公表が義務づけられるようになった（旧EC条約207条3項）。現在，欧州議会が会議を公開とすること，理事会については，立法行為の草案の審議及び表決に際しては公開とする旨が定められている（EU条約16条8項，EU運営条約15条2項）。また，議事録の透明性を確保し，文書の閲覧権も市民に与えるため，立法手続に関する文書の公開が確保されなければならないとされている（EU運営条約15条3項）。欧州委員会の提案文書であるCOM文書においては，法行為提案に先立ち，立法理由趣旨文書（explanatory memorandum）が載せられており，その提案に至った背景を知ることができる。

たとえば，欧州司法裁判所はVodafone（Case C-58/08）事件の中で立法理由趣旨書に言及しつつ，問題となった理事会規則の解釈を行った[354]。また，Weber v. Wittmer（Joined Cases C-65/09 and C-87/09）事件においては，消費材の販売及び関連する保証のある側面に関する理事会指令1999/44の3条3項における「無償（free of charge）」の語を欧州司法裁判所が解釈するのにあたって，裁判所は，同指令の3条の文言及び関連する準備作業（travaux préparatoire）からEU立法者がどのようなことを意図していたのかを導き出せることを確認した[355]。

● **体系的解釈**

体系的解釈は，個々の条文のみを考慮するのではなく，その条文がどのような文脈の中におかれているか，あるいはその条文がおかれている位置など，体系を考慮して行うものである。Van Gend en Loos（Case 26/62）

---

[354] Case C-58/08 Vodafone and others [2010] ECR I-4999；中西優美子「携帯電話の国際ローミングに関するEU規則の有効性」『貿易と関税』Vol.59 No.4 2011年 75-67頁。
[355] Joined Cases C-65/09 and C-87/09 Weber v. Wittmer/Putz v. Medianess Electronics [2011] ECR I-5257, para.46, ECL I：EU：C：2011：396.

事件では，EEC 条約旧 12 条が直接効果を有するか否かが問題となった[356]。欧州司法裁判所は，「規定の精神，一般的枠組及び文言を考慮する必要がある」とした上で，一般的枠組からの解釈を次のように示した。EEC 条約旧 9 条が共同体は関税同盟を基礎としており，同条は，「共同体の基礎」を定義する EEC 条約の第 1 編の冒頭に位置する。その応用と説明が EEC 条約旧 12 条であるとした。

また，EU 運営条約 11 条は，環境保護に関する横断条項であるが，これは，以前環境分野の編におかれていたものが，EC 条約第 1 部の原則（現 EU 運営条約第 1 部原則第 2 編一般規定）におかれることになった。このことは，同条項が以前よりも重要な原則になったことを意味すると，体系的な解釈から読み取れる。

● 目的的解釈

目的的解釈は，4 つの解釈の中で EU 司法裁判所がもっともよく用いてき，またもっとも重要な解釈方法である。目的的解釈は，状態の確立（たとえば 4 つの自由移動の実現）及び EU 政策の目的（環境，開発など）の追求をするために用いられ，動態的な条文解釈を可能にする。EU 司法裁判所は，実効性（effet utile, effectiveness）の確保を行うために，特に目的的解釈を用いて EU 法の発展に寄与してきた。この具体例は，第 9 章「判例法による実効性確保：直接効果，適合解釈の義務（間接効果），国家責任」そのものである。

22.3 適合解釈

規則，指令及び決定などの第二次法は，EU 条約及び EU 運営条約などの第一次法に適合する形で解釈されなければならない。第一次法に違反す

---

[356] Case 26/62 Van Gend en Loos v. Nederlandse Administratie der Belastingen [1963] ECR 1；須網隆夫・中村民雄「1　EC 条約規定の直接効果」中村民雄・須網隆夫編『EU 法基本判例集』第 2 版　2010 年　日本評論社　3-13 頁。

る第二次法は，条約違反となり取消訴訟手続において無効となる。なお指令の適合解釈の義務（間接効果），すなわち国内裁判所が国内法をできる限り指令の文言と目的に適合するように解釈しなければならないという義務については，第9章9.2を参照のこと。

　EUが単独または構成国と一緒に締結した国際条約は，EU法の一部となる。国際条約は第一次法に属し，第二次法であるEU法行為に優位するが，締結された国際条約すべてが直接効果を有するわけではない。直接効果を有するか否かは，条約の精神，一般的枠組及び文言が考慮に入れられる。たとえば，GATTについては，その前文によると相互的かつ互恵的な取決めを基礎としてなされる交渉の原則に基づいており，規定が，特に規定からの逸脱の可能性を認める規定，例外的な窮地に対処するときにとられる措置，締結当事者間の紛争解決に柔軟性を残していることによって特徴づけられるとした上で，欧州司法裁判所はその直接効果を否定した[357]。WTO協定についてもその直接効果が欧州司法裁判所により否定されてきているが，欧州司法裁判所は，Hermès (Case C-53/96) 事件[358]及びDior (Joined Cases C-300/98 and C-392/98) 事件[359]においてEU規則をできる限りその付属文書であるTRIPs協定50条の文言と目的に照らして解釈するように国内裁判所に要請した。よって直接効果が否定された国際条約の文言と目的に照らしてEU法行為を解釈（適合解釈）するように国内裁判所は求められる[360]。

---

[357] Joined Cases 21 to 24/72 International Fruit Company NV and others v. Produktschap voor Groenten en Fruit [1972] ECR 1219.
[358] Case C-53/96 Hermès International v. FHT Marketing Choice [1998] ECR I -3603.
[359] Joined Cases C-300/98 and C-392/98 Parfums Christian Dior v. TUK Consultancy BV [2000] ECR I -11307.
[360] 中西優美子「欧州司法裁判所による適合解釈の義務づけの発展」『専修法学論集』85号 2002年 16-32頁。

22.4 判決の実例

　2011 年 10 月 27 日に下された欧州司法裁判所の先決裁定の一部を掲載する。この裁定の事件名は C–93/10 である。ドイツ連邦財政裁判所で税務署 Essen-NordOst と会社 GFKL Financial Service AG が争っていて，同裁判所が欧州司法裁判所に EU 運営条約 267 条に基づき先決裁定を求めた事件である。

JUDGMENT OF THE COURT (Third Chamber)

27 October 2011 (*)

(Sixth VAT Directive – Articles 2(1) and 4 – Scope – Concepts of 'supply of services effected for consideration' and 'economic activity' – Sale of defaulted debts – Sale price lower than the face value of those debts – Assumption of responsibility by the purchaser for the recovery of those debts and for the risk of defaulting debtors)

In Case C‑93/10,

REFERENCE for a preliminary ruling under Article 267 TFEU from the Bundesfinanzhof (Germany), made by decision of 10 December 2009, received at the Court on 17 February 2010, in the proceedings

Finanzamt Essen-NordOst

v

GFKL Financial Services AG,

THE COURT (Third Chamber),

composed of K. Lenaerts, President of the Chamber, J. Malenovský, R. Silva de Lapuerta (Rapporteur), G. Arestis and D. Šváby, Judges,

Advocate General: N. Jääskinen,

Registrar: K. Malacek, Administrator,

having regard to the written procedure and further to the hearing on 12 May 2011,

after considering the observations submitted on behalf of:

– GFKL Financial Services AG, by A. Bartsch and B. Keller, Rechtsanwälte,

– the German Government, by T. Henze and C. Blaschke, acting as Agents,

– Ireland, by D. O'Hagan and G. Clohessy, acting as Agents,

– the European Commission, by D. Triantafyllou, acting as Agent,

after hearing the Opinion of the Advocate General at the sitting on 14 July 2011,

gives the following

Judgment

1 This reference for a preliminary ruling concerns the interpretation of Articles 2(1), 4, 11A(1)(a) and 13B(d)(2) and (3) of Sixth Council Directive 77/388/EEC of 17 May 1977 on the harmonisation of the laws of the Member States relating to turnover taxes – Common system of value added tax: uniform basis of assessment (OJ 1977 L 145, p. 1, 'the Sixth Directive').

2 The reference has been made in the course of proceedings between Finanzamt Essen-NordOst (Essen North-East Tax Office, 'the Finanzamt') and GFKL Financial Services AG ('GFKL') concerning the value added tax ('VAT') to which the latter was subject on account of

the purchase, by one of its subsidiaries, of debts relating to 70 loan agreements that had been terminated and declared mature.

Legal context

3   Article 2(1) of the Sixth Directive provides:

'The following shall be subject to [VAT]:

1. the supply of goods or services effected for consideration within the territory of the country by a taxable person acting as such'.

4   Article 4(1) and (2) of that directive is worded as follows:

'1. "Taxable person" shall mean any person who independently carries out in any place any economic activity specified in paragraph 2, whatever the purpose or results of that activity.

2. The economic activities referred to in paragraph 1 shall comprise all activities of producers, traders and persons supplying services including mining and agricultural activities and activities of the professions. The exploitation of tangible or intangible property for the purpose of obtaining income therefrom on a continuing basis shall also be considered an economic activity.'

The dispute in the main proceedings and the questions referred for a preliminary ruling

5   GFKL is the sole and controlling member of a company incorporated under German law which on 26 October 2004 purchased from a bank mortgages on immovable property and debts relating to 70 loan agreements that had been terminated and declared mature.

6   On the reference date, 29 April 2004, the face value of those debts was EUR 15 500 915.16.

7   The purchase agreement stipulated, inter alia, that, from the reference date, those mortgage rights and debts were deemed managed or held for and at the risk of the purchaser, that the purchaser was entitled to the payments attributable to the mortgage rights and debts and that liability of the seller for the recovery of the debts in question was excluded.

8   However, following a letter from the Federal Finance Ministry of 3 June 2004 concerning the implementation of the Court's judgment in Case C-305/01 *MKG-Kraftfahrzeuge-Factoring* [2003] ECR I-6729, the parties to the debt purchase agreement considered that, in the light of considerable payment defaults, the realisable portion of the debts in issue was much lower than their face value and set the economic value of those debts at EUR 8 956 101.

9   Furthermore, taking the view that recovery of those debts was to be spread out over a period of about three years, the parties, on the basis of an agreed interest rate set at 5.97%, reached agreement as to the grant by the purchaser to the seller of credit entailing interest of EUR 556 293, so that, after the deduction of that interest, the economic value of the debts was EUR 8 399 808.

10   The definitive purchase price for the debts in issue was finally fixed at EUR 8 034 883 and the purchase agreement did not provide for the possibility of adjusting this price at a later time.

11   Furthermore, the parties were of the view that, by purchasing those debts, the purchaser did not supply a service to the seller which was liable to tax. However, they stipulated that, in the event that the tax authorities did not agree with that analysis, the difference of EUR 364 925 between the economic value reduced by the interest and the definitive purchase price of the debts should be regarded as the consideration for that service.

本件に関わる事実概要（続き）

12. Having submitted a provisional turnover tax return in which it stated that that difference constituted the payment for a taxable service provided to the seller of the debts in issue, GFKL lodged an objection to its provisional tax return, which the Finanzamt dismissed as unfounded.

13. GFKL then brought an action before the Finanzgericht, which upheld the action, holding that, unlike true factoring, the transfer of defaulted debts does not result in the supply to the seller of those debts of a service liable to turnover tax.

14. The Finanzamt brought before the referring court an appeal on a point of law ('Revision') against the judgment of the Finanzgericht.

15. In those circumstances, the Bundesfinanzhof decided to stay the proceedings and to refer the following questions to the Court for a preliminary ruling:

先決裁定を求める付託事項

'(1) For the interpretation of Article 2(1) and Article 4 of the Sixth ... Directive ...:

Does the sale (purchase) of defaulted debts constitute, on account of the assumption of responsibility for debt recovery and the risk of loss, a service for consideration and an economic activity on the part of the purchaser of the debts even if the purchase price

— is not based on the face value of the debts, with a flat-rate reduction agreed for the assumption of responsibility for debt recovery and the risk of loss, but

— is set by reference to the risk of loss estimated for the debt concerned, with only secondary importance attached to the recovery of the debt compared to the reduction for the risk of loss?

(2) If the answer to Question 1 is in the affirmative, for the interpretation of Article 13B(d)(2) and (3) of the Sixth ... Directive ...:

(a) Is the assumption of the risk of loss by the purchaser of defaulted debts at a purchase price significantly lower than their face value exempt from tax, as being the provision of a different security or guarantee?

(b) If the assumption of the risk is exempt from tax, is the recovery of the debts exempt from tax, as part of a single service or as an ancillary service, or taxable as a separate service?

(3) If the answer to Question 1 is in the affirmative and no exempt service has been supplied, for the interpretation of Article 11A[1](a) of the Sixth ... Directive ...:

Is the consideration for the taxable service determined by the recovery costs presumed by the parties or by the actual recovery costs?'

Consideration of the questions referred

The first question ──付託事項第１問題

16. By its first question, the referring court asks, in essence, whether Articles 2(1) and 4 of the Sixth Directive must be interpreted as meaning that an operator who, at his own risk, purchases defaulted debts at a price below their face value effects a supply of services for consideration and carries out an economic activity.

17. It must be recalled at the outset that, within the framework of the VAT system, taxable transactions presuppose the existence of a transaction between the parties in which a price or consideration is stipulated. Thus, where a person's activity consists exclusively in providing services for no direct consideration, there is no basis of assessment and the services are

therefore not subject to VAT (see Case C-246/08 *Commission* v *Finland* [2009] ECR I-10605, paragraph 43). ＼これまでの判例法に言及

18   In that context, a supply of services is effected 'for consideration' within the meaning of Article 2(1) of the Sixth Directive, and is thus liable to tax, only if there is a legal relationship between the provider of the service and the recipient pursuant to which there is reciprocal performance, the remuneration received by the provider of the service constituting the value actually given in return for the service supplied to the recipient (*MKG-Kraftfahrzeuge-Factoring*, paragraph 47).

19   In that regard, according to settled case-law, the concept of the 'supply of services effected for consideration' within the meaning of Article 2(1) of the Sixth Directive requires the existence of a direct link between the service provided and the consideration received (Case C-40/09 *Astra Zeneca UK* [2010] ECR I-0000, paragraph 27 and the case-law cited).

20   In its judgment in *MKG-Kraftfahrzeuge-Factoring*, the Court held that a factor's guaranteeing to a client of payment of the debts by assuming the risk of the debtors' default must be considered to be exploitation of the property in question for the purpose of obtaining income therefrom on a continuing basis, within the meaning of Article 4(2) of the Sixth Directive, where that operation is carried out, in return for payment, for a given period (see *MKG-Kraftfahrzeuge-Factoring*, paragraph 50).

21   It is to be observed that, in the context of the assignment of debts that was at issue in the case giving rise to that judgment, the assignee of the debts undertook to provide factoring services to the assignor, in return for which it received payment, namely factoring commission and a *del credere* fee.

22   However, as regards the main proceedings, it must be noted that, in contrast to the facts of the dispute that gave rise to the judgment in *MKG-Kraftfahrzeuge-Factoring*, the assignee of the debts receives no consideration from the assignor, and therefore it does not carry out an economic activity within the meaning of Article 4 of the Sixth Directive or effect a supply of services within the meaning of Article 2(1) of that directive.

23   It is true that there is a difference between the face value of the assigned debts and the purchase price of those debts.

24   However, unlike the factoring commission and the *del credere* fee which, in the dispute that gave rise to the judgment in *MKG-Kraftfahrzeuge-Factoring*, were retained by the factor, this difference does not constitute, in the main proceedings, a payment intended to provide direct remuneration for a service supplied by the purchaser of the assigned debts.

25   The difference between the face value of the assigned debts and the purchase price of those debts constitutes not the consideration for such a service, but a reflection of the actual economic value of the debts at the time of their assignment, which results from the fact that they are doubtful and from the increased risk of default of the debtors.

26   In those circumstances, the answer to the first question is that Articles 2(1) and 4 of the Sixth Directive must be interpreted as meaning that an operator who, at his own risk, purchases defaulted debts at a price below their face value does not effect a supply of services for consideration within the meaning of Article 2(1) and does not carry out an economic activity falling within the scope of that directive when the difference between the face value of those debts and their purchase price reflects the actual economic value of the debts at the time of their assignment.

The second and third questions ── 付託事項第2及び第3問題

27   In view of the answer given to the first question, there is no need to answer the second and third questions.

Costs

28　Since these proceedings are, for the parties to the main proceedings, a step in the action pending before the national court, the decision on costs is a matter for that court. Costs incurred in submitting observations to the Court, other than the costs of those parties, are not recoverable.

On those grounds, the Court (Third Chamber) hereby rules:

先決裁定

> Articles 2(1) and 4 of Sixth Council Directive 77/388/EEC of 17 May 1977 on the harmonisation of the laws of the Member States relating to turnover taxes – Common system of value added tax: uniform basis of assessment must be interpreted as meaning that an operator who, at his own risk, purchases defaulted debts at a price below their face value does not effect a supply of services for consideration within the meaning of Article 2(1) and does not carry out an economic activity falling within the scope of that directive when the difference between the face value of those debts and their purchase price reflects the actual economic value of the debts at the time of their assignment.

[Signatures]

---

* Language of the case: German.

ⒸEuropean Union, http://eur-lex.europa.eu/

文献案内

[1] EU法を学ぶにあたってまず準備してほしいのが，EU条約，EU運営条約及びEU基本権憲章の条文である。EU法は法律科目であるので，憲法，民法，刑法などの授業に六法が必要であるのと同じく，条文の参照が不可欠である。六法にあたるのが，EU法においては，条約集になる。『国際条約集』(有斐閣)，『ベーシック条約集』(東信堂)，鷲江義勝編『リスボン条約による欧州統合の新展開――EUの新基本条約』(2009年，ミネルヴァ書房) 等の条約集に必要な条文がおさめられている。注意しなければならないのは，発行年度である。2009年12月1日にリスボン条約が発効したため，条約集は2010年度版以降が必要である。また，今後も改正される可能性があるので，できるだけ最新の条約集をそろえたほうがよい。

[2] EU法を学ぶにはEUを知ることが大事である。EUの概観を理解する本としては，藤井良広『EUの知識』第16版 (2013年，日本経済新聞出版社)，村上直久編『EU情報事典』(2009年，大修館書店)，辰巳浅嗣編『EU――欧州統合の現在』第2版 (2009年，創元社)，植田隆子編『新EU論』(2014年，信山社)，中村民雄『EUとは何か』(2015年，信山社) などが挙げられる。また，EUは，日々変化しているため，新聞の国際面にも目を向けることが役に立つ。

[3] EUには，EU司法裁判所 (欧州司法裁判所，一般裁判所，専門裁判所) という司法機関が存在し，ECSC設立当初から判例を積み重ねてきている。EU法においては，判例法が重要な役割を果たしている。EU判例は，英語，フランス語，ドイツ語などのEUの公用語でだされているが，日本でのEU法の学習者のために日本語で書かれた判例集がだされた。中村民雄・須網隆夫編『EU法基本判例集』第2版 (2010年，日本評論社) は，基本判例集という名前の通り，Vand Gend en Loos事件やCosta v. E.N.E.L.事件など1960年代のリーディングケースから，最近の重要判例までカバーしている。また，第2版では，リスボン条約発効を受けた条文の変更やその後の発展も考慮して書かれている。さらに，判例評釈・研究が継続的に掲載されている邦語雑誌として，『貿易と関税』と『国際商事法務』が挙げられる。

[4] EU法の概観を知るためのものとしては，植田隆子，小川英治編『新EU論』の拙著の第2章，第3章及び第4章を挙げておきたい。これは，放送大学大学院科目『EU論』のためのテキスト (2006年，放送大学教育振興会) として書き下ろした

ものをリスボン条約発効後の変化を考慮して加筆修正したものである。庄司克宏『はじめての EU 法』(2015 年，有斐閣) も挙げられる。

　また，駐日 EU 代表部のウェブサイト (http://www.deljpn.ec.europa.eu)(ホーム→ニュース・各資料→出版物一覧にいくと見ることができる) からダウンロードできる，パスカル・フォンテーヌ『EU を知るための 12 章』(2011 年，EU 出版) がお勧めである。これには，英語版 (Pascal Fontaine, *Europe in 12 lessons* (2010)) もあり比較すると EU の専門用語を英語で学ぶことができる。また，英語で比較的容易に理解できるものとして，Karen Davies, *Undestanding European Union Law*, 6th Edition (2016, Routledge) がある。

[5]　ドイツでは，条文のコンメンタールが数多くでている。EU 法の分野だけでも複数のコンメンタールが出版されている。コンメンタールとは，それぞれの条文についての説明が判例や学説を踏まえてまとめられたものである。

[6]　リスボン条約を踏まえた EU 法の邦語教科書として，庄司克宏先生の『新 EU 法 基礎篇』(2013 年，岩波書店) 及び M. ヘルデーゲン (中村匡志訳)『EU 法』(2013 年，ミネルヴァ書房) が挙げられる。もっとも，本書とは基本的な概念の訳語が異なっていることに注意が必要である。大谷良雄『概説 EC 法──新しいヨーロッパ法秩序の形成』(1982 年，有斐閣) などは，EU が設立される前のものであるが，EU 法の最も重要な原則である EU 法の優位，及び EU 法直接効果など現在においても有益な記述が見られる。

[7]　EU 法の内容をより深く理解したい人にお勧めなのが，中村民雄編『EU 研究の新地平──前例なき政体への接近』(2005 年，ミネルヴァ書房)，中村民雄『イギリス憲法と EC 法──国会主権の原則の渦落』(1993 年，東京大学出版会)，安江則子『欧州公共圏──EU デモクラシーの制度デザイン』(2007 年，慶應義塾大学出版会) などである。日本 EU 学会から『EU 学会年報』が毎年出版されている。それには，政治，経済などと並んで法律関係の論文が掲載されることがある。英語の文献ではあるが，"*Common Market Law Reveiw*", "*European Law Review*" などの EU 法関連の法律雑誌もお勧めである。また，EU 法について，英語，フランス語，ドイツ語などで書かれた数多くの本と雑誌論文が存在する。

[8]　さらに，EU 法の理解をより深めるには，一次資料を見ることが重要になってくる。本書の第 V 部の第 21 章と第 22 章において，EU 立法例と EU 裁判例を載せておいたが，EU 立法や EU 判例を自分で調べていくことが必要となる。EU のウェブサイトは http://europa.eu である。ここからさまざまな EU 資料にアクセスすることができる。

　EU 法関連資料は，EUR-LEX (http://eur-lex.europa.eu/index.htm)，また，EU 司

法裁判所のウェブサイトは http://curia.europa.eu である。調べる手引きとして有用なのが，駐日 EU 代表部のウェブサイトからダウンロードできる，『EU 資料利用ガイド』(上述ウェブサイト出版物一覧でアクセス可能)である。また，『EU 法データベース「EUR-LEX」検索マニュアル』(改訂版)(2006 年 3 月作成)がジェトロのウェブサイト (http://www.jetro.go.jp)からダウンロード(ホーム→欧州→EU→調査レポート)できる。もっとも，EU のウェブサイトも度々リニューアルされるので，変更があることに留意すべきである。

参 考 文 献

石川明・櫻井雅夫編『EU の法的課題』1999 年 慶應義塾大学出版会
岩沢雄司『条約の国内適用可能性——いわゆる"self-executing"な条約に関する一考察』1985 年 有斐閣
大谷良雄『概説 EC 法——新しいヨーロッパ法秩序の形成』1982 年 有斐閣
岡村堯『ヨーロッパ法』2001 年 三省堂
長部重康・田中友義編『ヨーロッパ対外政策の焦点——EU 通商戦略の新展開』2000 年 ジェトロ
柏倉康夫・植田隆子・小川英治編『EU 論』2006 年 放送大学教育振興会
植田隆子編『EU スタディーズ 1 対外関係』2007 年 勁草書房
金丸輝男編『ヨーロッパ統合の政治史——人物を通して見たあゆみ』1996 年 有斐閣
金丸輝男編『EU アムステルダム条約——自由・安全・公正な社会をめざして』2000 年 ジェトロ
河村寛治・三浦哲男編『EU 環境法と企業責任』2004 年 信山社
児玉昌己『欧州議会と欧州統合——EU における議会制民主主義の形成と展開』2004 年 成文堂
小林勝監訳・解題 細井雅夫・村田雅威訳『欧州憲法条約』2005 年 御茶の水書房
小林勝訳『リスボン条約』2009 年 御茶の水書房
オットーザントロック・今野裕之編『EC 市場統合と企業法』1993 年 商事法務研究会
坂井一成編 川村陶子・若松邦弘・正躰朝香・五月女律子『ヨーロッパ統合の国際関係論』2003 年 芦書房
佐藤幸男監修 高橋和・臼井陽一郎・浪岡新太郎『拡大 EU 辞典』2006 年 小学館
島野卓爾・岡村堯・田中俊郎編『EU 入門——誕生から政治・法律・経済まで』2000 年 有斐閣
庄司克宏編『EU 環境法』2009 年 慶應義塾大学出版会

庄司克宏『新 EU 法　基礎篇』2013 年　岩波書店

庄司克宏『新 EU 法　政策篇』2014 年　岩波書店

庄司克宏『はじめての EU 法』2015 年　有斐閣

須網隆夫『ヨーロッパ経済法』1997 年　新世社

須網隆夫「EU の発展と法的性格の変容──『EC への権限移譲』と『補完性の原則』」『聖学院大学総合研究所紀要』No.26　2003 年　159–224 頁

辰巳浅嗣『EU の外交・安全保障政策──欧州政治統合の歩み』2001 年　成文堂

辰巳浅嗣編『EU──欧州統合の現在』第 2 版　2009 年　創元社

田中俊郎『EU の政治』1998 年　岩波書店

田中俊郎・小久保康之・鶴岡路人編『EU の国際政治──域内政治秩序と対外関係の動態』2007 年　慶應義塾大学出版会

田中俊郎・庄司克宏編『EU と市民』2005 年　慶應義塾大学出版会

田中俊郎・庄司克宏編『EU 統合の軌跡とベクトル──トランスナショナルな政治社会秩序形成への模索』2006 年　慶應義塾大学出版会

田村悦一『EC 行政法の展開』1987 年　有斐閣

中西優美子『EU 権限の法構造』2013 年　信山社

中西優美子『EU 権限の判例研究』2015 年　信山社

中西優美子『概説 EU 環境法』2021 年　法律文化社

中西優美子『EU 司法裁判所概説』2022 年　信山社

中村民雄『イギリス憲法と EC 法──国会主権の原則の凋落』1993 年　東京大学出版会

中村民雄『EU とは何か──国家ではない未来の形』2015 年　信山社

中村民雄編『EU 研究の新地平──前例なき政体への接近』2005 年　ミネルヴァ書房

中村民雄・須網隆夫・臼井陽一郎・佐藤義明『東アジア共同体憲章案──実現可能な未来をひらく論議のために』2008 年　昭和堂

中村民雄・須網隆夫編『EU 法基本判例集』第 2 版　2010 年　日本評論社

福田耕治『EC 行政構造と政策過程』1992 年　成文堂

福田耕治編『欧州憲法条約と EU 統合の行方』2006 年　早稲田大学出版部

福田耕治編『EU・欧州統合研究──リスボン条約以後の欧州ガバナンス』2009 年　成文堂

福田耕治編『多元化する EU ガバナンス』2011 年　早稲田大学出版部

藤井良広『EU の知識』第 15 版 2010 年 日本経済新聞出版社
松本恒雄・杉浦保友編『EU スタディーズ 4　企業の社会的責任』2007 年 勁草書房
村上直久編『EU 情報事典』2009 年 大修館書店
森井裕一編『地域統合とグローバル秩序――ヨーロッパと日本・アジア』2010 年 信山社
安江則子『欧州公共圏――EU デモクラシーの制度のデザイン』2007 年 慶應義塾大学出版会
柳憲一郎『環境法政策――日本・EU・英国にみる環境配慮の法と政策』2001 年 清文社
山根裕子『EU/EC 法――欧州連合の基礎』1995 年 有信堂高文社
山根裕子『ケースブック EC 法――欧州連合の法知識』1996 年 東京大学出版会
吉野正三郎『EC の法と裁判』1992 年 成文堂
鷲江義勝編『リスボン条約による欧州統合の新展開――EU の新基本条約』2009 年 ミネルヴァ書房
和達容子「EU 第 6 次環境行動計画の概略と方向性」『慶應法学』3 号 2005 年 119-130 頁

ディヴィッド・エドワード/ロバート・レイン（庄司克宏訳）『EU 法の手引き』1998 年 国際書院
ピエール・ペスカトール（大谷良雄・最上敏樹訳）『EC 法――ヨーロッパ統合の法構造』1979 年 有斐閣
クリス・ポレット（河村寛治・三浦哲男監訳）「EU 環境法の新展開」『国際商事法務』2002 年 4 月～2003 年 4 月号まで 9 回連載
ジャン・モネ（近藤健彦訳）『ジャン・モネ――回想録』2008 年 日本関税協会
ジョゼフ・H・H・ワイラー（南義清・広部和也・荒木教夫訳）『ヨーロッパの変容――EC 憲法体制の形成』1998 年 北樹出版

Hans-Wolfgang Arndt/Kristian Fischer/Thomas Fetzer, *Europarecht*, 10. Aufl., 2010, C. F. Müller.
Patrick Birkinshaw/Mike Varney (eds)., *The European Union Legal Order after Lisbon*, 2010, Woulters Kluwer.
Albert Bleckmann, *Europarecht*, 6. Aufl., 1997, Carl Heymanns Verlag.

Christian Calliess, *Die neue Europäische Union nach dem Vertrag von Lissabon*, 2010, Mohr Siebeck.

Christian Calliess/Matthias Ruffert (Hrsg.), *EUV/AEUV*, 2011, Verlag C. H. Beck.

Damian Chalmers/Gareth Davies/Giorgio Monti, *European Union Law*, 2nd Edition, 2010, Cambridge.

Paul Craig/Gráinne de Búrca, *EU Law*, 5th Edition, 2011, Oxford University Press.

Paul Craig/Gráinne de Búrca, *The Evolution of EU Law*, 2nd Edition, 2011, Oxford University Press.

Karen Davies, *Understanding European Union Law*, 4th Edition, 2011, Routledge.

Marianne Dony, Après la réforme de Lisbonne. *Les nouveaux traités européens*, 2008, Edition de l'universite de Bruxelles.

Piet Eeckhout, *EU External Relations Law*, 2nd Edition, 2011, Oxford University Press.

Christiane Eichholz, *Europarecht*, 2. Aufl., 2011, C. F. Müller.

John Fairhurst, *Law of the European Union*, 7th Edition, 2010, Pearson.

Klemens H. Fischer, *Der Vertrag von Lissabon*, 2. Aufl., Nomos.

Nigel Foster, *EU Law*, 3rd edition, 2011, Oxford University Press.

Rudolf Geiger/Daniel-Erasmus Khan/Markus Kotzur, *EUV/AEUV*, 2010, Verlag C. H. Beck.

Trevor Hartley, *The Foundations of European Union Law*, 7th Edition, 2010, Oxford University Press.

Matthias Herdegen, *Europarecht*, 13. Aufl., 2011, Verlag C. H. Beck.

Stephan Hobe, *Europarecht*, 6. Aufl., 2011.

Margot Horspool/Matthew Humphreys, *European Union Law*, 6th Edition, 2010, Oxford University Press.

Hans Peter Ipsen, *Europäisches Gemeinschaftsrecht*, 1972, J. C. B. Mohr (Paul Siebeck) Tübingen

Jean Paul Jacqué, *Droit institutionnel de l'Union européenne*, 6e édition, 2010, Dalloz.

Ludwig Krämer, *EU Environmental Law*, 7th Edition, 2011, Sweet & Maxwell.

Helmut Lecheler, *Einführung in das Europarecht*, 2. Aufl., 2003, Verlag C. H. Beck.

Maria Lee, *EU Environmental Law*, 2005, Hart Publishing.

Koen Lenaerts/Piet Van Nuffel, *European Union Law*, 3rd Edition, 2011, Sweet & Maxwell.

Carl Otto Lenz/Klaus-Dieter Borchardt (Hrsg.), *EU-Verträge*, 5. Aufl., 2010, Bundesanzeiger.

Carsten Nowak, *Europarecht nach Lissabon*, 2011, Nomos.

Thomas Oppermann, *Europarcht*, 3. Aufl., 2005, Verlag C. H. Beck.

Jean-Claude Piris, *The Lisbon Treaty*, 2010, Cambridge.

Michael Schweitzer/Waldemar Hummer, *Europarecht*, 5. Aufl., 1996, Luchterhand.

Rudolf Streinz, *Europarecht*, 8. Aufl., 2008, C. F. Müller

事項索引

あ 行

アジア 329
アシュトン（Ashton, C.） 68, 306
新しい特定多数決 63
アムステルダム条約 10

域内市場 6, 38, 95, 256
　　——の運営に必要な競争法規の設定 94
域内市場の発展 271
域内市場領域の広がり 273
域内調和庁 273
域内の自由移動 37
意見 118
1次的義務 197
一括違約金 177, 185
一般裁判所 71, 72
一般的な権限 98
移動・居住の自由 48
委任された行為 119, 334

ウィーン条約法条約 32
運輸 95

エイジェンシー 76, 236
エネルギー 95
エネルギー政策 287
エネルギー分野における構成国の権限 291

欧州安定メカニズム 272
欧州委員会 65

　　——に対する監督権限 54
　　——の提案 120
　　——の提案の前段階 332
　　——の文書 178, 185
　　——への権限の委任 333
　意思決定 69
　構成 66
　性質 68
　選出 65
　内部組織 69
　任務・役割 68
　歴史 65
欧州委員会委員長 66
欧州委員会人道援助機関 322
欧州横断ネットワーク 95
欧州オンブズマン 55
欧州環境庁 285, 286
欧州議会 51, 111
　　——議員の構成 52
　　——選挙の選挙権及び被選挙権 48
　　——の権限 54
　　——の役割 54
　構成 53
欧州金融安定基金 272
欧州経済共同体を設立する条約 4
欧州経済圏協定 9
欧州警察機構 303
欧州警察大学 304
欧州原子力共同体を設立する条約 4
欧州憲法条約 13, 14

366 事項索引

　　――における脱退条項　88
　　――の特徴　14
欧州司法機構　302
欧州司法裁判所　71
　　――の意見　313
欧州諮問会議　13
欧州自由貿易連合　9
欧州首脳理事会　6, 56
　　意思決定　59
　　経緯　56
　　構成　56
　　名称　56
　　役割　57
欧州首脳理事会議長　57
欧州人権条約　45
　　――への加入　45
欧州人権条約加入問題　41
欧州石炭鉄鋼共同体　3
欧州対外行動庁　68, 326
欧州中央銀行　75
欧州中期財政評価制度　272
欧州統合　2
欧州防衛共同体　4
欧州連合市民　9
欧州連合条約　7
欧州連邦　20
汚染者負担の原則　278, 279

　　　　か　行
カール大帝　2
改革条約　14, 81
開業・設立の自由　269, 270
会計検査院　75
外交安全保障上級代表　67, 68
外交上または領事上の保護　48
解釈方法　344

改正手続　81
開発協力　321
外務理事会　60
海洋生物資源の保護　94
課徴金　258
合併条約　4
加盟条件　85
簡易改正手続　81, 83
管轄権　245
環境　95
環境行動計画　279
環境政策の目的　275
環境損害責任　193
環境損害責任指令　193
　　適用範囲　194
環境統合原則　284
環境と動物　286
環境に関する諸原則　276
環境の質の保全，保護及び改善　275
観光　96
勧告　118
勧告及び意見を除く理事会，欧州委員会及
　　び欧州中央銀行の行為　203
慣習国際法　31, 32
関税同盟　5, 94, 257
間接効果　153
カント（kant, I.）　2

議員数　52
機関　51
機関間協定　77
機関間の関係　77
機関間の権限配分　77
機関間のチェックアンドバランス　77
規則　115
既存の EU 法行為の改正　84

事項索引　367

既存の条約とEU及びEU運営条約との関係　312
議長総括　57
既得事項の受諾　86
基本権保障　39, 40, 44
　　——に関する判例の確立　40
　　——に関する判例の条文化　41
客観的効果　163
急速審理手続　250
教育, 職業訓練, 青少年及びスポーツ　96
強制課徴金　177, 178
行政機関　76
行政上の協力　96
競争法及び補助金などの監視　237
共通外交安全保障上級代表　68
共通外交安全保障政策　7, 61, 245, 323
　　——における意思決定　324
　　——分野の機構的強化　326
　　——分野の権限　96, 324
　　措置の履行確保　325
共通関税率　258
共通通商政策　94, 315
　　——の措置　321
　　——分野の権限　315
共通の国境管理の漸進的廃止に関するシェンゲン協定　10
共同体化　37
共同体既得事項　82
共有権限　94, 308
居住する構成国の地方選挙　48
緊急先決手続　250
金融政策　75

クーデンホーフ・カレルギー (Coudenhove-Kalergi, R. N.)　3
グロチウス (Grotius, H.)　304

グロチウスプログラム　304

経済以外の分野の統合　7
経済社会評議会　76
経済通貨同盟　8, 38, 271
経済的及び財政的関係を部分的にまたは完全に断絶ないし縮小する措置　322
経済的, 社会的及び領域的な緊密化　95
経済的条件　86
警察協力　303
警察・刑事司法協力分野　300
刑事分野における司法協力　301
刑罰　198
刑罰立法　198
決定　117
ケルン欧州首脳理事会　43
権限規定の態様　104
権限権限　100
権限に関する三原則　105
権限の委任　334
権限の種類　93
権限付与の原則　8, 93, 106
権限濫用　210

公共政策等による正当化　270
高水準の保護を求める原則　276
構成国間の数量制限の禁止　258
構成国議会による補完性原則コントロール　121
構成国による条約違反手続　189
構成国の権限留保　93
構成国の憲法上の要件　90
構成国の国家責任の原則　220
合法性審査　202
効力の優位　231
国際共同体　31

国際交渉　310
国際組織　19
国際法人格　21, 307
国際法としてのEU法　25
国内議会がEUの運営に積極的に貢献する
　　制度　120
国内機関によるEU法の間接的執行　235
国内憲法に対するEU法の優位　227
国内後法に対する優位　229
国内裁判所　239, 240
　　――の役割　239
国内法化・国内実施の義務　116
国内法としてのEU法　25
国内法の排除　161
国内法レベルでの履行確保　252
国民総所得の定率徴金　128
個人の権利の間接的な保護　242
国家概念の拡大　145
国家結合　18
国家責任　165, 169
　　――原則の確立　165
　　――発生の条件　167
国家連合　19
国境管理　10
国境管理，難民及び移民に関する政策　294
個別的権限　98
コルベール　64
コルベールⅠ　64
コルベールⅡ　64
根源是正優先の原則　278, 279
混合協定　27
コンディショナリティ　322
コンベンション　13, 43

さ　行

サービスの自由　270

財源　128
最高機関　65
最高裁判所の行為　169
最終審の裁判所とそれ以外の裁判所　247
採択できる措置　112
裁判管轄権　73
裁判所　71, 246
裁判所意見　74, 313
産業　96
三面関係　149
　　――における指令の直接効果　149

支援　96
支援，調整または補足的権限　308
支援，調整または補足的措置のための権限
　　96
私人による司法の領域の享受　299
自然人　211
持続可能な成長　277
持続可能な発展の原則　277
実効性　137
実効性の原則　236
実施行為　334
司法裁判所　71
司法・内務協力　7, 10
市民保護　96
諮問機関　52
諮問機関等との協議　126
社会政策に関する議定書　8
自由　36
自由，安全及び司法の分野　95
自由・安全・司法の領域　293
柔軟性条項　99
シューマン（Schman, R.）　3
シューマン宣言　3
准特別提訴権者　211

事項索引　**369**

小委員会　52, 53
常設の制度的協力　131
常駐代表委員会　64
常駐の代表　64
消費者保護　95
条文の水平的直接効果　142
条約違反手続　173, 174
　　——の開始前の段階　174
条約締結　310
　　——権限　21, 307
　　——手続　310
条約の解釈　242
条約の主人　92, 93, 106
指令　58, 115
　　——が行政機関に与える効果　163
　　——が司法機関に与える効果　162
　　——により国家機関に課される義務　162
　　——の国内法化義務　164
　　——の国内法化・実施措置の通知怠慢　188
　　——の水平的直接効果　144
　　——の水平的直接効果の否定　145
　　——の直接効果　164
　　——の直接効果の条件　139
　　——の適合解釈の義務　153
　　——の付随的水平的効果　146
人権の尊重　36
迅速性　249
　　——の改善　250
人道援助　322
人民　50
新EU条約　15
　　——の構成　15

垂直的権限配分　77
垂直的直接効果　133, 142

水平的直接効果　142
数量制限と同等の効果を有する措置　259

制限的措置　322
正式の書状　174
政治的グループ　53
政治的条件　86
政治的妥協　64
正当化事由　265
積極的棄権　325
選挙権　48
先決裁定　240
　　——の許容性　248
　　——の対象　242
　　——を求める国内裁判所　246
　　——を求める段階　247
　　——を求めるにあたっての国内裁判所の義務　248
先決裁定手続　74, 239, 249
　　——にかかる期間　249
　　——の意義　241
　　——を求める義務の履行確保　251
先行統合　11, 129
潜在的権限　99
専門裁判所　71, 73

総局　69
双罰性　301
総務理事会　60
訴訟に参加する権限　55
ソラナ（Solana, X.）　68
損害賠償訴訟　220

た　行

第一次法　27, 32
　　——の中の位階性　33

対外権限　97
　　——の種類　308
対外行動　38
　　——に対する特別の枠組　305
体系的解釈　345
第三次法　113
第三者に対して法的効果を生じさせることを意図した欧州議会及び欧州首脳理事会の行為　204
第三者に対して法的効果を生じさせることを意図したEUの各機関及び各組織の行為　204
対内（域内）権限　97
　　——と対外権限の並行原則　97
第二次法　28, 32, 113
多段階統合　8, 129
脱退条項　89
単一欧州議定書　6
単一市場　38
単一通貨ユーロ　8
タンペーレ欧州首脳理事会　43

地域的国際組織　19
地域的または世界的規模の環境問題に対処するための措置，特に気候変動と闘う措置の推進　275
地域評議会　76
知的財産　273
忠実義務　234
町計画理事会　23
超国家化　37
超国家性　4
超国家組織　20
調整　96
直接効果　133, 136
　　——の発生条件　136

直接訴訟　74
直接適用　134, 136
直接適用可能　115, 136

通常改正手続　81
通常立法手続　119, 123

提訴権者　210
ティモシェンコ（Tymoshenko, Y.）　306
適合解釈　346
　　——の義務　153
　　——の義務の制限　157
　　——の義務の発生時期　159
適用の優位　231
デスタン（d'Estaing, V. R. M. G.）　13, 81
伝統的な固有の財源　128
天然資源の慎重かつ合理的な利用　275

同意手続　125
同等な効果を有する措置の内在的制約　260
東方拡大　12
独自の執行分野　236
独自の法秩序としてのEU法　25
特定多数決　11, 61
特別提訴権者　210
特別な執行権限が付与される場合　237
特別立法手続　119, 125
ド・ゴール（de Gaulle, C. A. J. P-M.）　5
取消訴訟　202
　　——との相違　223
　　——の対象　203
　　——の提訴期間　218
取消の結果　218
取消理由　206

な 行

内部に境界のない自由，安全及び司法の領
　　　域　37

ニース条約　12
2次的義務　197
二重の効果　150
2009 イオニアナ（ヨアニーノ）・ビス　63
任期　52
人間の健康の保護　275
人間の健康の保護及び改善　96
人間の尊厳　36

農業及び漁業　95

は 行

排他的権限　94, 308, 315
拝礼法による実効性確保手段　170
ハイン（Hain, P.）　88
橋渡し条項　83
派生法　28
バダンテール（Badinter, R.）　88
罰金　177
ハルシュタイン（Hallstein, W.）　5
バローゾ（Barroso, J. M. D.）　67
判決の実例　348
判決の履行と罰金賦課の執行可能性　189
判決履行違反訴訟における罰金の賦課　177
判決履行違反手続　175, 176
　　──導入の背景　175
販売方法に関する規制　262
パン・ヨーロッパ運動　3
判例法　28, 74

東アジア共同体　330
非契約上の責任　220

　　──発生の条件　220
人の自由移動　266, 268
平等　36
非立法行為　69, 118, 119
比例性原則　8, 108, 266

ファルコンプログラム　304
ファン・ロンパイ（Van Rompuy, H.）　57
付加価値税の定率徴金　128
部局　69
不作為確認訴訟　219
不信任動議　54
不信任動議案　78
物的管轄権　47
普遍的国際組織　19
不法行為に対する責任　220
文化　96

平和の共同体　37
ヘルツォーク（Herzog, R.）　43

法案イニシアティブ権　49
法行為　69
　　──の公布　127
　　──の選択と理由づけ義務　127
　　──の提案　120
法行為決定機関　111
法行為手続　112, 120, 122
防止原則　277, 278
法人　211
法人格　21
法制の接近のための権限　100
法的根拠　110
法的根拠条文　281, 287
法的根拠選択問題訴訟　113
法の一般原則　29

法の支配の尊重　36
法務官　72
法律上の能力　21, 23
補完性原則　8, 107
補足　96
本会議　51
本質的な手続要件違反　207

　　　ま　行
マーストリヒト条約　7

民事司法協力　296
　　──分野における権限の発展　296
　　──分野の措置　297
民主主義　36, 39, 46
　　──と基本権の尊重　11
　　──の赤字　46

無権限　206
無効確認訴訟　202

明確でかつ無条件　136
明示的権限　102
明示的条約締結権限　308
メルコスール　327

黙示的権限　102
　　──の存在　102
黙示的条約締結権限　308
　　──の法理　103
目的的解釈　346
モネ（Monnet, J.）　3, 4, 20
モネ方式　4
物の自由移動　257
文言解釈　344

　　　や　行
ユーロ　271
ユーロジャスト　302
ユーロポール　303
ユーロを通貨とする構成国の金融政策　94

ヨーロッパ協定　12
ヨーロッパ・ディ　3
予算　128
予算手続　128, 129
4つの基本的自由　256
予防原則　277, 278
より厳格な国内措置　283

　　　ら　行
ラマソール（Lamassoure, A.）　88, 89

理事会　59, 111
　　意思決定手続　61
　　構成　59
　　任務　61
　　役割　61
リストA　65
リストB　65
リスボン条約　13～15, 44, 80, 232
　　──と脱退条項　89
立法機関　52, 54
立法行為　118, 119, 203
立法手続　122
理由を付した意見　174
領事上の保護　48

ルクセンブルクの妥協　5

歴史的（沿革的）解釈　344
連合協定　323

事項索引 　373

連邦国家　19

労働者の自由移動　266

欧　字

ASEAN　327, 329
Cassis de Dijon 定式　261
Dassonville 定式　259
E（E）C の法人格　21
EC　5, 7
ECSC　2, 3, 4
EDC　4
EEA　9
EEA 協定　10
EEC　4
EEC 条約　4
EFTA　9
EU　7, 18, 329
　——からの脱退　87
　　リスボン条約発効以前　87
　——と構成国間の権限配分　92
　——の権限体系　92
　——の最終形態　20
　——の法人格　22
　——の目的　37
　——への加入　85
EU 運営条約　15
EU 運営条約に定める側面に関する公衆衛生問題における共通の安全関心事項　95
EU 運営条約に定める側面に関する社会政策　95
EU 環境法　274
EU 官報　127
EU 機関・下部組織の法人格　23
EU 機関による EU 法の直接的執行　236

EU 基礎条約　27
EU 既得事項　131
EU 基本権憲章　15, 42, 43, 45
EU 司法裁判所　71
　——の管轄権　213, 249
EU 司法裁判所判決における言語　343
EU 市民　9, 46
　——権までの道のり　46
　——の外国人　49
EU 条約及び EU 運営条約に違反して行為を怠った場合　219
EU 条約及び EU 運営条約もしくはその適用に関する法規の違反　208
EU 諸機関が採択できる措置　112
EU 諸機関の行為の有効性及び解釈　243
EU 大使　64
EU 法　24
　——における規範の位階性　32
　——の構成要素　27
　——の執行・実施と構成国　234
　——の諸価値　36
　——の直接執行　236
　——の統一的適用と一貫性の確保　241
　——の発展への寄与　241
　——の法源　26
　——の優位の意味　231
　——の優位の原則　226
　——の優位の条文化　232
　——レベルでの履行確保　251
　国内法としての——　25
　独自の法秩序としての——　25
EU 法行為　28
　——間の位階性　34
　——の採択と法的根拠　281
　——の実例　335
　——の種類　114

――の直接効果　137
EU 法令　39
EU 立法　28
Euratom　4
Euratom 条約　4
L シリーズ　127
sui generis（特別な）権限　308

事　件

欧州委員会対ギリシャ事件　179
欧州委員会対スペイン事件　181
欧州委員会対フランス事件　182
欧州委員会対フランス事件　185
AETR 事件　22
Angonese 事件　143
Arcaro 事件　158
Arcor 他事件　151
Becker v. Finanzamt Münster 事件　140
Brasserie/FactortameⅢ事件　167
British Gas 事件　145
CIA Security 事件　146
Colson 事件　153
Costa v. E.N.E.L 事件　25, 226
Defernne v. SABENA 事件　142
Dillenkofer 他対ドイツ事件　168
Francovich 事件　165
Grad 事件　137
Kolpinghuis 事件　157
Marleasing 事件　154
Marshall 事件　141
Pfeiffer 他事件　155
Ratti 事件　139
Smith & Nephew 事件　150
Unilever 事件　148
Van Duyn 事件　138
Van Gend en Loos 事件　47, 133
Wells 事件　151

判例索引

Case 1/58 Stork & Cie v. ECSC High Authority [1959] ECR 17. 40
Joined Cases 36, 37, 38 and 40/59 Präsident Ruhrkohlen-Verkaufsgesellschaft and others v. ECSC High Authority [1960] ECR 423. 40
Case 25/62 Plaumann [1963] ECR 95. 212
Case 26/62 Van Gend en Loos v. Nederlandse Administratie der Belastingen [1963] ECR 1. 47, 133, 134, 136, 137, 226, 241~243, 257, 258, 345, 346
Case 6/64 Costa v. E.N.E.L. [1964] ECR 585. 25, 226, 227, 232, 241, 243
Case 48/65 Lütticke v. Commission [1966] ECR 19. 219
Case 141/67 France v. UK [1979] ECR 2923. 190
Case 29/69 Stauder v. Stadt Ulm [1969] ECR 419. 40
Case 9/70 Grad v. Finanzamt Traunstein [1970] ECR 825. 137, 138
Case 11/70 Internationale Handelsgesellschaft mbH v. Einfuhrund Voratsstelle fur Getreide und Futtermittel [1970] ECR 1125. 40, 228, 229
Case 22/70 Commission v. Council [1971] ECR 263. 22, 94, 103, 118, 205, 206, 308
Case 5/71 Schöppenstedt v. Council [1971] ECR 975. 221
Case 42/71 Nordgetreide v. Commission [1972] ECR 105. 219
Joined Cases 21 to 24/72 International Fruit Company NV and others v. Produktschap voor Groenten en Fruit [1972] ECR 1219. 33, 347
Case 4/73 Nold KG v. Commission [1974] ECR 491. 41
Case 8/74 Dassonville [1974] ECR 837. 259
Case 36/74 Walrave and Koch v. Association Union Cycliste Internationale and others [1974] ECR 1405. 268
Case 41/74 Van Duyn v. Home Office [1974] ECR 1337. 138, 139
Case 43/75 Defrenne v. SABENA [1976] ECR 455. 142
Joined Cases 3, 4 and 6/76 Cornelis Kramer and others [1976] ECR 1279. 94, 104, 308
Case 35/76 Simmenthal SpA v. Italian Minister for Finance [1976] ECR 1871. 230
Joined Cases 83 and 94/76, 4, 15 and 40/77 Bayerische HNL Vermehrungsbetriebe GmbH & Co. KG and others v. Council and Commission [1978] ECR 1209. 221
Case 106/77 Amministrazione delle Finanze dello Stato v. Simmenthal SpA [1978] ECR 629. 229
Joined Cases 116 and 124/77 G. R. Amylum NV and Tunnel Refineries Limited v. Council and Commission [1979] ECR 3497. 223
Case 120/78 [1979] ECR 649. 260
Case 148/78 Ratti [1979] ECR 1629. 139
Case 238/78 Ireks-Arkady GmbH v. Council and Commission [1979] ECR 2955. 222
Case 44/79 Hauer v. Land Rheinland-Pfalz [1979] ECR 3727. 41

Case 102/79 Commission v. Kingdom of Belgium [1980] ECR 1473. 164
Case 788/79 Gili [1980] ECR 2071. 262
Case 126/80 Salonoa v. Poidomani and Giglio [1981] ECR 1563. 247
Case 244/80 Flogia v. Novello [1981] ECR 3045. 248
Case 246/80 Broekmeulen v. Huisarts Registratie Commissie [1981] ECR 2311. 246
Case 8/81 Becker [1982] ECR 53. 140, 141, 157
Case 261/81 [1982] ECR 3961. 260
Case 283/81 CILFIT v. Minister of Health [1982] ECR 3415. 247
Case 14/83 Von Colson and Kamann v. Land Nordrhein-Westfalen [1984] ECR 1891. 153, 155, 156, 172
Case 145/83 Adams v. Commission [1985] ECR 3539. 221
Case 294/83 Partiécologiste "Les Verts" v. European Parliament [1986] ECR 1339. 205, 206
Case 60 and 61/84 Cinéthèque v. Fédération des cinémas Français [1985] ECR 2605. 262
Case 152/84 Marshall v. Southhampton and South-West Hampshire Area Health Authority [1986] ECR 723. 141, 144～146, 171
Case 178/84 Commission v. Germany [1987] 1227. 167, 260
Joined Cases 281, 283, 284, 285 and 287/85 Germany, France, Netherlands, Denmark and United Kingdom v. Commission [1987] ECR 3203. 102
Case 314/85 Foto・Frost [1987] ECR 4199 247
Case 80/86 Kolpinghuis Nijmengen [1987] ECR 3969. 157, 158
Case 302/86 [1988] ECR 4607. 261, 262
Case 81/87 Daily Mail [1988] ECR 5483. 269
Case C-70/88 Parliament v. Council [1990] ECR I -2041. 210
Case C-103/88 Fratelli Costanzo v. Comune di Milano [1989] ECR 1839. 163
Case C-322/88 Grimaldi v. Fonds des maladies professionnelles [1989] ECR 4407. 118
Joined Cases C-104/89 and C-37/90 Mulder v. Council and Commission [1992] ECR I -3061. 221
Case C-106/89 Marleasing v. Comercial Internacional de Alimentacion [1990] ECR I -4135. 154, 172
Case C-188/89 Foster and others/British Gas [1990] ECR I -3313. 145
Joined Cases C-6/90 and C-9/90 Francovich and Bonifaci v. Italy [1991] ECR I -5357. 165, 167, 169, 170, 172, 175, 220
Case C-65/90 Parliament v. Council [1992] ECR I -4593. 208
Case C-286/90 Anklagemyndigheden v. Poulsen and Diva Navigation Corp. [1992] ECR I -6019. 32
Joined Cases C-267/91 and C-268/91 Keck and Mithouard [1993] I -6097. 262
Case C-271/91 Marshall Ⅱ [1993] ECR I -4367. 145
Case C-327/91 France v. Commission [1994] ECR I -3641. 77, 207, 310
Case C-91/92 Faccini Dori v. Recreb [1994] ECR I -3325. 145, 171, 172
Case C-334/92 Wagner Miret v. Fondo de garantia salarial [1993] ECR I -6911. 170, 172
Case C-431/92 Commission v. Germany [1995] ECR I -2189. 164
Case C-41/93 France v. Commission [1994] ECR I -1829. 207
Joined Cases C-46/93 and C-48/93 Brasserie du Pêcheur v. Bundsrepublik Deutschland and

the Queen v. Secretary of State for Transport, ex parte Factortame and others [1996] ECR
  Ⅰ-1029. 167, 169, 220
Case C-280/93 Germany v. Council [1994] ECR Ⅰ-4973. 33, 209, 215
Case C-316/93 Vaneetveld v. Le Foyer [1994] ECR Ⅰ-763. 145
Case C-412/93 Leclerc Siplec [1995] ECR Ⅰ-179. 263
Case C-415/93 Union royale belge des sociétés de football association and others v. Bosman
  and others [1995] ECR Ⅰ-4921. 268
Case C-433/93 Commission v. Federal Republic of Germany [1995] ECR Ⅰ-2303. 164
Case C-111/94 Job Centre Coop [1995] ECR Ⅰ-3361. 246
Joined Cases C-178/94, C-179/94, C-188/94, C-189/94 and C-190/94 [1996] ECR Ⅰ-4845.
  168, 169
Case C-194/94 CIA Security International/Signalson and Securitel [1996] ECR Ⅰ-2201. 146
Case C-201/94 The Queen v. The Medicines Control Agency, ex parte Smith & Nephew Phar-
  maceuticals and Primecrown v. The Medicine Control Agency [1996] ECR Ⅰ-5819. 150
Case C-84/95 Bosphorus v. Minister for Transport, Energy and Communications and others
  [1996] ECR Ⅰ-3953. 45
Case C-168/95 Arcaro [1996] ECR Ⅰ-4705. 158
Case C-253/95 Commission v. Federal Republic of Germany [1996] ECR Ⅰ-2423. 164
Case C-337/95 Parfums Christian Dior SA v. Evora BV [1997] ECR Ⅰ-6013. 246
Case C-388/95 Belgium v. Spain [2000] ECR Ⅰ-3123. 190
Case C-53/96 Hermès International v. FHT Marketing Choice [1998] ECR Ⅰ-3603. 244, 347
Case C-54/96 Dorsch Consult Ingeniergesellschaft mbH v. Bundesbaugesellschaft Berlin mbH
  [1997] ECR Ⅰ-4961. 164
Case C-149/96 Portugal v. Council [1999] ECR Ⅰ-8395. 33, 79, 209, 215
Case C-162/96 Racke v. Hauptzollamt Mainz [1998] ECR Ⅰ-3655. 32
Case C-180/96 UK v. Commission [1998] ECR Ⅰ-2265. 278
Joined Cases C-10/97 to C-22/97 Ministero delle Finanze v. IN.CO.GE'90 and others [1998]
  Ⅰ-6307. 231
Joined Cases C-164/97 and C-165/97 Parliament v. Council [1999] ECR Ⅰ-1139. 216
Case C-212/97 Centros [1999] ECR Ⅰ-1459. 270
Case C-387/97 Commission v. Greece [2000] ECR Ⅰ-5047. 180, 189
Case C-36/98 Spain v. Council [2001] ECR Ⅰ-779. 210, 215, 282
Case C-62/98 Commission v. Portugal [2000] ECR Ⅰ-5171. 34
Case C-84/98 Commission v. Portugal [2000] ECR Ⅰ-5215. 34
Case C-254/98 Heimdienst [2000] ECR Ⅰ-151. 263
Case C-281/98 Angonese [2000] ECR Ⅰ-4139. 143
Joined Cases C-300/98 and C-392/98 Parfums Christian Dior v. TUK Consultancy BV [2000]
  ECR Ⅰ-11307. 27, 28, 244, 347
Case C-352/98 P Bergderm [2000] ECR Ⅰ-5291 223
Case C-376/98 Germany v. Parliament and Council [2000] ECR Ⅰ-8419. 102, 107
Case C-405/98 Gourmet [2001] ECR Ⅰ-1795. 264
Case C-443/98 Unilever [2000] ECR Ⅰ-7535. 146, 148
Case C-467/98 [2002] ECR Ⅰ-9519. 104

Case C-192/99 [2001] ECR I -1237. 27
Case C-50/00 P [2002] ECR I -6677. 212
Case 112/00 Schmidberger v. Austria [2003] ECR I -5659. 262
Case C-167/01 Inspire Art Ltd [2003] ECR I -10155. 270
Case C-224/01 Köbler v. Austria [2003] ECR I -10239. 169, 251, 252
Case C-278/01 Commission v. Spain [2003] ECR I -14141. 181, 182
Case C-340/01 Plato Plastik v. Caropack [2004] ECR I -4884. 248
Joined Cases C-397/01 to C-403/01 Pfeiffer and others [2004] ECR I -8835. 155, 157
Case C-36/02 Omega Spielhallen-und Automatenaufstellungs-GmbH v. Oberbürgermeistrin der Bundesstadt Bonn [2004] ECR I -9609. 271
Case C-201/02 Wells [2004] ECR I -723. 151
Case C-233/02 France v. Commission [2004] ECR I -2759. 77, 207, 310
Case C-304/02 Commission v. France [2005] ECR I -6263. 182, 183, 185
Case C-377/02 Van Parys [2005] ECR I -1465. 33
Case C-176/03 Commission v. Council [2005] ECR I -7879. 35, 114, 199, 216
Case C-459/03 Commission v. Ireland [2006] ECR I -4635. 26, 190
Case C-540/03 Parliament v. Council [2006] ECR I -5769. 43
Case C-144/04 Mangold [2005] ECR I -9981. 31, 159, 249
Case C-145/04 Spain v. UK [2006] ECR I -7917. 190
Case C-91/05 Commission v. Council [2008] ECR I -3651. 35, 114, 216, 217
Case C-110/05 Commission v. Italy [2009] ECR I -519. 265
Case C-142/05 Åklagaren v. Mickelsson [2009] ECR I -4273. 264, 266
Case C-321/05 Kofoed [2007] ECR I -5795. 159
Joined Cases C-402/05 P and C-415/05 P Kadi and Al Barakaat International Foundation v. Council and Commission [2008] ECR I -6351. 30, 204, 206, 214
Case C-431/05 Merck Genèricos [2007] ECR I -7001. 244
Case C-440/05 Commission v. Council [2007] ECR I -9097. 35, 114, 199, 200, 216
Joined Cases C-120/06 P and C-121/06 P [2008] ECR I -6513. 222
Case C-205/06 Commission v. Austria [2009] ECR I -1301. 34, 313
Case C-409/06 Winner Wetten [2010] ECR I -8015 232
Case C-121/07 Commission v. France [2008] ECR I -9159. 185〜187
Joined Cases C-152/07 to C-154/07 Arcor and others [2008] ECR I -5959. 151
Case C-188/07 Commune de Mesquer v. Total France SA [2008] ECR I -4501. 279
Case C-555/07 Kücükdeveci [2010] ECR I -365. 31, 48, 161, 162
Case C-58/08 Vodafone and others [2010] ECR I -4999. 109, 345
Case C-135/08 Rottmann [2010] ECR I -1449. 47
Case C-195/08 PPU Inga Rinau [2008] ECR I -5271. 251
Case C-34/09 Ruiz Zambrano v. Office national de l'empoli [2011] ECR I -1177. 49
Joined Cases C-65/09 and C-87/09 Weber v.Wittmer/Putz v. Medianess Electronics [2011] ECR I -nyr. 344, 345
Case C-176/09 Luxembourg v. Parliament and Council [2011] ECR I -3727. 78
Case C-196/09 Paul Miles and others v. European Schools [2011] ECR I -5105. 246, 247
Case C-236/09 Association belge des Consommateurs Test-Achats ASBL etc v. Conseil des

ministres [2011] ECR I -773. 30, 245
Case C-264/09 Commission v. Slovak Republic [2011] ECR I -8065. 34, 312
Case C-383/09 Commission v. France [2011] ECR I -4869. 116
Joined Cases C-509/09 and C-161/10 eDate Advertising GmbH v. X and Olivier Martinez v. MGN Limited [2011] ECR I -10269. 300
Case C-550/09 [2010] ECR I -6213. 203
Joined Cases C-4/10 and C-27/10 Bureau national Interprofessionnel du Cognac [2011] ECR I -nyr. 128
Case C-53/10 Mücksch [2011] ECR I -8311. 159
Case C-137/10 European Communities v. Région de Bruxelles-Capitale [2011] ECR I -3515. 23
Case C-355/10 [2012] I -nyr 120
Case C-241/11 Commission v. Czech [2013] 187
Case C-131/12 Google [2014] ECR I -nyr 45
Case C-270/12 ESMA [2014] ECR I -nyr 76
Case C-370/12 Pringle [2012] ECR I -nyr 71
Case C-425/12 Portgás [2013] ECR I -nyr 152
Case T-115/94 Opel Austria v. Council [1997] ECR II -39. 32
Case T-69/00 FIAMM and FIAMM Tecnologie v. Council and Commission [2005] ECR II -5393. 222, 223
Case T-315/01 Kadi v. Council and Commission [2005] ECR II -3649. 213
Case T-201/04 [2007] ECR II -3601. 217
Case T-519/09 Toshiba v. Commission 218
Case T-18/10 [2011] ECR- II 5599. 213
Case T-262/10 [2011] ECR- II 7697. 213
T-526/10 [2013] 213
ECHR, Judgement of 30 June, application no. 45036/98. 45

著者略歴

中西　優美子（なかにし　ゆみこ）

1969 年 1 月　大阪に生まれる
1991 年 3 月　大阪外国語大学（現大阪大学）外国語学部ドイツ語科卒
1993 年 3 月　一橋大学大学院法学研究科修士課程修了
1993 年 9 月～1998 年 8 月　ドイツ・ミュンスター大学留学（法学博士号取得）
2000 年 3 月　一橋大学大学院博士後期課程退学
2000 年 4 月　専修大学法学部専任講師（担当 EU 法）
2002 年 4 月　専修大学法学部助教授
2008 年 4 月　専修大学法学部教授
2012 年 4 月　一橋大学大学院法学研究科教授

主要論文・著書

Yumiko Nakanishi, *Die Entwicklung der Außenkompetenzen der Europäischen emeinschaft*, Peter Lang, 1998.

Yumiko Nakanishi（ed.）, *Contemporary Issues in Environmental Law-The EU and Japan*, Springer 2016.

Ders. *Contemporary Issues in Human Rights Law-Europe and Asia*, Springer, 2018.

『EU 権限の法構造』信山社（2013 年）

『EU 権限の判例研究』信山社（2015 年）

『EU 環境法の最前線――日本への示唆』(編著) 法律文化社（2016 年）

『人権法の現代的課題――ヨーロッパとアジア』(編著) 法律文化社（2019 年）

『概説 EU 環境法』法律文化社（2021 年）

『EU 司法裁判所概説』信山社（2022 年）

雑誌『自治研究』(第一法規) において「EU 法における先決裁定手続に関する研究」を隔月連載中。

雑誌『EU 法研究』(信山社)(年 2 回発行) を責任編集。

法学叢書 = 17

法学叢書 EU法

2012年 4月10日 ⓒ　　　　　初 版 発 行
2022年 9月10日　　　　　　初版第5刷発行

著　者　中西優美子　　　発行者　森平敏孝
　　　　　　　　　　　　印刷者　加藤文男
　　　　　　　　　　　　製本者　小西惠介

【発行】　　株式会社　新世社
〒151-0051　東京都渋谷区千駄ヶ谷1丁目3番25号
編集☎(03)5474-8818(代)　　サイエンスビル

【発売】　　株式会社　サイエンス社
〒151-0051　東京都渋谷区千駄ヶ谷1丁目3番25号
営業☎(03)5474-8500(代)　振替　00170-7-2387
FAX☎(03)5474-8900

印刷　加藤文明社　　製本　ブックアート
≪検印省略≫

本書の内容を無断で複写複製することは，著作者および
出版者の権利を侵害することがありますので，その場合
にはあらかじめ小社あて許諾をお求め下さい。

サイエンス社・新世社のホームページのご案内
https://www.saiensu.co.jp
ご意見・ご要望は
shin@saiensu.co.jp　まで。

ISBN978-4-88384-179-0

PRINTED IN JAPAN

新法学ライブラリ 16

国際私法
第2版

石黒一憲 著

A5判／480頁／本体3800円（税抜き）

1898年以降，日本の国際私法の基本法となっていた「法例」が全面改正され，「法の適用に関する通則法」として現代化された内容となった．本書は2007年1月に施行されたこの新法に対応し，旧版を大幅な修正・加筆を行い，その改正の射程・問題点を余すところなく論じたものである．

【主要目次】
日本社会の真の国際化と国際私法
準拠法選択の基礎理論
準拠法選択の技術的諸問題——国際私法総論
国際私法各論

発行　新世社　　発売　サイエンス社

新法学ライブラリ 別巻1

現代イギリス法事典

戒能通厚 編
A5判／432頁／本体2980円（税抜き）

「第三の道」路線で変動する現代イギリスの社会と法．本書はイギリス法の変遷を中心にした各論とイギリス法理解の基礎となるコモン・ロー，エクイティの歴史的展開を概説した総論という有機的構成によって，現代イギリス法の全体像を描出する．

【主要目次】
【総論】
イギリスという国／イングランド法＝コモン・ロー発展史の素描／現代イギリス法とダイシー／イングランドにおける法と裁判／現代イギリスの社会と法／イングランド法のタイポロジー
【各論】
憲法／行政法／地方自治／教育／家族／労働／スコットランド／北アイルランド

発行　新世社　　　発売　サイエンス社

新法学ライブラリ 2

憲 法
第8版

長谷部恭男 著
A5判／512頁／本体3,450円（税抜き）

日本において現に機能している憲法が何か，に重点をおいて記述する長谷部憲法学テキスト最新版．NHK受信料訴訟，岩沼市議会議員出席停止事件，孔子廟事件等に関する新たな判例についての記述を加えるとともに，平和主義，立法の意義，予算，裁判官の良心等，各所で説明の加除補正を行った．

【主要目次】
Ⅰ 憲法の基本原理（憲法とは何か／日本憲法史／平和主義／天皇制）
Ⅱ 憲法上の権利保障（権利保障の基本問題／包括的基本権／平等／自由権／社会権／参政権／国務請求権）
Ⅲ 統治機構（国会／内閣／裁判所／地方自治）

発行 新世社　　発売 サイエンス社